대한민국 민주운동의 첫 신호탄

대구고등학교 2·28민주운동의 함성과 증언

# 달구언덕 2·28

대한민국 민주운동의 첫 신호탄

대구고등학교 2·28민주운동의 함성과 증언

# 달구언덕 2·28

대구고등학교총동창회 엮음

영남대학교출판부

**초판 1쇄** 2021년 2월 20일
**엮은이** 대구고등학교 총동창회
**기획·편찬** 우동기
**글쓴이** 조해정
**조사자** 조해정, 이채빈
**편집** 손병현, 장성호
**펴낸곳** 영남대학교출판부
**펴낸이** 최외출
**출판등록** 1975년 9월 5일 경산제16-1호
**주소** 경북 경산시 대학로 280
**전화** 053)810-1801~4
**FAX** 053)810-4722
**홈페이지** book.yu.ac.kr

**ISBN** 978-89-7581-835-6 03910

값은 표지 뒷면에 있습니다.
잘못 만들어진 책은 바꾸어 드립니다.

이 책은 대구고등학교 총동창회와 평화산업주식회사 대표 김종석 전 동창회장의
지원에 의해 출간되었습니다.

# 역사를 기록하는 눈

**이재림**

대구고등학교 제 23대 동창회장

"『달구언덕 2·28』의 발간을 진심으로 축하하며, 선배님들의 용기에 경의를 표합니다."

역사는 조사·발굴되는 과정에서 새롭게 쓰이기 마련이다. 의미 있는 역사도 때에 따라 곳에 따라 관점을 달리하기도 한다. 혹은 그렇게 인식한다. 이는 어제 오늘의 일이 아니다. 아이러니하게도 우리는 이런 기록된 역사의 속성을 알면서도 그렇게 바라본다. 때문에 우리는 실재하는 역사의 진실을 묻거나 답하기도 한다. 분명한 것은 지나치게 분칠할 경우, 그 분칠이 벗겨지면 더욱 추해진다는 점이다. 이로써 이 글의 방향을 시작한다.

대구고 1회, 2회 졸업생들을 대상으로 '그날'의 역사, 1960년 2월 28일의 기억을 꺼내고 정리했다. 그날은 2·28민주운동이 일어난 역사적인 날이다. 이 역사적인 경험의 주체세력을 대상으로 구술 아카이브 구축의 필요성을 인식하고 시작했다. 방치된 기억의 역사를 기록의 역사로 자리매김하는 순간이다. 벌써 60여 년 전의 일이다. 기억이 희미할 수도 있겠으나, 경험의 정도, 관심의 정도에 따라 기억은 놀라울 정도로 정확성을 확보한다는 것을 우리는 안다. 특히 청소년 시기의 정의로운 경험은 그만큼 더 강렬한 것이다. 그것은 기억을 넘어 삶의 강한 한 지점이 되어 존재감으로 나타나기 때문이다.

개인의 직접적인 체험의 역사는 기록된 역사보다 때론 더 진실 되고 때론 더 분명할 때가 있다. 역사를 만든 주체세력들이 대다수일 경우, 그 대다수를 대상으로 구술 증언이 필요한 것은 그 때문이다. 사건을 한 획이 아닌 씨줄과 날줄로 엮는 대다수의 구술 증언은 그래서 더욱 생생한 역사가 되는 것이다.

'그날'의 대구고 1학년, 2학년들의 역사에는 사실적 진실이 있고, 서사적 진실도 있었다. 이미 대다수의 경험적 기억은 파묻히고 사라졌다. 그럼에도 불구하고 지금 구술 아카이브를 구축하려는 것은 시간이 더 지나면 이마저도 어렵다는 것을 잘 알기 때문이다. 더 이상 증언을 받을 수 없을 때, 그때는 매체에 의존한 기억만을 움켜쥔 채 문화적 전이로 이어갈 것이다. 그래서 지금 한 분이라도 더 하려는 것이다. 이는 '그날'의 '대구고 민주로드' 역사에 가깝게 다가가는 길이기도 하다. 또한 비어있는 우리 역사를 채우는 일이기도 하다.

『달구언덕 2·28』에는 대구고등학교 선배님들의 '그날'의 용기와 행로, 단합된 정신 등이 오롯이 담겨 있다. 가치 있는 이 기록물은 대구고는 물론 우리 대한민국 민주주의 운동의 효시로서 그 정점에 자리매김할 것이다. 대구고등학교 후배로서 매우 자랑스러운 일이 아닐 수 없다. '그날'의 모든 선배님들께 진심으로 존경하는 마음을 바친다.

끝으로, 무엇보다 선배들의 귀한 역사를 기록으로 남기고자 편찬

사업을 추진하신 2·28민주운동기념사업회 우동기 회장님, 발간기부금을 위탁하신 평화산업주식회사 대표 김종석 동문께 고마움을 전한다. 구술 아카이브 구축을 위해 서울과 대구를 오가며 구술 인터뷰를 진행하고, 이를 정리하고 기록하여 스토리를 엮은 조해정, 이채빈 연구원의 수고로움에도 감사를 표한다.

2020년 12월

# 용기 있는 자들의 '역동적 외로움'을 기록하다

**우동기**
2·28민주운동기념사업회장

『달구언덕 2·28』을 접하며, 먼저 존경하는 대구고등학교 선배님들께 이 순간의 감동을 전한다.

"선배님, 고맙습니다! 기억하겠습니다!"

2·28민주운동의 역사적인 순간, 그 한가운데서 진두지휘했던 대구고등학교 선배님들의 활약을 조사하고 기록하는 일은 매우 의미 있는 일이다. 올해는 2·28민주운동 60주년이다. 이 뜻깊은 시점에 후배들이 기록으로 남기는 일 또한 커다란 의의를 갖는다.

2·28민주운동의 배경, 전개과정 등 객관적인 부분은 그동안의 기록을 통해 알 수 있었다. 하지만 1960년 2월 28일 대구시내로 뛰쳐나간 학생들의 숫자에 비하면 그 기록물들은 턱없이 부족하다. 이번 대구고등학교의 구술 인터뷰와 스토리 작업은 대구고등학교 학생들이 교내에서 긴밀하게 주고받은 내용과 교외에서의 행동 등 개개인의 상황을 밀도 있게 망라한 것이다.

이야기 속에는 당시 주체세력이었던 대구고등학교 학생들의 교우관계, 2·28민주운동 당시 학생들의 연락체계, 개인의 행동과 심리 등이 구체적으로 잘 나타나 있다. 경험자들 속에서 공유되다가 사라지고 묻혀버릴 우리 시대의 역사였다. 그것은 비극이다. 우리는 이 비극을 자초하거나 방관할 수 없다는 결론에 이르렀다. 이는 이번 구술 인터뷰와 이를 기반으로 스토리텔링을 시도한 출발점이며 이유이다.

『달구언덕 2·28』에는 2019년 구술 인터뷰 및 자술서를 비롯하여 『達丘 創刊號』(1960), 『대고 20년사』(1978), 『22인의 경험과 기억』(2016), 『자유·민주 그리고 삶의 작은 몸부림』(2017) 등 대구고등학교 2·28민주운동 참여자의 기록을 발췌하여 기록하였다. 『달구언덕 2·28』 기록 참여자는 모두 54명이다. 이 중 2019년 구술 인터뷰 및 자술 대상자는 1회(당시 2학년) 30명, 2회(당시 1학년) 18명이다.

구술 대상자 선정 및 인터뷰 진행은 1회 이복웅(대구), 한무명(서울) 동기회장님, 2회 배태홍(대구), 전국진(서울) 동기회장님을 비롯하여 2회 백진호 동문께서 수고를 아끼지 않으셨다. 감사드린다. 구술 인터뷰가 진행되는 동안 자술서로 보내주신 분들께도 또한 감사드린다. 모두 귀한 자료들이다.

기억을 반추하는 방법은 구술사적인 연구로 진행했다. 가급적 한 분, 한 분의 기억을 기록하고자 했으며, 기억이 혼재된 경우 기존의 문헌과 개개인 연락을 통해 재확인하기도 했다. 이 시점에서 이복웅 동기회장님께서 적극적인 도움을 주셨다. 거듭 감사드린다.

대구고 역사의 장막을 여는 그 시작점의 배경은 이러하다. 주된 시간적 범위는 1960년 2·28민주운동 시점이며, 2월 27일부터 2월 29일까지이다. 구술자의 증언에 따라 필요한 경우 이전과 이후 상황도 포함하였다. 공간적 범위는 당시 2·28민주운동 행로이다. 대구고를 중심으로 달구언덕, 영선못, 경북고, 사대부고, 대구상고, 남문시장, 반월당, 매일신문사, 장관동 진골목 일대, 도경찰국, 대구경찰서, 남대구경찰서 등이다. 영선못을 비롯하여 경북고, 사대부고, 대구상고 등은 주체세력이 시위 독려차 들렀던 곳이다. 즉, 대구고의 시간적, 인적 자원이 소비된 장소이며 대구고의 힘이 크게 분산된 공간이었다. 이 공간으로 인해 대구고 학생들은 앞선 자로서 시위 집결지에 몇 걸음 늦었으며, 늦은 만큼 경찰들의 과격한 제지도 있었다. 공간이 주는 의미가 상당 부분 차지했음을 보여준다.

대구고등학교 아카이브 구축 과정에서 새삼 선배님들의 '역동적인 외로움'이 전해왔다. 가슴이 먹먹해졌다. 졸업생 한 명 없는 대구고등학교 1회, 2회 재학생들의 고통과 서러움은 컸다. 용기 있는 행동을 하고도 언론의 푸대접으로 그 활약은 묻혔다. 하지만 선배님들은 그 결과에 굴하지 않고 또 한 번 용기를 내었다. 신문사로 찾아가서 "왜 우리 학교 이야기는 안 나오느냐?"고 항의했던 것이다. 대구고다운 모습이다.

늦었지만 60년이 지난 오늘, 후배들이 선배님들의 그때 그 모습을 기억하고자 『달구언덕 2·28』을 조심스럽게 내놓는다. 이 또한 후배들의 용기이다. 선배님들의 선도적 행동과 용기는 우리 대구고등학교의 자랑이자 큿대이다. 또한 대구를 넘어 대한민국 민주운동의 정신이 되었다. 오늘 우리는 그 선배님들의 그 족적을 기록으로 남기는 것이다.

『달구언덕 2·28』을 위해 물심양면으로 도움을 주신 분들께 감사를 드린다. 먼저 대구고 2·28민주운동사를 기록할 수 있도록 2·28민주운동기념사업회에 목적성 기부금을 위탁하신 평화산업주식회사 김종석 대표님께 진심으로 감사드린다. 대구고등학교 동창회 동문들의 도움과 지지도 간과할 수 없는 부분이다. 모두가 애쓰셨다. 고마움을 전한다. 2·28민주운동기념사업회장으로서 뜻깊은 이 사업에 동참했음을 뿌듯하게 여긴다. 구술 인터뷰 진행과 스토리 작업, 편집 등을 기꺼이 맡아 준 영남대 대구경북학연구소 스토리텔러 조해정 연구원과 영남대 대학원의 이채빈 연구원에게도 감사를 보낸다.

2020년 12월

## 그들의 2·28민주운동 이야기

* 이 글은 1960년 2월 28일, 대구고등학교 학생들이 겪은 2·28민주운동에 대한 구술 인터뷰 기록을 스토리로 재현한 것이다.
* 가급적 구술 인터뷰한 학생들 전체의 이름을 넣었으며, 각자 행동의 특이 사항을 포함하였다.
* 스토리에는 참여한 학생의 학년 구분을 위해 이름의 색깔을 달리했다. 당시 2학년이었던 1회 졸업생은 적갈색을, 2회 졸업생인 1학년은 하늘색으로 표기했다.

## 대구고등학교 2·28민주운동로드

* 이 글은 1960년 2월 28일, 대구고등학교 학생들이 겪은 2·28민주운동에 대한 기억의 기록이다.
* 개인의 기억을 자술서, 개인 구술 인터뷰, 집단 구술 인터뷰 등의 방식으로 기록하였으며, 2016년 구술 아카이브 참여자 중 대구고등학교 2·28민주운동 관련 부분과 작고한 분, 현재 자술 및 구술이 불가능한 분들은 과거 문헌에 기록된 글을 올렸다.
* 글의 내용은 60년 전 2·28민주운동에 대한 개인의 기억으로, 당시 상황과 현재의 기억이 상이할 수 있음도 미리 밝힌다. 혼재되고 상이한 기억은 가급적 집단 구술 인터뷰를 통해 함께 풀어가는 작업도 병행하였음을 덧붙인다. 이 경우 ( ) 표시해서 구술자 이름을 넣었다.

* 자술서와 구술 인터뷰를 병행한 경우, 반복되는 부분은 하나로 합쳤으며, 자술서 내용 중 당시 배경이나 다른 사람들의 기록된 자료에서 인용한 글들은 생략하였다.

* 가독성을 위해 가급적 방언을 일반화시켰으며, 대화글의 경우 사실적 생동감을 위해 그대로 두었다.

* 방언의 경우 방언 뒤에 ( ) 표시로 적었으며, 반복되는 단어의 경우 앞부분에 한 번만 표기했다.

* 구술 특징상 앞뒤의 말이 생략된 부분은 필요에 따라 ( ) 표시하여 덧붙였다.

* 글의 순서는 2학년(1회 졸업생)의 경우, 유공자(국가보훈처), 문헌(자술서 포함), 구술 인터뷰 진행된 날짜순이다. 1학년(2회 졸업생)의 경우, 문헌(자술서 포함), 구술 인터뷰 진행된 날짜별로 정리했다. 동일 동장소에서 진행한 집단 구술 인터뷰는 가나다순이다. 단, 임용대(1회 졸업생) 선생은 글의 문맥상 다르게 적용했다.

차례


발간사 6

편찬사 9

일러두기 12

프롤로그 민주로드의 시작점 19

1부

## 그들의 2·28민주운동 이야기

01 자유당과 이승만 정권에 고함 25

02. 야당도시, 대구 29

03. 양대 산맥 , 학도호국단과 서클활동 32

04. 2월, 봄날처럼 따스함이 36

05. "이유는 묻지 마라. 내일 등교!" 40

06. 토끼사냥 45

07. 시위를 위한 서막 49

08. "우리가 한번 해보자!" 52

09. "내일 데모한다. 니가 앞장서가 아아들 챙겨도!" 57

10. 경계 대상 1호, 삼덕동 1가 1번지 60

11. "거참, 장가도 한번 못 가보고 죽네." 63

12. 날이 밝아오다 70

13. 선언문은 불태워지고 75

14. 저마다 역할이 내려지고 77

15. 1학년들도 시위에 동참하다 81
16. 무산된 2·27언약 84
17. 손진홍, 경북고로 89
18. 장주효와 1차 선발대 93
19. 교문을 나서는 2차 시위 99
20. "저 놈! 나쁜 놈!" 103
21. "경북여고! 야, 이 가시나들아!! 나온나!" 107
22. "가자! 반월당으로!" 109
23. 진골목, 피난처 116
24. 달리고, 또 달려서 122
25. 매일신문사 125
26. 민주당 장면 박사와 박순천 여사 127
27. 중앙파출소 132
28. 도경찰국 135
29. 대구경찰서 141
30. 남대구경찰서 152
31. "일몰 전에 귀가 조치하라" 158
32. 손진홍, 연행되다 160
33. 주동자들 163
34. 선무방송! 167
35. 무용담으로 시작된 하루 169
36. 그들, 다시 남대구경찰서로 173
37. 매일신문사에 항의 177
38 끝나지 않은 호출, 다시 남대구경찰서로 180

2부

# 대구고등학교 2·28민주운동로드

## 1회 졸업생


1. 손진홍 191
2. 장주효 211
3. 윤풍홍 243
4. 서동활 260
5. 남대진 265
6. 최태영 268
7. 임용대 274
8. 김팔호 279
9. 박대근 282
10. 심재태 293
11. 안영호 301
12. 이복웅 305
13. 전병조 309
14. 권구일 313
15. 김안호 317
16. 박종률 319
17. 이기철 322
18. 임영기 327
19. 정태규 330
20. 최병태 333
21. 최수봉 336
22. 민태식 340
23. 윤국웅 354
24. 이성실 357
25. 강모인 366
26. 김석봉 368
27. 김창호 370
28. 이점석 373
29. 이희성 376
30. 조영길 381
31. 이원순 388
32. 신한익 396
33. 윤주철 400

## 2회 졸업생


1. 강증구 405
2. 노백무 412
3. 백진호 421
4. 김상박 427
5. 김석희 429
6. 김창수 433
7. 배태홍 435
8. 안주열 440
9. 유수현 442
10. 이영근 447
11. 정성길 451
12. 진재홍 453
13. 정육주 456
14. 김정홍 459
15. 류영수 463
16. 서상전 466
17. 이홍덕 468
18. 전국진 471
19. 정성휘 474
20. 서동은 477
21. 박이준 481

에필로그 기록, 그날 이후 먼 훗날에도 491

부록 그들, 추억을 기록하다

다시 보는 달구언덕,

다시 듣는 우리의 젊은 함성 499

프롤로그

# 민주로드의 시작점

## 민주로드의 시작점

1960년 2월 28일. 3·15 선거를 앞두고 대구지역의 8개 공립 고등학교 학생들이 독재와 불의에 항거하는 시위를 일으켰다. 2·28민주운동이다. 사건의 규모나 지속 시간, 희생 정도는 미비하나 대구 시내를 민주화의 함성으로 가득 채운 엄청난 사건이었다.

고등학교 2학년, 1학년이었던 그들은 나라가 혼란스러울 때 침묵하지 않고 분연히 일어섰다. 적폐 앞에서 자유를 부르짖었고, 학원 민주화를 외쳤다. 그 함성은 이 땅에 민주주의를 앞당긴 첫걸음이었다. 그날의 순수했던 2·28 정신은 대구를 비롯한 오늘날 대한민국 민주주의의 원동력이 되었고, 그 정신이 우리나라 민주주의를 앞당긴 선도적인 역할을 했다. 그 중심에 대구고등학교가 있었다.

정치학자 김태일 교수는 당시 학생들의 시위를 주체적 선도성(先導性)으로 보고 주체세력인 고등학생들을 주목했다.

'2·28민주운동은 식민지 지배, 분단국가, 전쟁에 이어 이승만 독재 체제하에서 모두들 체념적 순종(resigned submission)에 빠져 있을 때 대구에서 가장 먼저 일어난 것이다. 이렇다 할 시민사회 세력도, 믿을 만한 정당도 존재하지 않은 어둠 속에서 독재정권에 저항하는 첫 번째 목소리…. 공포를 이기고 일어선 용기, 정의감, 희생정신이 정부수립 이후 첫 번째 민주화 운동의 역사를 만든 것이다.'[1]

그날, 고등학생들의 행동과 정신에서 미학이 엿보인다. 아름다움과 숭고함이다. 칸트에 의하면 이 두 가지는 인간의 세련된 감정이다. 순수한 감정으로 개인의 안위보다 스스로 희생하겠다는 정신, 거사를 앞두고 지킨 비밀, 단합된 마음, 그것은 아름다움이었다. 또한 두려움과 공포를 겪고 일어선 용기, 그 숭고한 정신은 한 줄기 빛이었다. 그것이 4·19혁명으로 이어졌고, 그것은 숭고함의 결정체였던 것이다.

아름다움과 숭고함의 복합체, 2·28민주운동은 곧 대구·경북의 정신이요 정체성인 것이다. 2·28민주운동을 주도했던 고교생들은 순수했으며 창조적인 마인드를 가졌었다. 이 땅에 진정한 민주주의를 정착시키기 위해 용기 있는 행동으로 나아갔던 것이다. 아름다움과 숭고함, 그 고귀한 정신이 퇴색되지 않고 계승될 수 있도록 지역의 미래 세대인 우리가 이제 그 중심에 설 차례이다.

---

1) 김태일, 매일신문, 『2·28민주운동은 1960년 봄 혁명의 출발』, 2017년 2월 27일.

# 1부

# 그들의 2·28민주운동 이야기

01

# 자유당과 이승만 정권에 고함

1948년 대한민국 정부수립과 동시에 이승만 초대대통령이 당선되었다. 해방이 되고 일제강점기를 벗어나면서 모두 할 일이 많았다. 처처에 새로운 다짐과 앞날에 대한 희망이 가득 찼다. 그러나 남과 북이 38선으로 나뉘면서 일제강점기와는 또다른 이해와 갈등이 증폭되고 있었다. 갈등은 신분제가 아닌 새로운 계층을 불러왔다.

1950년 6·25전쟁으로 국민과 국토는 초토화 상태였다. 대구, 부산 일대는 끝없는 피란 물결의 종착지가 되었으며, 사람들이 몰아쳤고, 하루가 다르게 역동적인 공간으로 거듭났다. 전쟁으로 인해 대구는 정치·경제·사회·문화 등 총체적인 중심 집합체로 변모했다. 1953년 휴전 협정이 되면서 전쟁은 막을 내렸다. 그러나 해방 이후 수립된 풋정부가 치른 국제적 냉전의 후유증은 컸다. 덕분에(?) 국민들은 부정부패와 전쟁 이후 궁핍한 경제난이라는 이중고에 시달려야 했다. 참으로 고달픈 형편의 연속이었다.

친일 청산 없이 자유당과 이승만 정권은 장기집권을 위해 3차례에 걸쳐 개헌했다. 1948년 정부수립과 동시에 국회에서 간선제로 대통령 4년의 임기를 마치고, 1952년 직선제로 4년의 정권을 이어 나갔다. 하지만 8년을 넘어 장기 집권을 위해 무리하게 헌법을 고쳤다. '사사오입' 개헌이다.

문제의 절정이었던 사사오입 개헌은, 1954년 헌법 개정의 명분으로 초대대통령에 한해서는 3선제한의 철폐를 허용한다는 것으로, 1표 부족한 것을 반올림하여 의결 종족수를 맞추고 통과시켰다. 이 웃지 못할 해프닝의 자행은 국민들로 하여금 자유당을 비롯한 대통령에게 불신의 싹을 틔우는 꼴이 됐다.

1956년 정·부통령 선거에서 자유당은 대통령 후보로 이승만 현 대통령을, 부통령에는 이기붕 씨를 내세웠다. 한편 민주당에서는 그에 대적할 후보로 신익희 씨를 내세웠으나 선거 유세 중 호남선 열차에서 사망하고, 선거 과정에서 진보당 후보인 조봉암 씨가 전면에 나타나게 된다. 조봉암 씨는 30% 이상을 득표하며 변화의 소리를 그 증거로 앞세웠고, 부통령에는 민주당 후보 장면 씨가 당선된다. 하지만 선거 이후 조봉암 씨는 자유당의 정치 보복에 의해 공산주의로 몰려 형장의 이슬로 사라진다.

1956년 선거 과정에서 대구는 민주당의 장면 후보를 당선시키는 결정적인 역할을 했다. 이로 인해 대구는 '야당도시'라는 평판을 얻게 되었다. 이후 자유당 독재정권의 횡포와 부패는 날로 증폭되었고, 빈곤과 불법적 인권유린은 극에 달했다. 국민들은 상실감에 빠져들었다. 자유당은 그야말로 국민 대다수의 적이었다.

1960년. 자유당은 이승만과 이기붕을, 민주당은 조병옥과 장면을 정·부통령 후보로 내세웠다. 선거를 시작하면서 자유당 집권층은 민심이 바닥으로 떨어졌음을 인지했고, 정치공학적으로 더 이상 회복할 자신이 없었다. 이에 대놓고 부정을 감행했다. 5월에 치르던 선거를 그 해만 농번기의 번잡함을 피해 3월에 실시한다는 명분을 내걸었다. 하지만 속내는 달랐다. 야당의 민주당 후보였던 조병옥 박사가 신병 차 미국으로 출국하자마자 기다렸다는 듯이 선거일을 3월 15일자로 확정·공고했던 것이다.

당시 사회는 어떠했는가. 궁핍한 살림에 보리죽도 못 먹고, 나무뿌리와 풀을 뜯어 풀죽을 쑤어먹는 사람들이 비일비재했다. 하지만 이러한 비참한 상황에서도 위정자들은 국민들의 삶보다도 정권을 차지하는 것에 모든 관심을 기울였다. 그 중에서도 자유당은 장기 집권에 혈안이 되어 있었다. 국민들과 민주당은 "못살겠다, 갈아보자."고 선거 구호를 내걸었다. 자유당 역시 민주당의 선거구호에 맞서 "갈아봤자 별 수 없다, 구관이 명관이다."라는 자유당의 구호를 걸었다. 이들 선거 구호가 선거 벽보에 앞 다투어 실리곤 했다. 하지만 선거가 끝나면 늘 그렇듯이 벽보가 떨어져 나간 너저분한 자리에는 언제나 찬바람이 휘몰아쳤다.

1960년 3월. 정·부통령 선거가 시행될 무렵, 유권자를 향한 자유당의 물품 공세가 극에 달했다. 시골에는 고무신이, 도시에는 설탕, 밀가루가 동이 날 정도로 뿌려졌다. 선거 유세장은 온통 '막걸리 선거전'을 방불케 했다. 실로 민주주의의 정신이라고는 찾아볼 수 없는 혼탁한 선거전이었다. 또한 자유당 유세장에는 관공서가 앞장서 청중들을 동원하는 반면, 민주당 유세장에는 청중들의 모임을 교묘히 막았다.

▲ 어린이도 막걸리 마시는 유세장 (1960년대)

◀ 선거 열풍에 무심한 유권자. 손에 든 막걸리 잔과 삽이 인상적이다.(1960년대)

출처: 권정호 「사진쟁이 권정호」 (2017)

02

## 야당도시, 대구

국민들의 민심은 이미 야당(당시 민주당)으로 이반된 상태였다. 부정선거에 암묵적으로 시위하던 민중들은 현실변혁을 기대하며 3·15선거에 집중하였다. 선거의 패배를 예감한 자유당 역시 선거에 총력전을 펼쳤다.

그 접전지가 바로 대구였다. 2월 27일 토요일은 자유당의 선거 유세가, 2월 28일 일요일은 민주당의 선거 유세가 대구 수성천변에서 있을 예정이었다.

자유당 경북도당은 각 기관장과 단체장, 학교장을 소집하여 "2월 27일 자유당 집회에는 한 가구당 1명씩 참석하도록 하라. 이를 위해 각 기관과 업소는 12시까지 영업을 끝내고 1시부터는 유세에 참석하도록 하라."고 지시를 내린다. 반면, 2월 28일로 예정된 민주당의 수성천변 유세에는 청중이 모이지 못하도록 제지하는 방법을 지시했다. "일요일에 동단위, 회단위로 각종 행사를 열어 오후 2시부터 시작되는 유세가 끝날 때까지 행사를 계속하라. 또 고등학생들은 정치에 민감하니 일제히 등교

시켜 유세장에 나가지 못하도록 하라."는 내용이었다.

2월 27일 토요일. 여당(당시 자유당)은 선거 유세 현장에 청중의 수를 늘이기 위해 직장별, 동별로 강제로 동원했고, 학교에서는 단축수업을 하는 등 법석을 떨었다. 이어 28일 민주당의 선거 유세장에 시민을 비롯한 학생들이 몰릴 것을 심히 우려한 당국은, 야당의 선거 유세가 열리는 일요일 대구시내 공립고등학교에 등교 지시를 내렸다. 학교 측은 이를 시행코자 여러 핑계를 대며 등교를 종용했다.

25일 가장 먼저 경북고에 일요 등교 지시가 떨어지고, 이틀 후 대구고등학교를 비롯한 다른 공립고등학교에도 강제 등교 지시가 내려졌다. 학생들은 담임 선생님을 비롯하여 교감 선생님께 항의하고 교장실로 가서 일요 등교 지시에 대한 부당함을 조목조목 따지며 이를 거부하였다. 하지만 학교 당국은 정당한 사유를 회피하며 오히려 강행하겠다고 으름장을 놓았다. 이에 굴하지 않고 학생들은 일요 등교 지시에 절충안을 내거나 정당하지 못함을 지속적으로 주장하였다. 그러나 학교 측은 이를 수용하지 않았다. 아니 수용할 수가 없었을 것이다. 이런 해프닝에 학생들은 '학원을 정치 도구화하지 말라.'는 강력한 메시지를 던지며 능동적으로 저항하였다.

대구 수성천변에서 선거 유세하는 장면 박사(1960년 2월 28일)

03

## 양대 산맥, 학도호국단과 서클활동

대구의 고등학교 학생들은 시위를 주체적으로 주도하고 행동했다. 그 저변에는 소통하는 교류가 있었고, 이를 통한 내재된 성숙함도 존재했었다. 고교생들의 성숙된 마음은 부정에 일어설 수 있는 용기를 갖게 했으며, 학원에 가해진 부당한 횡포에 맞서 항거도 할 수 있었다.

학교 간 학생들의 조직력은 학도호국단 하계 간부 수련회에서 비롯되었다. 학도호국단은 전체주의적인 발상으로 전국 학생들을 반공통치의 기반으로 삼아 학원의 획일화, 군영화가 그 목적이었다. 자유당은 이 학생조직을 정권에 예속시켜 관제 데모를 비롯한 각종 궐기대회에 강제 동원시켰다. 뿐만 아니라 학생들을 정권의 선전도구로 이용하기까지 했다.

경상북도(대구와 경북이 행정적으로 분리되기 전)는, 1959년 도학무국이 주최한 '학도호국단 간부 하계 수련회'가 포항 동지상고에서 개최되었다. 경북고 이대우, 사대부고 최용호, 이때 대구고등학교에서는 손진홍 위원장이 가야 했으나, 일선

장병 위문 관계로 장주효와 부위원장인 이성실이 참석했다.

수련회에서 경북도내 중·고등학교 학생회 간부들 수십 명은 3박 4일 동안 열띤 토론과 단합의 시간을 가졌었다. 이들은 수련회 후에도 수시로 접촉하며, 시국관련 토론과 영화관람, 각 학교의 동향 등 정보를 교환하며 지속적인 교류를 이어갔다.

수련회의 취지는 학도호국단이란 거대한 학생조직을 정부시책에 부응하도록 훈련시키려는 것이었다. 실제로 학생들은 반공, 북진 통일 등의 모임에 학도호국단 이름으로 수없이 동원되었다. 그러나 아이러니하게도 이 조직은 정부의 목적과 달리 오히려 정권을 무너트리는 중요한 축으로 작용했었다. 관제 행사에 동원되었던 경험과 각 학교 간부들의 지속적인 교류가 2·28민주운동을 실현시킬 수 있는 동력이 되었던 것이다.

포항동지상고에서 학도호국단 간부 수련회(1959년)

또 하나의 축은 서클활동이다. 연합서클의 대표적인 단체가 '새날동지회'이다. 1959년 10월 24일 창립된 새날동지회는 대구·경북 최초의 학생 농촌봉사활동 단체로, 일제강점기의 선각자들이 펼친 농촌계몽운동을 이어받은 브나로드(러시아어로 '민중 속으로'란 뜻)운동 정신과 그 궤를 같이 했다. 새날동지회는 YMCA, 청소년 적십자회, 보이스카우트처럼 정부나 기관이 조직한 관변단체가 아니라 학생들 스스로 뜻을 모아 창립했다는 데 그 의의가 있다. 이 단체에서 2·28민주운동의 주역인 대구고의 장주효, 노백무 사대부고의 최용호, 경북고 하청일 등이 맹활약을 했었다.

대구고 내에도 여러 서클이 있었다. 성적이 우수한 학생들만 들어간 유토피아, 학교의 파수꾼(?) 광야파와 쓰리세븐(777)파가 있었으며, 악대부, 흑진주, 주피터 등 다양했다. 그 외에도 문예단체나 봉사단체 등이 개별 학교나 연합 형태로 활동했다. 이들은 중학교와 고등학교가 서로 달라도 얽히고설키며 교류했었다.

당시 학생들은 이러한 서클활동을 통해 취미와 봉사활동을 하였고, 동시에 왕성한 독서도 병행했다. 그들은 《사상계》라는 성인 종합교양잡지와 신문 사설을 읽으며, 비록 한문이 많아 다 이해는 못하였으나 쟁점은 놓치지 않고 보았다.

신문은 주로 동아일보와 매일신문이 야당지로서 석간과 조간으로 하루 두 차례 발간되었다. 지면은 좁았으나, 세상의 모든 소식은 다 담고 있었다. 무엇보다 '신문에 났다'고 한다면 그것은 대단한 얘깃거리가 되었다.

학생들은 자주 만나서 청춘을 찬미하며 젊음을 구가했다. 방과 후면 누구 집이라 딱히 정하지 않고 쉽게 발길이 닿는 집에 모여 앉았다. 모여서 고담준론(高談峻論)을 펼치며, 밤 12시 통금 전까지 들락날락거리다 통금이 지나면 그냥 자고 이튿날 조반까지 먹고 학교 가는 게 다반사였다. 대화의 폭은 깊고도 넓었다. 고등학생들의 대화라고 하기에는 무척 다양하고 수준도 높았다. 이들은 눈앞에 전개되는 현실 사회의 각종 불합리와 부조리한 시대 상황에 무관하다고 여기지도 않았다. 대화의 끝에는 언제나 시국 문제로 갑론을박하곤 했다. 이미 의젓한 어른이었던 것이다.

이처럼 이들은 서로 어울려 시간이나 장소에 구애받지 않고 다양한 주제로 각자의 생각들을 논의했었다. 각종 모임을 통해 결속력을 다졌으며, 불의에 항거할 용기도 지니게 된다. 따라서 2·28민주운동의 동력은 학생들 스스로에게 있었다는 점에 주목한다.

대구·경북 고교생 연합서클 '새날동지회' 모임(경북대 농대 옆)

04

## 2월, 봄날처럼 따스함이

2월 25일 등굣길. 희한하게도 늘 같은 시간, 같은 장소에서 셋은 마주친다. 약속하지 않은 습관적인 텔레파시가 약속보다 더 강했다. 손진홍이 침산동에서 걸어 나오면 칠성동 윤풍홍과 마주쳤고, 둘이 걷다 보면 동인동 2층 쌀집에서 장주효가 툭 튀어나왔다.

그날도 거리에는 까만 교복들이 학교가 밀집된 시내로 들어설수록 보태지고 있었다. 벌써 햇살이 대지를 데우는지 바람이 그리 차갑지 않다. 곧 푸근한 봄날이 올 것만 같다.

“풍홍아, 우리도 이제 곧 3학년이 되고, 대학도 가야 하잖아. 니 어디 갈 거고?”

“여러 곳을 생각하는데 아직 좀 더 보고. 니는 정했나?”

“아직…. 우리 유토피아 아아들은 공부도 잘 하니까 다 서울로 안 가겠나?”

“저기 주효 걸어간다. 주효야! 장주효!”

앞서가던 장주효가 모자를 삐딱하게 쓴 채 싱긋 웃으며 수신호를 했다. 짜아식 멋있는 척 하기는….

등굣길에 늘 만나서 이야기하는데도 무슨 할 얘기가 그리 많은지, 늘 같은 레퍼토리인데도 언제나 진지하다. 꽤나 다양하기도 했다. 정치에 꽤 열려 있던 편이라 고등학생이지만 걸어 다니면서 정치 이야기도 비교적 자유롭게 했다. 물론 수준 높은 대화 속에는 독서력이 한몫을 한다. 고등학생이지만 칼 마르크스가 쓴 책을 비롯하여 관심 있는 책들은 모조리 읽고 알아내려는 탐구력도 대단했다. 특히 장주효의 독서력은 월등했다. 세계 문학전집은 대부분 다 읽은 듯했다. 윤풍홍은 동년배였지만 항상 자신과는 다른 무엇인가를 장주효에게서 발견하곤 하였다.

등굣길 곳곳에서 들려오는 소음은 경쾌했다. 아침 햇살이 점점 달아올라 까만 운동화 속의 발가락도 시리지 않았다. 시작도 끝도 없던 이야기가 한창 무르익을 즈음 대뜸 장주효가 윤풍홍을 향해 한마디 던진다.

"니는 부르주아 아니가?"

장주효의 거침없는 생각과 말이었다. 순간 윤풍홍의 표정이 굳어졌다. 걸음을 멈춘 윤풍홍이 장주효를 향해 쏘아댔다.

"내가 왜 부르주아냐? 그럼 니는 프롤레타리아가?"

갑자기 분위기가 격앙되자 서너 살 많은 손진홍이 중재 역할하였고, 둘은 서로 티격태격하다가 이내 평정을 되찾았다. 등굣길은 언제

나 옥신각신이다. 언제 그랬냐는 듯이 다시 웃고 떠드는 사이 어느새 달구언덕이 저만치 눈에 들어왔다. 서로 말은 하지 않았지만 1년 전 경북중학교에서 현재 대구고등학교로 이동했던 그날을 떠올리고 있었다.

경북고가 대구고 교사에 있었고, 경북중과 대구고가 한 교사를 사용하고 있었다. 어느 날, 대구고와 경북중이 붙어 있으면 문제(?)가 생길 것 같아 대구고에게 경북고 자리를 주고 경북고는 경북중과 한 교사를 사용하게 된 것이다. 그때 영선못 둑으로 각자 책걸상을 들고 이동했었다. 이후 이 공간은 대구고등학교의 새로운 역사를 기록하게 되었다.

오후. 공립 중·고등학교 교장 선생님들이 대구여중(현 대구시립중앙도서관)에 모여 일요 등교문제를 어떻게 처리할지 입장을 정리하고 있었다.

열띤 토론을 진행하는 교장실과는 달리 교사 앞 온실에는 햇살을 가득 품은 식물들이 때 아닌 호황을 누리는지 푸른 잎이 무성하다. 가녀린 새순도 마냥 신기하기만 하다. 식물들은 온실에서 싹을 틔우고 곧 밖으로 나올 것이다. 스치듯 바람결이 스며들고 때론 빗방울도 젖어들 것이다. 그렇게 세파에 시달리며 성장통을 겪고 나면 비로소 자기 이름을 갖고 얼굴을 내밀 수 있다. 그게 자연의 순리이다.

회의를 마치고 나서는 교장 선생님들의 표정은 어두웠다. 무거운 숙제를 안고 학교로 돌아가야 하는 발걸음은 짙은 안개 사이를 걷는 것처럼 외롭기만 하다. 차라리 시간이 멈추었으면 싶다.

손진홍이 하굣길에 경북고 이대우(부위원장)를 만났다. 굵직한 검은 안경테 너머 보이는 이대우의 눈빛이 평소와 다르게 힘이 들어가 있었다. 이대우는 손진홍을 보자마자 격분에 찬 목소리로 심경을 토로한다.

“오늘 종례시간에, 이번 일요일 시험 치러 학교 나오란다. 이게 말이 돼? 너희 학교는 어때?”

“그런 말이 어디 있어? 우리는 아직 그런 이야기는 없었는데, 어디 말이 되나. 27일에는 자유당 유세가 있고, 28일 일요일에는 민주당 유세가 있는 날이잖아. 거기에 젊은 사람들이 못 가도록 그라는 거 아니가?”

“우리 학교 학생들도 지금 난리다.”

“이러이 우리가 안 돌게 생겼나?”

손진홍은 길길이 날뛰며 ‘대가리가 두 쪽이 나는 일이 있어도 기어코 싸워야 한다’고 흥분했다. 둘의 발걸음은 자연스럽게 이대우 집을 향했고, 집에 닿을 때까지도 일요일 등교 지시의 부당함으로 열변을 토했다.

저녁을 먹으면서 우선 대의원 회의를 거쳐 학교에 건의할 것을 서로 논의했다. 왜 일요일 등교하면 안 되는지, 등교 지시가 얼마나 부당한지 지적하자고 결론 내렸다.

26일까지도 대구고에 일요일 등교 지시는 없었다. 내일 토요일은 반공일. 4교시 수업을 2교시로 단축 수업한다는 내용만 전달되었다. 학생들이 일찍 집에 가서 집을 봐야 부모님들이 자유당 유세현장에 갈 수 있다는 이유였다.

05

## "이유는 묻지 마라. 내일 등교!"

2월 27일 이른 아침 대구고등학교. 교실마다 떠들썩하니 어수선하다. 경북고 학생들로부터 이미 소식을 접한 몇몇 학생들이 일요일 강제 등교 지시 내용을 퍼트린 것이다. 학우들은 평소답지 않게 정신 사납게 수군거렸으며, 불평이 얼굴에 가득 차 있었다. 일요일 등교에 대해 대구고는 아직 별다른 말이 없었다. 하지만 그 조용함도 잠시, 일요 등교에 대해 침묵을 지키시던 선생님이 조회시간에 드디어 말문을 트셨다.

"일요일, 내일은 교내 운동 시합을 한다. 한 사람도 빠지지 말고 등교해라."

"내일 일요일인데 와 학교 나옵니까?"

"……."

"수성천변에서 민주당 정·부통령 입후보자 정견발표회 열리잖아요?"

"……."

"요새 매일 시내에 가두방송 하잖습니까? 벽보도 한창 나붙고 있는데요, 근데 와 하필 그날 운동 시합합니까?"

삽시간에 교실은 소란스러웠다. 학생들의 항의는 우후죽순처럼 불쑥 튀어나왔다. 그렇잖아도 어제 저녁에 경북고가 일요일 등교한다는 소문을 들었지만 믿기지 않아 긴가민가하였는데, 공식적으로 들으니 더욱 황당하기만 했다. 모두 이 갑작스러운 일요일의 의도된 일정을 짐작하면서도 질문의 화살을 퍼부었다. 선생님들도 당황스럽기는 마찬가지다. 그러니 시원스러운 답변을 할 수가 없다.

1학년 교실에서도 일요일 등교는 전달되었다. 종례시간. 담임 구자봉 선생님께서 교실 문을 쾅! 닫고 들어오셨다. 어찌나 소리가 큰지 교실의 모든 동작과 소리가 일제히 멈추었다. 여진처럼 창문 소리가 점점 나지막하게 진동으로 이어졌다. 어떤 학생은 선생님의 검은 안경테를 보았고, 어떤 학생은 선생님의 슬리퍼를 보았다. 선생님은 잘 닦여진 진초록 칠판 위에 분필을 들고 급히, 휘갈기셨다.

'이유는 묻지 마라. 내일 등교!'

힘이 잔뜩 들어간 손목으로 글씨가 짙게 나타났고, 그동안 분필도 한 번 툭 부러졌다. 손에 든 분필을 내려놓기도 전에 성미 급한 친구가 얼른 손들고 일어섰다.

"내일 일요일 아닙니까?"

"여기 써놨잖아!"

버럭 화를 내시는 선생님을 보며 아무도 말을 이어가지 못했다. 왜 나와야 하냐고 묻고 싶었지만 감히 꺼낼 수가 없었다. 숨소리조차 꺼낼 수 없는 상황이었다. 서상전이 1년 동안 보아온 담임 선생님이었건만, 그날처럼 울분에 차서 화내시는 모습은 처음이었다. 낯선 선생님을 보며 서상전은 생각했다. '이런 분위기라면 내일 등교하지 않아야 해. 담임 선생님이 저토록 화내시는 것은 정당하지 못한 일이다. 그러니까 내일 등교하지 않는 것이….' 저마다 담임 선생님이 크게 화내시는 것과 일요 등교의 부당함이 무관하지 않다고 여기고 있었다.

2학년, 1학년 교실마다 분위기는 비슷했다. 장주효 역시 담임 선생님께 항의를 하였으나, 너희 마음은 알겠는데 진정하라는 얘기만 앵무새처럼 반복했다. 학생들은 일요일 등교 이유가 민주당 정견발표장에 가는 것을 방해한다는 걸 뻔히 알면서도 자꾸 물었다. 그럴 때마다 선생님은 내일 학교에 나오지 않으면 단단히 처벌한다고 은근히 공갈 섞인 말을 늘어놓았다

학생위원장 손진홍은 이성실 부위원장, 장주효, 대의원 민태식, 이원영 등 여러 명과 함께 교무실로 들어갔다. 선생님께 등교 이유를 물었으나 아무도 대답하지 못했다. 하는 수 없이 교감 선생님께 내일의 행사를 연기해 줄 것을 건의했다. 교감 선생님은 오히려 학교 방침이니 협조하라는 말만 되풀이하셨다.

손진홍이 교감 선생님께 거절당한 이야기를 듣고 대의원들이 교장실로 찾아갔다.

"왜 일요일 등교하라 그럽니까?"

화가 난 장주효가 교장 선생님께 따지듯 캐물었다. 교장 선생님은 설마 고등학생들이 자신에게 와서 따지리라고는 짐작 못했다. 아니 있을 수 없는 일이었다. 당황함에 횡설수설하는 교장 선생님을 보며 학생들은 실망하고 말았다. 교장 선생님의 제대로 준비되지 않은 답변, 이치에 맞지 않는 변명에 분노가 차올랐다.

"교장 선생님, 그것은 바른 이야기가 아닙니다."

장주효는 흥분하여 씩씩거렸다. 자유와 정의를 가르치고 학생들을 바른길로 이끌어야 할 선생님들이 모두 비겁하게 정치인의 하수인이 되어가는 꼴을 두고 보자니 억장이 무너졌다.

이번에는 손진홍이 차분히 질문을 이어갔다.

"교장 선생님, 오늘은 자유당 정견발표가 있는 날이지요?"

"그렇다."

"그렇다면 오늘 네 시간 수업인데, 세 시간으로 단축하여, 일찍 집에 돌아가서 부모님들이 자유당의 강연을 들으러 가시고 난 뒤의 빈 집을 지켜야 하지 않습니까?"

"그렇다."

"내일은 민주당의 강연이 있는데, 학교에 가는 날이면 별문제지만, 일요일이니 우리는 집이나 지키고 부모님들로 하여금 강연을 들으시도록 해야 하지 않겠습니까? 그러니 내일의 행사를 다음 기회로 미루도록 합시다."

"……."

정당 정치와 유권자들이 국가의 대통령을 뽑는 중요한 시기에 취해야 할 태도라던가, 공민 시간에 배운 여러 가지 의견을 근거로 들어 설득하였으나 힘없는 학생들의 주장이 관철될 리 없었다.

힘없이 교장실을 나온 손진홍은 수업을 받았으나, 도무지 머리에 선생님의 말소리가 들리지 않았다. 썩어빠진 정치 사기꾼들의 장난에 학창 시절의 순수성이 이렇게까지 더럽혀지고 있는데, 현 사회는 무엇을 하는 것인지에 대해 절망하며 기성 사회를 비난도 해 보았다. 손진홍 뿐만 아니라 다른 학생들도 대부분 같은 생각들이었다.

06

# 토끼사냥

어느 순간 유명무실한 운동대회는 토끼사냥으로 바뀌었다.

"야, 야시골에 토깨이 잡으러 간다는 게 말이 되나?"

"일요일 놀아야 하는데 무슨 토끼사냥? 이거 민주당 유세 가지 말라는 거 아니가?"

"그래. 이기 뭔 소리고? 운동시합한다 캤다가 인제는 토깨이 사냥한다꼬? 내일 민주당 장면 박사 연설장에 못 가게 할라꼬 별의별 수단 다 대고 있네. 안 그렇나?"

"그래. 맞다! 니 말 한번 잘했다. 바로 그기네."

"참 큰일이다. 큰일이야. 인제 우얄라카노? 나라가 우예 될라카노!"

1교시 수업이 언제 마쳤는지, 2교시를 알리는 종은 또 언제 울렸는지 상관할 바 아니었다. 교실마다 온통 술렁거림으로 수업이 제대로 진행될 리도 없었다.

창밖은 파란 하늘이 드리웠고, 이따금 굉음을 내듯 떠오르는 비행기들의 모습이 보였다. 전망 좋은 자리에 세워진 이유였을까. 학교 바깥 풍경을 내다보는 재미란 여간 좋은 것이 아니었다. 때마침 앞산 밑 골짜기마다 흰옷 입은 동민들이 장사진을 이루며 시내 쪽으로 들어가고 있었다. 실로 근래에 보기 드문 많은 사람들이었다. 학생들은 순간 본능적으로 벌떡 일어났다.

"이야!"

"와아! 저기 좀 봐라."

"저기 뭐고! 뭐꼬?"

소리를 지르며 벌떡 일어섰으나 모두 맥없이 주저앉고 말았다. 떼를 지어가는 군중들의 행렬은 계속 이어졌다. 그중에서도 특히 눈에 띄는 것은 반공청년단의 푸른 깃발이었다. 이어서 반공청년단 깃발을 꽂고 수많은 사람들을 짐칸에 태운 낡은 트럭도 지나가고 있었다. 저 많은 사람들의 목적지는 뻔했다. 수성천변 자유당 유세장이었다. 누가 봐도 자발적이 아닌 동원된 주민들의 모습이다. 흥분의 도가니에서 어쩔 줄 모르던 학생들은, 그 울분을 어디에다 터뜨려야 할지 갈피를 잡지 못했다.

반공청년단은 자유당의 외곽 조직으로, 단장은 신도환이었다. 계성고등학교 유도 선생이었던 신도환은 유도 시합장에서 이승만 대통령의 눈에 들었다. 당시 그는 대통령의 양아들이라는 말이 들릴 정도로 총애를 받으며, 자유당 정권의 실세 중의 실세였다.

반공청년단이 선거유세장으로 인솔하는 주민들의 모습은 이 사회가 얼마나 정의롭지 못하는가를 보여주는 한 단면이었다. 아무리 어린 학생들이라 할지라도 이 상황은 훤하게 들여다보였다. 학생들이 창밖을 향해 소리 지르며 격분했지만 그것은 대답 없는 메아리에 불과했다.

선거전은 한 철 '바람'이다. 여론몰이가 중요했다. 때문에 일요일에 있을 민주당 유세 현장에 자유당 유세보다 더 많은 사람들, 특히 학생들이 많이 몰릴 듯하여 자유당은 안달이었다. 학생들이 정치에 큰 관심이 있겠느냐마는, 워낙 사회가 혼탁하니 학생들 역시 피부 사이로 독재를 완연히 느끼고 있었다.

학생과장 구자봉 선생님이 손진홍을 찾았다.

"영웅도 시대를 따라야 한다."

"만약 국경일이 일요일이면 그 행사를 익일 월요일에 하라고 대통령이 발표했습니다. 지금 그렇게 실행하고 있습니다. 하물며 보잘것없는 운동시합, 아니 토끼사냥하는 것쯤으로 내일 등교하라는 것이 명목이 섭니까, 선생님."

"……."

되묻는 손진홍의 말에 선생님은 우물쭈물했다. 손진홍의 상식으로는 도저히 용납할 수 없는 일이었다. 언행일치라는 말이 우스울 정도로 선생님들은 지금 앞뒤가 맞지 않는 논리를 학생들에게 주입하고 있기 때문이다.

"이론상으로는 진홍이에게 지는 게지. 그래도 학교는 와야 한다. 알았느냐?"

그렇게 손진홍은 번번이 거부할 수 없는 논리를 내세웠고 선생님은 거기에 대고 할 말이 있을 리 만무하였다. 그러면서도 내일 등교를 강력히 주장하였다.

"예. 내일 반드시 학교에 나오겠습니다."

눈 덮인 허연 앞산에 먹이를 찾아 나선 토끼들의 발자국을 상상하며, 비장한 인사를 했다. 내일 토끼사냥하기 좋도록 막대기 하나씩 준비하라는 담임 선생님의 친절한 당부도 이어졌다.

07

# 시위를 위한 서막

단축 수업을 마치고 이어진 회의는, 학생들의 거듭된 주장에도 불구하고 일요등교는 철회되지 않았다. 손진홍은 시내로 나왔다. 자유당 강연장인 수성천변으로 동원되어가는 민중들이 골목마다 거리마다 꽉 차 있었다. 답답했다. '경북고는 이틀 전에 일요 등교 지시가 떨어졌고, 우리는 오늘, 그럼 부고는?' 생각이 여기까지 미치자 발길을 얼른 사대부고로 돌렸다. 최용호를 찾았다. 최용호는 1학기 때 부위원장이었다. 각 학교 간부들끼리는 자주 왕래하는 사이였으므로 타 학교 학생이 방문하는 것은 그리 특별한 일은 아니다.

부고는 때마침 졸업식이 끝날 무렵이었다. 최용호 역시 손진홍을 보자마자 일요일 강제 등교 건에 대해 맹렬히 비난하는 것이었다. 최용호와 손진홍은 윤풍홍을 만나 이대우 집으로 갔으나 이대우가 없었다. 하는 수 없이 자유당 강연장으로 가서 연사들의 열변을 듣고 시내로 나왔다. 시내에서 만나는 친구들마다 풀이 죽어 있었다.

심재태는 하굣길에 계속 툴툴거리며 최종광과 함께 반월당 네거리에 있는 대산소아과 서선홍의 집에 들렀다. 최종광의 집도 그 옆이었다. 서선홍의 집은 접근성이 좋을 뿐만 아니라 병원과 가정집이 떨어져 있어 일주일에 5일은 모일 정도였다. 대구고 몇 명한테는 서선홍의 집이 이른바 아지트였다. 경북고 학생들도 종종 왔다. 그들은 서선홍이 경북중 다닐 때 친구들이었다.

오후 2,3시쯤 되었을까. 손진홍이 씩씩거리며 들어섰다. 한동안 손진홍은 서선홍의 집에서 몇 개월 생활했던 관계로 오늘의 방문이 낯설지 않았다. 하지만 평소와 다르게 화를 주체하지 못하는 모습에 모두 의아해했다. 손진홍은 나이가 많은 만큼 어른스러웠으며, 특히 학생회장으로서 신임이 두터워 학생들이 많이 따랐다.

"야! 이거 안 되겠다."

"와?"

"우리 일요일 날 학교 나오라는데 말이 안 된다. 의논해서 봉기라도 해야겠다."

"……."

"1학년 애들은 재태 니가 다독이고 설득해 줘라. 니가 내일 할 일은…. 서로 비밀을 지켜야 하니 각자 맡은 일은 나중에 이야기 해줄 테니까. 우선 대우 한 번 만나러 가야겠다."

심재태는 1학년들을 좀 많이 알았다. 1학년 후배들이 들어오자, 너무 반갑다(?)며 1학년 교실을 다 돌았다. 문제는 그 반갑다는 방식이 다른 학생들이 느끼는 것과 좀 다르다는 점이다. 여하튼 그때 몽둥이 들고 다니며 '후배들 길들인다.'고 손을 봐준 것이 1학년에게 확실히 얼굴 도장을 찍은 결과가 되었다. 그러니까 1학년들은 웬만하면 심재태를 알았다. 물론 반갑게 맞이한 후배들은 나름 힘깨나 쓰는 애들이지만….

손진홍이 떠나고 심재태, 최종광, 서선홍은 수성천변 자유당 유세장으로 향했다. 반월당에서 걸으면 15분 정도 걸렸다. 이미 사람들로 가득한 유세장은 발 들어설 틈이 없었다. 결국 유세 연설보다 사람 구경하고 돌아오고 말았다. 손진홍은 저녁때가 한참 지났으나 서선홍의 집에 나타나지 않았다.

유토피아 회원이었던 신한익도 해질녘 손진홍으로부터 '우리가 이대로 있을 순 없다. 뭔가 움직여야 할 것 같다.'는 언질을 받았다. 아직 구체화된 건 없었지만 뭔가 일이 일어날 거라는 비밀을 듣고, 뿌듯하기도 하고 뭔가 차오르는 것이 들뜨기도 했다. 신한익은 그날 밤늦도록 연락을 기다리고 있었다.

손진홍이 이대우 집을 찾았을 때는 저녁 7시쯤이었다. 장주효, 윤풍홍은 학교에서 미리 통보한 까닭에 일찌감치 참석했다. 주인이 없어도 늘 이렇게 내 집처럼 드나들었으므로 이대우가 없어도 방에 죽치고 있었다. 조금 있으니 시내에 갔던 이대우가 들어오고, 6~7명의 경북고 학우들도 모여들었다. 안효영, 전화섭, 권준화, 정명소, 하청일, 윤종명이 눈에 들어왔다. 모두 평소에 친하게 지내던, 대부분 경상중학교 출신들이었다. 사대부고의 최용호가 합류하면서 모두 11명이었다. 방안이 가득 찼다.

한편, 대구고의 일요일 등교 지시에 대한 불만의 불씨는 불꽃으로 점점 번지고 있었다. 서클 활동하는 학생들끼리, 2학년은 2학년끼리, 1학년은 1학년끼리, 삼삼오오 모여서 이 부당함을 어떻게 할 것인가 고민하고 있었다.

08

## "우리가 한번 해보자!"

'이 말도 안 되는 상황을 어떻게 봐야 하나?', '어떻게 처리할까?' 갑론을박한 지 30여 분이 지났을까. 이대우의 냉돌방은 열기로 가득했다.

"지금 우리 민족의 실정을 보면, 풀뿌리 나무껍질로 근근이 실낱 같은 생명이나마 부지해 보려는 사람들이 얼마나 많은가. 고생! 고생! 모진 고생을 달게 받으며 세월만 원망하는 농어촌 동포들의 참상을 저들이 알기나 하나? 오늘 선거 유세하는 것 안 봤나? 정말 한심하기 짝이 없는 일이 아니가!"

"그래. 우리가 정치인들에게 일대 경종을 울려가 각성을 촉구 하자."

"이런 상황인데도 지금 술집에서, 당구장에서, 다방에서 흥청거리는 학생들이 있다. 이건 더욱 더 용납할 수 없는 군상들이다!"

"어디 그 뿐이가? 낮에 자유당 강연장에 모인 군중들 보면, 저 경산 쪽에서, 촌에서 인간의 대접은커녕 짐짝같이 실려 온 불쌍한 농민들이, 다리 밑에서 웅성거리는데, 연단에 선 신사의 입에서 '사람 위에 사람 없고 사람 밑에 사람 없고, 사람 옆에 사람 있다'고 지껄이는데 이 얼마나 위선적이고, 가증스럽냐?"

"욕되게 살기보다는 차라리 정의를 위해서 싸우다가 쓰러지는 것이 떳떳하지 않을까? 만약 우리가 이 더러움에 굴복한다면 십대의 청소년마저 죽었다고 하지 않겠는가?"

손진홍의 열변은 평소 약간 어눌한 말투가 전혀 느껴지지 않았다. 의협심이 강한 장주효가 땅바닥을 두드리며 한숨을 몰아쉬었다. 윤종명은 그 큰 몸집을 움직이면서 갈피를 잡지 못하고 한숨만 땅이 꺼지라고 쉬더니 불의에 대해 최후까지 투쟁할 것을 주장하였다. 모두들 끝까지 투쟁할 것에 동의했다. 방 안의 공기는 긴장감으로 가득 찼다.

"난데없이 시험 친다캤다가 우- 물려가니 영화보러 가자 카고. 이게 뭐고? "

"토끼사냥은 또 어떻고."

"경북여고는 학예회 발표한단다."

"이대로는 안 된다. 어떤 방법으로든 우리의 뜻을 표출해야 된다."

"우리가 지금 일어서지 않으면 언제 민주주의가 이 땅에 뿌리내릴지 그 누구도 장담할 수 없어. 우리가 단순히 일요일 등교하라는 것 때문에 분노한 것은 아니잖은가?"

"그럼 어떻게 할까? 지금 당장 떠오르는 좋은 방법 있는가?"

"그래. 당장 내일인데."

"우리가 거리로 나서자. 시위하면 어떻노?"

"시위?"

"시위! 그래, 그거 좋다. 시위하면서 우리의 뜻을 알리자!"

"좋다. 함 해보자."

9시. 깊어가는 한 겨울밤의 고요함이 간간이 스며들 때, 이따금 골목 사이로 개 짖는 소리가 들려왔다. 시위하자고 모두 찬성했으나, 어디서 무엇을 어떻게 해야 하는지 막연했다. 계획이 없었으므로 준비된 것은 더욱더 없었다. 지금부터 하나하나 논의해야 하는데 시간이 촉박했다. 당장 내일 일인데…. 이 밤에, 지도자도 없이, 그것도 고등학생들이, 난생 처음 해보는 시위다. 더구나 상대는 무소불위의 자유당 정권이 아닌가. 막강한 공권력 앞에 항거하려는 것이다. 정신은 비록 완전무장할 수 있어도 행동은 불가능하지 않는가. 그렇다고 포기하기는 '공민' 교과목을 배우는 엘리트 지식인으로서 용납할 수 없는 일이었다. 절대 간과할 수 없는 엄청난 일이다.

그런데 참 난감한 것이, 일요 등교 지시가 먼저 떨어진 경북고에 비해 대구고는 출발점이 달랐다. 오늘 아침에 일요일 등교 지시가 통보된 대구고는 준비된 것이 없었다. 대의원을 소집하여 선생님께 항의는 했으나, 대구고만의 단독 계획을 세워 항거할 시간이 없었다. 분명한 것은 학원에 가해진 자유당 정권의 직접적인 부당한 처사였고, 이 거대한 공권력에 어찌 보면 단독 계획보다 연합전선을 펴는 것이 현명하다고 판단한 것이다. 그것은 이 밤에 이대우의 집을 찾은 이유이기도 하다.

그에 비해 25일 통보받은 경북고는 이미 학생들 사이에서 '뭔가'를 해야 한다는 분위기가 팽배했었고, 스스로도 준비를 한 상태였다. 그 증거로 '선언문'이 이미 작성된 상태였다. 더 보태자면, 지금 이 자리에 참석한 학생 수도 월등하다. 뿐만 아니다. 초저녁부터 들락날락

한 경고생들은 20~30명 가량 되었다. 이처럼 활약하는 무대가 명확했던 경북고는 일을 진행하기도 쉬웠을 것이다.

대구고는 단 세 사람뿐이다. 준비된 것도 없고 수적으로도 열세하지만, 끝까지 용기를 잃지 않고 생사를 같이하기로 했다. 대구고가 누군가. 대구의 사나이 아닌가. 이 난세에 대구고의 자존심과 자부심이 비로소 빛을 발할 때라고 여겼다.

시위를 결정하자 경북고에서 선언문을 꺼내놓았다. 이대우가 하청일(경북고 41회 휴학 중)에게 의뢰한 것이었다. 뭔가 있어 보이고 그럴듯했으며, 우선 우리의 뜻이 담긴 내용이었다. 이 선언문을 두 학교가 같이 사용할 것인지, 다르게 작성할 것인지 양론이 분분했다. 결론은 '새로운 선언문을 작성한다.'였다.

표층적 이유는 경북고와 대구고가 같은 선언문으로 행동하면 함께 모의했다는 것이 명확해지고, 그것이 문제가 될 것이라는 점이다. 무엇보다 순수성을 강조하고 싶었다. 그러나 심층적으로는 대구고의 자존심이었다. '경북고의 선언문과 똑같이 사용하기 싫다.'였다. 더 이상 무슨 말이 필요한가. 이 급박한 상황에도 그래야 할 것 같았다. 스스로 죽마고우라 여기고, 생사를 같이 하자고 하면서도 저변에 미묘한 감정은 도사리고 있었다.

선언문을 별도로 준비해서 시위하는 것! 다 좋은데, 문제는 시간과 동력이 역부족이다. 대구고는 부당한 처사에 차라리 내일 학교 나오지 말자는 학생이 오히려 많았다. 선생님의 강한 등교 지시 그 위에, 대구고 특유의 기질이 있었다. 아무도 못 말리는, 한다면 하는 그 '박력'이 한몫했던 것이다. 이 학생들을 다시 등교하라고 전달해야 할 판이다. 다급해진 대구고 손진홍, 장주효, 윤풍홍은 시위 계획을 학생 간부들에게 알리기 위해 벗어둔 교모를 챙겼다.

생각해보니 선언문을 다르게 한다고 큰소리 쳤지만 쓸 시간이 없었다. 할 수 없이 사대부고 최용호에게 선언문을 의뢰하고 이대우 집을 나섰다. 방안의 열기가 골목을 벗어나자 점점 식어갔다.

대구고의 연합모의 참석자 장주효, 손진홍, 윤풍홍

09

## "내일 데모한다. 니가 앞장서가 아아들 챙겨도!"

학생위원들이 제일 먼저 찾아간 곳은 서동활의 집이다. 서동활은 악대부장으로서 그의 힘이 절대적으로 필요했다. 뿐만 아니라 그는 정의감도 투철했다.

"동활아! 서동활!"

서동활은 고3 올라가기 전 공부에 전념하고자 책상 앞에 앉았다. 정확히 말하자면, 지금까지 교제하던 여학생과 오늘 헤어지고 냉혹한 이별의 순간을 견뎌내던 중이었다. 도로변에 붙은 공부방으로 다급하게 부르는 친구들의 소리가 들렸고, 첫소리에 벌떡 뛰어나갔다. 장주효, 손진홍, 윤풍홍이었다. 그들은 곧 방으로 안내되었다. 벽에 착 달라붙은 벽시계가 11시를 넘어서고 있었다. 좌중을 돌아보던 서동활의 눈이 휘둥그레진다.

"야! 지금이 몇 신데 이래 몰려 다니노!"

“동활아, 니도 알다시피 내일 수성천변에서 장면 선생 선거 유세 있는 날이다. 그런데 내일은 일요일 아니가? 일요일인데도 우리 학교에서는 토끼사냥 간다고 전교생 모두 등교하라 칸다. 뿐만 아니다. 교내 체육대회다, 뭐다, 그럴듯한 구실을 붙여 시내 모든 학교가 내일 등교한단 말이다. 이게 무슨 유치한 짓이고!! 이젠 신성한 학원까지도 완전히 정치 도구가 안 돼 버렸나! 이거 우리가 가만히 있어야 되겠나! 이래가 우리가 우리 사회를 책임지고 나갈 엘리트라 칼 수 있겠나?”

장주효가 열변을 토하고 말을 끊었다. 방안이 숙연해졌다. 침묵을 깨고 서동활이 무겁게 입을 열었다.

“장 군아, 그와 같은 정세를 난들 모르는 바 아니지만, 폭풍이 지나간 뒤에는 얼마만한 희생이 올 것인가를 계산에 넣어야 할 거 아니가? 희생을 각오하면, 일전에 우리가 한 맹세는 어찌 되는가? ‘우리 사관학교에 꼭 합격하여 나라의 간성이 되어 썩어가는 조국을 다시 일으키자.’고 한 그 약속 말이다!”

또다시 침묵이 흘렀다. 장주효가 침통한 표정으로 입을 열었다.

“그러면 좋다. 나는 기왕 각오한 몸이니 상관없지만 동활이 니는 앞에 나서지 말고 내일 아침 학교에서 대열이 움직이지 않을 때 학생들 대열이 움직이게만 해 주라!”

손진홍, 장주효, 윤풍홍은 단도직입적으로 내일의 거사를 말하고 협조를 구했다. 그리고 모든 준비는 다 되어 있으며 경북고와도 합의가 되었다고 거듭 말했다. 몇 번을 다짐하는 눈빛에는 선구자적인 한 줄기 빛이 서려 있었다. 모두들 늦은 시간이지만 흐트러짐 없이 꼿꼿했다. 어디서 저런 힘이 나왔을까. 서동활은 고개는 미동도 않고 눈으로 친구들 하나하나의 표정을 특유의 직감으로 빠르게 훑었다.

"좋다!"

서동활의 확답을 받은 셋은 다시 어두운 골목길을 뛰었다. 신의신을 찾았다. 신의신은 어떠한 방법으로든 최소 70명은 동원하겠다는 약속을 했다. 다시 뛰었다. 보이지 않은 땀이 등줄기를 타고 흘러내렸다. 숨이 찼으나 멈출 수가 없었다. 앞장서서 거사를 행할 숫자가 아직 턱없이 부족하기 때문이다. 다음 집을 향해 달렸다.

최종호 집에 갔으나 부재중이었다. 다시 김종하, 공정수를 찾았다. 대대장 김정일을 찾아갔으나 또 부재중이다.

지금 목표는 내일 결석생이 없도록 전원 출석시키는 일이었다. 찾아간 친구들 중에 이미 시골로 간 학생들도 있었다. 여간 실망하지 않았으나, 만나는 친구마다 이구동성으로 적극 협력할 것을 약속했다. 그들은 모두 영웅이었다. 눈물이 날 정도로 고마웠고, 억제치 못할 힘이 치밀어 올랐다.

10

# 경계 대상 1호, 삼덕동 1가 1번지

11시 30분. 통행금지 예비 종이 울렸다. 셋은 잠시 고민에 빠졌다. 이 일을 적극적으로 함께할 동지, '임용대를 어떻게 할 것인가.'였다. 임용대는 민주당 경북도당 위원장이자 국회의원 임문석 씨 아들이다. 내일의 시위는 학생들끼리 순수 자발적으로 의논하고 행동하는 것이다. 그런데 임용대를 찾았다가 민주당에서 지시한 것으로 오해받아 정치적 목적성 시위로 몰리면 일이 커질 뿐만 아니라 자칫 임용대나 부친께 엄청난 화가 미칠 수도 있기 때문이다. 하지만 주저도 잠시, 김정일도 못 만났으니 부탁도 할 겸 임용대를 찾아가기로 했다.

임용대의 집은 동인호텔 앞 삼덕동 1가 1번지였다. 그 저녁 동인호텔에는 장면 박사가 투숙 중이었다. 장면 박사는 28일 선거 유세 현장에서 연설하는 민주당 부통령 후보자였다. 민주당에 대한 정보 사찰이 어느 때보다 삼엄한 경계를 펼치던 밤이었고, 그 주변에 고등학생들이 얼쩡거리는 자체가 위험천만한 일이었다. 그야말로 임용대의 집은 경계 대상 1호였다.

정보 형사들의 힘은 막강했고, 핵심 권력층이었다. 그들은 정치 담당, 경제 담당처럼 권력 구조로 나뉘어졌으며, 한 번 담당하면 거의 이동이 없었다. 때문에 경찰이 권력의 실세라는 말이 돌았다.

27일 한밤중에 범 아가리와 같은 이 위험천만한 임용대의 집을 손진홍, 장주효, 윤풍홍이 찾은 것이다. 이 같은 상황을 알 리가 없는 그들은 임용대를 불렀다.

임용대는 대문 밖으로 나오자마자 급히 어둡고 구석진 곳으로 셋을 데려갔다. 시위라는 말 떨어지기가 무섭게 어둠을 가르듯 단호한 거절이 이어졌다.

"용대야, 그라지 말고 내일 학교 나와가 같이 함 하자."

"나는 정치적인 건 안 하고 싶다!"

임용대에게 그의 부친과 관련되지 않은 일이라고 누누이 설득하고 협력할 것을 부탁했다. 덧붙여 이 일은 순수한 의도이며, 민주당이나 어느 정당을 위해서 하는 일이 절대 아니라는 점도 강조하자 겨우 대답을 들을 수 있었다.

"그래, 좋다. 내일 나가겠다."

"내일 반드시 등교하고, 대신 너희 집에는 우리 계획 절대 이야기하지 마라."

임용대는 정치와 상관없이 순수하게 시위한다는 걸 이해했고, 의기투합했다. 임용대에게 거듭 다짐을 받고 돌아서는데, 임용대가 경찰의 시선을 의식하고 낮은 소리로 신신당부했다.

"너거 갈 때 조심해서 가라. 무조건 조심해서 가라."

임용대는 어둠 속으로 사라져가는 친구들을 유심히, 조심스럽게 배웅하고 집으로 들어섰다. 안방에는 아직도 장면 박사와 부친이 대담 중이다. '무사히 잘 갔겠지.' 임용대는 주변에 늘 사복형사들이 잠복해 있다는 것을 잘 안다. 딱 봐도 '저 사람이 형사'라는 걸 직감적으로 알았다. 약속대로 부모님께 친구들과 있었던 이야기는 일언반구도 하지 않았다.

11

## "거참, 장가도 한번 못 가보고 죽네."

밤 12시. 에에엥 에엥. 사이렌이 울리자 급히 골목으로 숨어들었다. 각자 집으로 돌아갈 시간은 지났다. 숨 가쁜 가슴을 안고 이대우 집으로 들어섰다. 헉헉거리며 자리에 앉는데 이대우가 말을 꺼낸다.

"너거들 나간 사이 우리 학교 대의원들이 왔다 갔다. 여러 의견이 나왔는데, 우리 학교는 그냥 선언문만 발표하기로 했다."

말문이 막혔다. 이 추운 겨울밤에 죽도록 뛰어다니며 막 들어선 손진홍, 장주효, 윤풍홍에게 너무 잔인한 선물이었다. 잠시 침묵이 흘렀다. 대구고 학생들은 어처구니가 없어서, 이대우를 비롯한 경북고 학생들은 대구고의 눈치를 살피느라, 사대부고 최용호는 얼음장 같은 분위기에, 이유는 달랐으나 표출되는 침묵의 농도는 같았다. 아니나 다를까. 무거운 침묵을 박살내듯 장주효가 격노하며 소리를 질렀다.

"이놈의 새끼들! 비겁한 놈들! 누구는 겁이 안나나? 우리 다 겁난다. 우리 다 처음 하는 일이라 무섭고 떨리는데, 그런 식으로 할 것 같으면 너거들하고 두 번 다시 일 안 한다."

바르르 떨며 씩씩거리자, 안효영이 얼른 동의하고 나섰다.

"그래, 주효야. 주효 니 말이 맞다."

안효영의 반응에 다른 학생들이 동조하기 시작했고, 그 시점부터 구체적인 시위 방향이 논의되었다. 다시 열기가 솟구쳤다.

먼저 시위 책임자부터 선정했다. 경북고는 이대우와 안효영, 대구고는 손진홍과 장주효로 합의했다. 책임자를 정한 이유는 계획이 중간에 무산될 경우를 대비해서 희생을 최소로 줄이자는 의도이다.

시위를 어떤 방식으로 할 것인가도 의견이 분분했다. 줄을 지어서 행진을 할 것인가? 마구잡이로 달려갈 것인가. 경찰에게 제지당하지 않도록 파출소가 드문 미 8군 사령부 뒷문에 모여서 두 학교가 같이 시내로 행진하는가, 그렇지 않으면 경북고는 교문을 나가서 봉산파출소를 거쳐 반월당에 모이고, 대구고는 학교를 나와 큰길로 달려 명덕로터리를 거쳐 반월당 큰길에서 만난 후 두 학교가 함께 행진할 것인가. 결론은 경찰의 제지도 어느 정도 뚫고, 나갈 수 있는 후자로 의견이 모아졌다. 그때까지도 남대구경찰서 옆에 있는 사대부고의 행로는 구체적으로 물망에 올리지 않았다.

의논할 것은 끝이 없었다. 처음 하는 시위는 모든 것이 낯설다. 마중물 선배들도 없었고, 디딤돌 어른들도 없었다. 내일이면 새로운 세계를 향한 발을 디뎌야 한다. 가보지 않은 길의 완벽한 준비는 없었다. 분명한 것은 가슴 설레는 일이 아니라 가슴 떨리는, 두려운 일이라는 것이다.

다시 머리를 다 짜내서 구호를 정했다.

<우리에게 인류애를 발휘하라!>

<신성한 학원을 정치도구화 하지 마라!>

<횃불을 밝혀라, 동방의 별들아!>

시위다운 제법 그럴듯한 모양이 갖춰지는 것 같았다.

마지막으로 오후 1시에 반월당으로 집결할 것을 약속했다. 대구고는 토끼사냥을 한다고 운동장에 모일 것이고, 경북고는 영화 구경을 간다고 하니, 그때 운동장에 모일 것이므로, 이 찬스를 이용하여 교문을 벗어나기로 했다. 반월당은 넓었고, 이합집산하기 좋으며, 야당지 매일신문사도 있었다. 연합 시위하기 적합한 장소였다. 서로 비밀결사대가 되어 긴밀하게 움직이고 수시로 상황을 연락하자고 다짐, 또 다짐했다. 연락 수단은 대의원들이 자유롭게 사용할 수 있는 교무실 전화였다.

시위가 구체적으로 논의되면서 분위기는 점점 비장함으로 무르익어 갔다. 이제 시위를 위한 준비는 끝났다. 대구고의 선언문도 작성 완료되었다. 잠시 침묵이 흐른다. 간간이 파고드는 짙은 침묵이 알 수 없는 긴장감과 두려움을 몰고 왔다.

그런데 이게 웬일인가. 갑자기 사대부고의 최용호가 난색을 표했다. 경북고와 대구고가 학생들을 독려하며 집결지까지 정하고 있었으나 사대부고의 최용호는 그럴 형편이 못 되었다. 1학기 때 학생부위원장이었고 현재는 학생들을 모을 수 있는 권한이 없었다. 최용호의 입장도 일리가 있지만 비상사태인 만큼 연합 시위에 동참할 것을 호소했다. 오늘 밤에 경고, 대고, 부고만이라도 확정되어야 내일 대구상고, 경북여고를 비롯한 타학교에 전달하고 움직일 수 있기 때문이다.

이제 시위 계획은 끝났다. 남은 것은 얼마나 참여할 것인가이다.

잠시 잠을 청하자고 누웠다. 모두 생각에 잠겼는지 말이 없다. 비슷한 생각을 하는지, 낮은 한숨 섞인 숨소리가 적막을 튕기고 있었다. 고등학생으로서 너무 일찍 큰 경험을 당기고 있었다. 아! 냉돌방에 쪽잠이라도 잘 수 있는, 오늘 같은 밤을 또다시 맞이할 수 있을까? 시위를 치르고 나면 어떻게 될 것인가? 학교에서는 무기정학을 당하거나 더하면 퇴학을 당하겠지. 그다음엔…. 생각하기 싫지만 모진 고문을 받고 징역살이 하겠지. 생각은 꼬리에 꼬리를 물고 자꾸만 기어 올라왔다. 징역까지는 아니라도 걸어서 돌아올 수는 있을까. 수많은 생각들이 차오르고 사라져갔다. 그러나 불안감과 두려움은 여전히 자리잡은 채 가슴을 짓눌렀다.

손진홍은 마음이 어지러워졌다. 특히 전 학생의 선두에 서서 내달리고 지휘하고 싶은 생각이 그리 적극적으로 나지 않았다. 부모님 생각에 잠시 마음도 복잡해졌다. 그러나 내 알몸뚱이 하나를 헌신짝처럼 버리기로 결심을 하자, 또다시 용기가 되살아 올랐다.

장주효 역시 큰소리쳤지만 마음 한 구석이 허전해오는 것은 어쩔 수 없었다. 친구들과 수많은 밤을 함께 지새웠지만 오늘 같은 밤은 없었다. 내가 없어도 시청 철도건널목 옆 우리 집에는 친구뿐만 아니라 새날동지회 회원들이 수시로 드나들었다. 죽치고 있다가 12시 통행금지 사이렌이 울리면 그냥 자고 이튿날 밥 먹고 가방 메고 학교 가는 일이 다반사였다. 쌀집답게 밥솥에 밥이 떨어지지 않았지만, 통 큰 어머니의 손은 물이 마를 날 없었다. 그 많은 친구들이 드나들어도 싫은 내색 한 번 안 하신 부모님이시다. 불현듯 왜 이 생각이 나는지, 이제 와서 새삼 부모님의 넉넉한 마음을 떠올리는 자신에게 화가 치밀었다. 그런데 이건 또 뭔가? 주책없이 아침마다 등굣길에서 보는 단발머리 여학생이 눈에 삼삼하게 들어왔다. 몇 년을 보고도 좋아한다는 말 한마디 못하지 않았는가. 생각할수록 억울하다.

윤풍홍 역시 내색은 하지 않았지만 여러 생각에 마음이 복잡했다. 그때 어둠속에서 누군가가 말을 꺼낸다.

"내일 우리 시위한다. 어쩌면…. 각자 하고 싶은 이야기 해봐라."

"……."

"니는 뭐가 제일 억울하노?"

"나는 결혼 안 한 게 후회된다."

"……."

"거참, 장가도 한번 못 가보고 죽네."

우스갯소리에 참았던 속울음인지, 헛웃음인지 동시에 터져 나왔다. 전쟁터의 유머 한 마디가 죽음의 총알을 피할 수 있다고 했던가. 지금 이 순간 '우스갯소리'는 청량제였다. 그러자 약속이라도 한 것처럼 손을 잡고 유행가 '유정천리'를 부르기 시작했다.

가련다, 떠나련다.
어린 아들 손을 잡고
감자 심고 수수 심는
두메 산골, 내 고향에
못살아도 나는 좋아

외로워도 나는 좋아

…….

노래가 전혀 위로되지 않을 때도 있었던가! 고요히 부르는 노랫소리는 밤의 적막 속으로 사라져갔다.

새벽 3시. 오늘따라 괘종시계는 몹시 친절하다. 불안과 초조, 두려움이 또 다시 휘감아쳤다. 얼마나 지났을까. 아무도 잠 안 자고 있었다. '애국가'만 부르고 이젠 정말 자야한다고 서로 다짐하듯 속삭였다. 애국가를 불렀다. 4절까지 다 불렀다. 조용하다. 모두 약속이나 한 듯 한숨소리도 내지 않았다.

얼마나 지났을까? 잠자는 숨소리를 타고 이대우가 손진홍을 부른다.

"진홍아!"

"와?"

"잠 안 오나?"

"잠 올 리가 있나?"

"그러면 한 번 더 생각해보자."

아무래도 이대우는 불안한가 보다. 이대우가 잠깐 생각에 잠기더니 혼잣말하며 돌아눕는다.

"날 새지 마라, 날 새지 마라."

몇 걸음 앞서서 걷는 것이 이토록 힘겨울까. 이 길을 함께 걸어갈 우리들, 교정에서 떠오르는 아침 햇살을 다시 맞이할 수 있으려나…….

괘종시계가 4시를 알린다.

12

# 날이 밝아오다

거사의 날. 어둠과 밝음이 교차되고 있었다. 잔인하리만큼 불안한 밤을 보낸 얼굴들이 서로 마주 앉았다. 이곳에서 보낸 숱한 시간들이 주마등처럼 지나갔다. 꿈같은 날들이었다.

우리에게 오늘을 기록할 시간이 가까운 시일 내에 주어질까? 우리에게 허락된다면, 지금 이 순간을 어떻게 표현할지, 먼 훗날 우리의 기억이 희미할 즈음, 오늘을 이야기한다면, 어떻게 말할지, 흐려지고 사라진 파편의 기억을 우리가 다시 불러올 수 있을까. 알 수 없는 먼 미래이고, 꿈같은 시간이다. 그러고 보니 과거도 꿈같은 날이었고, 미래도 꿈같은 시간이다. 현재만 두렵고 떨리는 무서운 현실 속이었다. 시위를 모의한 이 고등학생들이 지금 그 현실을 정면으로 마주하고 있는 것이다.

이대우가 경북고의 선언문을 펼쳤다. 대구고 역시 선언문을 재확인했다. 장주효와 이대우가 선언문을 두루마리에 써서 읽으면 폼도 좀 날 것 같다며 손진홍에게 의향을 물었다. 손진홍과 윤풍홍이 좋다 하여 '두루마리형 선언문'으로 결정했다. 대구고의 '두루마리형 선언문'의 정서는 글씨 잘 쓰는 박대근의 몫으로 돌렸다.

이대우 집을 나서기 전, 어젯밤 합의된 사항을 복습하듯 정리했다. 거사를 잘 치르려면, 사나이답게 비밀은 물론 약속을 잘 지켜야 한다며 다짐, 또 다짐했다. 사대부고 최용호가 먼저 집을 나섰다. 시위의 뜻을 이해하고 힘을 실어줄 친구가 필요한 까닭이다.

대구고도 나섰다. 삼덕동 박대근의 집에 들러 최용호가 쓴 선언문을 윤풍홍이 넘겼다. 이른 아침에 찾아온 것도 놀라운데, 시위 한다며 선언문 정서를 부탁하다니, 놀라서 당황해하는 박대근을 보며 바쁘게 뒤돌아섰다.

이제 선언문은 박대근에게 맡겨졌다. 손진홍은 서선홍의 집으로 뛰었다. 어제 심재태에게 귀띔한 시위 계획을 구체적으로 전달하기 위함이다. 아침을 먹는 둥 마는 둥하며 서선홍에게 몇 가지 당부했다.

"선홍아, 니 학교 가는 길에 태식이 좀 만나라. 어제 내가 오늘 일 있을 거라고 말은 해놨다. 있다가 앞산에 토끼사냥하러 간다고 운동장에 모이면, 내가 '가자!'하고 외칠 거다. 그러면 민태식이는 친한 김종대, 은국웅, 최종광, 최상훈하고 같이 선두에 서가 도청으로 학생들 유인하라 캐라."

손진홍은 서선홍에게 몇 가지 더 당부를 하고, 1학년 김정홍을 찾아갔다. 김정홍은 '쓰리세븐파' 대장이다. 원래는 1회 입학 동급생이었으나, 1학년 때 주먹질로 퇴학당하고 재입학해서 현재 1학년이다. '쓰리세븐파'와 '광야파'는 대구고 박력의 사나이 양대 상징이었다.

"정홍아, 우리가 시위를 할 건데, 같이 동참하자. 1학년은 니가 좀 책임져도."

김정홍은 일요일에 학교 나오라는 것에 화가 나던 차에 잘 됐다며 적극적으로 나서기로 했다. 또 오늘은 서로가 서로를 지켜주고 있다는 믿음에 절로 힘이 나기도 했다.

다시 시내를 휘돌아 나와 찾아간 간 곳은 부위원장 이성실 집이었다.

"성실아, 선언문은 박대근이가 쓰기로 했다. 니는 뒤로 좀 빠져라. 부위원장이지만 너거 부친이 교육 공무원이시니까 뒤로 빠져라. 대신 내가 하는 걸 도와주면 된다."

이성실은 그러겠다고 약속했다. 등교시간이 민주당 강연시간과 같은 12시이니, 10시까지는 학교 근처에서 대의원을 소집하고 선언문을 통과시켜야 한다고 손진홍과 장주효는 재차 강조했다.

장주효, 윤풍홍은 손진홍과 헤어진 후 학교 인근 국밥집에 들어갔다. 긴장감에 국밥이 어디로 들어가는지 감각이 없었다. 도둑들은 어떻게 도둑질을 하고 밥을 먹나 싶다. 다시 친구들을 독려하기 위해 바쁘게 움직였다.

민태식은 어제 들은 시위 계획을 떠올리며 불안한 마음으로 잠을 설치고 아침을 맞이하고 있었다. 한국전쟁 때 대구에 피난 와서 자식 공부시키기 위해 온갖 고생하며 애쓰시는 어머님을 떠올리며 눈시울을 붉혔다. '오늘 시위가 잘못되면 어머니를 어떻게 뵐 수 있을까. 피난 와서 7일 만에 아버지가 돌아가시자, 어머니는 외아들만 바라보고 계시지 않는가. 그런 어머니가 자식이 잘못됐다고 하면 얼마나 놀라실까? 큰 충격 받으실 텐데…. 나는 어머니 삶의 희망이고 이유인데….' 민태식은 홀어머니만 의지하고 지금껏 살아왔다. 때문에 민태식에게 오늘 이 아침은 말할 수 없이 착잡하고 우울했다.

밥상을 앞에 두고 상념에 빠져있는데, 서선홍이 찾아왔다.

"태식아, 진홍이가 니한테 전달하라고 당부했다. 니는 종대하고, 국웅이, 종광이, 상훈이 잘 설득해가…."

서선홍은 손진홍이 말한 구체적인 명단까지 이야기하며 할 일을 전달했다. 급히 등을 돌리는 서선홍은 비장함보다 전령사로서 더 고무된 듯했다.

멀어지는 서선홍의 뒷모습을 초점 없이 바라보던 민태식이 숨을 길게 들이마시고 내쉬었다. 그리고는 갑자기 생각이 난 듯 마루 밑을 뒤적거렸다. 화살은 이미 과녁을 향해 날아갔다. 불안해하고 고민한다고 해결될 문제가 아니었다. 마루 밑에서 토끼사냥용 벗나무 지팡이를 찾아든 민태식은 서둘러 학교로 향했다.

심재태 역시 토끼 잡을 막대기를 들고 서선홍의 집에 들렀다. 손진홍 소식부터 물었다.

"진홍이 새벽에 와가 아침 먹고 갔다. 가면서 재태 니하고 우리한테 학교에 가가 아아들 잘 독려해 달라 카더라."

심재태는 그 말에 타는 가슴을 끌어안고 최종광, 서선홍과 같이 학교로 갔다.

서동활도 평소보다 이른 아침에 잠깼다. 마루 밑을 뒤져 지난 수학여행 때 불국사에서 사온 지름 3cm 길이 70cm의 막대기를 찾아들었다. 막대기는 익숙한 듯 손아귀에 착 잡혔다.

"이 정도면 딱 좋다. 됐다."

서동활이 남문시장 쯤 왔을 때였다. 저만치 학교를 두고 달구언덕 아래로 50m 간격으로 동급생들이 길목을 지키고 있었다. 벌써 많은 학생들에게 연락이 된 것 같았다. 비장한 시위가 축제인양 들뜬 모습이었다가 이내 저마다 결연에 찬 수비대처럼 사뭇 진지한 표정들로 변했다. 손을 들며 아는 체하고 교문을 향해 걸음을 재촉했다. 운동장에는 학우들이 약속이나 한 듯 저마다 벚꽃나무 작대기를 들고 웅성거리고 있었다.

13

# 선언문은 불태워지고

박대근은 이른 아침 친구들이 아무렇게나 써온 선언문을 옆에 놓고 먹을 갈았다. 붓을 꼿꼿이 세우고 선언문의 비장한 뜻을 화선지에 새겼다. 최대한 엄숙함과 진지함을 담아 붓 끝에 힘을 줬다. 지나친 몰입이었을까. 방을 들어서는 아버지의 인기척을 감지하지 못했다.

"이거 뭐꼬? 아, 여태 애먹이더니. 이제 이런 거로 또 애먹이나?"

어찌할 사이도 없이, 대로하신 아버지의 손이 선언문을 낚아챘다. 그리고 먹물도 마르지 않은 선언문을 쫙쫙 찢으시더니 라이터를 '퍽' 켜셨다. 순식간이었다.

"째면 안 됩니다! 불붙이면 안 됩니다!"

박대근은 애원하며 불붙은 선언문에 손을 갖다 댔다. 아버지는 더 큰 소리로 울다시피 외쳤다.

"손 놔라 놔! 이래 학교 나가면 내 모가지는 우예 되노!"

박대근의 아버지는 선언문을 태우고, 이건 엄청난 일이라며 경찰에 신고하겠다고 엄포를 놓으셨다. 전화기가 있는 마루로 나가시려 하자, 박대근은 필사적으로 막아섰다.

그때 전화벨이 울렸다. 몸이 재빨랐던 박대근이 먼저 수화기를 들었다. 악대부 친구였다. 박대근은 다짜고짜 아버지께 선언문 들켰는데 경찰에 신고하려고 하신다고 손진홍에게 전하라 하고 끊었다. 그 사이 외투를 걸치시는 아버지를 또 막아섰다.

박대근은 고개를 확 숙였다. 아버지는 학교 선생님이시다. 공무원이기 때문에 지금 너무 중요한 사항에 연루된 상황이었다. 이런 일에 개입하면 안 되는 거였다. 나중에 시위가 실패하면 조사가 나올 것이고. 그때 '당신은 왜 선언문 쓰는 걸 방조했나?'하고 물을 것이다. 그건 큰 문제다. 박대근은 포기할 수밖에 없었다. 온 가족의 생계가 자신의 손목에 달려있을 수도 있으니, 어쩔 도리가 없었다. 하아! 폐부 깊숙이 전해지는 한숨을 내쉬며 아버지 설득을 포기했다.

14

# 저마다 역할이 내려지고

아침 9시 30분. 심재태, 최종광, 서선홍이 학교에 도착하니 학생들이 드문드문 보였다. 1학년, 2학년 할 것 없이 구석구석에서 수군거리고 있었다. 김석봉 역시 일찍 등교했다. 예사롭지 않게 분위기가 어수선했다. 저 앞에 친한 친구들이 눈에 들어왔다.

"야, 오늘 시내로 나가가 시위한다 카는데 집에 가까?"

"가긴 뭘 가? 같이 시위해야지."

모두 긴장하고 있음이 역력했다. 일찍 오신 선생님들이 의아해하셨다.

"왜 이래 일찍 왔냐?"

"선생님, 토깨이 마이 잡을라카면 잡을 준비부터 잘 해야 안 됩니꺼? 사전연습 없이 토깨이를 우예 마이 잡습니꺼?"

심재태가 막대기로 토끼몰이 시늉을 하자 여럿이 따라하며 한바탕 웃었다. 그러자 옆에 있던 윤풍홍이 한마디 거든다.

"까만 토끼 잡으러 가자."

빙긋이 웃는 윤풍홍의 속내를 알아차린 친구들이 박장대소하며 따라 웃었다. 경찰들 옷이 까만색인 까닭이다.

이어서 학생들이 하나, 둘 제법 많이 등교하기 시작했다. 심재태는 2학년 교실마다 돌아다니며 오늘 시위할 것 같다고 외쳤다. 막대기를 휘두르는 우렁찬 목소리가 전쟁터의 장군을 연상케 했다. 그러자 모두들 좋다고 막대기를 치켜들며 함성을 질렀다. 난리가 났다. 심재태는 왠지 어깨가 우쭐했다. 뒷일이 어찌 될지는 모르나 당장은 뭔가 대단한 일을 하는 것처럼 가슴이 뿌듯했다. 실제로 심재태에게 그런 장악력도 있었다.

2학년 교실을 다 돌아다니고, 1학년 교실에 들어갔다. 의사를 표명하자 모두들 찬성했다. 사실 좋아서 찬성하는지 광야파 심재태의 막강한(?) 위력에 찬성하는지 알 수 없으나, 하여튼 모두 따르기로 한 것은 잘된 일이었다. 덧붙여 경북고 학생들도 같이하기로 했으니까 손진홍이 오면 그 지시에 따르자고 서로 약속했다.

한껏 흥분한 심재태가 교실에 들어서는데 장주효가 다가왔다. 비장한 각오가 담긴 표정이다.

"니가 앞장서다오."

"내가?"

"그래, 니가 제일 아이가."

엄지손가락을 척 올리는 장주효의 칭찬에 한껏 어깨가 우쭐해진 심재태는 다시 한번 단단히 각오했다.

한편, 민태식도 그 무렵 학교에 도착했다. 어제 손진홍이 오늘 학생들 등교가 저조할까봐 걱정했던 것과 달리 꽤 많은 학생들이 눈에 들어왔다. 이른 아침 자신의 처지에 가라앉았던 기분은 운동장에 모인 학생들을 보며 점점 열어져 갔다. 학생들이 많은 것도, 착잡하던 마음이 풀리는 것도 참 다행이라고 여겼다. 운동장을 가로질러 김종대, 은국웅, 최종광, 최상훈을 차례대로 만나 손진홍의 지시사항을 전달했다. 모두 오늘 토끼사냥에 불만이 많았으므로 즉시 동의했다.

손진홍이 학생 간부들을 비롯하여 각 반 대의원, 관련 학우들을 소집했다. 까무잡잡한 얼굴이 더 까칠해 보였다. 학생들에게 비장한 각오로 어젯밤 연합 시위 계획을 설명하고 추인해 달라고 요청했다. 장주효와 윤풍홍이 손진홍 말을 거들었다.

"오늘 이 등교한 사실 하나만으로 우리가 시위하자는 건 아니다. 이미 자유당의 부정부패는 쌓이고 쌓여 더 두고 볼 수가 없다. 이젠 신성한 학원까지 정치적으로 이용하려고 하는데 우리가 어떻게 가만히 있을 수 있노?"

다들 일요일 토끼사냥에 불만이 많았기 때문에 이의 없이 찬성하였다. 장기 집권하려는 이승만 정권의 폐단이 부른 결과는, 하루 만에 학생들이 시위에 결집하는 결과까지 가져왔다.

그때 다급하게 손진홍을 부르는 소리가 들렸다. 돌아보니 악대부원이다. 거두절미하고 '선언문이 불탔다.', '박대근 아버지가 신고하려고 한다.'고 전했다. 청천벽력이었다. 금방이라도 모든 것을 꺾어버릴 듯 타오르던 열정이 한풀 꺾이는 순간이었다. 놀람과 충격에 모두 우왕좌왕하고 있을 때 손진홍은 심재태, 최종광, 서선홍을 박대근 집으로 급파했다. 셋은 택시 타고 삼덕동 박대근 집으로 떠났다.

손진홍을 비롯한 학생들은 걱정과 불안으로 한동안 회의를 이어가기 힘들었다. 시간은 이미 10시였다. 선언문을 다시 기억해서 쓸 수도 없었다.

겨우 평정을 되찾은 손진홍이 학도호국단 중대장 민태식에게 연대 간부들과 잘 협조해서 적극적으로 참여할 수 있도록 독려해 달라고 당부했다. 손진홍의 재차 부탁을 받은 민태식은, 연대 내에서 책임감과 정의감이 강하며 학우들로부터 신뢰를 받는 안영호, 안인욱, 이성택과 시위 계획을 협의하였다. 그들은 연대 간부들이 적극적으로 참여할 수 있도록 최선을 다하겠다고 약속했다.

15

# 1학년들도 시위에 동참하다

한편, 1학년 학생들도 일요일 토끼사냥에 의구심을 갖고 어제부터 계속 불만을 토로했다. 토끼사냥이야 재미있겠지만, 일요일 강제 등교는 말이 안 되는 처사였다. 하필 민주당 장면 박사의 유세가 있는 날, 그 시간에 등교하라는 것은 빤한 수작이라며 대놓고 수군거렸다. 이들은 1학년이지만 선배들과의 서클활동을 통해 사회의 부조리함을 대부분 인식하고 있었다.

시린 겨울 햇살과 불만을 안고 등교하는 1학년들. 그들은 2학년 간부 몇 명이 타학교와 연대하여 일요일 등교 지시의 부당함을 표출하고, 박탈당한 학원의 자유를 찾고자 시위한다는 것을 전혀 모르고 있었다.

백진호 역시 투덜거리며 명덕로터리에 도착했을 때였다. 2학년 선배 여러 명이 앉아 있더니 백진호를 향해 손짓했다.

"어이! 여어 와봐라. 오늘, 일요일 등교에 대한 항의 시위할 거다. 1학년 너거도 참여해야 한다. 알겠나? 교실에 가서 다른 아아들한테도 알려라. 다 참여해야 한다고."

"시위요?"

"그래. 시위. 토요일은 단축 수업해놓고 일요일인데 이래 정상 등교하라 카는데, 이래 정치해가 정의가 실현되겠나?"

시위한다는 말도 당황스럽고 돌아오는 답변도 놀라웠다. 백진호는 긴장되는 마음으로 교문을 들어섰다. 이미 운동장은 웅성거리고 난리가 나 있었다.

백진호 스스로는 그저 책보자기 들고 학교만 열심히 왔다 갔다 한다고 했지만, 성품 자체는 퍽 책임감이 있었다. 7남매의 맏이라는 위치가 항상 책임감으로 뭉치도록 요구했던 탓도 있다. 또한 마음속에 조상 대대로 내려오는, 정의롭고 부정에 대한 저항의식은 항시 잠재하고 꿈틀거리고 있었다. 그건 누가 가르쳐주지 않아도 피부로 느낄 수 있었다. 이래저래 살기 힘든 시절, 당시 자유당 정권의 부정과 부패, 장기 집권을 위한 폭정이 하늘을 찌르는 것, 그것쯤은 충분히 알았다. 그러던 차에 일요일 등교 지시가 떨어졌다. 그건 백진호를 비롯한 많은 학생들의 가슴에 시위의 불을 붙이는 도화선이 되었다.

백진호는 교실로 들어서자마자. 아직 어리벙벙한 학생들 사이를 뚫고 시위 계획을 여기저기 알렸다.

1학년 김석희 역시 시위 계획에 찬동하고 적극적으로 참여하기로 결심하였으며, 아침 일찍 등교하여 1학년 8학급을 돌아다니며, 각 학반 실장들에게 시위 계획을 전달하고, 전(全) 학생들이 시위에 참여하도록 독려하였다.

노백무는 학교에 들어서면서 오늘 시위가 있다는 것을 알았다. 조금은 소외감도 느껴졌다. 장주효 선배와 노백무는 누구보다 가까운,

신임이 두터운 선후배 사이였다. 그런 선배가 자신에게 이 거사를 비밀로 했다는 것은 심히 섭섭한 일이다. 그동안 새날동지회에서 활동하며 많은 이야기를 나눈 사이였던 만큼 그 서운함은 더욱 더 컸다.

김정홍 역시 손진홍으로부터 1학년 학생들을 독려해달라는 당부를 떠올렸다. 힘 좀 쓰는 1학년들한테 김정홍은 거의 대장격이었다. 김정홍은 이영근, 김창수, 이상용, 오영차, 김동렬과 함께 계획을 세워 조직적으로 역할을 분담했다.

16

# 무산된 2·27언약

시간이 약이라고 했던가. 박대근의 아버지도 화가 좀 누그러졌다. 그즈음 심재태, 최종광이 들어섰다. 박대근은 아버지의 눈치를 살피더니, 토끼사냥간다며 막대기를 들고 나섰다. 학교 오는 길 내내 침통한 표정의 박대근을 지켜보는 심재태와 최종광도 답답하기는 마찬가지였다.

교무실에서는 직원 조회가 열렸고, 손진홍을 비롯하여 주동자들은 경북고의 동태를 주시하며 대구고의 스크럼을 짰다. 이제 행동대장들이 앞장서서 움직이는 일만 남았다. 이윽고 시위에 다 같이 동참할 수 있도록 다짐하며, 각자 맡은 임무를 위해 일어났다.

학교에 온 박대근은 손진홍을 먼저 만났다. 선언문을 정서하지 못하고 불태워진 사실을 전하는 박대근의 가슴은 미안하고 천근만근 무겁기만 하였다. 손진홍과 박대근은 서로 부둥켜안고 울분에 싸여 한동안 울음을 멈추지 못했다. 겨우 박대근을 달랜 손진홍이 운동장으로 나왔다.

그런데 아침부터 시간마다 전화 연락하자고 한 경북고에서 도무지 소식이 없었다. 학생회 간부들은 학교 전화기를 자유롭게 이용할 수 있었던 차에, 기다리다 지친 장주효가 경북고에 연락을 취했으나 불통이었다. 속이 탔다. 경북고는 다양하고 똑똑한 놈들이 많아 시위하자는 합의를 구하는 것도 힘들었을까. 대구고는 비교적 단순해서 뭘 하자면 일사불란하게 잘 움직이는데…. 아무래도 경북고와 대구고는 분위기가 달랐다.

모두 안절부절이다. 전화를 기다리는 학생들도, 대구고와 경북여고를 연결하며 50m 간격으로 서서 릴레이식 수신호를 기다리는 학생들도 모두 경북고의 무소식에 불안해졌다.

10시 쯤, 윤풍홍은 토끼잡이용 작대기를 들고 운동장에 서 있었다. 손진홍은 윤풍홍에게 경북고에서 연락 없으니 직접 경북고로 가보라고 했다. 윤풍홍은 어젯밤 연합시위 계획에 있었으므로 누구보다 이 내용을 잘 알았다.

"니가 가서 이대우 만나고 온나. 교문에 나오는 거 보이면 끄집어 와라."

윤풍홍은 전령사가 되어 경북고로 출발했다. 손진홍은 경북고가 배신했다며 붉으락푸르락하며 한숨을 푹푹 쉬었다. 장주효는 소식 없는 경북고에 분통을 터트렸다. 옆에서 지켜보는 이성실 역시 속이 탔다. 주동자들, 시위 선봉자들, 도열한 학생들 사이로 들어갈 시위 독려자들 그리고 이미 시위 계획을 들은 학생들 모두 불안감, 긴장감으로 교문을 나설 시간만 체크하고 있었다.

"자, 자아- 10시 10분이다. 저쪽에서 연락이 없으니 더 기다릴 수 없다. 선생님들 회의도 곧 끝날 테니 빨리 시작하자!"

서동활은 준비태세를 갖추고 시위를 독촉했다. 하지만 경북고 연락을 받고 함께 움직여야 할 상황이라 주동자들은 조금만 더 기다리자고 다독거렸다.

교문을 나선 윤풍홍은 뒷문에서 대명동 경북여고 앞으로 빠져나와 영선못 둑을 달려 경북고까지 직선거리로 좇아갔다. 대구고를 출발후 30분쯤 지났을까. 경북고 학생들은 대운동장이 아닌 남쪽 운동장에서 웅성거리고 있었다. 윤풍홍이 들어서자 어젯밤 이대우 방에서 함께 모의한 윤종명이 뛰어왔다.

"우린 아무래도 힘들겠다. 대대장이 학생들을 안 모아준다."

"이대우 함 보자."

하지만 이대우는 보이지 않았다. 윤풍홍이 이대우를 못 만나고 대구고로 돌아오자 손진홍은 당황하지 않을 수가 없었다. 어쩐지 불안하고 염려스러움. 손진홍의 예측이 맞았다. 옆에 있던 장주효가 분노를 참지 못하고 욕을 해댔다.

일요일 강제 등교는 공권력의 명백한 부당함이었다. 그 정의롭지 못함을 비록 어린 학생들이지만 좌시하지 않겠다는 강한 의지를 표명하고 나선 것이다. 그 과정에서 '선언문' 작성은 깨어 있는 학생들의 정의감이자 이해의 방식이었다. 그 뜻을 더 잘 표출하고자 두루마리에 필사하려고 했었다. 그것이 대구고 학생들의 사치였을까. 선언문은 발각되었고, 불태워졌다. 예상 못한 일이다. 이를 수습하느라 교내에서 가동되어야 할 동력을 외부로 투입했다. 주동 세력들의 힘의 분산은 항거하려는 시위의 벽을 한층 더 높게 만들었으며, 항거의 의지를 약화시키고 있었다. 심리작전에서 밀리는 상황이었다. 그런 중에 경북고가 시위하지 않겠다는 소식이었다. 뒤숭숭했다.

"경고, 부고는 겁쟁이들 아이가? 우리끼리 나가자! 나가서 중앙통에서 까만 토끼사냥하자!"

무리 중에서 누군가가 외쳤다. 그러자 막대기를 높이 쳐들며 환호하듯 학생들이 '와!'하고 동조했다.

10시 반이 지났다. 운동장에는 1,2학년 학생들이 집결하고 있었다. 대대장 김정일이 연단에 오를 준비도 완료되었다. 일요일 등교라서 그런지 질서 있게 도열하지 않아도 누구 하나 이 분위기에 책망하지 않았다. 앉아 있는 학생이 있는가 하면, 삼삼오오 서서 수군대는 학생도 눈에 띄었다. 교무실에서는 아직도 교무회의가 진행 중이다.

곧 11시다. 경북고의 무소식은 엄청난 인내심을 요구했다. 부위원장 이성실과 김팔호를 다시 보냈다. 어이없게도 돌아온 대답은 선언문만 읽고 3월 1일 기념행사 때 크게 하자는 것이었다. 장주효가 발끈하고 소리쳤다.

"이놈의 새끼들! 비겁한 놈들! 어젯밤에도 꼬랑지를 내리고 변명이 많더니 끝내 배신하네!"

장주효의 쩌렁쩌렁한 목소리는 주변 학생들을 더욱 긴장되게 만들었다. 날카로운 두 눈은 감히 말을 못 붙이게 만든다. 모두들 그런 장주효를 주시할 때였다.

"안 되겠다. 주효야, 대구고는 니가 책임져라. 내가 경고 가볼게"

손진홍은 바로 경고로 출발했다. 집념이 대단한 손진홍이다. 그는 어떻게 해서든지 경북고와 같이 반월당으로 나갈 것을 강조했다. 장주효는 그런 손진홍과 그동안 일을 추진하면서 앞서서 길을 터주고, 일이 모양을 갖출 수 있도록 틀을 잡아가는 역할을 한 것이다.

17

# 손진홍, 경북고로

손진홍은 달렸다. 손목의 시계가 11시를 넘어서고 있었다. 어제부터 이 시간까지 일들이 주마등처럼 스치고 지나갔다. '많은 일들을 계획했고, 그 계획들을 지금 진행하고 있다. 굳은 의지로 시작한 이 거사가 지금 순조롭지 않다. 왜일까? 나는 어떤 거대한 힘에 의해 이끌려 여기까지 왔다. 그런데 지금 신은 나를 외면한 것인가. 시작도 해보기 전에 하나의 해프닝으로 끝난단 말인가. 신의 옷자락을 잡을 시간은 지났는가. 아님 이제 시작인가….' 수많은 생각들이 교차하고, 등줄기에 흐르는 땀은 언제부터인지 교복을 적시고 있었다.

경북고 가는 길에 사대부고에 들러 최용호를 만났다.

"부고 동태는?"

"부위원장의 태도가 미온적인데 선생님들도 길을 막고 서 있다. 오늘은 아무래도 힘들다. 이틀 후 3·1절에 크게 하면 어떻노? 3·1절에 크게 하자."

"……."

왜 설득 못하냐고 추궁할 힘도 그럴 위치도 아니었다. 사대부고 나름의 사정이 있는 것이다. 그렇지만…. 그저 알 수 없는 섭섭함과 실망감이 밀려올 뿐이었다.

사대부고를 나온 후 담장 하나를 사이에 두고 300m 거리에 있는 대구상고로 달렸다. 상고 학생들은 이미 강당에 갇혀 있었다. 참으로 힘겨운 시간의 연속이다 싶다. 민감하고 암담한 사회, 정당하게 평화시위를 할 자유조차 허락되지 않은 현실이 갑갑해져 왔다.

대구상고를 지나 다시 달렸다. 불과 1km도 안 되는 거리의 경북고로 향하는 손진홍의 마음은 바쁘건만, 심신이 지친 지금은 땅바닥에서 잡아당기는 듯 몸이 무겁고 힘겨웠다.

하지만 몸보다 더 무겁고 무서운 것은 이 일이 이쯤에서 '멈춤' 되는 것이었다. 어쩌면 어젯밤 결의한 거사가 몇몇 학생들의 객기처럼 끝날까 봐 그게 두려움으로 엄습해왔다. 불길한 예감은 언제나 생각보다 빠르고 생각보다 더 확실하게 오는 법이니까. '아, 제발!' 기도하듯 손진홍은 경북고 교문으로 들어섰다.

경북고 학생들은 대운동장이 아닌 소운동장의 교단을 중심으로 모여들고 있었다. 큰소리로 항의하는 학생, 뒤처져서 천천히 대오 속으로 합류하는 학생, 대오 이탈을 막고 정렬시키는 학생…. 손진홍의 눈은 학생들 틈사이로 빠르게 움직였다. 이대우를 찾는 손진홍을 발견한 안효영과 정명소가 달려왔다.

"진홍아. 우리학교는 아무래도 불가능하다. 대대장이 반대하고 있어."

"좋다. 우리학교만이라도 시행한다."

실망감과 비장함에 돌아서는 손진홍의 뒷덜미에 대고 안효영이 소리쳤다.

"한번 더 노력해 보고 가능한 빨리 연락줄게."

"……."

안효영의 말이 귀에 들어오지 않았다. '이제 어떻게 해야 하는가. 되돌리기는 늦었다. 그렇다고 여기서 멈출 수도 없다. 우리 대구고만이라도 나가야 하는가. 그러면 우리의 목적 달성은 가능한가?' 그렇게 수없이 자문자답하며 반월당으로 왔었다.

경북고에서 확답을 듣지 못한 손진홍은 가쁜 숨을 몰아쉬며 반월당 버스정거장에 서 있었다. 대구고로 돌아가는 승합버스를 타기 위해서다. 이마의 땀을 닦으려다 손목시계를 봤다. 12시 정오가 넘어섰다. 시침과 분침 사이로 초침이 쉬지 않고 뒤 시간을 당기고 있었다. 계획대로 진행되었으면 수많은 학생들이 지금 이곳으로 집결하기 위해 달려오는 시점이다. 허탈감에 몸은 이미 파김치 상태가 됐다. 그러나 지금은 생몸살조차 허락되지 않은 시간이다. '아! 어쩌란 말인가?' 그때였다.

"진홍아! 진홍아! 손진홍!"

자전거 페달을 밟느라 힘을 다 소진한 듯한 아득한 목소리가 점점 가까이 들려왔다. 대구고 동급생이었다. 친구는 숨 고를 사이도 없이, 경북고가 교문을 박차고 나왔다는 말만 되풀이하며 빨리 자전거에 타라고 재촉했다.

"경고가 나왔다고? 참말이가? 됐다, 됐다. 이제 됐다, 됐어!"

경북고 소식은 오랜 가뭄 속의 단비 그 이상으로 반가웠다. 손진홍은 충혈된 눈을 비볐다. 뜨거운 눈물이 손등을 적시고 있었다.

다시 시작이다! 마음이 조급해졌다. 동시에 파발마처럼 군데군데 파견된 대구고의 연락병들도 바쁘게 움직이기 시작했다. 급히 자전거에 올라탄 손진홍을 두 명이 뒤에서 힘차게 밀었다. 반월당에서 달구 언덕배기를 밟고 또 밟았다.

경북고가 나갔다는 소식을 듣고 대구고로 향하는 손진홍의 마음은 교문을 나설 때와 확연히 달랐다. 만선의 기쁨을 가득 안은 선장과도 같았다. 이제 됐다! 새로운 힘이 불끈 솟았다. 하마터면 수포가 될 뻔했던 거사였다. 사나이 가슴으로 주책없이 눈물이 흐르고 또 흘러내렸다.

18

# 장주효와 1차 선발대

한편, 손진홍이 경북고로 떠나자 장주효는 운동장에 덩그러니 혼자 남겨진 듯했다. 이제 뭘 어떻게 해야 하는지, 무엇을 할 수 있는지, 책임감이 옥죄여왔다. 뭔가 결정하려 해도 용기가 나지 않았다. 운동장에서 시위 계획을 알고 있는 학생들도 초조한 건 마찬가지였다.

"우린 우야꼬, 우야노? 우리 인제 우애야 되노?"
"경고 연락은 왜 안 오노? 우리라도 나가자!"

모두들 장주효만 쳐다보며 어서 결정하라고 한마디씩 했다. 시간이 흐를수록 마음은 더 복잡하고 용기는 점점 사그라드는 불씨처럼 희미해졌다. 경북고로 간 손진홍의 소식은 없고, 교장 선생님을 비롯하여 선생님들은 조례를 하고자 서른 개가 넘는 계단을 빠르게 내려오고 있었다. 학생들도 점점 교단 앞으로 모여들었다. 장주효의 성미에 이런 진땀나는 상황은 어울리지 않았다. 폭발 일보 직전이나 다름없었다.

전우용 체육 선생님이 교단에 올라 토끼 잡는 법을 설명하자, 생물 선생님이 바통을 이어받듯 토끼 요리하는 법을 말해주고 있었다. 물론 장주효의 귀에 들어올 리가 없다. 장주효는 토끼잡이, 토끼요리가 아니라 어떻게 반월당으로 뛰어나갈 것인가, 나가서 어떻게 할 것인가를 머리로 설명하고 있었다.

시위하자고 어떻게 입 밖으로 꺼내야 할지, 어느 시점에 나가자고 터트려야 할지 판단이 안 섰다. 스스로도 속이 까맣게 타고, 머리가 하얗다는 것을 감지하고 있었다. '이제 더는 지체할 수 없다. 이제 곧 교장 선생님의 훈시가 이어질 텐데. 아, 참 우째야 되노? 더구나 전교생이 시위하는 걸 다 아는 것도 아닐 텐데 반월당으로 나가자면 몇이나 따라 나올까?' 불안감과 초조함에 안절부절못했다.

그때였다. 손진홍이 시커먼 얼굴에 땀을 잔뜩 흘리며 교문을 들어서고 있었다. 손진홍은 불문곡절하고 고함쳤다.

"가자! 가자!"

영문을 모르는 학생들은 멀뚱하니 보기만 하고, 이미 소식을 들은 150여 명 정도가 저만치 뛰쳐나갔다. 민태식, 서동활, 신의신과 연대 간부였던 안영호, 안인욱, 이성택이 달려 나갔다. 이제 됐다는 생각에 심재태는 1,2학년들을 몽둥이로 고기 후리듯 교문까지 때리며 쫓았다. 최병태, 서선홍, 김종대, 최종광, 은국웅을 비롯해서 장주효의 같은 반 친구들도 교문으로 학생들을 내몰았다. 그러나 극히 일부였다. 뒤에 있던 학생들만 주로 움직였던 것이다.

"나가자아!!"

저마다 토끼잡이용 막대기 하나씩 들고 돌격대처럼 교문을 향해 뛰었다. 당황한 선생님들은 철문을 걸어 잠그기 위해 교문으로 몰려갔다.

이원순, 최병태도 '가자' 한마디에 무조건 뛰어나갔다. 다른 이유가, 다른 설명이 필요 없었다. 시위는 오늘 이 자리에서 처음 들었다. 하지만 그동안 흘러왔던 부정선거, 부패정치의 군상을 알고 있었으므로 '가자' 한 마디에 그동안 쌓였던 반감을 표출시키고 있었다. 미리 들은 바 없었지만, 왠지 나가야 할 거 같은 마음에 이홍덕 역시 무리에 섞여 밀려나갔다. 뒤에 있는 학생들이 우루루 몰려가고 앞에 있던 정성휘도 교문을 향했다. 그런데 선생님이 문을 닫는 바람에 운동장에 갇히고 말았다.

한편 교문 앞에서 대기하던 우용기와 김창수는 필사적으로 대문을 지키고 있었다. 손진홍의 "가자!"라는 외침에 이어 장주효가 교단으로 뛰어올랐고, 학생들은 웅성대고 있었다.

어느새 교문에 나타난 전우영 체육 선생님이 갑자기 우용기의 귀때기를 날렸다. 우용기의 몸이 휘청하며 휙 돌아갔다. 평소라면 스승님의 그림자조차 밟지 못한 학생들이건만 오늘만은 달랐다. 그래야만 했다. 우용기와 체육 선생님의 몸싸움이 시작되었다. 김창수는 정신이 아득해지고 다리가 후들후들 거렸다. 하지만 늦으면 안 된다는 생각에 대문을 필사적으로 열었다. '선배님, 우리 몫은 해냈습니다.' 김창수는 가슴이 뿌듯해 왔다. 어제 쓰리세븐파 대장 김정홍의 당부, '대문을 열라' 하던 말이 떠올랐다.

몰려오는 학생들 뒤로 뽀얀 먼지가 뭉게뭉게 일었다. 우왕좌왕하는 친구의 팔을 잡아 끌어당기는 학생들, 군중의 힘에 이끌려 뛰쳐나가는 학생들…. 카메라를 들었으면 어떤 모습을 포착했을까. 렌즈의 눈은 어디에 초점이 맞춰졌을까. 그 답은 여기 교문을 향해 뛰쳐나가는 학생들 모두일 것이다. 모두가 오늘의 주인공이었다.

교문은 넓었다. 김창수가 교문을 열었으나 곽태전 선생님, 구자봉 선생님, 성기용 선생님이 다시 교문을 막고 서 있었다. 무작위로 달려오던 덩치 크고 힘센 학생들이 교문을 훅 밀쳤다.

"나가자!"

"와아!"

드디어 시위가 시작되었다. 아침부터, 아니 어젯밤부터 의견 일치를 위해 얼마나 많은 애를 태웠는가. 계획해 놓고도 출발 신호가 맞지 않아 또 얼마나 속을 태웠는가. 오늘 이 순간을 기억하리라.

1차 선발대가 교문을 향해 와르르 몰려왔다. 교문을 지키고 있던 성기용 음악 선생님이 선봉에 서서 달려오는 서동활을 붙잡았다.

"너는 나가면 안 된다! 동활아, 니는 나가면 안 된다!!"

"안 됩니다, 선생님. 전 이미 진홍이와 약속을 했습니다."

이틀 앞으로 다가온 3·1절 기념식 시가행진에 서동활은 악대부장으로서 막중한 임무를 맡은 인물이었다. 그러나 음악 선생님의 간절한 눈빛과 억센 팔을 뿌리치고 달려 나갔다.

순식간의 일이었다. 그때 교장 선생님은 훈시하고자 교단을 오르는 중이었다.

'기회는 단 한 번! 지금이다! 놓치면 모든 것이 실패다!'

여기까지 생각이 미치자 장주효는 주머니에 있던 경북고 선언문을 꺼내 들고 대대장이 올라가는 단상 위로 뛰어올랐다. 교단에는 교장 선생님이 서 있었다.

"오늘 우리는 시위한다. 일요일 강제 등교 지시에 대해 항거하려고 한다. 만약 경찰과의 충돌이 있어 대열이 흩어질 경우 모두들 도청 광장으로 집결하라. 그다음의 행동은 그때그때 상황에 따라 정한다."

어디서 그런 용기가 나왔을까. 열변을 토했다. 곧이어 선언문을 펼쳤다.

**"인류 우리 역사에 이런 일이 있었는가…. 우리는 만인이 다 쉬는 일요일인데도 불구하고 누구의 지시로 이 귀중한 휴식의 시간을…."**

교장 선생님의 얼굴은 붉으락푸르락 했으며, 다리는 그 자리에 얼어붙었는지 한 발짝도 떼지 못하고 있었다. 선생님들은 이 돌발 사태에 잠시 망연자실 멍하니 쳐다만 보았다.

그렇게 선언문의 서두는 읽혀졌다. 하지만 1분도 채 허락되지 않은 시간이었다. 몇몇 학생들이 교단 밑에서 장주효를 엄호하였고, 홍병준 선생님이 선언문을 빼앗으러 가자, 이를 막으려는 학생들과 또 다른 선생님과 서로 잡고 넘어지며 엎치락뒤치락 한바탕 소동이 일었다.

"이 자식이 미쳤나!!"

결국 장주효는 담임 선생님의 제지로 교단에서 끌려 내려왔다. 사태 파악이 안 된 학생들은 아직 어리둥절해 하고 있었다. 그 무렵, 손진홍은 열댓 명 정도의 학우들을 데리고 교문으로 들어서고 있었다.

1959년 가을 소풍 때 홍병준 선생님, 손진홍, 장주효

19

# 교문을 나서는 2차 시위

손진홍이 다시 학교로 돌아온 이유는 간단하다. 1차로 뛰어나가던 손진홍이 뒤돌아보았을 때 100여 명 정도밖에 보이지 않았다. 완전한 실패감에 당황했다. 너무 적었다. 약할 뿐만 아니라 지금 나가는 학생들도 힘이 빠질 판이었다.

이대로는 아무것도 할 수 없다는 판단 하에 학생들을 불러 세웠다. 김종대, 서선홍, 최상훈, 최종광, 은국웅, 민태식에게 손짓으로 기다리라는 신호를 보냈다. 그러나 저만치 달려가는 학생들은 오라는 손짓을 가라는 손짓으로 알고 반월당을 향해 달리고 있었다. 할 수 없이 뒤따르는 일부만 데리고 2차 계획을 세웠다.

"철조망을 뛰어넘고 들어가서 전교생을 데리고 나오자."

"그보다 철조망 밖에서 불러내자."

"토끼사냥 가겠다고 하고 일단 학교부터 들어가자."

"……."

학우 열댓 명들은 저마다 의견이 구구했다. 결론은 모두들 학생들 속에 있다가 손진홍이 "가자!"고 신호할 때 일제히 데리고 나오기로 했다.

선발대가 교문 앞에 이르자 교문은 철통같이 닫혔고, 선생님들은 파수꾼처럼 학생들의 동태를 살피고 있었다. 뛰쳐나갔던 손진홍과 몇몇 무리들을 본 선생님이 의아해하셨다.

"왜 돌아왔나?"

"이제 다 포기하고 토끼사냥 갈라꼬 왔습니다."

선생님은 미심쩍은 표정으로, 그러나 무시할 수도 없어 교문을 열었다. 마침 교장 선생님은 조회대 위에서 일장훈시 중이고, 장주효는 교무실로 끌려가고 있었다. 교문으로 들어선 손진홍의 눈시울이 붉어졌다. 뚱뚱한 교감 선생님이 손진홍을 품에 안고 진정하라고 다독였다. 손진홍이 말했다.

"교감 선생님! 우리가 배운 민주주의는 이런 것이 아입니더. 이래 가르쳐 놓고 저래 하라카는 건 뭡니꺼? 배우기 싫어졌습니더. 저희들은 학교에 안 다녀도 좋습니더. 불의를 보고 우째 참습니꺼? 이런 일은 있을 수 없는 일입니더!"

손진홍이 교감 선생님과 이야기하는 사이 열댓 명 학생들은 대오 속으로 들어갔다. 교장 선생님의 훈시는 이어지고 있었다. 태연한 척 애쓰는 모습이 역력했다.

"학생들은 정치 도구화 되어서는 안 된다."

그러자 손진홍이 힘주며 외쳤다.

"교감 선생님, 오늘 우리들의 등교가 벌써 정치 도구화된 것입니다! 그렇지 않습니까? 자! 나가자! 교장 선생님의 말씀 듣지 말고 학우들이여, 나가자!"

"도청으로 가자!"

"다 나가자!"

그때 교무실 계단으로 끌려가던 장주효가 뒤돌아서며 외쳤다.

"전부 나가라! 왜 안 나가노! 빨리 나가라!"

장주효의 고함치는 소리가 교정을 휘저었다. 그제야 상황이 파악되는지 그때까지 웅성거리기만 할 뿐 움직이지 않았던 학생들이 동요되기 시작했다.

"대구고등은 다 썩었다! 왜 안 나가나?"

장주효의 서릿발 같은 울부짖음이 또 한 번 울려 퍼지자, 학생들의 움직임도 빨라졌다. 시위를 일사불란하게 진행하고자 1,2학년 사이사이에 잠복해 있던 학생들도 본격적으로 움직이기 시작했다. 서선홍, 김종대, 최종광, 은국웅, 민태식, 최상훈을 비롯해서 장주효의 같은 반 친구들과 군데군데 시위 독려 차 있었던 학생들이 교문으로 학생들을 내몰기 시작했다. 토끼사냥 가기 위해 준비해온 지팡이를 마구 흔들었다. 학생들을 무차별로 두들기며 교문으로 밀어 넣었다. 몽둥이에 맞지 않으려면 교문으로 가는 길밖에 없었다. 학생들이 빠져나가자 뽀얀 먼지가 진한 여운처럼 교문을 채우고 있었다.

물론 1차 때보다 2차에 더 많은 학생들이 교문을 나섰다. 대부분의 학생들이 교문을 벗어났다. 정성길, 류영수가 교문을 벗어났고, 1학년 중에서 힘깨나 쓴다는 김광길, 김석희, 박인규, 황박도 작대기를 휘두르며 시위를 독려하고 있었다.

그런데 교문에서 정문으로 향하는 길은 제법 경사진 길이다. 이 길을 흥분한 학생들이 앞다투어 달리는 바람에 학생 한 명이 넘어지고 말았다. 그러자 뒤를 이어 달리던 학생들이 도미노처럼 줄줄이 넘어지는 것이 아닌가. 큰일이다. 잘못되면 참상으로 이어질 판이다. 걱정도 잠시, 다행히 모두 일어서서 다시 달리기 시작했다.

60년 전의 함성이 들리는 옛 대구고등학교 교문으로 등교하는 학생들

20

# "저 놈! 나쁜 놈!"

장주효는 교무실로 끌려갔다. 텅 빈 운동장이 훤하게 내려다보였다. 불과 몇 분 전까지 아수라장이 되었던 운동장이다. 한순간에 우리는 조직된 힘을 발휘했다. 그 힘은 부당함에 대한 하나의 표상일 뿐이다. '나는 앞으로 얼마나 많은 부당함에 정의롭게 나설 수 있을지, 조직을 이처럼 빠르게 결집시키고 행동할 수 있을지, 또 이런 부당함이 닥치면 다시 항거할 용기가 생길지…. 모를 일이다. 분명한 것은 지금 변화를 요구하며 밖으로 나간 고등학생들, 그 현실이 눈앞에 펼쳐졌다는 것이다.'

장주효는 자신이 교무실로 끌려왔다는 생각보다, 어렵고 힘든 숙제를 해냈다는 성취감에 눈물이 쉴 새 없이 흘러내렸다. 생각해보니, 어제, 오늘 대체 무슨 일이 일어났는가 싶다.

'이대우 방에서 시위를 논의하고 대구고 학생들에게 독려하고자 추위를 무릅쓰고 한밤중에 이리저리 쫓아다닌 시간들, 돌아왔을 때 시위 연기했다는 경북고의 충격적인 발언, 발끈하고 설득한 일, 잠이 오지 않았던 지난밤의 친절한(?) 괘종소리, 소름 돋던 긴장감과 두려움이 흐르고 신 새벽 첫발을 대딛는 순간의 떨림, 선언문이 발각되어 거사를 치르지도 못할 뻔했던 긴박한 시간 그리고 경북고의 무소식….'

최악의 조건이 거듭되었다. 고등학생들이 계획하고 행동하기에는 너무 버거운 시위였다. 파노라마처럼 펼쳐지는 지난 시간들은 그나마 다행이다. 기억 속으로 저장되었으므로…. 다시 꺼내지 않으면 된다. 문제는 지금부터다. 어떤 일이 펼쳐질 것인지 알 수 없는 두려움, 그야말로 생명을 단축시키는 게임을 하는 듯했다. 예측할 수 없는 공포감이 엄습해왔다. 자신의 의지가 아닌 타인의 물리적인 힘에 의해 움직여야 함이 불안감을 몇 배로 확장시키고 있었다.

어느새 뒤따라온 교장 선생님이 장주효를 향해 입에 거품을 물듯 고함을 질렀다.

"저 놈! 저, 저 나쁜 놈!"

몸이 자유롭지 못하면 생각할 시간조차 허락되지 않는가. 빌어먹을! 교장 선생님은 분노를 참지 못한 채 혈안이 되어 장주효를 쏘아보았다. 이미 스승과 제자의 관계는 성립되지 않았다. 교장 선생님에게 장주효는 그저 폭동자일 뿐이었다.

선생님들은 뛰쳐나간 학생들의 신상이 염려되어 뒤따라 나가거나, 걱정하는 목소리를 높였다. 하지만 자신의 안위를 걱정하며 교장 선생님에게 아첨하듯 동조하는 선생님도 똑똑히 보였다. 선생님들끼리도 생각들이 달라 의견이 분분했다. 그런 와중에 교장 선생님은 선생님들을 향해 빨리 나가서 학생들을 선무하라고 재촉했다.

"이건 도에서 잘못해가 학생들을 이래 행동하도록 해놓고 이제 와서 우리 보고 학생들을 선무하러 나가라고 합니까? 이건 말도 안 됩니다. 이치에 안 맞습니다."

김용대 선생님의 용감한 목소리가 가슴에 꽂혔다. 이처럼 격앙된 분위기 속에서 당국의 부당한 처사에 목소리를 내기란 쉽지 않다. 선생님의 용기 있는 목소리를 장주효는 기억했다.

'나는 앞으로 얼마나 많은 용기를 갖고 살아야 하는가? 얼마나 많은 용기가 필요한가?'

장주효는 교무실에서 다시 교장실로 잡혀갔다. 교장 선생님으로부터 별별 욕을 다 들으면서도 시위하러 나간 학생들 소식이 궁금하고 걱정되었다. 교장 선생님의 욕설과 협박에 점점 불안해하고 있을 때였다.

교장실로 인상이 험상궂고 건장한 사내들이 들이닥쳤다. 도경찰국 사찰계 형사들이었다. 형사들이 들어서기가 무섭게 교장 선생님은 벌벌 떨며 장주효를 향해 손가락을 가리켰다.

"저 놈입니다. 저 놈!"

무서움과 두려움에 떨고 있던 장주효는 심장이 멎는 줄 알았다. 자신이 다니는 학교, 대구고등학교의 교장 선생님이 맞나 싶었다. 충격적이었다.

장주효는 수갑을 찬 채 두 형사의 팔에 이끌려 나왔다. 냉혹한 현

실세계의 차가움을 쇠사슬로인해 피부가 먼저 맛보는 순간이었다. 운동장에는 빤질빤질한 검은 지프 한 대가 서 있었다. 이윽고 햇볕을 받아 광나는 지프 뒷자리에 짐짝처럼 앉혀졌다. 지프는 요란한 시동 소리를 내며 출발했다. 두 형사는 처음부터 말이 없었다. 장주효는 침묵의 공포가 그 어떤 괴성보다 강력하다는 것을 새삼 실감했다. 알 수 없는 공포의 체험세계로 지프는 계속 달리고 있었다.

## 21

# "경북여고! 야, 이 가시나들아!! 나온나!!"

교문에서 선생님들은 학생들을 막아서고, 학생들 무리들은 나가기 위해 필사적이었다. 그런데 선생님도, 수위 아저씨도 아닌 아주 낯선 사람이 눈에 띄었다. 갈색 바바리를 입은 그 사람은 학생들을 향해 소리쳤다.

"빨리 나가라!"

급박한 상황에서도 학생들은 이 정체 모를 낯선 인물에 대한 궁금증이 증폭되었고, 달리면서도 수군거렸다.

"저 아저씨 누고? 니 아나?"
"모르겠다. 처음 보는 사람이다. 혹시 기자 아이가?"

구호를 외치던 권구일이 옆에서 달리던 학우에게 물었다. 달리기 시합하듯 한참 달리자 경북여고가 눈에 띄었다. 권구일은 몇몇 학생들이 경북여고로 가서 시위를 전하자는 말에 함께 경북여고로 향했다. 학교는 조용했다. 닫힌 교문 앞에서 '경북여고, 나오라!'고 소리치고 반월당으로 다시 달렸다.

경북여고로 달려간 학생은 또 있었다. 밴드부 조영길이다. 조영길은 1학년 밴드부 3명과 함께 경북여고로 향했다. 어젯밤 손진홍이 찾아와서 '내일 우리가 교문을 나설 때 니는 영선못 옆 관덕정을 지나 경북여고 학생들을 불러내라.'는 지령을 내렸던 것이다. 조영길은 사대부중 출신으로 경북여고 학생들과 자주 교류가 있었다.

"신구자! 이미자! 육정자! 황정애! 서동명! 너거도 나온나!"

조영길과 밴드부 일행은 소리를 질렀다. 그러나 문이 굳게 잠긴 경북여고에서는 대답이 없었다. 신구자는 경북여고 부위원장으로서 맹활약하는 소문난 여학생이었다.

"경북여고! 야, 이 가시나들아!! 나온나!!"
"신구자! 이미자!"

그렇게 악을 쓰며 부르기를 몇 번. 담장 안에서는 여전히 대답이 없다. 좀 더 있으면 난감해질 상황이 벌어질 것만 같아, 오포산을 지나 반월당으로 달렸다.

22

# "가자! 반월당으로!"

교문을 뛰쳐나온 대열은 토끼사냥하려는 앞산과는 점점 더 멀어지는 시내, 반월당으로 달렸다. 노도와 같은 대열이 달구언덕 아래로 쏟아지듯 나왔고, 그 뒤로 뽀얀 먼지들이 따라가고 있었다. 학생들의 강렬한 분노는 그렇게 거리를 채우기 시작했다.

선발대의 첫 번째 관문은 남산파출소. 경찰의 아무런 저지 없이 무사통과했다. 김정일, 서동활, 신의신이 선봉이었다. 김정일 학생 대대장의 선창에 이어 많은 학생들의 후창이 이어졌다. 구호는 2월의 대지를 깨우고 있었다.

"학원에 자유를 달라!"

"자유를 달라!!"

"학생을 정치 도구화 하지 마라!"

"정치 도구화 하지 마라!!

심재태 역시 구호를 외치며 나아갔다. 김석희는 1학년 학생들을 독려하고, 1학년 학생회 부회장 노백무도 1학년 대오 앞에서 시위하였다.

구호 소리에 거리의 시민들은 박수로 환호했다. 때론 후창으로 따라하며 주먹을 번쩍 치켜들기도 했다. 열렬히 손뼉 치는 시민들 환호에 우쭐해지는 기분도 잠시, 중앙파출소 앞에서 대열은 우왕좌왕하기 시작했다. 경찰 백차들이 일렬횡대로 바리게이트를 치고 전투태세를 갖추고 있었기 때문이다. 이미 경북고 학생들이 지나간 이후라 경찰들의 경계가 삼엄하였다. 마치 대구고등 학생들을 마중 나온 듯했다. 일대 접전이 벌어질 분위기다.

대구고 학생들이 반월당을 향할 때 경찰들도 정보를 입수하고 시내 곳곳으로 포진하고 있었다. 때문에 늦게 출발한 대구고 학생들과 남문시장에서 조우한 것이다. 경찰들은 학생들이 남문시장으로 내려오기가 무섭게 곤봉을 휘두르며 달려들었다.

옥포에서 통학하는 이점석은 시내 지리를 몰랐다. 5,6명이 함께 어울려 대도극장을 지날 무렵 경찰들이 앞을 막아섰다. 경찰들이 곤봉을 휘두르자 학생들은 피하지 않고 막대기를 마구 휘두르며 달려들었다. 혼자라면 경찰의 공권력을 막기는커녕 피하는 것조차 허용되지 않을 것이다. 그런 무소불위의 경찰을 상대로 학생들은 지금 육박전을 벌이고 있었다.

이때였다. 경찰의 막을 뚫으려던 한 학생이 다짜고짜 경찰을 번쩍 들더니 땅바닥에 내동댕이치는 것이었다.

"이야앗!"

"으아아악!!"

순식간이었다. 이점석의 같은 반 덩치 큰 친구였다. 그때부터 학생들은 일방적으로 피하거나 도망치는 방향에서 궤도를 수정했다. 즉 일방적으로 '맞는다, 도망친다'에서 벗어나 적극적인 공세를 펴부었다. 함성이 울려 퍼졌고, 막대기가 공중을 날아다녔다.

경찰들은 경찰들대로 이 황당한 상황을 간과하지 않았다. 일생일대의 자존심이 걸린 문제였다. 이 시대 최고의 권력자 경찰! 그들은 악에 받쳐 발버둥 치기 시작했다. 고등학생에게 업어치기로 당한다는 것은 있을 수 없는 일이며, 있어도 안 되는 일이었다. 사태가 이쯤 되자, 경찰들은 단순히 학생들을 제지하겠다는 생각에서 벗어났다. 이제 그들에게 대구고 학생들은 더 이상 선량한 시민, 즉 청소년이 아니었다. 박살을 내겠다는 확고한 의지로 학생들에게 곤봉을 들이댔다. 공포탄이 아니라 총이 있었으면 벌써 쏘고도 남을 기세였다.

물불 가리지 않고 닥치는 대로 자주색 곤봉을 학생들에게 휘둘렀다. 학생들은 학생들대로 이미 벌어진 일이기에 물러설 수도 없었다. 지금 와서 저자세로 나가면 맞아 죽을 판이다. 막대기와 곤봉이 부딪히는 소리, 서로 제지하겠다는 고함이 남문시장 일대를 아수라장으로 만들었다. 시민들은 경찰의 눈을 피하며 발을 동동 굴렀다.

"촛불을 밝혀라, 동방의 빛들아!"
"학원을 정치 도구화 하지 마라!"
"우리에게 자유를 달라!"

저기 달구언덕 아래로 새까맣게 학생들이 또 밀려오고 있었다. 1차에 이어 2차 학생들이 막대기를 들고 구호를 외치며 물밀 듯 떼거리로 내려왔다. 경찰들은 자신들을 향해 무기를 들고 대항하는 '학생

폭도'들을 무력으로 제압하겠다는 일념으로 맞섰다. 반월당이 가까워질수록 달리는 학생들을 뒤쫓는 경찰, 그 뒤를 이어 다시 피하듯 도망치는 학생들, 곤봉으로 후려갈기는 경찰들로 거리는 온통 무법천지였다.

"골목으로 도망쳐라!"
"야! 그쪽 말고 이쪽으로 뛰라!!"
"야, 이놈들! 서랏!!"
"거기 섯!"
"이얏!"
"으악!"
"야! 잡히면 끝장이다! 무조건 피해라!"
"저어 누고? 경찰들 덮친다."
"마이 맞는다. 빨리 가서 델꼬 온나!!"
"가자!"
"뭐하노!"
"퍼뜩 온나!!"
"일로 가마 어디고?"
"몰라. 니 퍼뜩 튀라!"
"이얏!"
"으악!!"

반월당은 전쟁터를 방불케 했다. 발자국 위에 또 다른 발자국들이 겹쳐지고 있었다. 그것은 이 땅에 민주화를 꽃피우는 고귀한 씨앗이었다. 그 씨앗들이 겨울의 얼어붙은 땅속으로 스며드는 중이었다. 그러나 정작 그 씨앗들은 자신이 어떤 꽃을 피울지 몰랐다. 얼마나 아름다운 꽃으로 피어나서, 이 땅을 얼마나 환하게 비출지 가늠하지 못했다. 그것이 꽃이 되는 줄조차 몰랐다. 그들은 이 땅의 엘리트 학생으로서 그저 봄을 앞당기고 있을 뿐이었다.

거리의 시민들은 시내 곳곳에서 학생들을 향해 손뼉을 치고 환호성을 질렀다. 물을 주고 숨겨주었으며, 달리는 학생들이 피할 수 있도록 길라잡이 역할도 서슴지 않았다. 거리로 뛰쳐나온 학생들 모두가 시민들 자신, 즉 '나'의 대변자였다. 시민들, 특히 어른들은 자신을 대변하고 있는 학생들의 용기가 그저 고맙고 대견스러웠다. 지금의 박수는 그런 학생들의 용기를 칭찬하고 응원하고 있는 것이다.

그때였다. 경찰 지프가 요란한 경적을 울리며 밀어붙이듯 급제동했다. 끼익 멈춤과 동시에 차에서 쏟아져 나온 경찰들이 몽둥이로 학생들을 제압하며 차에 태웠다. 뒤이어 달려온 트럭도 학생들을 강제로 태우기 시작했다.

"이놈들 무조건 태워라! 한 놈도 놓치지 말고 다 태워라!"

"점마 저거 잡아라! 저거 주동자다!"

"여어 다 끌고 가라!"

"저 덩치 큰 놈 잡아라. 저어도 주동자다!"

"빨간 모자 쓴 저 놈, 저거는 뭐꼬? 수상하다. 빨갱이닷! 당장 잡아라!"

까만 교복 입고 빨간 모자 쓰고 막대기 하나 든 덩치 큰 놈! 그랬다. 축구선수, 핸드볼 선수였던 박이준은 덩치 큰 골키퍼였다. 교가가 없던 대구고는 군가를 부르며 4열, 6열로 대열을 지어 중앙통으로 들어섰다. 중앙통에 들어서자 경찰들은 가장자리에서 행진하는 학생들을 잡아챘다. 박이준은 출발 전, 핸드볼 주장 정찬호 선배로부터 받은 당부를 떠올렸다. '운동하는 애들, 축구부, 핸드볼하는 요놈들은 중간에 빠질지도 모르니까, 끝까지 다 행진하고 참석하는지 이준이 니가 체크해라.' 왜 주장 선배가 자신에게 그 말을 했는지는 모르겠으나, 그 지시를 충실하게 이행하고자 박이준은 대열에서 이탈하여 인도변에서 몽둥이 들고 체크했던 것이다. 그런 박이준이 경찰의 눈에 안 띄었다면 오히려 이상한 것이다. 박이준은 경찰 2명으로부터 팔이 꺾이며 연행되었다.

한 무리의 학생들이 지나간 뒤, 뒤에 처진 학생들은 경찰들과 싸우느라 힘이 다 빠졌다. 반면 자색 방망이를 휘두르는 경찰들의 힘은 더욱더 거세게 다가왔다. 무력 진압 앞에 학생들은 고꾸라졌다. 그러자 흰 패트롤카가 사이렌을 울리며 달려들었다. 소방차도 경적을 울리며 나타났다. 어디서 나타났는지 정사복 경찰관들이 학생들을 연행하기 시작했다. 때로는 막힌 골목에 학생들을 몰아넣고 후려갈기며 수갑을 채우기도 했다. 토끼잡이용 작대기가 몸부림 속에서 공중으로 치솟았다.

연행되는 차에서도 학생들은 항거했다. 경찰의 손가락을 깨무는 학생, 구호를 외치는 학생, 트럭 안은 북새통으로 출렁거렸다.

손진홍의 뒤를 따라오던 학생들도 하나 둘 잡혀가거나 도망가고 뿔뿔이 흩어지고 있었다. 무의식중에 치는 시민들의 박수 소리, 학생들을 숨겨주려고 부르는 소리가 아직도 시위 중임을 일깨워 주었다.

12시. 반월당. 시간과 장소는 존재했으나 대구고와 경북고생들의 조우는 끝내 이뤄지지 않았다. 이제 '1960년 2월 28일 12시 반월당 집결'은 기억 속으로 사라지고 있었다. 경찰의 제지 속에 대오는 뿔뿔이 흩어졌고, 목적지 도청도 점점 멀어져갔다.

순식간에 학생들은 흩어지기 시작했다. 중앙통으로, 진골목으로, 수성천변으로 기약도 없이 멋대로 대오를 이탈하고 있었다. 그들은 경찰의 자색 곤봉 앞에 그저 어린, 까까머리의 고등학생들이었던 것이다.

23

# 진골목, 피난처

한순간에 진골목은 학생들의 뛰는 발 소리로 가득 찼다. 후두두 소낙비 쏟아지듯 요란스러웠다. 그 발자국 위로 뽀얀 먼지가 짙은 안개처럼 피어오르고 나지막한 한옥들이 그 속에 스며들고 있었다.

선두그룹으로 나온 학생들은 빠른 속도로 달렸다.

"야! 저 학교 뭐꼬? 저어 학생들 뭐꼬?"

진골목 앞에서도 막대기를 휘두르며 뛰는 학생들을 본 군중들은 손뼉을 치고 환호했다. 강모인은 박수 소리와 자신들이 휘두르는 막대기에 경찰들이 피하는 듯하여 도망치면서도 우쭐해지는 쾌감을 맛보았다.

매일신문사 앞에 왔을 때였다. 검은색 점퍼를 입은 젊은이가 자전거를 가로로 세워놓고 손으로 저지하며 말했다.

"시내 온통 경찰들이 깔렸으니 어서 골목으로 도망가라!"

강모인은 그 말에 급히 진골목으로 피했지만, 그의 정체가 몹시 궁금했다. '혼자 버티고 서서 피하라고 알려주다니…. 참 대단한 사람이야. 사복경찰은 당연히 아닐 테고….' 강모인의 눈은 열심히 숨을 곳을 찾았고, 머리는 정체불명의 사나이를 떠올렸다.

반월당에서 바리게이트를 치고 앞을 막은 경찰들은 곤봉으로 학생들을 후려쳤다. 안주열은 학생으로서 경찰들을 때릴 수도, 막을 힘도 없었다. 겁이 난 대여섯 명이 막대기를 던지고 진골목으로 도망쳤다. 좁은 골목에서 급한 마음에 키보다 더 높은 담장을 훌쩍 뛰어넘었다. 어디서 그런 초능력이 나왔는지 안주열은 자신도 놀랐다. 다른 학생들은  어찌 되었는지, 기와집 위에 올라가서 보니 3명이었다.

뒤따라온 경찰 2명이 곤봉을 들고 쳐다보더니 그냥 가버렸다. 조금 후 주인이 나와서 기왓장 깨진다고 걱정하는 것이었다. 조심스럽게 내려온 안주열은 경찰의 눈을 피해 급히 집으로 향했다. 옷을 갈아입고 다시 거리로 나온 안주열은 바로 장면 박사 유세현장으로 갔다.

손진홍과 함께 1차로 시위에 뛰어나왔던 김창호는 반월당에서 경찰과 마주치자, 발 빠른 친구 몇 명과 함께 얼른 진골목으로 피했다. 급하게 숨을 곳을 찾던 중 담이 낮은 지붕으로 뛰어올랐으나, 시야가 너무 넓어 오히려 눈에 잘 띄는 위치였다. 급히 내려오던 중 그만 장독을 깨고 말았다. 그때까지도 집안에 사람이 들어온 줄 모르던 주인이 놀라 뛰어나왔다. 40대쯤 된 듯한 아주머니였다.

"학생들, 남의 집에 와서 뭐하는 거고? 학생들이 이래도 되는 거가?"

"무조건 우리가 잘못했습니더. 오늘 일요일인데 학교 나오라 캐가 우리가 의기투합해서 도청으로 가던 길인데 경찰들한테 쫓겨가 이리로 피신한 겁니더."

김창호는 당황해하며 상황을 대략 설명했다. 그리고 장독은 물어주겠다고 하며 나서려했다. 밖에는 여전히 백차가 소란스럽게 오갔다.

"그러면 지금 나가지 마라. 잡히면 큰일 난다. 어두울 때까지는 있어야 안 되겠나?"

깨진 장독대를 보며 질책하던 주인은 다시 학생들을 숨겨주었다.

남문시장에서 구호 외칠 사이도 없이 무조건 '와!' 고함을 지르며 달리는 무리 속에 이영근도 함께 있었다. 이영근은 반월당에서 경찰의 제지를 뚫고 매일신문사 뒷골목 장관동까지 계속 뛰었다. 그러나 무거운 군화가 달리는 다리를 자꾸 붙잡았고, 결국 뒤쫓는 경찰에게 붙잡히고 말았다. 끌려간 곳은 대구경찰서 2층이었다.

이홍덕은 마주 오는 경찰을 피해 골목으로 피신했다. 담을 넘어 들어가자 주인이 뒤로 나가라고 급히 알려주는 것이었다. 헐레벌떡 뛰느라, 지붕이 연결된 담을 잘못 디뎠다. '퍽!'하는 소리와 동시에 슬레이트 지붕에 발이 빠지고 말았다. 망가진 지붕보다 벗어나야 한다는 일념으로 겨우 빠져나왔다. 그런데 이게 웬일인가. 경찰이 앞을 가로막고 서 있는 것이 아닌가. 이홍덕은 한 대 맞고 대구경찰서로 연행되었다.

심재태와 박대근도 매일신문사 옆 진골목으로 뛰었다. 뛰다가 누구 집인지도 모르고 잠긴 나무 대문을 여럿이 밀고 들어갔는데, 하필이면 신도환 자유당 반공청년단장 집이었다.

신도환 집은 학생들의 표적 대상이었을까. 민태식, 최상훈, 심동현, 안영호를 포함하여 여럿이 밀고 들어갔다. 넝마주이들이 한바탕 휩쓸고 지나갔는지 분위기가 휑하고 불길했다. 학생들이 다시 밖으로 나왔으나, 어느 곳도 안전한 곳은 없었다. 거리는 점점 소란스러워졌다. 그 틈을 타고 '학생들은 집으로 가라!'는 방송도 확성기를 통해 쏟아져 나왔다. 박대근이 골목을 나서며 모자를 주머니에 숨겼다. 그때 한 아주머니가 다가와 '수고했다'며 주는 물을 주는 것이었다. 꿀꺽꿀꺽 삼키자 추위와 허기가 조금 사라지는 듯했다.

중앙통에서는 학생들을 향해 소방차가 물대포를 쏘았다. 대열이 흩어지기 시작했다. 유수현, 배영호, 최종현, 김찬호, 전충일이 좌측 진골목 안으로 뛰어 들어갔다. 물에 젖은 옷보다 경찰부터 피하고자 빗장 걸린 대문을 확 밀고 들어갔다. 일본사람이 살았던 것 같은 분위기의 집은 굉장히 넓었다. 형사 2명이 뒤쫓고 있었다.

학생들이 갑자기 뛰어 들어가자, 일본 옷을 입은 할머니가 놀라서 튀어나왔다. 유수현이 개집 옆으로 다가갔으나, 다행히 개는 짖지 않았다. 유수현이 툇마루 밑에서 개를 끌어안은 채 벌벌 떨고 있을 때, 경찰이 뒤따라 들어서려 했다.

"어떤 연유로 남의 집에 들어오느냐?"

할머니의 위엄에 찬 목소리에 형사가 들어오다 말고 딱 멈췄다.

"여어 학생들 찾으러…."

"여어 학생들? 학생들이고 간에 한국은 법치 국간데, 당신들이 남의 집에 들어오는 건 내 허락 없이 어떻게 들어오느냐? 나, 학생들이 들어온 연유를 좀 알자"

그러자 뒤따르던 경찰도 더 이상 못 들어오고 거기서 멈춰 섰다.

"빨리 도경에 가서 내가 당신들 신분도 알아야겠다."

벌벌 떨며 숨어 있던 학생들에게 할머니는 예사롭지 않게 다가왔다. '보통사람과 다르게 의식이 많이 앞선 분인가 보다.'며 여전히 개를 안은 채 유수현은 생각했다. 할머니의 단호함에 놀랐는지 더 이상 경찰들의 목소리는 들리지 않았다. 잠시 후 빗장 거는 소리가 들렸다.

그렇게 10여 분 지났을까? 뜨거운 보리차를 끓여놓고 학생들에게 나오라고 하셨다. 젖은 옷을 입고 벌벌 떨다가 뜨거운 보리차를 마시자, 얼었던 몸이 조금 녹는 듯했다. 1시간 정도 지나 할머니는 바깥 동태를 살펴주셨고, 그제야 집을 나설 수 있었다. 집을 나선 학생들은 경찰의 눈을 피해 서둘러 장관동으로 이동했다. 하지만 예상은 유감스럽게도 빗나갔다. 조용할 것이라는 장관동 일대에 경찰들이 포진하고 있었던 것이다. 그 바람에 유수현은 중부경찰서로 연행되었다.

전동의 대구고 학생들의 데모 광경(1960년 2월 28일) 2·28기념사업회 제공

전동골목에서 부정에 항거하는 대구고 학생들(1960년 2월 28일) 2·28기념사업회 제공

24

# 달리고, 또 달려서

백진호가 중앙통을 통과하고 칠성동을 거쳐 달려간 곳은 무태였다. 중앙통에서 '앵앵'거리는 백차 소리를 듣고 무조건 달렸다. 한 무리들이 같이 달렸으나, 일행의 일부는 잡히고 일부는 이리저리 피신하면서 뿔뿔이 흩어지고 말았다. 백진호는 백차를 피하기 위해 대구역 내 화물열차 뒤로 피했다.

다행히 연행은 모면했으나 어디로 가야할지 망설여졌다. 생각도 잠시, 시내를 벗어나야 한다는 일념으로 화물기차를 돌아서 칠성동으로 빠졌다. 외곽으로 달리면서도 많은 생각들이 교차하여 머리가 복잡했다. '정학 처분이 내리지는 않을지, 부모님은 뭐라 하실지, 잡혀간 친구들은 어떻게 하고 있는지, 무사히 나올 수는 있을 건지, 심한 구타는 안 당하는지….' 이런저런 걱정으로 정신없이 걷고 또 걸었다.

얼마만큼 걸었을까. 인가가 드문드문 보였다. 들판에는 청보리가 바람결에 흩날리고 있었다. 무태였다. 무태의 보리밭두렁에서 해가 질 때까지 기다린 백진호는 차가워진 바람을 느끼며 주머니에 감춘 모자를 꺼냈다. 구겨진 모자를 바로 펴서 쓰고는 집을 향해 다시 달렸다.

전국진은 반월당을 지나 대구역 방향으로 뛰었다. 얼마나 달렸을까. 숨이 턱에 닿았다. 뒤쫓는 경찰의 눈을 피해 왼쪽 가정집으로 재빨리 들어갔다. 두리번거릴 사이도 없이 장독대 사이로 엎드렸다. 숨찬 가슴은 방망이질하듯 쿵쾅거렸다. '그 많던 학생들을 다 잡아가다니….' 학생들을 폭도로 몰고 달려드는 경찰들 숫자도 어마어마했다. 대구에 경찰이 이렇게 많았나 싶다. 경찰의 포위망이 점점 좁혀온다는 불안감이 들자, 장독대를 벗어나야겠다는 생각에 급히 빠져나왔다. 아뿔싸! 눈에 띌까봐 벗어 놓은 모자를 깜빡하고 그냥 나오고 말았다. 모자는 학생의 상징인데….

윤풍홍이 정신없이 달릴 때, 한 시민이 집으로 들어오라고 손짓했다. 시민은 점심때가 지났다며 밥까지 차려 주는 것이었다. 다시 거리로 나오자 시민들이 함께 손뼉을 쳐주었다. 오늘 박수소리는 가는 곳마다 넘쳤다. 무슨 대단한 일을 한 것 같아 가슴이 벅차올랐다. 윤풍홍은 여기저기서 뛰는 학우들과 더불어 더 빨리 달리면서 중앙통으로 전진했다.

몽둥이 들고 뛰어나갔던 진재홍도 경찰을 피할 수는 없었다. 명덕로터리, 반월당을 지나 도청까지 무사통과했다. 도청 앞에는 도경찰국 경찰들이 경북고와 접전을 벌인 후였다. 여전히 기세등등한 경찰의 태세를 보고 진재홍은 달렸다. 향촌동, 교동시장을 거쳐 경대병원 근처 집으로 왔다.

숨이 막히는 순간을 맛보았기 때문일까. 시위하러 나가기 전까지도 일어나지 않았던 분노가 일었다. 학생들에게 이런 상황을 만든 정권에게 화가 치밀었다. 반면 겁도 났다. 자신이 한 일로 인해 교육공무원이신 아버지께 '해'가 되면 어떡하나 하는 염려스러운 마음 때문이다. 그럼에도 불구하고 두려움에 제일 먼저 집으로 달려온 자신에 화가 났다.

여기까지 생각이 미치자, 진재홍은 웃통을 훌렁 벗어 던졌다. 그리고는 냄새도 추위도 잊고 돼지우리 청소를 하며 끓어오르는 화를 식혔다.

25

# 매일신문사

선발대로 교문을 빠져나온 임용대는 중앙파출소에서 경찰과 마주쳤다. 얼른 매일신문사로 피신했다. 마침 신문사 논설위원이 임용대의 얼굴을 알아보았다. 그는 깜짝 놀라며 임용대를 얼른 2층으로 숨겼다.

"너는 오늘 나가면 안 된다. 잡히면 큰일 난다. 오늘 나랑 같이 여기 있자."

임용대의 부친은 민주당 도당위원장 임문석 씨였다. 그러니까 임용대는 경계 대상 1호의 아들이다. 임용대를 숨겨주는 논설위원은 임용대의 집을 종종 방문했었다. 때문에 임용대의 얼굴을 기억했던 것이다.

매일신문사에서는 벌써부터 거리로 뛰쳐나온 학생들을 주시하고 있었다. 민주당 유세하는 일요일, 대구시내 8개 공립 고등학교에 강제 등교 지시한 사실도 물론 알았다. 그렇지만 오늘 이런 사태는 짐작 못했다. 학생들이 스스로 스크럼을 짜고 구호를 외치며 시내로 쏟아져 나올 줄이야…. 전혀 예상하지 못한 부분이다. 관제동원 시위는 했어도, 고등학생들이 공권력에 대항하는 시위는 정부 수립 이후 처음이다. 낯설다기보다는 큰 사건이다. 이 엄청난 일의 결과가 어떤 파급으로 이어질 것인지 알 수 없으나 분명 천지개벽할 일이었다.

대구·경북은 분명 '야당도시'다. 그럼에도 불구하고 이 뜻밖의 시위는 그 누구도 예상치 못한 일이었다. 이 얼마나 대단한 일인가. 지극히 중하고 위험한 일이다. 지금이 어떤 시대인가. 말 한 마디 잘못해도 끌려가는 자유당 정권의 절정기가 아닌가. 야당지로서 주가를 올리고 있는 매일신문사가 오늘 기사를 어떻게 작성할 것인가. 그것은 오늘 매일신문사의 숙제였다.

그날 임용대는 매일신문사에서 점심, 저녁을 먹고, 밤 11시가 넘어서 귀가했다. 그 시간은 시위가 종료되고 주동자들을 제외한 학생들 대부분 귀가한 시간이었다.

26

# 민주당 장면 박사와 박순천 여사

시위 선발대가 반월당으로 진입하기 위해 달리고 있었다. 신참인지 아니면 상부의 지시 없이는 스스로 생각하고 판단하지 못하는 경찰인지 알 수 없으나, 거리로 뛰쳐나온 학생들을 향해 한마디 던졌다. 아직 사태를 파악 못한 경찰이 학생들을 향해 한마디 던졌다.

"이놈의 자식들! 왜 길 한복판으로 다니나!"

아직 사태 파악이 전혀 안 된 경찰을 피해 학생들은 얼른 가장자리 쪽으로 이동하며 앞으로 계속 달렸다. 거리엔 시민들이 몰려들었고, 저 멀리 선거유세 차량도 보였다.

대구고 학생들이 명덕로터리를 거쳐 반월당으로 달려갈 때, 민주당 선거유세 차량도 대구역에서 반월당을 향해 진입하고 있었다. 스크럼을 짠 대구고 학생들의 구호 함성과 확성기를 타고 나오는 민주당 선거 연설이 얽히고설키며 시내는 더욱더 왁자지껄 거렸다.

최수봉이 반월당에서 매일신문사, 소방서 근처로 달릴 때 무개차에 탄 박순천 여사가 마이크를 잡고 열변을 토하듯 연설을 하고 있었다. 그러다가 삽시간에 거리를 가득 메운 학생들을 보며 놀라 물었다.

"학생들 왜 그러는가? 왜들 그래?"

"오늘 일요일인데 우리한테 강제로 학교 나오라 했습니더. 민주당 유세장에 못 가게 할라꼬. 우리가 이거 항의할라꼬 나왔습니더. 이래가 되겠습니꺼?"

"하! 이거 정말 잘하는 거다. 학생들 계속해라. 잘한다!"

여당은 야당도시에서 '야당선거방해작전'을 세워놓고 학생들을 그 도구로 이용했다. 학생들은 그런 졸렬하고 유치한 '여당발상무너뜨리기작전'으로 맞대응하고 나왔다. 여당의 '일요일 강제 등교 지시'에 학생들이 '시위'로써 받아친 것이다. 여당의 수단이었던 학생들이 시위로 팽팽할 때 정작 여당의 목적, 즉 목표물이었던 야당은 무엇을 했는가.

어른들은 그저 '이건 잘못됐다'고 수군거릴 줄만 알았지 행동으로 표출하지 못했다. 그런데 지금 눈앞에 펼쳐진 현실은 어떤가. 여당의 부당함에 참지 못하고 밖으로 뛰쳐나온 고등학생들, 그들이 대구시내 중심가를 뒤흔들고 있는 것이다. 박순천 여사는 지금 그런 모습을 보고 있는 것이다. 감히 상상이나 할 일인가. 박순천 여사는 감격에 젖어 거리에서 항거하는 학생들을 격려하며 칭찬했다.

유수현이 멀리 좌측으로 매일신문사를 두고, 소방서 앞을 지날 때였다. 중앙통으로 장면 박사의 무개차가 대구역 쪽에서 들어오고 있었다. 트럭 양쪽에서 현수막이 질서 없이 펄럭거리고 장면 박사는 거리의 시민을 향해 손을 흔들었다.

"대구시민이여, 일어나라!"

확성기를 통해 장면 박사의 쩌렁쩌렁한 목소리가 흘러나왔다. 무개차 위의 장면 박사 얼굴이 하얗게 빛났다. 장면 박사 옆에서 깃발을 든 사람들은 분개하듯 굳은 표정이다. 아마 수성천변에 시민들을 못 가도록 한 이유일 것이다.

그 순간, 갑자기 어디선가 물줄기가 세차게 날아왔다. 대구소방서 소방대원들이 쏘는 물대포였다. 맞으면 눈알이 빠질 것 같은 세찬 물줄기였다. 1학년 학생들이 물줄기를 피하려고 몸을 이리저리 움직이자, 2학년 선배들이 후배들을 향해 있는 힘을 다해 소리쳤다.

"너거들, 대열 흩어지면 안 된다!"

대열은 하나도 흩어지지 않았다. 선생님들보다 선배가 무서웠고, 선배 말은 곧 법이었다. 물대포의 위력은 대단했다. 스크럼 했어도 앞줄은 다리가 번쩍번쩍 들렸다. 앞줄에 서 있던 전충기 역시 몸을 가누기가 힘들었다. 구호를 외칠 정신도 없었다. 스크럼은 풀렸고 결국 흩어질 수밖에 없었다.

손진홍이 대구역에서 수성천변으로 가는 중에도 경찰들의 학생들 연행은 계속되었다. 수성천변이 가까워지자 박순천 여사의 강연이 확성기를 타고 들려왔다.

"지금 대한의 아들딸들이 순경들과 싸우고 있는데, 이에 성원의 박수를 보냅시다!"

박순천 여사의 말과 동시에 30만 군증들이 보내는 박수가 우레같이 들렸다. 손진홍은 온몸의 힘이 스르르 빠져나가는 것을 느꼈다. 천지를 흔드는 박수와 함성도 에너지 충전으로는 부족했다. 그만큼 전력이 소진된 상태였다. 손진홍은 무작정 칠성동 집으로 향했다.

한편, 손진홍과 헤어진 서동활은 수성천변으로 향했다. 방천시장 가까이 오자 그 일대가 온통 인산인해를 이루고 있었다. 유세장으로 사람을 통과시키지도 않았다. 서성거리다 돌아서는데, 경북여고 학생들이 떼를 지어 몰려왔다. 교복의 하얀 줄이 콧대 높은 여고생을 상징하듯 오늘따라 꼿꼿해 보였다. 언뜻언뜻 새어나오는 자부심과 자존심도 까칠한 매력으로 와 닿았다.

감상도 잠시, 경찰들의 공권력이 또다시 공포감을 조성했다. 경찰은 백차와 소방차를 동원하여 여학생들을 차에 쓸어 넣다시피 했다. 그리고 어딘가로 질주하고 있었다. 경북여고 여학생들의 울부짖음은 온 천지를 덮었고, 이를 바라보던 시민들은 어찌할 바를 몰라 속만 태우고 있었다.

그때 유세장 확성기에서 장면 박사의 맹렬한 비난의 소리가 들렸다.

"지금 우리들의 귀여운 자녀들이 의거를 일으키고 있는데 경찰은 이들을 무자비하게 연행하고 있습니다!!"

어수선했다. 대구시내가 다 무질서한 상태였다. 어른도 학생들도 모두 혼란시대에 살고 있었다. 서동활은 오늘, 상실감에 빠져들고 있었다.

1960년 2월 28일 오늘, 대구시내는 요란했다. 온통 몸살을 앓는 중이었다. 삐이삐이 불어대는 경찰들의 호루라기 소리, 자동차 경적 소리, 학생들의 항거에 반월당은 비명을 질러댔다. 수성천변 유세 현장에는 민주당의 쩌렁쩌렁한 선거 연설이 스피커를 통해 저 멀리 앞산까지 흔들어 놓고 있었다.

멈출 것 같지 않은 시위도 공권력이 투입되자 서서히 멎어갔다. 그러나 저항하는 학생들 정의감과 이를 지켜본 시민들의 마음은 뜨거웠다. 부정부패를 처단해야 한다는 일념도 더욱더 굳어갔다. 그럴 날이 곧 다가오리라는 것도 확신했다.

1960년 2월 28일 오늘의 함성은 그날을 앞당기는 신호탄이었다. 오늘 학생들의 울분은 그날을 예비하는 축제의 서곡이었다.

27

# 중앙파출소

반월당에서 경찰과의 공방전을 겨우 뚫고 나온 학생들, 그러나 중앙파출소 앞에 이르자 그만 기가 죽고 말았다. 학생들이 몰려가기도 전에 경찰들은 철벽방어선을 치고 마중하고 있었기 때문이다. 중앙파출소 앞은 더 삼엄했다. 경찰차는 물론 자전거까지 동원되어 중앙파출소를 사수하고 있었다. 더 앞으로 나아갈 수도 뒤로 도망할 수도 없었다. 그야말로 진퇴양난이었다. 경찰에게 고등학생들은 대적할 만한 상대도 아니었지만, 경찰들은 굳이 철통수비를 고집하고 있었다. 때문에 활화산처럼 들끓는 난타전은 그날 거쳐야 할 필수 코스였고, 완수할 미션이었다. 중앙통은 들끓었다. 경찰의 붉은 곤봉과 대구고 학생들의 산벚나무 막대기의 충돌! 접전은 절정을 이루고 있었다.

긴 시간이 필요하지 않았다. 피 끓는 청춘의 고등학생들은 곧 그들 스스로 수적 열세에 눌렸고, 공권력에 허둥대기 시작했다. 그건 이미 그물 속에서 팔을 휘젓는 것과 같았다. 곧 패주와 추격이 시작되었다. 다시 반월당으로, 진골목으로 뿔뿔이 흩어지고 있었다. 민태식, 안영호, 심동현…. 다수가 경찰의 포위망을 뚫고 중앙통을 빠져나왔다. 숨을 몰아쉬며, 다시 매일신문사를 돌아 진골목으로 빠져들었다.

한편, 중앙파출소로 연행된 학생들은 경찰의 소홀한 감시를 틈타 탈출에 성공하는가 하면, 또 다시 잡혀 오기도 했다. 중앙파출소는 주변의 어수선함과 문만 열면 바로 뛰쳐나올 수 있어 이 같은 상황이 반복되었다.

최태영도 골목으로 급히 들어서며 대문이 열려있는 가정집으로 무조건 들어섰다. 놀란 집주인은 대뜸 난색을 표했다. 뒷감당이 두렵다는 것이었다. 최태영은 잠시 서운했으나 더 있을 수도 없었다. 밖으로 나온 최태영은 도청으로 집결하고자 동정을 살피며 조심스럽게 골목을 벗어나던 중 사복경찰에게 붙들리고 말았다. 역시 가까운 중앙파출소로 연행되었다.

서동은이 중앙파출소에 잡혀갔을 때는 이미 동기들과 2학년 선배들 2,30명 정도 갇혀 있었다. 서동은은 경찰로부터 곤봉으로 2대 맞고, 뺨도 한 대 맞았다. 학생들이 여기저기서 소란을 피우자 갑자기 파출소 소장이 소리쳤다.

"이놈들! 전부 형무소 집어넣어라!"

형무소. 말로만 듣던 무시무시한 곳이 형무소 아닌가. 삼덕동 형무소 담장 길은 지나가기만 해도 등골이 오싹해지는 곳이다. 그런 형무소에 들어가서 갖은 고문을 당하고 노역에 시달릴 것을 상상하니 소름이 돋았다. 모두들 겁에 질려 한순간 조용해졌다. 불안하고 무서운 시간이 흘러갔다.

오후 4시가 넘었다.

"일어섯! 꿇어앉아!"

그렇게 한참 동안 모퉁이에 앉혀 놓더니, 5시가 다 되어 반성문을 쓰라고 했다. '다시는 데모를 하지 않겠다.'는 것과 '우리가 정치에 개입하고자 하는 것이 아니고, 학생들이 순수한 마음으로 한 운동이다. 정치하고는 전혀 관련 없다.'는 말을 쓰라고 종용했다. 학생들은 반성문 아닌 반성문을 쓰고 손도장을 찍었다.

28

# 도경찰국

정태규, 손병권은 오늘도 까만 교복에 하얀 교복 카라 대신 태극기를 접어서 카라로 착용했다. '태극기 카라'는 지난 16일 조병옥 박사의 서거 이후 오늘까지 줄곧 이어오던 행위였다. 그것은 애도의 뜻과 부패한 정치에 대한 반감이 공존된 반항이자 일종의 결의였다. 정태규, 손병권에게 '태극기 카라' 투쟁은 토끼몰이 사냥을 한다고 해도 변함없이 계속되었다. 그런데 지금 시위하며 달리는 지금은 상황이 좀 달랐다. 정태규의 머릿속은 복잡했다. 태극기를 목에 걸고 경찰에게 잡히는 순간 문제가 커질 것이라 직감한 정태규는, 반월당 근처 아버지의 사무실에 들렀다. 부재중이었다. 급히 태극기를 풀고 숨겼다.

다시 반월당으로 나온 정태규는 김종하를 비롯하여 몇 명 학생들을 지휘하며 돌격하기 시작했다. 경찰들의 곤봉이 이들을 놓칠 리 없었고, 30~40명의 학생들을 보리타작하듯이 훑었다. 반월당은 반월당대로 한바탕 아수라장이 되어갔다. 줄줄이 지프에 태워진 채 도경찰국으로 연행되었다.

박순천 여사의 무개차가 지나가고 경찰들은 학생들을 좇아왔다.

최수봉과 7,8명의 학생들도 만경관 앞에서 붙잡혀 도경찰국으로 끌려갔다.

민태식은 손진홍과 어디서 헤어졌는지 모른다. 경찰들과 접전 중에 서로가 서로의 행적을 살필 여유는 없었다. 민태식은 최종 목적지인 도청으로 달리고 있었다. 만나기로 되어있던 경북고생들과의 조우는 이뤄지지 않았지만, 수많은 경찰의 제지 속에 뿔뿔이 흩어졌고, 목적지가 경북도청이라는 누군가의 외침에 이끌리어 달리는 중이었다.

만경관 앞을 벗어났을 때였다. 학생들의 소요 소식을 접수한 도경찰국 사복 경찰들이 도청 가는 길목을 차단한 채 서슬이 퍼런 눈빛을 빠르게 굴리는 것을 보니 딱 봐도 경찰이었다. 동백기름은 얼마나 문질렀는지 짧은 머리카락은 햇빛에 더 검게 빛났났다. 당황한 안영호, 권용삼, 민태식은 한국은행 앞 향촌동 입구 교동시장으로 달려 들어갔다. 그러자 반가운 손님이라도 맞이하듯 시장 상인들은 민태식 일행을 안으로 불러들이려고 야단이었다.

그러나 민태식이 피신하기도 전에 뒤따라오던 경찰이 목덜미를 잡았다.

"거기 섯!"
"억!"

뒷목덜미를 잡힌 민태식은 얼른 몸을 앞으로 숙이며 경찰의 손아귀를 뿌리치고자 안간힘을 썼다. 하지만 역부족이었다. 실랑이하던 차에 경찰의 과격한 발길이 민태식의 그곳을 치고 들어왔다.

"윽!"

순식간에 벌어진 일, 그러나 고통은 크고 길었다. 이제 경찰을 피하기는 다 틀렸다. 숨도 제대로 못 쉴 정도였다. 앞으로 꼬꾸라진 민태식에게 경찰의 구타는 멈추지 않았다. 민태식은 몸을 가누지 못한 채 의식이 점점 땅으로 꺼짐을 느끼고 있었다.

경상북도경찰국은 이미 연행되어 온 경북고, 대구고 학생들로 북새통을 이루고 있었다. 어림잡아도 2,3백 명은 되었다. 서문시장, 방천시장 대목장날보다 더 소란하고 정신이 없었다. 과격한 학생들은 심한 구타를 당하고 질질 끌려왔고, 순순히 끌려온 학생들은 없었지만 크게 반항하지 않은 학생들도 기본적으로 한두 대는 맞으며 들어왔다. 먼저 연행된 학생들은 이미 유치장에 들어간 상태였다. 취조도 당하고 있었다. 이원영도 눈에 띄었다. 얼마나 지났을까? 유치장 구석에서 민태식이 퉁퉁 부은 얼굴로 통증을 견디고 있을 때, 안영호가 잡혀 들어왔다. 이들은 한 공간에 같이 있는 것만으로도 서로 위로가 되었다.

1시간쯤 지나자, 사복경찰이 민태식과 이원영을 호명했다. 민태식은 책상 밑으로 얼른 숨었다. 둘은 이 시위의 주동자는 아니었으나, 연대 내 중대장 임무를 맡고 있었다. 때문에 무거운 심문을 피할 수 없을 듯했기 때문이었다.

노백무는 중앙네거리 쪽에서 잡혔다. 노백무가 보기에 '참 저런 것도 경찰인가?' 싶을 정도로 경찰의 자세는 엄격하지 않았고 허술했다. 눈앞에 선명하게 펼쳐진 광경은 믿기지 않을 만큼 어이가 없었다. 선배의 주먹이 경찰을 때려눕혔던 것이다. 어디 그 뿐인가. 도경찰국 앞에서 경찰을 피하던 학생이 경찰 모자를 벗겨서 던졌다. 경찰이 모자 줍는 사이 학생들은 또 우르르 도망쳤다.

노백무가 박력도 없고 얕잡아본 경찰이었지만, 그 역시 경찰에 의해 도경찰국으로 연행되었다. 도경찰국으로 연행되는 과정에서 몇 대 맞으며 이게 무슨 꼴인가 싶었다. 당초 주동한 선배들의 계획은 각 학교에서 결의문을 낭독하고, 반월당에서 만나서 도청으로 이동하기로 했었다. 계획대로라면 지금 이 자리에서 공동으로 결의문을 낭독하고, 당국의 부당함에 학생들의 뜻을 표명하는 시간, 딱 그즈음이다. 그런데 약속은 어긋나 버렸다. 생각할수록 분하고 억울했다. 도경찰국에 들어서자 학생들이 유치장을 빽빽하게 채우고 꿇어앉아 있었다. 그런 학생들을 경찰들은 오가며 한 대씩 쥐어박았다.

"이놈들이 공부는 안 하고…."

"조용히 해!"

남대진 일행은 우여곡절 끝에 태평로 미창 근처까지 피신했으나, 언제 나타났는지 경찰들이 뒤에서 덮쳐왔다. 5,6명이 경찰 지프를 타고 끌려간 곳은 도경찰국이었다. 남대진 일행이 들어서자, 이미 잡혀 온 학생들 모두 차가운 바닥에 쭈그리고 앉아 있었다.

점심때가 한참 지났으나 도경찰국에서는 아무런 조치가 없었다. 그때 어떤 용감한 학생이 배고프다고 먹을 것을 달라는 것이었다. 그것도 사정하는 것이 아니라 항의하듯 내놓으라는 식이었다. 다음 이어질 상황은 불보듯 뻔했으나, 모두가 이 상황을 주시하였다. 본디 예감은 적중하는 법이다. 세차게 얻어맞았다.

도경찰국이 만원이 되자 경찰무도관으로도 학생들을 집어넣었다. 운동기구들이 즐비했다. 처음 보는 광경에 다들 어리둥절해 하자, 경찰의 고문은 심심풀이하듯 질서도 없이 가해졌다. 경찰무도관으로 잡아 온 학생들에게 경찰의 고문은 다시 이어졌다. 정강이 사이로 곤봉을 넣고 꿇어앉게 했다. 정육주는 통증을 참느라 안간힘을 썼다. 말로 표현할 수 없는 고통의 시간이었다. 시간이 좀 흐르자 경찰들의 심문이 다시 이어졌다.

"여기 주동자가 누구냐?"

"접니다."

정육주가 얼른 소리나는 쪽으로 고개를 돌렸다. 보니 주동자도 아닌 정태규였다. 태극기 카라를 하고 다닌 정태규가 나서자 옆에 있던 학생들도 연이어 손들거나 일어서며 나섰다.

"접니다! 접니다!"

"이새끼들이!"

대구고, 경북고 학생들로 가득찬 도경찰국은 초만원이었다. 여기저기서 비명과 경찰들의 추궁이 무질서하게 쏟아졌다.

"이놈 새끼들! 공부는 안 하면서."

그때 연행된 학생들이 걱정되어 학교 선생님들이 경찰서 문을 열고 들어섰다. 선생님의 출현에 학생들은 반가움에 눈물을 흘렸다. 그 모습을 본 경찰들이 학생이 보는 앞에서 선생님을 향해 소리쳤다. 공교롭게도 교감 선생님이었다.

"당신이 선생이냐?"

"당신들이 학생들을 선동했지?"

경찰에게 선생님의 존재란 부재중이었다. 선생님을 향해 욕을 하고 행패를 부리며 심지어 구타까지 하는 것이었다.

"학생들 있는 데서 이게 무슨 짓입니까!"

교감 선생님께서 경찰들을 나무라듯 언성을 높였다. 경찰들은 선생님을 향해 폭언과 폭행을 남발했다. 옆에서 지켜보던 김남조의 눈에서 눈물이 쏟아졌다. 오늘 경찰의 행동은 질타받아야 마땅했다.

경상북도경찰국이 있었던 곳(현 경상감영공원)

29

# 대구경찰서

1차 선발대에 합류하여 도청을 향하던 이원순은 경찰이 방망이를 휘두르자 약전골목으로 피했다. 경찰의 추적이 계속되자 다시 종로로 내달렸다. 이원순 일행은 달리면서 피할 곳을 찾던 중 중국식당으로 뛰어 들어갔다. 귀퉁이에 숨죽이며 숨은 그들에게 어떻게 알고 왔는지 형사가 나타났다. 중국집에서 신고한 듯했다. 형사들은 학생들을 일으켜 세웠다.

"혁대 풀어! 신발 구겨 신어!"

딱딱하게 굳은 목소리, 주어, 술어 없앤 군더더기 없는 말투다. 정이라고는 애당초 한 눈금도 없었는지, 형사가 되면서 지워졌는지, 하여튼 인간미라고는 보릿고개 이삭줍기보다 찾기 힘들었다. 이원순은 지시에 따랐고, 그들이 연행된 곳은 대구경찰서 2층 임시 구치소였다. 50여 명 정도가 꿇어앉아 있었다.

대구경찰서에 연행된 이원순은 불안한 마음으로 상념에 젖었다.

'그동안 자유당이 어떻게 행동했는가. 독재정권의 불법 선거운동, 이승만 대통령 행차 시 학생들의 강제 동원, 대통령 생일 축하 웅변대회…. 분명히 잘못된 처사이다. 하지만 이 부당한 권력에 항거하는 행위는 아무나 할 수 없다. 용감하게 발언하고 앞서서 행동하기란 엄청난 용기가 뒤따른다. 오늘 이 시위의 주도자는 나와 같은 고등학생이다. 그들의 결의에 찬 용기는 과연 어디에 연유하는 것일까. 사물을 바라보는 눈이 어느 정도 성숙하단 말인가.' 생각이 여기에 이르자, 자신을 향한 내면적인 고민도 스스로 질문하고 있었다.

이원순은 아버지 생각에 갑자기 불안해졌다. 도청 간부로 근무하시는 아버지의 신변에 자신의 행동으로 인해 불이익이 닥치지 않을까 염려스러웠던 것이다. 하지만 아무리 되돌아보아도 자신이 잘못된 일을 했다는 생각은 들지 않았다. 시간이 흐를수록 오히려 더욱 당당해지는 신념형 불온분자(?)가 되고 있음을 느끼고 있었다.

그때 앞자리에서 구호가 터져 나왔다.

"우리에게 자유를 달라"
"학원을 정치 도구화하지 말라!"

경찰의 구둣발이 사정없이 날아왔다.

"으윽!"

경찰은 그러고도 화가 풀리지 않았는지, 대놓고 구타를 가했다. 당차게 구호를 외친 친구는 작은 체구였으나 다부진 몸이었다. 이원순이 대구경찰서에 잡혀온 지 2시간 가량 지났다. 그동안 취조할 때 뭐라고 대답할까 끊임없이 생각을 굴리고 정리했다.

한편 경북여고생들에게 나오라고 소리치던 조영길도 반월당에서 종로를 거쳐 만경관으로 이동하던 중 경찰에 연행됐다.

2시. 취조하기 전 조영길은 불안한 마음에 좌불안석이었다. 집안 사정상 자신이 이 안에 있으면 안 될 것만 같았기 때문이다. 경찰들은 학생들을 차례차례 불러 취조를 이어갔다. 조영길은 자신의 순서가 임박함을 느끼자, 더 이상 시간을 지체하면 곤란하겠다는 예감이 스쳤다. 일단 여기서 벗어나야겠다는 마음에 집안의 어른 이름을 댔다. '누구다.' 말하면 다 아는 분이었다. 소위 빽을 쓴 것이다. 덕분에 꿀밤 한 대 맞고 줄행랑을 치듯 대구경찰서를 벗어났다.

대구경찰서는 이미 학생들로 초만원이었으나 그 뒤로도 학생들은 계속 연행되어 들어왔다. 유치장에 더 수용하기 힘들어지자, 경찰은 학생들을 옥상에 감금하기 시작했다. 시간이 지날수록 학생 수가 점점 늘어나자, 명단을 작성한 후 보호자를 불러 귀가 조치했다. 삼촌 집에 기거한 이홍덕도 도청에 근무하는 삼촌과 함께 귀가했다.

유수현이 대구경찰서에 들어갔을 때는 선생님이 와 계셨고, 대구고 학생들이 잔뜩 꿇어앉아 있었다. 유수현의 마음은 경찰을 피해 골목으로 숨어다닐 때보다 오히려 편했다. 물론 경찰서 자체가 공포 분위기를 조성하는 곳이지만, 선생님과 많은 선배, 동기들이 있어 한편으로는 힘이 됐던 것이다.

전병조는 반월당에서 경찰의 제지를 받고 김홍대와 함께 청라언덕 근처에 있는 집으로 피신했다. 시간이 흐르고 사태가 조용해졌다고 판단한 두 사람은 다시 종로로 나왔다. 동인로터리에 사는 김홍대를 바래다주기 위함이다.

둘은 만경관 앞에서 전우영 체육 선생님을 만났다. 당황한 선생님은 김홍대와 전병조를 향해 눈짓으로 신호를 보냈다. 두 학생은 선생님이 기합을 주려고 오라는 줄 알고 멈칫했다. 그때 사복 경찰이 덮쳤다.

그 시각 종로와 만경관 앞에는 사복경찰들이 쫙 깔렸었다. 그들은 학생들을 잡기 위해 눈을 빠르게 움직였고, 학생들의 교복과 까까머리는 말 안 해도 눈에 띄었었다. 대개 도망자보다 추격자의 눈이 더 밝은 법이다. 이를 감지한 선생님들은 학생들이 다칠까봐 시내에 많이 나와 있었던 것이다. 전우영 선생님의 도망가라는 눈짓의 신호를 학생들은 아둔하게도 놓치고 말았다. 두 번 눈을 마주치기 전에 이미 둘은 경찰의 손아귀에 들아갔다.

"읔!"

전병조는 그 자리에서 쓰러졌다. 얼마나 흘렀을까. 눈을 떴을 때는 김홍대의 무릎이었다. 김홍대는 대구경찰서 시멘트 바닥에 앉아 있었다. 급소를 맞았는지 통증과 함께 앞이 아득했다.

그때 심재태 부친이 아들을 찾으러 대구경찰서로 들어섰다.

"재태야! 재태야! 재태 못 봤나. 너거 재태 못 봤나?"

"재태 여어 없습니더"

귀한 아들 '심재태'를 찾는 아버지의 목소리가 대구경찰서에 쩌렁쩌렁 울렸다. 전병조에게 그 소리는 꿈처럼 아련하게 들려왔다. 목울대가 크게 출렁거리더니 눈물이 예고도 없이 주르륵 흘렀다.

만경관 뒤 대구경찰서로 연행된 박이준은 1층에서 다시 지하실로 끌려갔다. 형사 둘이 뒤따랐다. 고문실이었다. 엉거주춤 서 있는 박이준에게 형사는 다짜고짜 귀싸대기를 올렸다.

"이놈의 새끼! 빨갱이새끼! 모자부터 빨간색으로 쓰고 있다."

광분한 형사는 폭언과 폭행을 일삼으며 야단법석을 떨었다. 한참을 구타하더니 두 형사가 나가고 다른 형사가 들어왔다.

"의자 펴고 앉아라."

의자에 앉자 코피 닦으라며 휴지를 내밀었다. 이어서 심문조사가 시작되었다.

"주소? 이름? 몇 학년이고? 오늘 너희가 시위한 거 무슨 뜻인지 아나?"

"대구…. 박이준. 1학년…."

"그런데 왜 자네는 교모를 안 쓰고 빨간 모자를 썼느냐?"

"오늘 토끼 잡으러 간다길래 햇빛 가리개로 쓰고 나왔습니다."

"그래도 시위할 때 이런 빨간 모자를 쓰고 나오는 것은 니 사상이 의심스럽다."

박이준은 고등학교 1학년이다. 사상이 뭔지도 모르는 나이다. 그런데 박이준은 어릴 적 6·25전쟁 때 만났던 인민군을 떠올렸다. 나쁘지 않은 기억이다. 피란민 40~50명과 함께 있었던 인민군은 총을 쏘거나 나쁜 말도 하지 않았다. 여덟 살인 자신에게 오히려 자신이 먹던 비상식량까지 챙겨주었다. 그런 인민군 생각에 대뜸,

“아, 그 인민군들, 그놈들 괜찮습니다.”

라는 말이 자신도 모르게 튀어나왔다.

“이놈의 새끼! 이놈 이거, 완전 빨갱이 사상 물 들은 놈이네!! 이 새끼는 안 되겠군.”

정복 경찰관 두 명이 들어왔고 박이준은 끌려나갔다. 박이준은 대구경찰서 옆 종로초등학교 담벼락에 있는, 바닥이 넓은 목조건물 유도관으로 집어넣었다. 일본 순사들이 유도연습 했던 곳이다. 박이준이 들어서자 대구고등학교 1학년 친구들, 2학년 선배들, 경북고등학교, 그리고 여고생들도 40~50명은 있었다. 다들 박이준의 몰골을 보고 놀라움과 무서움을 동시에 느끼는 듯했다. 그러나 정작 박이준은 초등학교 울타리가 낮은 것을 확인, ‘안전한 탈출’을 꿈꾸었다.

임영기는 학생들이 반월당에서 경찰과 공방전을 벌이고, 트럭에 잡혀가는 그 난리통을 뚫고 대구소방서 앞까지 진격했다. 그러나 날아가는 새들도 잡아낸다는 경찰 손아귀를 오래 벗어날 수는 없었다. 결국 경찰 트럭에 올라타는 신세를 지고 대구경찰서로 이동했다.

경찰서 바닥에 무릎을 꿇고 경찰의 심문을 기다리는 시간은 불안과 초조함의 연속이었다. 경찰의 심문은 다각도로 이루어졌다. 임영기는 자신이 잡혀온 것보다 보호자 불러들일까봐 더 신경이 쓰였다. 이유는 간단하지만 공개되면 파장이 클 수도 있는, 그러니까 경찰 쪽에

서 알면 거품을 물고 발악을 할지도 모른다고 스스로 판단한 것이다.

임영기의 보호자는 현재 민주당에서 정치적 입지를 다지고 있는 분이다. 그러니까 자유당의 유관기관, 특히 경찰과 엮인다면 재미없는 일이 벌어진다. 또한 대구고 사친회장이시기도 하다. 임영기는 지금 그런 이모부 댁에서 기거 중이었다. 때문에 보호자를 물으면 절대로 함구하겠다고 스스로 다짐하고 있었다. 그렇다고 오늘 자신이 한 행위를 후회하는 것은 아니었다. 무슨 정의를 논하기 전에 고등학교 2학년의 눈으로 봐도 '이거는 아닌 일'이었기 때문이다.

배태홍. 사실일까? 믿어지지 않지만 분명 사실이었다. 그놈의 '욱' 하는 그 성질이 언젠가 문제가 될 것이었다. 하지만 지금 이 순간 여기서, 그런 노래를 불러 재낄 정신이 자신에게 있으리라고는 생각하지 않았다. 그러니, 이 모든 것은 우연이었다고 할 수 있겠다. 따귀는 물론이고 곤봉에, 숱한 발길질…. 한 치의 봐주는 것 없이 걷어차였고, 머리가 띵할 정도로 맞았다. 그 와중에 그런 가사가 생각난 것은 정말 어처구니없게도 그건 우연이었다.

"이놈 빨갱이 아니야?"

대구경찰서에서 그날 받은 충격 2호였다. 대구시내를 점령한 학생 시위가 1호였고, 2호가 지금 탄생한 것이다. 두 번째 충격의 주인공은 배태홍이다. 배태홍은 노래를 불렀다, 악에 받쳐서. 어릴 적 불렀던 노래다. 그런데 놀랍게도 그 노래는 '김일성장군가'였다. 대한민국 어디서든 절대로 허용되지 않는 노래였으나, 배태홍에게는 그 순간 떠오르는 그리운 추억이었다.

"빨갱이가 아니고서야 어떻게 이런 노래를 불러?"

"김일성이, 뭐라고?"

"야, 야! 김일성 개새끼 해봐."

머리를 툭툭 치고 건드리는 중에도 배태홍의 머릿속은 여전히 현실로 돌아오지 못했다. 그를 지배하는 기억은 6·25전쟁, 그 참혹한 시절의 한가운데였다.

경상북도 반공청년단의 지부장을 하던 부친이, 외삼촌과 함께 그를 고령 외가로 피난시켰다. 인민군은 낙동강을 넘어 고령까지 점령하였다. 그들과 3개월간 생활하던 그때, 죽이지 않고 그를 감화시켰던 그때의 기억이 그에게는 흉터의 꽃처럼 선명했다. 그리고 그의 한마디는 더욱 매를 불러들였다.

"인민군들도 사람을 이렇게 구타하지는 않습니다."

배태홍은 2층으로 끌려갔다. 석탄난로가 활활 타오르고 있어 춥지는 않았다. 하지만 사상범으로 몰린 그에게 혹독한 추위보다 더 매서운 구타가 이어졌다. 경찰의 구타는 몸을 휘청거리게 했고 급기야 난로 위로 넘어지고 말았다. 심한 매질과 화상, 견디기 힘들었다. 그래도 경찰은 귀가조치 시키지 않았다. 대부분의 학생들이 이미 훈방조치 된 상태였다.

박종률 역시 진골목에서 대구경찰서로 연행되었다. 저녁이 되면서 마음이 초조하고 답답해왔다. 구금당한 것보다 친구와의 약속을 지킬 수 없는 것이 더욱 더 불안했다. 토끼몰이를 하고 저녁을 같이 먹기로 했었다. 그러나 지금은 묶인 몸. 연락할 길이 없다. 순간 화가 났을 친구 얼굴이 선명하게 떠올랐다. 어쩌면 오늘 약속 불이행으로 영영 못 만날 수도 있겠다는 불길한 예감도 스쳤다. 박종률의 고민과 달리 주변은 여전히 소란스러웠다. 비명과 윽박지르는 폭언, 둔탁한 물체의 소리가 간헐적으로 들렸다. 그 잡음들이 경찰서 유치장임을 새삼 인식하게 만들었다. 다시 공포가 스멀스멀 엄습해왔다. 시간이 갈수록 난동부리는 학생들도 경찰서 유치장이라는 이 '특별구역'에 적응되어 가는 듯했다.

박이준이 경찰유도관에 감금되고 4시간쯤 지났을 때였다. 밖은 이미 어둠이 자욱했다. 경찰관이 박이준을 호출했다. 조사실에 들어서자 교장 선생님과 담임 선생님의 놀라는 모습이 먼저 눈에 들어왔다. 세무서에 다니시는 아버지의 걱정스러운 얼굴도 마주쳤다. 반갑기 그지없었다. 그러나 사제지간, 부자지간 반가운 인사말도 오가기 전에 경찰은 분위기를 확 깨며 끼어들었다.

"이놈의 새끼! 이거 보라고…. 이놈은 빨갱이 물이 완전히 들은 놈이야, 대체 선생들이 교육을 어떻게 시켰길래 이런 새끼가 나왔느냐고!"

"……."

"당신 공무원 생활 다 한 줄 알아라. 공무원 하면서 어떻게 자식을 이따위로 교육을 시켜?"

"……."

빨간 모자를 들고 있던 박이준은 주춤했다. 경찰 앞에서 아무 말도 못 하시는 어른들을 보며, 고개를 떨구었다. 삿대질이며 폭언이며 제멋대로 난리 치는 경찰이 이젠 겁나지도 않았다. 다만 선생님과 아버지께 면목이 없을 뿐이었다. 참으로 죄송스러웠다. 이렇게 험한 꼴을 당하시게 했으니….

언제까지 무소불위의 권력을 행사할지 몰라도 경찰에겐 부모도 스승도 없는 것 같았다. 혼자 태어나서 혼자 배우고 혼자의 힘으로 경찰이 되었을 것이다. 대한민국 경찰은 자신이 중심이고 그 중심을 향해 태양도 돌고 있다고 믿는 놈들일 게다. 경찰의 시건방은 하늘을 찔렀다. 한바탕 소란을 떨던 경찰이 약간의 진정세로 돌아섰는지 각서를 쓰라고 했다. 교장 선생님, 담임 선생님, 아버지 앞에 경찰은 자신들이 써 놓은 종이를 내놓았다.

"읽어보고 싸인 좀 하시오."

직접 내용을 작성하는 것이 아니라 서명만 하라는 것이었다. 그러니까 처음부터 써 놓은 각서를 내밀면 식견 있는 어른들이 순순히 따르지 않을 것이니 한바탕 난리쳐서 기선 제압한 것이었다.

그렇게 박이준은 대구경찰서를 벗어날 수 있었다. 나올 때 20여 명의 학생들과 함께 나섰다. 아버지는 경찰서 문을 나서면서 줄곧 박이준이 퇴학당하지나 않을지 걱정이 이만저만 아니었다. 그런 걱정과 불안을 읽었을까. 앞서가던 교장 선생님이 뒤돌아섰다.

"늦었으니 빨리 집으로 가라. 내일 학교에서 만나자."

9시였다.

밤 11시에는 대부분의 학생들이 훈방 조치된 상태였고, 그때까지 남아 있던 학생들도 귀가 조치시키기 시작했다.

하지만 배태홍은 달랐다. 이튿날 아침, 배태홍의 모친이 대구경찰서로 달려왔고, 반공청년단장 신도환의 보증을 거쳤다. 겨우 '사상범', '빨갱이' 족쇄에서 풀려날 수 있었다.

대구경찰서(현 중부경찰서)

30

# 남대구경찰서

남대구경찰서 1층 취조실. 잡혀 온 학생들로 가득 찼다. 이곳 역시 도경찰국, 대구경찰서와 다름없이 북새통을 이루었다.

토끼잡이용 막대기를 누구보다 힘차게 흔들었던 심재태도 경찰에 붙잡혔다. 심재태 뿐만 아니라 '선봉'에서 활약한 학생들 대부분 경찰의 표적이었으며, 결과는 '연행'이었다. 심재태가 남대구경찰서로 들어서자 먼저 들어온 학생들을 심문하고 있었다. 형사들은 주동자가 누구냐고 족치고, 학생은 모른다고 일관했다. 화가 난 경찰은 손가락 사이에 연필을 꽂아 고문했다. 여기저기서 비명이 끊이지 않았다. 유치장에서 발로 차는 소리, 철썩 때리는 소리가 비명과 범벅되어 울려 퍼졌다. 시간이 흐를수록 모두들 구타와 폭언에 잔뜩 겁먹고 있었다. 그 속을 꿰뚫고 경찰이 조건을 내걸었다. 사실은 원하는 대답을 못 얻은 까닭이기도 하다.

"보호자가 자술서 써주면 빨리 내보내 준다. 전화할 사람은 빨리 해라."

협상(?)이 가능한 학생들 너도나도 전화기를 돌리기 시작했다. 조건을 제시한 후에도 조사는 이어졌다. 그때 경찰서 문을 열고 경찰 간부와 심재태 아버지가 두리번거리며 들어섰다.

"심재태, 재태 여어 있나?"

"나요!"

심재태가 반가움에 튕기듯 벌떡 일어나 뛰쳐나갔다.

"아직 조사 안 받았으니 나가면 안 됩니다."

"내가 알아서 할 테니…."

경찰 간부는 눈치 없는 형사의 태도를 나무라듯 저지시켰다. 심재태를 데리고 나가던 경찰 간부가 심재태의 뒤통수를 때렸다. '하라는 공부는 안 하고 왜 시위하느냐.'는 이유였다. 그렇게 심재태는 남대구경찰서를 벗어났다.

서문시장에서 섬유사업을 하시는 김안호의 아버지도 달려왔다. 김안호의 아버지는 시말서를 쓰고 남대구경찰서 문을 나서며, '좋은 일은 했는데, 앞으로는 학교가야 하니까 조심해라.'는 한 마디를 덧붙였다.

진골목으로 피신했다가 사복경찰에게 연행되어 중앙파출소에 있던 최태영은 경찰차로 남대구경찰서로 이송되었다. 이미 많은 학생들이 꿇어앉아 경찰서 안이 새까맣게 가득 찼다. 체격이 건장한 털보형사가 곤봉으로 손바닥을 탁탁 치며 학생들을 통제하고 있었다.

"너희 놈들이 뭐 안다고. 하라는 공부는 안 하고 거리로 뛰쳐 나와!"

털보형사의 훈시에 최태영이 뭐라고 한마디 하자, 반성은커녕 고개를 쳐들고 말대꾸한다며 앞으로 나오라고 소리쳤다. 최태영이 엉거주춤 일어서자, 별안간 구둣발로 머리를 가격하더니 무차별 폭행이 한동안 이어졌다. 그러고도 화가 풀리지 않는지 겁에 질린 학생들을 향해 또 직격탄을 날렸다.

"이놈들! 너희 놈들은 남로당 빨갱이 자손이 아닌지 뒷조사를 해 봐야겠다!"

털보형사는 무소불위의 경찰 권력의 맛을 힘으로 톡톡히 보여주고 있었다. 학생들을 향한 폭언과 폭행은 일상적이었으나, '빨갱이'라는 말은 공포 그 자체였다. 최태영 뿐만 아니라 옆에 있던 학생들 모두 공포에 위축된 채 불안한 시간을 보냈다.

1학년 학생들을 적극 참여토록 독려했던 김석희도 남대구경찰서에서 죽봉으로 목덜미와 온몸을 수없이 맞았다.

윤풍홍은 아침부터 일어난 많은 일을 떠올렸다. 불탄 선언문, 시위 동참하기로 한 경북고의 연락 두절, 그로 인해 직접 경북고로 달리던 일…. 숨이 턱에 걸렸다. 하지만 주저앉을 수는 없었다. 시위가 시작되면 후방에서 마무리해줄 사람도 필요했다.

"너거, 아아들 이제 전부다 앞에 내보내고 뒤에 서라."

1학년들을 보호하느라 앞에 1학년, 뒤에 2학년을 배치했다. 윤풍홍은 마지막으로 교문을 나섰다. 교대 앞에 이르렀을 때, 대구경찰서의 순경들이 달려왔다. 윤풍홍은 운동으로 단련된 몸이라 쉽게 잡히지 않았으나, 무작위로 달려드는 경찰의 곤봉에는 피할 수가 없었다.

윤풍홍이 남문시장에서 남대구경찰서로 연행될 때는 오후 3시가 넘었다. 이미 경북고와 대구고 학생들 100여 명쯤 잡혀 와 있었다. 형사가 대구고와 경북고 학생들을 분리해서 세워놓고 추달하기 시작했다.

윤풍홍이 서너 번째로 불려갔다.

"주동자가 누구냐?"

"모릅니다."

모를 리가 없지만 모른다고 대답했다. 경북고 학생에게도 같은 질문이 이어졌다. 다들 약속이나 한 듯이 모른다고 대답했다. 줄 서서 있던 학생들은 앞사람의 질문과 대답을 다 듣고 있었다. 다들 모른다고 하자, 질문이 바뀌었다.

"니, 이름이 뭐고? 너거 아버지 이름은?"

"니 아나?"

학생 이름을 묻고 아버지 이름을 물었다. 대구에서 영향력 있는 집의 학생이거나 형사가 아는 사이면 옆으로 보냈다. 모르게 진행하는 것이 아니라 대놓고 '빽'을 흔들고 있었다. 반면, 모르거나 영향력 없는 집 학생이면 폭언과 폭행이 기준도 없이 가해졌다. 과연 무법천지였다.

윤풍홍 역시 많이 맞았다. 윤풍홍의 눈은 예리했다. 자신을 향한 도구를 카메라도 찍듯 그대로 입력했다. 재질은 참나무, 현재 용도는 방직공장 베틀, 두께 1.5cm의 길이 1m 50cm 정도! 때리기 참 좋은 그 무기(?)이다. 윤풍홍의 대답이 반항적이었을까. 등과 허리를 30분 넘도록, 다른 학생들보다 훨씬 많이 맞은 듯하다. 다행한 것은 머리는 맞지 않았다는 점이다.

5시쯤 남대구경찰서에 박태규 체육 선생님이 오셨다. 형사들이 다짜고짜 선생님의 뺨을 때리며 욕설을 해댔다. 창문 너머에서 이를 지켜본 학생들은 충격과 함께 울분을 참지 못했다. 학생들은 더욱더 단결했고 그 단결은 반항으로 곧 나타났다. 경찰은 경찰대로 화가 났다. 주모자를 찾느라 혈안이 되었다.

"주모자 누고?"

"거기에 주모자 '내'라고 적으소. 선생들 귓때기 때리는 게 말이 되는교!"

남대구경찰서는 도경찰국, 대구경찰서보다 강압적으로 학생들을 다루었다. 그럴수록 학생들은 튕겨 나갔다. 풍선효과였다. 그날, 남대구경찰서에서는 끝내 주모자를 색출하지 못했다.

이 새로운 사태를 두려워하면서도 인정하지 않으려는 태도로 여백을 채우는 이가 있었다. 우상봉 경찰서장이다. 그의 눈에는 아직 애송이에 불과한 이 녀석들이 그저 그런 놈들이었지만, 한편으로는 이 놈들 존재가 가볍지는 않았다. 한나절의 해프닝으로 돌리기에는 무게감 있는 판이었다.

저녁이 되어 경찰서 밖으로 멀어져 가는 학생들을 주시하던 우상봉 서장은 생각에 잠겼다. '추후 책임 추궁이 있을 지도 모르겠군. 아무리 야당성향이 짙은 도시지만, 고등학생들까지 설치다니…. 이건 말도 안 돼. 나 원 참! 무슨 조치가 필요해. 회유라도 해서 이 일을 잠재워야 할 판이야. 내일이면 상부에서 시위의 책임을 묻겠지. 당연히 관할 경찰서로 물을 텐데…. 책임추궁을 당하기 전에 먼저 손을 써야겠지.' 우 서장의 생각은 계속 이어졌다. '내일 당장 주동자들부터 소환해서 심문을 해? 부모들까지 호출해서 명백한 허위 조서라도 꾸며? 그러다가 사건이 꼬이기라도 하면? 그럼 안 되지. 불똥이 이쪽으로 튀게 할 수는 없지. 서둘러야겠군. 이런 일은 길게 끌면 재미없어. 이놈들을 살살 구슬려 조서를 꾸미려면? 영화라도 보여 줄까?' 우상봉 서장은 웃었다. 진실 없는 과장된 친절이 위험을 초래하거나 비웃음거리가 될지도 모른다는 것을 아직 겪어보지 않은 듯했다.

31

# "일몰 전에 귀가 조치하라"

대구경찰서와 남대구경찰서. 감금된 학생들로부터 주동자를 자백받지 못했다. 학생들은 서로 자신이 주동자라고 내세웠다. 난감한 경찰은 더 강압적인 조치로는 문제를 풀 수 없다고 판단했다. 급히 중앙에 보고했다.

중앙에서 문제 삼지 말라고 지시가 내려왔을까. 180도 달라진 경찰들의 태도에 학생들이 오히려 놀랐다. 주동자들을 제외한 대부분의 학생들이 일몰 전에 경찰서 문을 나섰다. 이렇게 빠른 조치의 배경에는, 폭압적으로 문제를 끌고가면 사태가 커질 테고, 선거를 앞두고 국내외 여론도 무시할 수 없다는 정치적 판단인 듯했다.

경찰은 학생들을 연행할 때와 전혀 다른 태도로 다가왔다. 나긋나긋하고 한없이 부드러운 태도다. 이례적이었다. 이 두 얼굴의 사나이들에게 펀치라도 날리고 싶지만, 지금은 경찰서 안이었다.

오후 6시. 도경찰국은 감금된 학생들을 모두 도청 앞마당에 집합시켰다. 도학무국장, 경찰국장의 일장 훈시가 이어졌다.

"오늘 여러분들이 한 행위는 학생으로서 해서는 안 되는 일이다. 향후 두 번 다시 이와 같은 일이 벌어지면 엄벌에 처할 것이며 오늘처럼 훈방 조치하지는 않을 것이다. 학생들은 오로지 공부에 열중하여야 한다."

학생들은 '다시는 이런 일 하지 않겠습니다.'라는 반성문을 쓰고 경찰서를 벗어났다. 대구경찰서, 남대구경찰서에 갇힌 학생들도 대부분 귀가 조치되었다. 하지만 몇 명은 형사들의 강경한 취조가 이어지고 있었다.

경찰서 문을 나서는 학생들은 고통스러웠다. 연행하는 과정에서, 순순히 따르지 않은 학생에게 가해진 구타, 진압할 때 무리하게 제압한 학생, 심문할 때의 폭행과 폭언. 학생들 모두 깊은 상처를 입었다. 이 일이 가족과 주변인들에게 어느 정도 파장이 일어날 것도 예상되었다. 곧 어둠이 내려앉을 대지는 찬바람이 휘몰아쳤다. 몸도 마음도 무겁고 아팠다.

민태식은 경찰서에서 풀려나 집으로 오는 도중에 온몸이 쑤시고 결렸으나, 자신이 아픈 것보다 걱정하실 어머니 생각에 더 마음이 쓰였다. 또한 경찰의 신발에 차인 급소도 제발 큰 병으로 확대되지 않길 바랐다.

전병조는 김홍대의 부축을 받으며 겨우 대구경찰서 문을 나서고 있었다. 시위가 한창이던 낮에, 전병조는 김홍대를 배웅하러 나섰다가 경찰에 연행되었다. 연행되는 과정에서 급소를 맞았고 기절했었다. 김홍대는 그런 전병조를 부축하며 전병조의 집으로 가고 있다.

경찰로부터 급소를 맞은 두 학생의 고통은 컸다.

32

# 손진홍, 연행되다

손진홍은 오늘의 시위가 몹시 실망스러웠다. 목적지, 도청에 집결도 못하고 시위 대열은 경찰의 공권력에 의해 강제 해산되었다. 대부분의 학생들은 연행되었거나 경찰을 피해 뿔뿔이 흩어졌다. 손진홍은 수성천변 근처에서 뒤따르던 3,40명 학생들에게 '자유롭게 행동하라, 몸조심하라.'고 당부한 후 집으로 향했다. 그러나 다른 학생들은 몰라도 자신은 쉴 수도, 뭘 먹을 수도 없는 처지였다. 몸은 파김치가 되었지만, 정신은 이를 허락하지 않았다. 주동자로서 책임져야 했다.

많은 학생들이 대구경찰서, 도경찰국, 남대구경찰서에 연행됐다는 소식을 접한 손진홍은 다시 집을 뛰쳐나왔다. '그들은 내일부터 학구에 전력을 다해야 한다. 나는 이미 각오한 몸이 아닌가?' 칠성파출소를 지나 기차 기관고의 붉은 벽돌담 모퉁이를 돌았다. 그때였다. 지프 한 대가 급 브레이커를 밟더니 손진홍을 막아섰다. 지프에서 펄쩍 뛰어내린 경찰들이 교복 카라를 움켜쥐더니 팔을 억세게 잡아끌었다.

"잡았다!"

쾌감에 찬 목소리다. 역겨울 정도로 껄끄러웠다. 손진홍이 지프에 오르자 선생님도 계셨다. 손진홍의 집을 찾고자 대동했을 것이다. 지프는 칠성파출소에 도착했다. 형사들은 먼저 손진홍의 몸을 샅샅이 뒤졌다. 뒤져도 시위의 단서가 될 만한 것은 나오지 않았다. 애초에 그런 문서는 존재하지 않았으니까. 형사들은 혈안이 되었고, 그때부터 협박과 회유가 반복되었다. 그러나 손진홍의 진술은 일률적이었다.

형사들도 지쳤는지 한숨을 내쉬며 담배를 피워 물었다. 둘은 모퉁이로 가서 몇 마디 주고받더니 다시 손진홍에게 다가왔다.

"교문에서 갈색 바바리 입고 어깨 두드리던 사람 누구냐?"

알 리가 없다. 손진홍이 오히려 묻고 싶었다. 반월당으로 달리는 중에도 언뜻언뜻 생각나던 그 '낯선 사람'. 대체 정체가 뭐란 말인가. 손진홍이 2차 시위 독려 차 교문을 들어설 때 등을 두드렸던, 필시 사연이 내재된 듯한 그 '낯선 사람'이 또다시 궁금해졌다.

"모릅니다. 처음 보는 '낯선 사람'입니다."

형사들은 그럴 리가 없다며 펄쩍 뛰었지만, 답은 같았다. 그들이 원하는 대답은 이미 하나로 정해 놓고 있었고, 그 대답을 위한 행동과 말만 되풀이했다. 결국, 지독한 놈이라며 책상을 '탕!' 치더니 끌고 가라고 명령했다.

옆에서 제자의 심문을 지켜보던 선생님은 불안감과 안쓰러움, 두려움으로 속이 타들어갔다. 제자의 신변이 걱정된 선생님은 끌고 가라는 말에 잠시 면담을 신청했다. 선생님과 마주 앉은 손진홍은 선생님의 한숨 소리에 목구멍이 뜨거워져 왔다. 그리고 선생님을 향해 굳은 의지를 표명했다. 하지만 이 일은 엄청난 일이며, 학교의 처벌 또한 가볍지 않을 것도 짐작했다. 솔직히 '학교'라는 울타리를 벗어난다는 것은 두려운 일이다. 손진홍의 마음을 읽었을까. 선생님께서 조심스럽게 말을 꺼냈다.

"퇴학은 틀림없을 것이다. 무기정학이면 그나마 다행이고…. 나도 입장을 결정했다. 너의 처벌이 확정된다면, 만일 그렇게 된다면, 나도 너와 같이 교육계를 물러난다."

"선생님, 선생님께서 그러시면 저는 더 괴롭습니다. 괴로워서 못 견딜 겁니다."

형사가 무정하게 불렀다. 손진홍은 다시 지프에 올랐고, 지프는 이미 어두워진 도로를 달리기 시작했다. 공포와 불안감, 눈물로 얼룩진 손진홍과는 달리 지프는 아무 생각 없이 멀쩡하게 도로를 질주했다. 도경찰국으로 들어섰다.

33

# 주동자들

시위를 주도한 학생들 중 책임 주모자는 대구고의 손진홍과 장주효, 경북고의 이대우와 안효영이었다. 이들 주동자들 중 장주효가 가장 먼저 도경찰국으로 연행되었다. 장주효는 교장실에서 붙들려왔다. 교장 선생님은 학생을 폭도로 내몰았고, 형사들에게 인계했다. 차가운 수갑이 손목에 채워지고, 냉혹한 공권력의 힘을 쇠팔찌를 통해 온몸으로 맛보았을 때쯤 도경찰청에 도착했다.

도경찰청에 들어서자, 갇힌 학생들의 웅성거림을 뒤로 둔 채, 혼자 컴컴한 골방에 갇혔다. 벽에는 고문 기구가 즐비했다. 암실이 주는 불안감과 고문 기구들의 공포가 엄습해왔다. 외로움도 두려움의 고통을 동반한다는 것을 실감했다. 무엇보다 현재 자신이 와 있는 이곳은 고등학생이 실습하기에는 너무 가혹한 '공포체험장'이었다. 벌벌 떨리는 것이 숨도 제대로 못 쉴 지경이었다.

안효영, 이대우가 잡혀 왔다. 손진홍은 밖이 어두워지고 한참 후 잡혀왔다. 손진홍이 들어서자, 장주효가 놀라 눈을 치켜떴다. 둘이 마주치는 눈빛에 만감이 교차했다. 짧은 조우가 이루어지고, 조사가 시작되었다.

다시 작고 어두컴컴한 방으로 각각 인도되었다. 취조실이란 본디 딱딱하고 굳은 곳이다. 사람의 온기라고는 느낄 수 없고, 숨조차 제대로 쉴 수 없는 공간이다. 이곳의 압박감은 답답함이 아니라 공포와 불안감이다. 사방에서 공포가 전해져오는 몹시 기분 나쁜 곳임은 틀림없다.

"누구의 사주를 받았나?"
"우리 스스로 생각하고 판단하고 움직였습니다."
"언제부터 모였나?"
"어제 처음 모였습니다."
"어디서 모였나?"
"이대우 집에서 모였습니다."
"어디서 지시했나?"
"우리 스스로 생각하고 판단하고 움직였습니다."
"이 새끼!"

철썩!

"거짓말 마라. 다시 묻는다. 누구의 지시가 있었나?"
"우리 스스로 생각하고 판단하고 움직…."
"얏!!"

바로 놓인 책상의 각도가 틀어지고 화를 주체 못한 경찰이 일어섬과 동시에 의자는 그 탄력만큼 딱 뒤로 밀려났다. 동시다발로 밀리는 책걸상의 둔탁한 소리도 폭언처럼 들렸다. 맞은 뺨이 붓고 있어도 말은 사실대로 했는데….

"누구냐!"
"우리 스스로 생각하고 판단하고 움직였습니다."
"……."

형사들은 시위 모의 과정, 정치적 배경, 특히 누구로부터 사주 받았는지 집요하게 캐물었다. 서로 똑같은 질문에 똑같은 대답으로 신경전을 벌였다. 실랑이를 벌이는 과정에서 형사의 협박과 폭언은 수시로 나타났다. 하지만 학생 대표자인 이들에게 함부로 대하진 못했다.

경찰의 저토록 완강하고 굳은, 적극적 불신은 도대체 어디서 비롯된 것인가. 경찰과 시민이라는 경계에 의해 스스로 조직을 보호하고 자신을 보호하는 장치인가. 자신들이 묻는 말에 대한 사실적 대답을 왜 완강하게 거부하는지. 이럴 바에야 묵비권으로 버티는 것이 낫겠다 싶다. 하지만 이곳은 침묵의 자유조차 허락되지 않는 곳이다.

경찰 스스로는 답을 정해놓고 심문했으나, 그런 정의롭지 못한 경찰의 생각이 통할 리 없다. 그런 학생들이라면 처음부터 이 시위는 하지 않았다. 집권세력들이 이처럼 학생들 반응에 민감할 수밖에 없는 이유는 바로 자유당의 민낯, 자신의 속내가 고등학생들에게 비춰졌기 때문이다. 과연 저들은 부끄러움을 아는 자들인가.

"좋다. 왜 했나?"

"오늘 일요일인데 특별한 이유 없이 등교하도록 지시했습니다. 토끼 사냥가고, 영화 보고, 시험 친다는 말도 안 되는 이 처사에 항의하려고 모의했습니다. 우리 스스로 '이건 아니다' 느꼈습니다. 어제는 자유당 유세하는 날, 토요일인데도 불구하고 단축 수업하고, 오늘 일요일은 민주당 유세 날입니다. 그런데 강제로 등교하라고 했습니다. 아무리 생각해도 이해가 안 되는 일입니다.

우리가 거리로 뛰쳐나온 이유는 단 하나, 우리를 '정치적 도구로 여기지 말라'는 것입니다. 우리는 배우는 학생입니다. 순수하게, 학원에 정당한 권리를 달라는 것입니다. 우리는 어느 정파의 도움을 받은 적도 없고, 사수도 없었습니다."

더 이상 캐물어도 소용없음을 인지한 형사가 시위 이유를 물었다. 얼마나 시간이 주어질지, 중간에 말을 끊을지 알 수 없어 최대한 빠르고 간결하게 말을 이어갔다. 네 명의 대답은 같았다. 비로소 얼마간의 휴식이 주어졌다.

하지만 소강상태도 잠깐이었다. 형사들은 다시 바쁘게 움직이기 시작했다. 들리는 말에 의하면, 대구시내가 다시 소란스러워졌다는 것과 조사받던 학생들을 돌려보내고 한두 시간 지나 왜 또 시끄러운지 모르겠다는 내용이었다. 그 시끄러움을 잠재워야 했던 형사들은 급히 시위 주동자들을 한자리에 앉혔다. 야간 시위는 취조실에 갇힌 학생들과 무관한 일이었다. 하지만 불똥은 이곳에 떨어졌다.

34

# 선무방송!

"시키는 대로 해라!"

"……."

취조 받고 있는 처지에 완강하게 거부할 수도 없는 노릇이다. 거부하면 구타가 또 이어질 판이다. 두들겨 맞는 것도 이젠 지쳤다. 형사들의 명령에 따라야 했다. 그건 명령이다. 감금된 학생들이 취사선택할 사안이 아니었다. 형사들이 시끄러운 시내를 잠재우고자 고안해낸 것은 '선무방송'이다.

형사들은 방송할 내용을 불렀다. 학생들은 토씨 하나 바꾸지 못하고 받아 적었다. 학생들이 내용을 다 받아 적자, 이번엔 한 명씩 돌아가면서 큰소리로 읽으라는 것이었다. 역시 명령대로 행했다. 형사들은 입가에 미소를 지으며 모자와 곤봉을 집어 들었다.

"나가자!"

손진홍, 장주효, 이대우, 안효영은 지프에 탔다. 지프는 대구역, 중앙통, 반월당 일대를 천천히 돌았다. 마이크를 들었다.

"학생 여러분, 우리의 뜻은 관철되었습니다. 모두 가정으로 돌아가 주세요. 우리의 뜻은 다 관철되었습니다."

이 기분을 무엇으로 어떻게 표현할 수 있을까. '내 생각과 다르게 내가 말해야 하는 이 불편함'은 그것은 단순한 불편함을 넘어 상실감이 밀려왔다. 몇 바퀴를 돌았다. 동행한 형사들이 중앙파출소 앞에서 잠시 쉬자고 제안했다. 모두 지친 몰골로 웅크리고 있을 때였다. 마침 지나가던 대구고 영어 선생님을 만났다.

"장 군아, 너 괜찮나? 너 이래도 되나?"

장주효는 고개를 떨구었다. 참으로 난감했다. '이게 잘하는 짓인가. 잘못하는 짓인가.' 판단이 제대로 되지 않았다. 하지만 시비를 가릴 때가 아니었다. 그럴 처지가 못 되었다. 지금은 자유가 박탈된 몸이었다. 하지만 선생님의 그 한 마디에 잠시 우쭐거리듯 마이크를 잡고 웅변하듯 우렁차게 방송한 자신이 부끄러웠다. 뭐라도 된 것처럼 대구시내를 돌아다니며 떠들어댔던 자신이 후회됐다.

선무방송은 계속 이어졌다. 시내가 잠잠할 때까지 지프는 돌아다녔다. 비가 올 때까지 기우제 지내는 것과 같았다.

다시 도경찰국으로 돌아온 학생들은 취조실로 또 들어갔다. 그날 밤을 꼬박 새우며 심문을 받았다.

1960년 2월 28일의 밤은 그렇게 지나가고 다시 새벽이 왔다.

35

# 무용담으로 시작된 하루

2월 29일 월요일. 이른 아침이다. 기독교방송 '보이스 오브 아메리카'에서 대구 학생들 시위를 보도했다. 시위는 라디오 방송매체를 타고 전국적으로 확산되었다. 신문도 앞 다투어 보도를 했다. 그러자 '이때다!'하고 북한에서도 선전 방송을 하였다.

대구고등학교 정문 앞. 아침 일찍 등교하는 학생들의 표정이 사뭇 다양하다. 얼굴에 멍이 든 학생, 다리를 절뚝거리는 학생, 교복은 어제의 치열함을 보여주는지 여기저기 얼룩진 채 그대로다. 그러나 왁자지껄거리는 표정만은 밝았다.

어제 대구문화원에서 전시회가 있었던 '청운 4인방' 이희성은 전시회 관계로 시위에 참여 못한 아쉬움을 토로했다. 하지만 그 서운함은 시위에 참여한 학생들의 무용담에 곧 묻혔다. 교실마다 어제의 '시위 예찬론'으로 일요 등교를 지시한 당국에 대한 불평은 상대적으로 조용했다. 경찰 곤봉과 경찰 모자가 전리품(?)이라도 되는 듯 꺼내 들고 뽐내는 학생도 있었다.

"니는 안 잡혔나? 나는 어제 도경에 갔는데"

"배태홍이는 김일성 노래 부르다가 겁나게 맞았다면서? 괜찮나? 그기 미친 거 아이가? 거가 어디라고 그런 노래를 부르노?"

"내가 볼 때는 손진홍 선배도 대단하지만, 장주효 선배가 더 막후 실력자다. 선봉에서 나서지는 않지만 자신이 생각한 방향대로 이래저래 조정 다 했다."

노백무의 말에 박임규도, 김상박도 놀라 손뼉을 치며 동감의 의미를 보탰다. 안주열은 자신이 생각해도 어제 일이 신기하고 믿기지 않았다. 들뜬 마음으로 1학년 반마다 다니면서 무용담을 늘어놓았다.

무용담은 2학년 교실에서도 수없이 쏟아져 나왔다.

"야! 수학여행 때 사 온 그 사쿠라 작대기 그기 그렇게 유용하게 쓰일 줄은 몰랐데이."

"작대기에 경찰들 막 달아나고 난리도 아니었다."

"이 작대기로 경찰들 수도 없이 후려쳤데이."

그 와중에도 일찍 등교한 학생들은 선봉에 섰던 학생과, 주동자들의 행방도 몹시 궁금했다. 서동활 자리는 비어있었다. 장주효, 손진홍이는 어떻게 됐을까. 경찰의 구타는 어느 정도였을까. 대구시내는 오늘 아침까지도 어제의 여파가 남아 소란스러웠다. 다른 고등학교에서도 우후죽순처럼 데모대를 형성한다는 말도 들렸다.

한편, 주동자들은 도경찰국에서 밤새도록 심문을 받았다. 아침 6시가 되어 경찰의 지프로 귀가 조치되었다. 물론 경찰이 동승한 길이었다. 밤새도록 실랑이 벌이고도 부족한지 각자 집으로 보내 주면서도 타박은 줄곧 이어졌다. 장주효는 지프 안에서 또 그놈의 잔소리를 들어야 했다. 운전하는 경찰의 신경질도 만만찮았다.

"이놈의 새끼들! 뭐 한다고 시위는 해가지고 나라를 시끄럽게 만드냐?"

집으로 오는 내내 숨도 제대로 못 쉬었다. 어찌나 공갈협박 하는지 집에서도 식구들에게 저렇게 말하는가 싶었다.

집에 들러 잠깐 눈을 붙이고 학교에 갔다. 장주효는 생각할수록 우습기도 하고 우쭐거리는 마음도 일어났다. 어젯밤 그 모진 실랑이도 잊었는지, 실없이 자꾸 웃음도 나왔다. 무슨 큰일이라도 했다는 기분이 불쑥불쑥 치솟았다. 지나가는 여학생들도 자꾸 쳐다보는 것 같았다. 아무래도 평상심이 아니었다.

무용담이 끝없이 이어졌고, 누구 하나 남을 원망하는 학생이 없었다. 그것은 모두가 주인공이요, 모두의 바람이었던 자발적인 시위의 입증이었다.

조회 시간. 모두 운동장에 집결했다. 교단에 오른 정진기 교장 선생님의 훈시가 길어졌다. 운동장에는 찬 기운이 올라왔다. 밤사이 또 얼어붙었는지 한낮의 온화했던 기온을 그리워하고 있다. 서 있는 학생들은 연대장의 지시에도 아랑곳하지 않고 무질서하게 서서 여기저기서 수군거렸다. 손가락이 아프다고 툴툴 터는가 하면, 무릎 밑이 피멍들었다고 호소하는 학생들, 찬바람에 맞은 머리가 아프다고 호소하는 학생도 있었다. 그러나 아픈 것도 불편한 것도 어제의 그 치열함, 뭔가 했다는 뿌듯함이 다 덮어주었다. 그 광경이 눈에 선한지 아파도,

추워도 시시덕거렸다.

“너희들 왜 그러냐? 학생들이 이렇게 행동하면 안 된다. 너희들이 어제 얼마나 큰 잘못을 했는지 아느냐? 지금 너희들 데모한 게 이북 방송에서 나왔다. 고등학생들이 시위를 하다니….”

운동장에서 교장 선생님의 일장 훈시를 들은 학생들의 생각은 다양했다. 하지만 ‘자유당에 아첨하는 겁쟁이 교장’에 대한 비아냥거림과 스스로의 행동에 대해 옳았다는 생각이 팽배했다.

전국진의 생각은 좀 달랐다. 어젯밤 백부님으로부터 야단을 맞고 오늘 또 교장 선생님의 훈시를 들었다. 순간 ‘아, 우리 정말 잘못했구나.’라는 반성이 일었다. 더구나 ‘북한방송’에 나왔다니, 실로 충격적이었다.

무엇보다, 학생들이 걱정되어 경찰서로 찾아온 선생님을 구타한 사건은 학생들에게 큰 이슈였다. 학생들이 보는 앞에서 선생님을 폭행한 것은 학생들의 분노를 충동질하는 자극제였다. 전우영 체육 선생님은 얼마나 심하게 구타당했는지 운동으로 단련된 몸인데도 갈비뼈가 부서질 정도였다. 학생들이 보는 앞에서 경찰에게 뺨 맞는 선생님 모습도 똑똑히 보았다. 분노가 치밀었고, 제자로서 죄송할 따름이었다.

수업 시간. 양부주 국어 선생님은 그동안 대구고 학생들을 좀 무시해왔다. 경북고 떨어지고 대구고에 왔다고 항상 낮춰 봤던 것이다. 이는 선생님 스스로도 인정한 부분이다. 그런데 오늘 수업 시간에 진지한 표정으로 입장 발표를 하셨다.

“나는 제군들이 공부 못하고 머리 나쁜 줄 알았는데…. 앞으로는…. 이제는 내가 다르게 보고 가르쳐야 되겠다.”

36

# 그들, 다시 남대구경찰서로

점심때였다. 하룻밤 조사로 시위가 마무리될 리 없었다. 남대구경찰서장이 각 고등학교 간부들을 불렀다. 주모자를 비롯한 강경파(?)들을 모은 것이다. 33명이었다. 해당 학교는 경북고, 대구고, 사대부고, 경북여고, 대구상고 등 인근지역 학교로써 모두 남대구경찰서 관할지이다.

우상봉 경찰서장은 보기에도 번들번들, 유들유들한 게 개운하지 않은 모습이다. 왠지 신뢰가 가지 않는 능글맞은 면상이었다. 그는 학생들이 경찰서로 들어서자 반색을 하며 어서 오라고 환영(?)의 악수를 청했다. 학생들을 훑어본 서장이 제안을 해왔다.

"어제 학생들이 시위한 것을 이북에서 이용하려 한다. 빨갱이들이, '남한의 학생들이 남한의 미제 앞잡이의 압박에 못 이겨서 미제 자본주의와 미국의 제국주의 탄압에 의해서 봉기를 일으켰다.' 이렇게 선전하고 있다. 학생들은 여기에 답하기를 '그게 아니고 학생들이 순수한 마음으로 한 거다.'라고 성명서를 내면 어떤가. 이건 이북하고 전혀 관계없는 거다. 학생들의 순수한 마음의 성명서를 내자."

"예."

경북고 이대우가 바로 대답했다. 다들 별다른 이견이 없었다. 우상봉 서장의 회유는 성공했다. 확실히 머리가 좋았다. 그러나 대답하는 경북고 이대우의 생각은 깊지 못했다. 성명서를 낸다는 것은 또 다른 결과를 초래하는 일이었다. 우상봉 서장은 그대로 진행하고자 미리 준비한 서류를 꺼내 놓았다. 그때 무리 중에서 손드는 이가 있었다. 사대부고 김영대였다.

"서장님, 참 좋으신 아이디어인데 우리가 경찰서에서 이 성명서를 내면 이것도 이북에 이용을 당합니다. 우리가 자발적으로 모여서 해야 되는데, 경찰서에서 모여서 작성하면 이거 거꾸로 이용당합니다. 우리를 제외한, 밖에 있는 학생들의 순수한 마음이 잘못 전해질 수가 있습니다."

우상봉 서장은 당황했다. 학생들도 생각지도 못한 논리에 놀라고 동요되었다. 이대우가 주춤했다. 우상봉 서장의 눈이 김영대에게 꽂혔다. 섬뜩했다. 하지만 그 넉살 좋고 번지르르한 얼굴색을 이내 바꾸고 학생들을 향해 웃었다.

"에잇! 서른세명이나 만났다고 좋은 아이디어 내줬는데…. 학생들, 아주 잘했다! 대구 싸나이답게 잘했다. 이 말은 없던 일로 하자. 어제 시위하느라 수고 많이 했는데 점심이나 먹으러 가자. 짜장면 맛있게 하는 중국집 근처 있다. 자, 나가자."

우상봉 서장은 학생들을 아주 능수능란하게 대했다. 추스르기도 하고 때론 경고도 서슴지 않았다. 무엇보다 학생들을 향해 치켜세우는 꼬락서니는 한 수 위였다. 자신의 계획을 긍정적으로 받아들이거나 이의를 제기하지 못하도록 조치하는, 아주 비상한 재주를 가졌다. 그러나 진심 없는 말은 허공에 맴돌 뿐, 끝까지 통하지는 않는 법이다. 물론 성명서는 나오지 않았지만, 그날부터 주동자들은 창살없는 감시 속에 시달려야 했다.

그런데 경찰도 다 같은 경찰은 아니었다. 그날 이후 권준호 사찰계장이 학생 담당으로 부임했다.

"너희들, 차라리 일찍 잘했다. 만일 뒤에 했더라면 엄청난 희생자가 나왔을지도 모른다. 더 상했을 것이다."

진심어린 충고가 학생들의 마음에 와 닿았다.

이후에도 우상봉 서장의 회유는 이어졌다. 학생들에게 영화를 보여주려고 하거나, 학생들과 사진을 찍거나, 식사를 대접하겠다며 연줄을 이어왔다.

2·28민주운동 관계자들(1960년 고3).
앞줄 좌측부터 시계 반대방향으로 손진홍(대구고), 이대우(경북고), 최용호(사대부고), 장주효(대구고), 서선홍(대구고), 미상, 안효영(경북고)

37

# 매일신문사에 항의

그렇게 2월 28일의 잔영은 저마다의 가슴에 훈장처럼 새겨져 있었다. 대구의 고등학생들이 거리로 뛰쳐나온 행위는 확실히 충격이었다. 대구·경북은 물론 전국에서 이목이 집중되었다. 라디오, 신문을 비롯한 언론에 연일 보도되었다. 야당지 매일신문은 찍어내기 바쁘게 동이 났다.

고등학생들도 조간, 석간신문 기사를 꼼꼼히 들여다보았다. 오늘은 또 어떤 에피소드가 실렸는지 궁금한 것이었다. 신문을 살펴보는 것이 마치 하루 일과를 시작하고 닫는 행위처럼 반복되고 있었다.

그런데 연일 보도되는 신문은 너무 편파적이었다. 적어도 대구고등 학생들에게는 그랬다. 그날 얼마나 박력 있게 행동했던가. 몸을 사리지 않고 토끼몰이용 막대기를 휘둘렀던 대구고가 아니었던가. 그 때문에 또 얼마나 많이 맞았는가 말이다. 이런 대구고의 활약상을 부각시키기는커녕 오히려 소극적으로 표현되고 있었다. 그에 비해 경북고는 사진과 기사로 연일 도배하고 있었다. 대구고로서는 자존심이 걸린 문제였다.

도저히 간과할 수 없다고 판단한 대구고 학생 50여 명이 매일신문사로 달려갔다. 학생들이 몰려가자 신문사 측 기자들은 한 명도 나오지 않았다. 밖이 소란스럽고 더 이상 방치할 수 없었던 신문사는 학생들을 옥상으로 안내했다. 신문기사도 대구고등 활약을 제대로 언급 안 해주더니, 이젠 대구고 학생까지 신문사 측에서 업신여긴다며 옥상은 또 한바탕 분위기가 시위를 방불케 했다. 학생들의 불만이 커질 즈음 신문사 측 대변인이 올라왔다.

무리 속에 있던 이기철은 순간 놀랐다. 앞에 둘째 형이 나타난 것이다. 이기철의 형은 매일신문사 사회부장이었다.

"어떻게 이럴 수 있습니까? 왜 우리는 신문에 안 나옵니까?"

"……."

"선배 없다고 이래 무시하고 푸대접해도 되는 겁니까? 이런 식으로 하면 정말 섭섭합니다."

"너거가 왜 선배가 없노? 여기 대구중 출신도 있고, 경북중학 출신도 있다. 이래도 선배가 없다고 생각하나?"

옥상에서 웅성거리던 학생들은 이기철의 형, 이기창 사회부장의 회유에 나름 수긍한 듯했지만 여전히 불만은 있었다. 당장 내일 아침 조간신문이 어떻게 달라지는지 봐야한다고 이구동성으로 떠들었다.

사태가 어느 정도 수습되자 매일신문사 사회부장 이기창은 학생들을 내려 보냈다. 이기철은 이 시점에서 형의 존재가 어떤 모습으로 와 닿았는지 잘 분간되지 않았다. 분명한 것은 형이 이 신문사를 대변하고 있다는 것이었다. 이기창은 이기철의 어깨를 툭 쳤다.

“내가 여기 왜 왔냐하면, 틀림없이 니가 왔을 거란 생각이 들어서 내가 나온 거다. 다른 사람들은 해코지 당할까봐 안 나온다 캤다.”

덩치 큰 이기철은 형을 물끄러미 보며 눈시울이 붉어졌다.

38

# 끝나지 않은 호출, 다시 남대구경찰서로

대구고등학교 교정. 봄날을 기다리는 교정에는 잎보다 먼저 피려는 꽃망울이 수줍게 고개를 내밀었다. 성급한 이놈들 곧 된서리 맞으려나. 그 무렵. 손진홍, 장주효는 여전히 경찰로부터 감시를 당하고 있었다. 그들의 봄은 멀었고, 머리에 피도 안 마른(?) 고등학생들이 견디기에는 고달팠다. 대학 진학을 앞둔 고3으로서 여간 불편한 것이 아니었다. 인생의 진정한 멋은 잘 모르지만, 한창 멋 부릴 이팔청춘을 사복경찰의 감시받으며 갉아먹고 있었다.

3월 초순이 지나자 주동자를 제외하고 학교는 조용해졌다. 하지만 여전히 사회는 불안정했고, 하루도 조용할 날이 없었다. 선거 막바지에 이를수록 불법 선거운동의 판은 커졌다. 일단 당선되고 볼 일이었다. 여기저기서 산발적인 시위도 끊이지 않았다. 고등학생들은 2월 28일 일요일 이후 겁(?) 없이 행동을 표출했다. 어쩌면 28일, 그날 마음껏 활약하지 못했으므로 산발적 시위에는 적극적으로 가담하는 지도 몰랐다. 백진호 역시 마찬가지다. 서점에 들렀다가 나오는 길에 남산파출소에 돌을 던졌다. 3명은 미처 피하지 못해 연행되었고, 시말서를 쓰고 훈방조치 됐다.

4월이다. 3학년이 됐다. 3학년 1반 교실.

"권구일, 경찰서에 가서 조사 좀 받아야 하는데 니가 학교 대표로 가라."

"선생님, 저는 주동자도 아닌데요."

"반장이니까 대표로 가라."

주위에서 주도적으로 하지도 않았는데 왜 가냐는 듯 핀잔이 들였다. 권구일이 남대구경찰서에 갔을 때는 이미 경북고 학생들도 와 있었다. 대구고, 사대부고에서 차출된 학생들이 몇십 명 되었다. 경찰들은 학생들을 대상으로 조서를 쓰기 시작했다. 호출한 학생이 책상 앞에 앉자 질문을 던졌다. 묻고 답하는 것이 아니라 그들이 묻는 것이 곧 답이었다.

"시위는 정의감이나 뭐…. 그런 것 때문에 했지요? 그렇지요?"

"어, 어 예, 어 예"

경찰은 물으면서 주르륵 써 내려갔다. 두서너 장 작성한 듯하다. 바로 지장 찍으라고 내밀었다. 권구일은 시키는 대로 했다. 솔직히 정의감보다 왜 노는 날 토끼 잡으러 나오라는 것에 대한 불만이 컸다. 토끼 잡으러 가는 것보다 야당 유세현장에 못 가게 하는 것이 싫어서 뛰쳐나갔던 것이다.

2월 28일을 상징하는 묶음의 날들은 그렇게 흘러갔다. 28일 시위 날을 시작으로 무용담으로 잔뜩 흥분했던 29일도 지나갔다. 학생들은 홍역을 치르듯 성장통을 겪었다. 큰일을 겪은 만큼 성장하고 있었다. 어른들도, 대학생 선배들도 대구의 고등학생들을 인정했다. 그날의 용기는 그저 생겼던 것이 아니라 사회를 바라보는 눈, 그런 의식이 내재되어 분출되었다는 것을.

부정과 부패가 만연했던 자유당 시절, 그 이승만 정부에 대한 최초의 저항이었다. 어른들도, 대학생들도 말로만 떠들었을 때 고등학생들은 분연히 일어섰다. 학생들은 거리로 뛰쳐나가며 저마다 구호를 외쳤다. '정치가들의 놀음에 왜 신성한 학교를 이용하느냐? 우리는 용납할 수 없다'는 굳은 의지를 표명한 것이다. 자유당 정권이 부정부패로 활개쳐대도 어른들은 감히 맞서서 대항할 엄두를 못 냈다. 그런 서릿발 같은 냉혹한 현실이었다. 그런 때에 고등학생이 분연히 일어선 것은 큰 용기의 표상이 아닐 수 없다. 이를 위한 '몇 걸음 앞선 자'들의 기획력은 미래적 가치를 구현할 바탕이요, 동력이었다. 이들이 앞당긴 '민주운동' 콘텐츠는 강렬했다. 확실히 대중들을 휘어잡았다!

명덕로터리 2·28민주의거 기념탑 기공식(1961. 04. 10.)

명덕로터리에 건립된 2·28민주의거 기념탑(1962. 4. 19. 완공)

2부

# 대구고등학교 2·28민주운동로드

대구고 1회, 2회 졸업생들의 2·28민주운동 구술 인터뷰하는 모습

## 1회 졸업생

■ **유공자(국가보훈처)**

손진홍(작고) 선생은 2012년 10월 24일 건국포장증(행정안전부장관), 2012년 11월 15일 국가유공자증서(국가보훈처장)를 수여받았다. 손진홍(작고) 선생의 자료는 2011년 11월 15일 공적 입증 자료에서 발췌하였다. 이 자료는 『達丘 創刊號』, 「不正에 抗拒하는 젊음들」, 1960. 12. 20, 97쪽 ~109쪽의 내용이며, 당시 학생위원장이었던 손진홍 선생의 자술서이다.

장주효 선생은 2012년 10월 24일 건국포장증(행정안전부장관), 2012년 11월 15일 국가유공자증서(국가보훈처장)를 수여받았다. 장주효 선생의 기록은 2·28민주운동기념사업회에서 발간한 『22인의 경험과 기억』(2016) 「2·28의 주역, 장주효의 역동적인 삶」과 대구중구도심재생문화재단에서 발간한 『자유·민주 그리고 삶의 작은 몸부림』(2017)에서 발췌한 것이다. 장주효 선생의 자술 생애사 기록에서 당시 고등학생들의 배경도 함께 옮겼다.

윤풍홍 선생은 2019년 4월 19일 건국포장증(행정안전부장관), 2019년 4월 23일 국가유공자증서(국가보훈처장)를 수여받았다. 윤풍홍 선생의 자료는 대구고 2·28민주운동사의 구술 인터뷰 내용을 정리했다.

---

2·28민주운동 관련 대구고등학교 국가보훈처 유공자는 손진홍(2012년), 장주효(2012년), 윤풍홍(2019년) 선생이다.

1 | 손진홍

## 不正에 抗拒하는 젊음들

2월 26일

수업을 마치고 집으로 가는 길에 경북고등학교의 이대우(당시 부위원장)군을 만나서, 일요일 등교설을 듣고 분개하면서 "그런 일이 어디 있는가?"하고 놀라면서, 대가리가 두 쪽이 나는 일이 있어도 기어코 싸워야 한다고 서로 마음속에 굳게 다짐했다.

그날 밤 겨울 방학 후, 너무 오랫동안 만나지 못했기 때문에, 그와 함께 저녁을 먹으면서 여러 가지 이야기를 나누었다. 그런 중에 우리는 정치 이야기가 나올 때마다 도저히 그냥 덮어 둘 수 없는 모순에 분개하고 투쟁할 결의에 불타올랐었다. (이날까지 우리 학교에서는 등교설이 전혀 없었다.)

2월 27일

이날따라 날씨는 매우 화창하게 개어 있었다. 학교에 나오니 학우들 사이에는 벌써 군데군데 모여 서서 수군거렸으며, 불평이 가득 찬 표정들이었다.

여태까지 침묵을 지키고 계시던 선생님이 조회에서 내일(일요일)은 교내 운동 시합을 한다고 발표했다. 학생들은 이에 본격적으로 선생님에게 질문의 화살을 퍼부었다. (그때 시내에서 정부통령 입후보자 정견발표회가 수성천 변두리에서 열린다는 가두방송과 벽보가 한창 나붙고 해서 모두가 알고 있을 때였다.) 그러나 선생님들은 시원스러운 답변을 하지 않았다.

학생들도 일요일 등교 이유가 민주당 정견발표에 방해를 하는 데 있다는 것을 뻔히 알면서도 자꾸 물었다. 선생님들은 내일 학교에 나오지 않으면 단단히 처벌한다고 은근히 공갈 섞인 말을 늘어놓았다.

1학년 교실에 들어가니 모두들 등교 이유를 묻는 데는 대답할 말이 없었다. 하는 수 없이 교감 선생님에게 가서 내일의 행사를 연기해 주기를 건의했으나, 바위에 달걀 치는 격이었다.

다시 교장 선생님에게로 갔다.

"교장 선생님, 오늘은 자유당 정견발표가 있는 날이지요?"

"그렇다."

"그렇다면 오늘 네 시간 수업인데, 세 시간으로 단축을 하여, 일찍 집에 돌아가서 부모님들이 자유당의 강연을 들으러 가시고 난 뒤의 빈집을 지켜야 하지 않습니까?"

"그렇다."

"그러면 내일은 민주당의 강연이 있는데, 학교에 가는 날이면 별문제지만, 일요일이니 우리는 집이나 지키고 부모님들로 하여금 강연을 들으시도록 해야 하지 않겠습니까? 그러니 내일의 행사를 다음 기회로 미루도록 합시다."

"……."

정당정치와 유권자들이 국가의 대통령을 뽑는 중요한 시기에 취해야 할 태도 등 공민 시간에 배운 여러 가지 의견을 들어 말하였으나 관철될 리 없었다.

힘없이 교장실을 나온 나는 수업을 받았으나, 도무지 머리에 선생님의 말소리가 들리지 않았다. 썩어빠진 정치 사기꾼들의 장난에 학창의 순결성이 이렇게까지 더럽혀지고 있고, 괴로움을 받지 않으면 안 되는가? 하는 생각에 기성사회를 비난도 해 보았다. 나뿐이 아니고, 다른 교우들도 거의 같은 생각들이었다.

창밖에는 파란 하늘이 드리웠고, 이따금 '붕붕'하며 떠올라가는 비행기들의 모습이 보인다. 전망하기 좋은 자리에 높이 세워진 본교이기에, 바깥 풍경을 내다보는 재미란 여간 좋은 것이 아니었다. 때마침 앞산 밑 골짜기마다 흰옷 입은 동민들이 장사진을 이루며 동장들의 인솔 아래 시내 쪽으로 들어가고 있었다. 실로 근래에 보기 드문 많은 사람들이었다. 학생들은 순간 본능적으로

"이야!"

하고 소리를 질렀으나 모두 맥없이 주저 앉고 말았다. 떼를 지어가는 군중들은 그칠 줄을 몰랐다.

특히 눈에 띄는 것은 반공청년단의 푸른 깃발이었다. 흥분의 도가니에서 어쩔 줄 모르는 학생들은, 그 울분을 어디에다 터뜨려야 할지 갈피를 잡지 못했다. 그러나 어쩔 도리가 없었다.

민주당 노래….

**가련다 떠나련다. 해공 선생 뒤를 이어**

**장면 박사 뒤에 두고, 조 박사는 떠나갔네**

….

가사가 나올까 싶어서, 학생들의 호주머니 조사를 하는 학교 당국에 대하여는, 더 이상 말할 용기를 잃은 학생들이기 때문에….

학생과장 구자봉 선생님은 나에게 몇 번이고 "영웅도 시대를 따라야 한다."고 말씀하셨다. 그러나 나는 "만약에 국경일이 일요일인 경우엔 행사를 그 익일인 월요일에 하라는 것을 대통령이 발표하였고, 지금 실행하고 있는데, 하물며 보잘것없는 운동시합, 아니 토끼사냥하는 것쯤으로 명목이 섭니까? 그리고 고 김창룡 중장 살해사건 때 허태영의 운전사인 이유회가, 허태영이 시키는 대로 행하다가 죽었습니다. 우리도 학교 당국의 말만 듣다가 우리들의 교육이 다 죽어버리면 어떻게 합니까?" 하고 되물었다. 그러나 선생님은 우물쭈물하시면서 "이론상으로는 진홍에게 지는 게지. 할 수 있는가?" 하시면서도 내일 등교를 강력히 주장하셨다.

나는 꼭 출석한다고 말씀드리고 나서, 3시간 공부를 마치고 시내로 나왔다. 시내에는 자유당 강연장인 수성천변으로 끌려가는 민중들이 골목마다, 거리마다 꽉 차 있었다. 나는 그 길로 부속고등학교에 가서 평소의 지우였던 최용호 군을 찾았다.

때마침, 졸업식이 끝날 무렵이었다.

최 군은 벌써 조 박사의 고별의 노래인 '가련다 떠나련다 장면 박사 뒤에 두고….'라는 노래를 부르다가 경찰서에 가서 시달렸다고 말하면서, 군중들을 수성교로 모는 것을 맹렬히 비난하고 있었다.

최용호 군과 나, 그리고 같은 대구고교의 윤풍홍 군과 세 사람이 대우 군의 집으로 찾아갔다. 그러나 그는 없었다.

우리는 자유당 강연장으로 가서 연사들의 열변(?)을 듣고 시내로 나왔다. 만나는 친구들마다 풀이 죽어 있었다.

다시금 대우 군 집을 찾았을 때는 저녁 7시쯤이었다. 조금 있으니

시내에 갔던 대우 군도 오고, 6,7명의 학우들도 모여들었다. 그들은 모두 평소에 같이 놀던 경북고교의 전화섭, 권준화, 정명소, 하청일, 윤종명, 대구고교의 윤풍홍, 장주효와 나, 부속고교의 최용호 등이었는데, 모두가 불의의 일요일 등교에 대해서 어떻게 할 것인가를 신중히 생각하고 있었다. 장주효는 뒤에서 땅바닥을 두드리며 한숨을 몰아쉬고 있었다. 모두가 흥분하여 끝까지 투쟁할 것을 맹세하였다. 풍홍 군은 그냥 침묵을 지켰고, 윤종명 군은 그 큰 몸집을 움직이면서 갈피를 잡지 못하고 한숨만 땅이 꺼지라고 쉬면서 불의에 대해 최후까지 투쟁할 것을 주장하였다.

모두들 끝까지 투쟁할 것에 동의했다. 방 안 공기는 긴장할 대로 긴장해져 갔다.

학교는 제각기 등교시키는 구실이 달랐었다. 대구고등학교는 토끼사냥이고, 경북고교는 시험을 치른다고 했다가, 학생들이 떠드는 바람에 극장 구경으로 바꾸었고, 부속고교는 운동시합 등등이었다.

고등학교만이 아니고, 중학교, 심지어는 국민학교의 어린 동생들까지도 등교시킨다는 너무나 가혹한 처사를 들었을 때, 피가 끓는 젊은이들로서는 도저히 그냥 듣고 배겨낼 수가 없었다.

<가혹한 정치는 범보다도 무섭다>는 공자님의 말씀도 있거니와, 사실상 이러한 처사는 동서고금을 통하여 그 어느 역사에서도 찾아보기 어려운 일임에 틀림없었다. 욕되게 살기보다는 차라리 정의를 위해서 싸우다가 쓰러지는 것이 떳떳하지 않은가? 만약 우리가 이 더러움에 굴복한다면 10대의 청소년마저 죽었다고 하지 않겠는가 말이다.

시간은 벌써 9시가 되었다.

막상 데모할 것을 결정하고 나니, 경북고교는 학생이 많고 활약하는 무대가 빤하기 때문에 일하기가 쉬웠으나, 우리는 단 3명이라 퍽 난처했다. 그러나 끝끝내 용기를 잃지 않고 생사를 같이하기로 했다. 결의문은 두 학교가 같게 할까. 그렇지 않으면 다르게 할까. 이 문제에 양론이 분분하다가, 결국 달리하기로 결정하였다.

그리고 경찰의 제지에 억눌리지 않기 위해서 데모의 코스는 파출소가 드문 미8군 사령부 뒷문에 모여서 두 학교가 같이 시내로 행진하는가, 그렇지 않으면 경북고교는 교문을 나가서 봉산파출소를 거쳐 반월당에 모이고, 대구고교는 학교를 나와 큰길로 달려 명덕로터리를 거쳐 반월당 앞에 가서 두 학교가 같이 행진하면 힘도 더 나고, 경찰의 제지도 어느 정도 뚫고, 나갈 수 있지 않을까 생각되었다.

그러하면 애로를 무릅쓰고 강행할 수도 있는 문제지만, 목표지점까지가 문제였다. 줄을 지어서 질서 정연하게 달리느냐, 그렇지 않으면 마구 되는대로 달리느냐. 그 밖의 여러 난점을 두고 우리는 있는 머리를 다 짰다. 이윽고 결정을 본 것이 등교 시간이 12시이니까 1시에 모여서 일을 하기로 했다. 우리는 토끼사냥을 한다고 운동장에 모일 것이고, 경북고교는 영화 구경을 간다고 하니, 그때 운동장에 모일 것이므로, 이 찬스를 이용하기로 하자. 또한 시간마다 전화로 서로 긴밀한 연락을 취하면서 일을 하기로 하자고 했다. 구호도 정했다.

**<횃불을 밝혀라, 동방의 빛들아!>**
**<우리에게 자유를 달라!>**
**<신성한 학원을 정치도구화하지 말라!>**
**<우리에게 인류애를 발휘하라!>**

10시 시계 종치는 소리를 계기로 해서, 모두 문밖으로 나왔다. 우리 일행은 경고의 화섭 군과 대고의 풍홍 군, 주효 군과 나, 이렇게 네 사람이었다.

지금 이 민족의 실정을 보라! 풀뿌리 나무껍질로 실낱같은 생명이나마 근근이 부지해보려고, 모진 고생을 달게 받으며 세월만 원망하는 농어촌 동포들의 참상을 생각해 볼 때, 정말 한심하기 짝이 없는 일이 아니랴! 그리하여 우리들은 이 나라의 정치인들에 대하여 일대 경종을 울려 각성을 촉구하자고 몇 번이나 서로 다짐했다. 그리고 술집에서, 당구장에서, 다방에서 흥청거리는 일부 학생들은 더욱더 용납할 수 없는 군상들이라는 이야기도 서로 간에 주고받았다.

그뿐인가, 오늘의 자유당 강연장에 모인 군중들 중에, 저 경산 쪽에서, 촌에서 인간의 대접은커녕 짐짝같이 실려 온 불쌍한 농민들이 다리 밑에서 웅성거리다가, 연단 위에 선 신사 앞에 늘어섰을 때, 그 신사의 입에서는 “사람 위에 사람 없고 사람 밑에 사람 없고, 사람 옆에 사람 있다.”고 하는 것은 너무나 위선적이고, 가증스럽기까지 한 일이었다.

그러는 동안 우리는 여러 대의원 집을 찾기로 했다. 처음으로 찾은 곳이 서동활 군과 신의신 군이었다. 그들은 어떠한 방법으로든지 70명은 동원하기로 하였다. 우리들의 첫째 일은 내일 결석생이 없도록 전원 출석시킬 일이었다.

간혹 밤중에 찾아본 여러 친구들 중에는 시골 간 사람들도 있었다. 그럴 때는 여간 실망하지 않았다. 그러나 만나는 사람마다 이구동성으로 적극 협력할 것을 약속하는 데는 눈물이 날 정도로 고마웠고, 억제치 못할 힘이 치밀어 올랐다.

그날 저녁 찾아간 곳은 김종하, 최종호(부재), 공기수 등이었고, 대대장 김정일 군의 집까진 못 가고 11시 반 고동이 울렸다. 현 민의원이며, 민주당원인 임문석 씨 집에 있는, 우리와 같이 적극 협력할 수 있는 동지인 임용대는 어떻게 하는가 하다가, 김정일 군의 집도 잘 모르고 하니 그에게 정일 군의 연락도 부탁할 겸 찾았다. 용대 군에게 우리는 자기 부친과는 떠나야한다는 것을 누누이 설득하고 협력을 부탁했다. 그리고 우리들의 하는 일이 민주당이나 어느 정당을 위해서 하는 일이 아니라는 것도 말했다. 통행금지 시간이 다 되었다. 그러나 우리는 잠잘 곳을 찾지 못했으며, 용대 군 집에 머물러선 안 된다는 것도 느꼈다. 마지막 고동 소리가 울렸다. 다시 우리는 대우 군 집으로 달렸다. 대우 군이나 효영 군도 모두 잠을 자지 않고 있었다.

그러나 그들은 여태까지의 계획이 급변했다고 한다. 그 내용인즉 데모는 단념하고 학교에서 결의문만 읽고 그냥 헤어져 버리자고 한다. 주효 군과 나는 분개하였다. 변경을 주장하는 대우 군과 계속 관철을 주장하는 주효 군과는 일대 논쟁이 벌어졌다. 투표로써 결정짓자는 이야기도 나왔으나, 좀처럼 결말이 나지 않았다. 내일 낮에 전개될 일을 생각하고, 교육하고 계시는 선생님과 노부모님을 생각할 때, 내 마음은 자연히 자꾸만 약해진다. 이제는 대우 군도 효영 군도 데모하자는데 별 이의가 없었다.

날개 돋친 청운의 꿈을 잡으려고, 허공에 손을 저으면서 노력하고, 일생을 살아가는 데 커다란 명예욕도 도모해 보려는 설계도가 어느 누구에게도 있듯이, 우리에게도 그러한 계획이 없을 리 없었다. 그러나 늦어도 내일 저녁만 되면 우리의 생생한 두 손목은 죄인 아닌 죄인으로 묶일 것이고, 며칠 후 공판을 받은 뒤엔 그 결과대로 징역(?)을 살아야 한다는 것을 생각하니, 자꾸만 내 마음이 어지러워질 뿐 아니라, 전 학생의 선두에 서서 내달리고 지휘하고 싶은 생각은 더구나 나지 않았다. 그러나 부모님에 대한 생각은 뒤로 미루고, 내 알몸뚱이 하나를 헌신짝처럼 버리기로 결심을 하자, 또다시 용기가 되살아 올랐다.

우리는 또 힘 있게 손을 잡았다. 대구고교에는 나와 주효 군, 경북고교에는 대우 군과 효영 군, 4명이 생사를 같이하기로 맹세했다. 우리가 데모를 한다고 해서 학생 전원을 처벌할 수는 없을 게다. 우리 4명만 희생이 되면 그만이고, 우리들의 빛나는 정신은 영원히 죽지 않을 것이며, 우리 민족 전체의 진로는 맑고도 밝게 동이 틀 것이다. 그렇다면 그것은 일차 설계도를 이차 계획으로, 죽지 않고 나오거든 저 강원도 첩첩산중에 들어가서 괭이 메고 호미 들어 땅을 뒤지면서, 벌도 치고 돼지도 기르고 해서 이 세상에서 찾을 수 없는 낙원을 건설하자고 했다.

**가련다, 떠나련다. 어린 아들 손을 잡고**
**감자 심고 수수 심는 두메산골, 내 고향에**
**못살아도 나는 좋아 외로워도 나는 좋아**
….

고요히 부르는 노래 소리는 밤의 적막 속으로 사라져갔다. 1시가 지나고 2시가 지나고 다시 3시를 쳐도 잠은 오지 않았다. 다시 애국가를 불렀다. 마음속에는 몇 번이나 불안과 초조가 휘몰아치다간 다시 냉정해진다.

그날 밤 같이 잔 사람은 주효, 대우, 효영, 풍홍, 화섭, 준화, 명소 등 제군이었다. 경북고교 결의문을 쓴 하청일 군은 한 해 선배로서 공납금 관계로 제적되어 있었다. 그는 자기 집에 갔다.

이윽고 다른 사람은 모두 꿈속에 잠기고 고이 쉬는 숨소리만 들리어 왔다. 한참 동안의 적막이 가신 뒤, 대우 군이 부른다.

"진홍아!"

"와."

"잠이 오지 않느냐?"

"잠이 올 리가 있나?"

"그러면 한 번 더 생각해보자."

"……."

다시금 깊은 생각에 잠긴다. 고요하고 적막한 밤의 적막을 돋우어 주는 시계소리만 들릴 뿐이었다. 4시를 친다.

### 2월 28일

잠시 눈을 붙이고 난 뒤 잠을 깼을 때는 6시였다. 우리 일동은 우리가 쓴 결의문을 가지고 붓글씨를 잘 쓰는 박대근 군의 집을 찾았다. 우리가 울면서 호소하는 바람에 그랬는지 그도 감동하여 써 줄 것을 쾌히 승낙했다.

부위원장 이성실 군을 찾았다. 그에게 등교 시간이 민주당 강연시간과 같은 12시이니, 적어도 10시까지는 학교 근처에서 대의원을 소집하고 결의문을 통과시키도록 부탁했다.

아침밥은 친구 서선홍 군의 집에서 먹는 둥 마는 둥하고 시내를 휘돌았다. 학교에 도착했을 때는 벌써 학생들이 제법 모여 있었고, 구석구석에서 수군거리고 있었다.

데모를 한다는 소식을 들은 학생은 모두들 만족해하였다. 그러나 뜻하지 않은 비보(悲報)에 당황하지 않을 수 없었다. 간부 학생들의 얼굴에는 급기야 수심이 서렸고 한풀이 꺾이어 우왕좌왕하고 있었다. 그것은 다름 아니고 데모의 결의문을 박대근 군이 쓰다가 그의 아버지에게 탄로되어 빼앗겨 불 속에 던져졌다는 것이다. 그때 시간은 10시경이 되었다. 시간은 급하다. 어떻게 해야 할 것인가?

나와 나의 동료들은 다시 용기를 내어 냉정을 찾았다. 결의문은 없어도 좋다. 나중에 적당히 처리하기로 했다. 그것이 밖으로 누설되면 큰일이다. 심재태, 최종광, 서선홍 군을 시켜 그 집 대문을 지키고 서서, 드나드는 사람의 출입을 못하게 하도록 했다. 어떠한 사람을 막론하고 12시 반까지는 나오지도 들어가지도 못하도록 다짐을 주어 보냈다. 대근 군은 아버지가 교원의 입장인데, 결의문을 불태워버렸다고 아버지께 사표를 내라고 붙들고 놓지를 않는다는 이야기도 들었다. 그뿐인가 경북고교에서 시간마다 전화로 연락하게 되어 있는데, 도무지 소식이 없다. 윤풍홍 군을 보냈다.

그러나 대우군도 못 만나고(그때 학교에 없었다.) 윤종명 군을 만났는데, 신통치 않은 답변을 듣고 왔다기에 또다시 당황하지 않을 수 없었다. 늘 염려되었기에 내 예측이 맞았는가 하고 생각했다. 주효 군은 분노에 가득 찬 얼굴로 욕으로써 그들에 대했다. 부위원장 성실 군과 팔호 군을 보냈다. 그러나 돌아올 때는 역시 만나지 못했다고 하며, 학교는 조용하다고 한다.

나는 다시 생각했다. 문제는 학교 문을 뛰어나와 반월당에 모이는 것이라는 것을 알고 플랜을 다시 변경했다. 학교 교문을 둘씩, 둘씩 나와서 반월당 골목에 전부 모이게 하면 가장 힘든 부속고교도 참가하지 않겠는가 싶었다.

다시 이 계획을 실천하도록 하기 위해 주효 군도 찬성하고 해서, 작은 문만이 열려 있는 큰문을 활짝 열어 젖혔다. 그리고 나는 부속고교로 달려가서 최용호 군을 만나자, 나의 계획을 이야기하고 그렇게 할 것을 제의했다.

그러나 당시 부위원장인 제철 군이 듣지 않으므로 불가능했다. 나의 몇몇 부속고교 동료들과 앞골목으로 들어가 이야기하니, 그들은 오늘은 불가능하고 이틀 후인 3월 1일에 크게 시작하자 한다. 만약 계획이 다 틀어진다면 모르되 끝까지 처음의 계획대로 진행시킬 것임을 밝혔다.

벌써 시간은 12시를 넘어서 1분 1초가 숨 가쁠 정도로 빨리 지나갔다. 나는 같이 간 대대장 김정일 군을 반월당 앞으로 보내서 학생을 지휘하게 하고, 경북고등학교로 갔다. 그때 경북고등학교 운동장에는 학생들이 모여들기 시작하고 있었다. 대우 군은 못나오고 안효영 군과 정명소 군 등 몇몇 학생이 달려 나와서, 경북고교는 도저히 불가능하다는 것을 표명했다. 왜냐고 물으니 대대장 이준원 군이 반대한다는 것이다.

그 때의 나의 심정을 무어라 나타내어야 좋을는지, 이 둔한 붓끝으로는 도저히 그것을 다 써낼 수 없다. 나는 우리 학교만이라도 단독으로 강행할 것을 말했다. 정명소 군은 한 번 더 노력해 보고, 자전거를 이용하든지 하여 그 결과를 신속히 연락해 주기를 약속받고, 반월당 가는 합승을 탔다. 모든 계획이 수포로 돌아가는가 싶은 허무한 감에 맥이 풀려 정신없이 후들거리면서도, 좀 더 빨리 달려주지 않는 합승차를 원망했다. 눈은 충혈될 대로 되어 벌겋게 타올랐다. 반월당 앞에서 학교로 가는 버스를 기다릴 때, 경북고교생이 문을 튀어나왔다는 연락이 왔다. "아, 이제는 됐다!" 내가 살아온 중 이보다도 더 반가운 소식을 들은 일은 없었고, 그만한 기쁨을 맛본 적도 없었다. 그냥 학교를 향해 달렸다. 이원영 군이 자전거를 타고 오면서 학교에는 토끼 사냥 간다고 운동장에 모여 있고, 곧 출발할 것이라고 전해줬다. 자전거는 내가 탔다. 원영이가 뒤에서 밀어줬다. 그는 숨이 차서 뒤에 처졌다. 또 다른 학생이 밀었다.

나는 무턱대고 페달을 밟았다. 땀은 샘과 같이 솟아 마구 흘러내린다. 머릿속에는 아무 생각도 없었고, 운동장에 모여서 초조하게 기다리는 학우들의 모습뿐이었다. 또 한 학생이 뒤에 처졌다. 어쩌면 그렇게도 길이 험하고도 먼 지 모르겠다. 또 한 학생이 밀어 올렸다. 이때만큼 아까운 시간은 없었고, 조바심난 적도 없었다.

교문을 들어서자마자 자전거를 내동댕이치고 걸어 나가니, 다리는 후들후들 떨리고 숨은 턱에 차나 같이 뒹굴고 자라가는 학우들의 모습을 볼 때, 내 가슴이 뛰었다. 내가 없는 동안 전교생에게 연락이 다 된 줄 알았다. 다들 나를 보고 늦게 나타났다고 원망하는 눈초리다. 교단에는 교장 선생님이 토끼사냥 가는 훈시를 열심히 하고 계셨다.

그때 나는,

"가자!"

하고 죽을힘을 다하여 외마디 고함을 질렀다. 학생들은 일제히 교문을 뛰쳐나왔으나, 선생님들의 제지로 약 100명 정도였고, 그다음은 다시 교정으로 모여들었다. 밖으로 뛰쳐나온 학생들은 그칠 줄 모르고 능인고등학교 옆으로, 경북여고 쪽으로 마구 달렸다. 나는 서라고 손짓을 했으나, 그들은 가라고 하는 줄로 알고 오히려 자꾸 앞으로 달린다. 나는 여기에서 완전한 실패감에 당황했다. 또다시 일어설 기운은 조금도 보이지 않았다.

선생님은 밖에까지 따라 나와서 나를 붙들고 만류하였다. 나는 다시 2차 계획을 세우지 않을 수 없었다.

약 100여 명은 경북여고 앞을 지나면서 고함을 지르고는 반월당을 지나 중앙파출소를 향해 달렸다.

김정일, 서동활, 신의신 군이 선봉이었다.

"우리에게 인류애를 달라!"

"학생을 정치 도구화하지 말라!"

등의 구호를 외쳤다. 중앙파출소 앞에서 학생들을 잡으려는 몽둥이와, 잡히지 않으려는 학생들의 스텍키(토끼잡이용)와의 일대 접전이 벌어졌다. 경북고교는 경찰관들이 모두 수성교 강연 장소로 가고 없었기 때문에 무사히 제지망을 뚫고 나갈 수 있었으나, 우리 학교의 학생들은 경찰관들이 모두 중앙파출소 앞에 모여 있었기 때문에 일대 아수라장을 연출하였으며, 선발대는 완전히 제지당하고, 경찰관들에게 붙들려 방망이 세례에 몸부림칠 뿐이었다.

학교 안에 남은 학생은 1학년 480명과 2학년 나머지 학생들이었는데, 내가 1차 계획에 실패하자, 장주효 군이 우리의 결의문을 없애 버려서, 경북고교가 채택한 것을 가지고 단에 올라 읽다가 몇명 선생님들의 제지로 결의문까지 빼앗기는 바람에 분한 마음을 참지 못하고 땅바닥을 두드리며 통곡하다가, 선생님께 붙들려 층계를 한 발 한 발 디디고 올라가지 않을 수 없었다.

나와 주효 군 담임 선생님이신 H선생님[1]은 시골서 올라오신 지 얼마 안 되셨고, 더구나 주모자가 우리였기에, 울상이 되어 얼굴빛은 거의 잿빛에 가까웠다. 뿐만 아니라 주효 군은 목멘 소리로, "선생님, 약합니다!"하고 외치는 말에, 악독한 현실을 원망하면서도 그렇지 않다는 부정을 하느라고 애쓰시는 모습은 정말 안타까웠다.

주효 군은 다시 돌층계 위에서 시선을 뒤로 돌려

"대구고교생들은 다 썩었다!"

하고 1차 선발대의 뒤를 따르지 못한 학생을 원망하면서, 목멘 소

1) H선생님은 홍병준(洪炳峻) 선생님이며, 1959년 3월 31일부터 1967년 3월 1일까지 대구고등학교에 영어 선생님으로 재직하셨다.

리로 고함을 질렀다. 이럴 때 학생들은 감동의 눈시울이 뜨거웠고 한 번 더 기회가 오기를 기다렸다.

나는 열렬한 학우 15명과 의논을 했다.

"철조망을 뛰어넘고 들어가서, 전교생을 데리고 나오자."

"아니다. 철조망 밖에서 불러내자."

저마다 의견이 구구했다. 이러는 동안에도 다음의 계획은 짜였다.

우리 학우들은 모두 힘이 세어 보이는 서선홍, 은국웅, 최상훈, 김종대, 최종광 등이었다. 이 학생들을 데리고 다시 들어갔다. 모두들 학생들 속에 있다가 내가 '가자' 신호할 때엔 일제히 데리고 나오기로 했다. 교문에는 선생님이 서 있다. 선생님은 왜 들어오는가 묻는다. 이제 다 포기하고 토끼사냥 간다고 말했다. 교장 선생님은 조회대 위에서 일장훈시를 하신다. 나는 선생님들의 만류에 울었다. 선생님들은 그 이상 결코 붙들지는 아니했다. 뚱뚱한 교감 선생님은 품에 나를 껴안고 진정하라고 하셨다.

그때 나는 말했다.

"선생님! 이렇게 가르쳐 놓고 저렇게 하라는 것은 무슨 말씀입니까? 배우기가 싫어졌습니다. 저희들은 학교에 다니지 않아도 좋습니다. 불의를 보고 참는다는 것은 저희들의 순진한 감정 속에는 있을 수 없는 일입니다!"

나는 힘껏 주장했다.

어느 선생님이고 끝까지 힘껏 붙든다든지 하는 선생님은 아무도 없었다. 한쪽 모퉁이가 쑥 빠져나가서 대열이 어수선한 학생들은 교장 선생님의 훈시를 듣고 있었다. 내가 다시 교문을 들어설 때도 나의 정신이란 건 어떻게 해야, 어떤 수단이라야 성공하겠는가? 학생들은 왜 전원이 선생님이 제지한다고 해서 교문을 뛰쳐나오지 못하는가? 얽히고설킨 이해 못할 1차 계획의 실패를 원망하면서, 한결같이 흐르는 땀이 눈 속으로 들어가는 것만을 약간 거두고 있었다.

그 때 나의 뒤에서 등을 치고 무어라고 말하는 어떤 누른 빛깔의 코트를 입은 사람이 한 분 얼씬했는데, 나의 예감엔 기자가 아닌가고 생각됐다. 그러나 가늘게 스쳐가는 그의 말소리가 귀에 들릴 리가 없었다.

내가 여러 학생들 속으로 들어갈 때 학생들의 시선은 교장 선생님의 훈화는커녕 전부가 나에게로 몰려왔다. 나는 낮은 소리로 눈을 부릅뜨고 "이번까지만 들어라!" 하면서 공갈 아닌 애원을 하였다. 민주주의라는 것이 남에게 억압을 주어도 되지 않고 억압을 받아들이지도 않는다지만, 이때 우리가 하급생에게, 같은 학우에게 한 짓은 하등 어떤 제약을 받았거나 주었다고는 하지 못할 것이다. 2차 계획에 적극적으로 움직이는 서선홍, 최상훈, 최종광, 은국웅, 민태식 제군은, 이른 아침부터 승리를 위해 나의 하는 일에 협조라기보다 자기 일에 극히 충실하였다.

어느새 우리 학우들은 학생들 속에 다 퍼졌다. 교장 선생님은 교단에서 말씀을 계속하시면서 태연한 태도를 가지려고 애쓰시는 모습이 눈에 환하게 보였다. 내가 학생들 속에 들어갈 때 학생과장 선생님이 뒤를 따라 오시면서 한 번이라도 들어 달라고 애원하듯이 말을 하셨다. 교장 선생님의 말씀을 잘 들으라고….

나는 학생들을 뚫고 교문을 등진 서쪽 끝에 가 섰다. 선생님들이 나에게 가까이 올 때 물러가려고 하니 인정도 사정도 없는 놈이 되었다. 나라고 정든 교정, 정든 선생님들을 모를 리 없었다. 가르침을 받는 제자가 선생님의 말씀을 완강히 거부하고 역행할 때, 선생님들의 섭섭한 심정도 이해하지 못하는 바도 아니다. 그러나 일보 건너 선생님이 보실 때, 선생님은 기뻐하실 것을 생각하면서 교장 선생님의 말씀이 약간이라도 그쳐지는 순간만을 기다렸다.

때마침 교장 선생님이 "학생들은 정치 도구화 되어서는 안 된다." 라고 하셨다. 나는 그때 찬스라고 여기고, 후들거리는 다리를 바로 잡아 힘 있게, "교장 선생님, 오늘 우리들의 등교가 벌써 정치 도구화된 것입니다! 자! 교장 선생님의 말씀 듣지 말고 학우들이여, 가자!"고 외쳤다.

여기저기서 "가자! 가자!"고 외치는 소리가 들렸다. 학생들은 무질서하게 일제히 만족한 얼굴로 교문을 빠져나갔다. 이때 몹시 당황한 것은, 학생들이 교문을 나가다가 한 학생이 넘어져서였다. 거기에 연달아 넘어지는 꼴을 보고 선뜻 머리에 떠오른 것은, 부산에서 시민 위안의 밤을 열다가 당한 참상이었다. 그러나 하늘이 도왔는지 다들 일어서서 뛰어갔다. 선생님들은 하도 어이가 없는지 우두커니 서 계셨고, 교장 선생님이 극히 당황해서 "욱!욱!" 소리 아닌 신음을 하실 뿐이었다.

한길로 나오니 전체의 질서가 좀 잡히는 듯했다. 학생들 변두리에는 외래의 제지를 막으려고 비교적 믿음직한 체격을 한 학생들이 섰다. 이제는 되는가보다. 한없이 마음이 기쁘고 정의의 사수에 펄펄 뛰는 젊은 피들에 감동했으며, 감격 속에 도취되지 않을 수 없다. 학생들은 제각기 "야!" 하는 소리를 내면서, 굴레 벗은 말이 되어 어디든지 힘껏 달리는 것 같다. 나는 더 이상 몸이 말을 듣지 않음을 알았다. 속은 탄다. 목은 메인다. 다리는 후들거린다. 학생들은 나를 부축하면서 달린다. 나는 넘어지려는 순간순간을 극복하면서 있는 용기와 힘을 다하였다.

그때 누군지 불국사(佛國寺)여행 기념 지팡이를 손에 쥐어준다. 때마침 중앙버스가 내려오는 것을 세워서 타고 지휘했다. 우리는 남산파출소 앞에 도착했다. 나는 결의문도 아무것도 없이 그냥 맨몸이었다. 크게 뭉친 한 떼가 지나간 뒤에 숨이 가빠서 후들거리며 뒤에 처진 학생들은, 자색 방망이 앞에서 쓰러졌다. 흰 패트롤카는 사이렌을 울리며 달려든다. 불을 끄는 소방차도 그냥 마구 달린다. 어디서 나왔는지 정사복 경찰관들은 학생들을 하나씩 하나씩 연행한다. 때로는 꽉 막힌 골목길에 몰아넣고는 후려갈기고 수갑을 채운다. 토끼 잡으려고 가졌던 작대기도 몸부림 속에서 공중에 솟았다. 잡힌 차에서 끌려가지 않으려고 손가락을 깨문 일도 있었다. 나의 뒤에 따라오던 학생들이 하나둘 잡혀가고 도망갔다. 무의식중에 치는 시민들의 손뼉 소리도 들려오고, 학생들을 구호하려고 숨겨주고 길을 비켜주고 했다. 내가 역전에 도착했을 때는 학생들이 30~40명이 되었다. 학생들이 수성교로 갔다는 이야기도 들었다.

"이제 우리의 안식일인 일요일을 우리가 가지자. 수성교 강연장에 가고 싶은 사람은 수성교로, 종교인은 교회 법당 성당으로 가라."고 말하고 학우들과 같이 합승을 타고 수성교로 갔다. 삼덕로터리까지 순경들이 와서 학생을 잡는다.

수성교에선 박순천 여사가 강연 중이었는데, "지금 대한의 아들딸들이 순경들과 싸우고 있는데, 이에 성원의 박수를 보내자."는 말과 함께 30만 군중들이 보내는 손뼉 소리가 우레같이 들렸다. 아직도 목은 마르고 머리는 돈다. 어제 저녁도 제대로 먹지 못했고, 오늘 아침도 점심도 굶은 격이 되니, 그리고 온 정력을 소모한 것이 며칠간이었으니, 배가 고프고 몸이 부서지는 것 같은 것도 당연하리라.

나중에 집에 가서 점심과 저녁을 겸해서 밥을 먹었으나 잘 넘어가지 않았다. 몇몇 동료들이 와서 학생들이 시내에서 붙잡혀 남대구서로 대구서로 연행되고 욕을 당하고 있단 소리를 했다. 나는 듣자마자 그냥 뛰어나왔다. '전 학생의 고통을 내가 대리하면 그들은 내일부터 여전히 학구(學究)에 전력을 다할 수가 있지 않겠나? 그리고 나는 벌써 각오한 몸이 아닌가,' 이렇게 생각하면서 칠성동파출소를 지나 기차 기관고의 벽돌담을 돌아가면서 무거운 발길을 옮길 때, 지프 한 대가 어느새 나타났는지 나의 양복 카라를 억세게 잡더니 옆의 또 한 사람이 팔을 잡았다. 그와 동시에 "잡았다!"는 쾌감에 만족한 목소리로 고함을 지르면서 더 힘껏 쥐고 지프에 태웠다. 그 차 안에는 평소에 늘 존경해오던 선생님도 계셨다.

처음 내린 곳이 칠성파출소였었다. 알고 보니 뚱뚱하게 생긴 사람은 경찰국 사찰계 공작주임이고, 다른 사람은 경찰국 사찰과 형사였다.

처음 혁대를 잡고 포켓에 들어 있는 휴지까지 다 빼앗았다. 그때부터 공작주임은 날카롭게, 또는 부드럽게, 치켰다 내렸다, 눈을 부릅떴다하면서 언제 알았는지 우리 학교의 교문에서 두 번째 들어갈 때 등을 두드리며 독려하던 사람이 누구냐고 묻는다. 나는 알 리가 없었다.

선생님은 그들에게서 시간을 얻어 나의 신변을 걱정하시면서 한숨을 쉬었다.

"선생님, 진정 저를 사랑해 주신다면 지금은 기뻐하실 텐데요."

선생님은 나의 굳은 태도를 보고 적이 만족하시는 것 같았다. 내가, "학교 처벌은 각오했지만, 어떻게 될까요?"

하고 물었더니,

"퇴학은 틀림없을 것이며, 그렇지 않으면 무기정학일 것이다."

선생님은 이어서 이렇게 말했다.

"나도 태도를 결정했다. 너의 처벌이 확정된다면, 학교를 나가게 된다면, 너의 담임 홍병준 선생도 너와 같이 교육계를 물러가려고 결심했다."

어느 때도 느껴보지 못한 뜨거운 감사의 눈물이 솟아오른다.

"선생님, 그렇게 되면 저는 더 괴롭습니다."

밖에서 형사가 무정하게 부른다. 태연한 태도로 다시 지프에 몸을 던져, 생후 처음으로 맛보는 길을 향해 갔다. 저녁놀도 사라진 캄캄한 장막을 뚫고 간간이 크락숀 소리를 들으며 확고부동한 세계를 찾았다.

경찰국 사찰분실에선 주효 군이 눈을 크게 뜨며 나를 보고 놀란다. 어느새 왔는지 효영 군도 대우 군도 와 있다. 나는 형사가 인도하는 대로 조그마하고 캄캄한 방으로 갔다. 옆에서, 위에서, 밑에서 꽉 억누르는 듯한 공포 속에서, 켜지는 촛불 아래 나의 담당 형사와 마주 앉았다.

2 | 장주효

# 자유·민주 그리고 삶의 작은 몸부림

## 2·28의거[1]의 단초된 각종 모임

### 학도 호국단 간부 하계 연수회

고등학교 시절 우리가 2·28을 통해 4·19혁명의 단초를 마련할 수 있었던 데는 시대적인 상황과 동시에 그 주역들이 우정을 다질 수 있었던 주요한 만남의 장이 있었기 때문이다. 그 가운데 하나가 경상북도 학무국이 주최한 '학도호국단 간부 하계 연수회'였다. 포항의 동지상고에서 개최된 이 연수회는 경북도내 각 중·고등학교 학생 간부 2명씩 참석했었다. 그때 경북고는 이대우와 이준원, 사대부고는 최용호와 박재철 그리고 대구고는 손진홍이 가야 했으나, 일선장병 위문이 있어 불참했다. 때문에 나와 부회장인 이성실이 참석했다.

3박 4일의 짧은 연수 모임이었으나 모두가 한 소리 하는 간부들이 모인 자리인지라 뜨거운 열기를 느낄 수 있었다. 최용호와 나는 중학

1) 2·28의거는 후에 2·28민주운동으로 명칭이 바뀌었다.

교 간부들과 접촉하는 기회를 가졌는데, 뒷날 '새날동지회' 회원이 된 이종훈, 함병수를 그곳에서 만났다. 그 기회는 오랫동안 기억에 남아 있다.

이 연수회의 본래 취지는 학도호국단이란 거대한 학생조직을 정부 시책에 부응하도록 프로그램을 통해 훈련을 시키는 데 그 목적이 있는 것 같았다. 실제로 당시 우리들은 반공, 북진 통일 등의 모임에 학도호국단 이름으로 수없이 많이 동원되었던 것을 지금도 기억하고 있다. 이러한 관제행사에 동원되었던 경험들이 오히려 4·19혁명 때는 부메랑이 된 셈이었다. 부정한 정권을 무너뜨리는 최전선에 학생들이 앞장서게 되는 역사의 아이러니를 누가 짐작이나 했을까?

이처럼 학도호국단은 반공교육을 위한 거대한 교육기관이라 할 수 있었다. 학도호국단의 시발은 이승만 정권 때 헤겔철학을 전공한 안호상 문교부 장관의 발의로 1949년 9월 대통령령으로 중·고교와 대학에 설치한 상명하복의 조직이었다. 독일 히틀러 시대 때 나치체제의 '유겐트'[2)]라는 청소년 단체와 비슷했다. 전체주의적인 발상으로 전국의 학생들을 획일화 및 군영화하기 위한 전국 연합체로써 자연히 어용화 되어 '북진통일 궐기대회', '이승만 박사 재출마 요청 궐기대회' 등 온갖 관제데모에 학생들을 기계처럼 동원했었다. 그러나 이 조

---

2) 히틀러 유겐트: 독일 나치당의 청소년단으로써 1922년에 창설되었다. 처음에는 돌격대(SA)의 일부였으나 1932년부터 독립했다. 히틀러 유겐트 법이 1936년 12월에 제정됨으로써 독일 영토 내의 모든 청소년은 이 단체에 가입하지 않으면 안 되었다. 히틀러 유겐트란 14~18세의 남자 단체를 가리키는 경우와 10~14세의 소년단, 10~21세의 여자 청년단을 모두 포함시켜 부르는 경우가 있었다. 특히 남자의 경우는 의무교육을 마친 후 병역에 복무하기 시작할 때까지는 이 단체에서 활동하지 않으면 안 되었다.

직이 나중에는 도리어 부정부패한 정부를 무너트리는 한 축으로 중요한 기능을 하게 되었다.

### 대구·경북 최초의 학생 농촌봉사 활동 단체 '새날동지회'

우리의 중요한 만남의 장은 또 하나 있었다. '새날동지회'라는 대구시내 고등학교 연합서클이다. 이 회는 '일은 내가! 영광은 너에게!', '사리와 사욕에 노하는 고양이가 되지 않고 정의와 대공을 위하는 호랑이가 되자!'는 강령과 신조를 표방하며 1959년 10월 24일 창립했다. 새날동지회는 대구·경북 최초의 학생 농촌봉사 활동 단체로, 일제강점기의 선각자들이 펼친 농촌계몽운동을 이어받은 브나로드(러시아로 '민중 속으로'란 뜻)운동과 정신이 같다고 하겠다.

새날동지회는 정부나 기관이 조직한 관변단체가 아니라 학생들 스스로 뜻을 모아 창립했다는 데 그 의의가 있다. 이 회는 처음 경북대 농대생 박무현 등을 비롯하여 일부 고등학생들로 시작되었다. 그리고 1,2개월 후 나와 노백무(대구고 2회) 그리고 최용호(경대 사대부고) 등이 입회하면서 고교생 중심으로 활동이 바뀌었다.

새날동지회가 태동할 무렵 우리 사회는 아직도 6·25참화가 가시지 않은 상태였다. 특히 농촌지역은 도시보다 훨씬 더 피폐했으며 낙후했다. 50년대부터 시작된 문맹퇴치운동도 그 열매가 농촌까지 파급되지 못해 엘리트 고교생들이 지역사회에서 선구자 역할을 담당하게 됐다. 이러한 시대적 소명을 창립 취지문에 다음과 같이 담고 있다.

**'......인간사의 혁명과 새 역사의 창조를 위해 바르게 보는 눈, 바르게 생각하는 마음, 깊게 가는 힘과 하느님의 섭리를 깨달는 순결한 현명을 길러 이 역사에 부여된 민중의 짐을 기꺼이 짊에 기본정신을 둔다. 이렇**

**게 하기 위해 현 단계로서 농촌활동에 중점적 역할을 하기로 한다.'**

이처럼 민중을 위해 현 단계에선 가장 낙후한 농촌에 관심을 집중하자고 결의했다. 그리고 우리는 수차례에 걸쳐 농촌계몽활동을 전개했다.

새날동지회는 농촌계몽활동 뿐만 아니라 문화활동도 활발하게 전개했다. 그 대표적인 것으로 대구 최초의 마당극인 '원귀 마당쇠'를 1963년 KG홀에서 공연한 것이다. 조동일(당시 서울대생)이 작품을 썼고 실제 공연에도 많은 도움을 줬다. 관객이 400~500명에 육박할 정도로 성황을 이루었다. 그 내용은 서울대 향토개척단에서 공연했던 '사대주의 살풀이'를 재구성하여 대구에서 막을 올린 일종의 시대풍자극이었다.

나는 조동일과 함께 왔던 홍갑표를 도와, 주인공인 마당쇠 역에 함병수, 변학도 역에 이종훈 그밖에 김장부·원홍길·손태익·이희권·구국본 등 고교 새날회원들을 중심으로 배역을 정했다. 고인이 된 최병진과 탈을 제조하고 소품을 마련한다고 동분서주하며 연출을 맡았다. 이외에도 YMCA홀에서 '문학예술의 밤'을 개최하여 회원들의 예능적 기량을 알리는 한편 「모닥불」과 『흙냄새』란 회지와 논문집도 여러 차례 발간했다.

이런 활동을 통한 만남 이전에 벌써 나와 이대우는 중학교 동기로 단짝이었고, 최용호는 새날동지회 회원으로, 그리고 손진홍은 고등학교 인연으로 내가 연결고리가 되어 자연스럽게 서로 우애를 다지는 사이가 되었다. 그 뒤 새날동지회 활동이 활발해지면서 뒤이어 대구고는 노백무·황박, 사대부고는 강병조·김화남·김정철·허현, 그리고 그 뒤에 경북고의 함병수·이종훈·이승호, 대구농고의 황태웅·박종철

등 기라성 같은 인물들과 함께 활동하게 됐다.

### 각종 봉사 활동 모임과 독서

우리들은 이렇게 여러 활동을 기반으로 만났고, 청춘을 찬미하며 젊음을 구가했다. 하지만 눈앞에 전개되는 현실 사회의 각종 불합리와 부조리한 시대상황에 무관할 수 없어 언제나 마지막에는 시국 문제로 갑론을박했던 기억이 난다. 지금 생각하면 모두가 너무나 의젓한 어른이었다. 그때 벌써《사상계》라는 성인 종합교양잡지를 꾸준히 읽었고, 또 신문 사설도 한문이 많아 다 이해는 못할망정 쟁점은 놓치지 않고 보았던 것 같다.

이러한 현상은 아마 당시가 정치과잉 시대인데다, 특히 그때까지만 해도 대구가 '야당도시'라 일컬어질 정도로 어느 지방보다 야당세가 강했던 탓이었다. 거기다 매일신문을 비롯한 지역신문 대부분이 소위 야당지로서 지가를 높이던 시대라 언론의 자유가 한껏 고양된 결과가 작용한 게 아닌가 싶다. 그러다보니 정치 집회에 고등학생이 교복을 입고 버젓이 가서 강연을 들을 뿐만 아니라 심지어 요즈음 연예인들에게 싸인을 받듯이 정치가들에게 싸인을 받기도 했다.

당시는 우리들이 관계했던 모임 외에도 일반 학생들의 취미 봉사활동 등을 위한 서클과 조직들도 많았다. 문예단체나 봉사단체 등이 개별 학교나 연합형태로 활동하면서 학교 수는 지금보다 적었지만 단체는 더 많지 않았나 생각될 정도였다. 이것은 그만큼 학생들의 과외활동이 자유스럽고 입시에 덜 매달려 있었다는 결과로 보인다. 지금도 건재한 YMCA, 청소년 적십자회, 그리고 보이스카웃 등은 학교에서 인정하는 봉사단체들이었다.

당시 학생들은 이러한 서클 활동을 통해 취미 및 봉사활동과 동시에 지적욕구가 충만하여 왕성하게 독서도 병행했었다. 나의 경우는 책을 읽다가 좋은 문장이나 문구가 나오면 메모를 했다가 뒤에 발표할 기회에 있어 인용하면 뭔가 있는 것처럼 보이기도 했다. 또 이렇게 묘사하다보면 본인도 모르게 자기화 되어 상당한 지적수준도 가졌다. 내 경우 고등학교 때 『죄와 벌』과 같은 세계문학을 읽으면서 인상 깊은 글귀를 모아 노트를 만들었는데, 이것이 뒷날 이어령 씨가 편찬한 『문장대백과사전』 축소판 같았다. 당시 도서대여 가게에서 빌린 책 중에 좋은 글을 옮겨 쓰다가 내용이 너무 많아 몰래 책을 오려서 스크랩 했는데, 이게 들통이 나서 울며 겨자 먹기로 샀던 책도 한두 권이 아니다.

### 양대 아지트, 우리 집과 이대우 집

우리 집과 이대우 집에는 항상 친구들이 많이 모였다. 이대우는 부친의 한약국과 떨어진 집에서 모친과 생활했기 때문에 우리가 드나들기에 자유스러웠다. 우리 집은 시청 앞 철도 건널목에 위치해서 오가는 친구들이 들르기 좋아 많이 찾은 것 같다. "당시 고등학교 다녔던 친구들 중, 말 깨나 하는 놈 중에 장주효 집에서 밥 안 얻어먹은 사람은 제대로 학교 안 다닌 놈"이라고 홍종흠이가 이야기할 정도였다.

친구들이 우리 집에 편하게 들락거릴 수 있는 데는 특별한 이유가 있다. 우선 우리 모친이 통이 컸고, 자식 위해 헌신적이었다. 또 일찍부터 우리 집을 찾는 사람은 어른, 아이 할 것 없이 '빈 입으로 돌려보내지 않는다'는 우리 집 내력 때문이다. 일찍부터 우리 집은 늘 손님이 끊이지 않았다. 이것이 가능했던 것은 부친께서 만주서는 정미업을 했고, 한국서는 소위 쌀집을 했기 때문에 최소한의 식생활에는 크게 제약을 받지 않았던 것 같다.

고교시절, 새날동지회 남녀 회원들이 우리 집에 워낙 많이 들락거리다보니 모친이 늘 밥을 한 솥 따로 해둘 정도였다. 또 맞은편에 새로 이사 온 사람은 우리 집 쪽으로 골목이 있어서 사람들이 거기로 지나다니는 줄 알았다고 할 정도였다. 당시는 이런 방문객을 위한 손님 접대가 당연한 것이라고 생각했는데, 내가 성인이 되어 가정을 가져보니 도저히 흉내 내지 못할 큰일이라는 것을 알았다. 새삼 내 양모가 대단한 분임을 알았다.

나의 부친께서는 아주 과묵하셨다. 호불호를 좀처럼 나타내지 않는 분이었다. 백부가 인물도 좋고, 언변도 뛰어났지만 큰 백모를 잃고 난 후 다음 백모를 맞이하여 처음엔 금슬이 좋다가 삐뚤어져서 집안을 제대로 못 꾸리셨다. 그 바람에 부친은 둘째지만 평생 집안 일을 담당하셨다. 따라서 할머니도 우리가 모셨다. 우리 집은 자연스럽게 집안 대소사가 몰렸고, 집은 늘 북적거렸다. 거기다 내 친구들까지 보태고, 또 새날 후배들 중 어려웠던 함병수, 신태휴 등 한두 명은 늘 우리 집에 기식을 했으니 어머니 손에 물이 마를 날이 없었다.

우리는 방과 후에 누구집이라 딱히 정하지 않고 쉽게 발길이 닿는 집에 죽치고 앉아 고담준론(高談峻論)을 펼치곤 했다. 그때 우리들의 대화는 무척 다양하고 수준이 높았다. 동서고금의 뛰어난 학자는 모두 꿰고 있었다. 하지만 역시 햇병아리들이라 주로 다이제스트 지식이다. 그래도 그 중에는 상당한 철학적 소양을 갖고 일찍 인생문제를 해결하기 위해 입산한 친구도 있고, 가히 중국 소설 수호지에 나오는 양산박[3]같이 별의별 친구가 다 있었다.

12시 통금 전까지 들락날락거리다 통금이 지나면 그냥 자고 이튿

---

3) 중국 산동성에 있는 지명. 수호전의 송강 등 호걸들이 모여든 곳, 호걸이나 야심가들을 이르는 말.

날 밥도 얻어먹고 학교 가는 게 다반사였다. 그러다 보니 우리 집은 맨날 난장판이었다. 심지어 내가 없어도 자고 가는 놈이 많았다. 그 때는 우리만 그런 게 아니라 많은 집들이 그렇게 오가며 살던 시절이었다.

지금 생각하면 그게 다 어른들이 우리를 믿고 성인으로 대접해 준 결과 같았다. 중학교 때 일이다. 이대우가 우리 집에 처음 놀러 왔을 때, 어머니와 누님이 좋은 친구와 잘 사귀라고 별식까지 해주던 기억이 난다. 물론 친구들 집이 다 그런 분위기는 아니었지만, 적어도 우리 집은 그런 면에서 자유롭고 제재가 없었다.

## 자유의 함성, 2·28민주운동이 있기까지

### 1960년 2월 28일 일요 등교의 진실

1960년 2월 28일 일요일 등교에 대한 여러 의견 가운데, 매일신문을 비롯한 언론에서는 당시 경북도학무당국이 일선 공립중·고등학교장에게 지시했다고 보도했다. 그러나 당시 도학무국 김병찬(뒤에 경대 행정학과 교수로 재직) 과장에 의하면, 경북 자유당 도당에서 선거대책위원장 이우익 명의로 된 공문을, 사립학교는 통제가 번거롭고 힘드니 공립학교에만 일요 등교를 의논하는 공문을 학교장에게 발송해 달라고 의뢰가 왔었고, 이를 발송해 주었다고 하였다.

그 후 자유당이 주관하는 회의가 있었으나, 학무당국에서는 직접 참가하지 않아 상황을 알지 못하고 있었다. 그런데 경북도지사로부터 "지금 대구여중(당시 현 시립중앙도서관 자리)에서 공립 중·고등학교 교장 선생들이 모여 일요 등교 문제를 의논하고 있다는데 어떻게 됐는지 파악하라."는 지시를 받았고, 그 현장에 갔었다고 한다.

그러나 회의 현장은 한참 의논 중이라 "나는 밖에서 학교 온실을 구경하고 있었다."고 했다. 회의가 끝난 후 그 결과를 듣고 도지사에게 단순히 보고만 했다고 한다. 이로 미루어 봐서 당시 "도지사나 학무당국이 일요 등교의 결정 과정에 직접 참여하지 않았겠냐."는 세간의 의문은 어느 정도 해소되었다고 하겠다.

그럼 각 학교의 일요 등교가 구체적으로 어떻게 진행되었는지 알아보면 다음과 같다.

일요 등교 지시가 가장 먼저 통보된 학교는 경북고였다. 2월 25일 종례시간, 한참 뒤에 치러질 중간고사를 일요일에 앞당겨서 치르겠다는 것이었다. 이에 학생들은 격앙되어 그 부당함을 지적했고, 학내가 시끄럽기 시작했다고 한다.

이렇게 경북고에서 일요 등교가 통보된 후 이대우가 손진홍을 만나 "우리 학교에 이런 이야기 있다. 너희 학교는 어떠냐?"고 물었고, 손진홍은 "아직 우리는 아무 일 없는데, 그런 일이 어디 있냐? 27일 토요일은 자유당 유세고, 일요일에는 민주당 유세가 있는데, 거기에 젊은 사람들이 못 가게 하는 것 아니냐? 대가리가 두 쪽이 나도 싸워야 한다."고 격앙돼서 큰소리로 다짐했다고 한다. 당시 대구고는 2학년밖에 없어 손진홍이 학생회장이었고, 경북고는 3학년이 있었기 때문에 2학년인 이대우가 학생 부회장이었다.

우리 대구고도 27일 조회 시간에 "내일(28일) 교내 운동 시합을 한다."며 등교하라고 발표했다. 말 떨어지기가 무섭게 학생들이 항의하며 일요 등교의 이유를 물었으나 시원한 대답을 듣지 못했다. 오히려 내일 학교에 안 오면 처벌하겠다는 공갈까지 받았다. 손진홍과 대의원들이 바로 교장실로 갔다. "교장 선생님, 오늘은 자유당 정견발표가 있는 날이니 수업을 단축하고 일찍 집에 가 부모님들이 강연장에 가도록 집을 봐줘야겠지요?" "그렇다." "그러면 내일은 민주당 강연이 있는데 평일이면 몰라도 모두가 쉬는 일요일이니 우리가 집을 지키고 부모님들이 강연장에 가도록 내일 행사를 뒤로 미루도록 합시다."라고 강력히 항의했다. 그러나 교장은 묵묵부답이었다. 그러더니 뭐라 이치에 닿지 않는 소리로 설교를 하기에 "그것은 올바른 얘기가 아닙니다."라고 했다. 이어서 교감 선생과 담임 선생한테도 갔다. 그러나 모두가 "너희 마음은 알겠는데 진정해라."는 얘기만 반복했다.

그리고 어떤 선생은 "제군들의 뜻은 충분히 알겠다. 그러나 대세는 이미 기울어졌다. 영웅도 시세를 따라야한다."고 설득하자 학생들은 "국경일도 일요일이면 그 행사를 다음 날로 미루는데 운동시합이 뭐 중요하다고 꼭 일요일에 해야 하느냐?"고 날카롭게 따지자 뒤에는 "부디 내일 하루만 무사히 넘기자."고 호소했지만 학생들은 거세게 항의했다. 운동시합은 다시 토끼사냥하는 것으로 변경되었다.

이렇게 우리는 선생들과 싸우듯 논쟁하다가 허탈한 상태로 교실에 돌아와 수업을 들었다. 우리 학교는 언덕에 위치하고 있어 창밖으로 앞이 환하게 보였다. 저 멀리 앞산 밑 도로를 따라 반공청년단의 푸른 깃발과 함께 많은 사람들을 태운 트럭이 신천 자유당 유세장으로 가는 것이 한눈에 들어왔다. 수업 받던 학생들이 일제히 "야아!"하고 소리를 지르며 흥분하자 수업은 더 진행될 수 없었다.

이 반공청년단은 자유당의 외곽 조직의 하나로 단장은 신도환이다. 그는 본래 계성고등학교 유도선생으로 출발하여, '이승만의 양아들'이란 얘기가 들릴 정도로 자유당 정권의 실세 중 한 명이었다. 반공청년단은 뒷날 서울서 4월 18일 고려대학교 시위를 폭력으로 제압하는 바람에 많은 부상자를 내어 4·19를 촉진하는 계기를 제공한 일종의 권력 비호에 기생하는 테러 단체였다.

그 당시 자유당의 선거운동은 아주 거칠고 직접적이며, 국민 여론을 전혀 고려하지 않는 일방통행 식이었다. 1959년 6월 자유당 전당대회를 열고 이승만과 이기붕을 정·부통령 후보로 선출했고, 그해 11월에 벌써 부정선거를 위한 3인조, 5인조를 만들었다. 그들은 선거 당일에 3인씩 한 조가 되어 투표한 다음 그 결과를 서로 보여주고 투표함에 넣도록 했다. 이렇게 노골적으로 부정을 감행하니 아무리 의식 없는 대중이라 해도 분개하지 않을 수 없었다. 민중들은 분개의 한계점을 넘어 결국 감정이 폭발하였다.

### 3개 학교 10여 명의 비밀결사모임

일요 등교 지시를 통보받은 학생들은 '어둡고 깜깜한 하루'를 분통 속에서 보냈다. 그날 저녁, 누구 할 것 없이 자연스레 자주 가는 이대우 집에 삼삼오오 모이기 시작했다. 모두 무거운 마음으로 자리했으나, 누구 하나 쉽게 입을 열지 않았다. 말로는 도저히 표현할 수 없는 이 부조리한 상황을 어떻게 받아들여야 할지 망연자실하다가 그래도 방법을 찾자고 물꼬를 트니 여기저기서 말문이 열리기 시작했다. 삽시간에 열기로 가득해졌다.

그 자리에 함께 있었던 사람들은 하도 여럿이 들락날락해 정확치는 않으나 뒤에 기억을 더듬어 보니, 경북고의 이대우·안효영·전화섭·권준화·정명소·윤종명·하청일 등이었고, 대구고는 손진홍·장주효(나)·윤풍홍이었다. 그리고 사대부고는 최용호가 있었다.

이렇게 모인 우리들은 "이대로는 안 된다. 어떤 방법으로든지 우리의 뜻을 발표해야 한다."며 최후까지 투쟁할 것을 결의하고 방법 등을 의논했다. 몇 가지 방법을 의논하고 나니 저녁 9시가 다 되었다.

투쟁 방법으로 그냥 시위를 하자고 했었는데, 뒤에 신문에 '데모'

라고 크게 보도하는 바람에 그때 데모라는 걸 알게 되었다. 이 말이 나의 인생에 그토록 친숙하게 자리 잡을 줄 그때는 진정 몰랐었다! 물론 학도호국단 중심으로 북진통일을 하자는 등의 반공 행사에 학생들이 자주 동원되기도 했었다. 그로 인해 '시위'라는 말은 우리들에게 비교적 익숙한 상태였다. 그 익숙한 관제 데모가 결국 독재정권을 타도하는 한 동력이 된 셈이었다.

앞서 얘기했던 포항의 학도호국단 간부 연수회와 같은 학생 훈련 프로그램도 정치 목적을 실현하기 위한 한 방편으로 실시됐는데, 결과적으로는 부당한 권력과 맞서는 주요한 계기를 마련하는 단초가 되었다. 거기에다 당시에도 입시라는 멍에는 있었지만 지금처럼 심하지 않아 학생들의 교류가 많았었다. 그 예로 새날동지회와 청맥 그리고 YMCA, 청소년적십자사 등과 같은 고등학교 연합서클이 활발하게 활동했었다.

이런 다양한 학생 과외활동들은 서클 본래 목적의 활동뿐만 아니라 정치에 대해서도 상당한 수준의 관심을 제고시키는 역할을 하였다. 지금 고교생들의 입장에서는 이해가 잘 안 되겠지만, 당시 학생들이 어떻게 그런 어른스러운 수준의 정치 문제에 관심을 가질 수 있었는지 의문스러울 정도이다. 이러한 현상은 비단 대구에만 국한된 상황이 아니고 전국적인 분위기였던 것 같았다.

이렇게 시위하기로 경북고와 대구고는 의견을 모았으나 사대부고가 문제였다. 1기 학생부회장은 최용호가 했고, 2기는 박재철이 하고 있었는데, 이 친구는 평소 우리들과 교분이 많지 않아 연락이 닿지 않았다. 그렇다고 최용호가 앞장서서 학생들을 동원할 수 있는 분위기도 아닌 것 같았다. 거기다 사대부고는 노래 가사를 바꿔 부른 일명

'노가바사건'[4]으로 현재 감시의 대상이라고 난색을 표하는 상태였다.

우리 대구고 역시 시위를 한다고 결정은 했으나, 경북고보다 일요 등교 지시가 늦게 통보되어 무엇 하나 준비된 것이 없었다. 경북고는 '선언문'도 41회 하청일이 작성해 왔었다. 그렇다고 우리 학교가 이 선언문을 같이 사용할 수도 없었다. 사전에 모의했다고 문제가 될 것 같았기 때문이다. 나와 손진홍은 한 밤중이지만 지금 당장 우리학교 학생들에게 내일 시위에 참석하라고 독려하러 나가야 할 형편이었다. 하는 수 없이 최용호에게 선언문 작성을 의뢰했다. 물론 뒤에 가면 다 탄로가 나겠지만, 당시 상황에서는 무엇보다 순수성을 강조해야 했기 때문에 그렇게 할 수밖에 없었다.

### "내일 학교에 등교하라."고 독려

시위를 결정하자, 당장 내일 학생동원이 문제였다. 경북고는 26일부터 설왕설래하면서 많은 공감대가 형성되었는데, 우리 대구고가 여론을 형성할 시간은 27일 하루밖에 없었다. 그런데다 일요 등교 지시에 많은 학생들이 "차라리 학교에 나오지 말자."는 분위기가 팽배했었다. 자칫 다 결정한 거사에 참여할 사람이 없을 판이었다.

우리는 일단 학생 간부들에게 계획을 설명하고 학교에 나오라고 독려하자는 것에 의견을 모았다. 손진홍, 윤풍홍과 나는 이대우 집을

4) 2·28민주운동이 일어나기 전 사대부고 1학년 학생 3명(유효길, 오석수(작고), 이영길)이 선거를 앞두고 민주당 대통령 후보였던 조병옥 박사의 죽음과 사회 현실을 풍자하여, 당시 유행하던 가요 '유정천리'를 '무정만리'로 제목을 바꾸고 가사를 바꿔 불렀다. 노래가 일파만파 퍼지면서 학생들은 경찰서 조사, 무기정학처분 등 고초를 겪었으며, 당시 사대부고를 불안에 떨게한 사건이다.

서둘러 나왔다. 학생위원 중에서 제일 먼저 간 곳은 서동활의 집이었다. 서동활은 행동력 있고, 정의감도 투철하였으며 3학년에 진급하면서 나와 사관학교에 가기로 약속한 친구이다. 내 얘기를 들은 그의 첫 마디가 "너는 사관학교에 가자고 내하고 약속해놓고 어쩔 셈이냐?"였다. "나라가 이 모양인데 이것부터 해결해야 하지 않겠냐?"고 설득을 하니 "알겠다."며 계획에 동참했다. 그는 28일 데모 선봉에 서서 맹활약을 하였다.

그다음은 김종하, 최종호(부재), 공정수 등을 찾아 설명하고 대대장인 김정일 집에 가려는데 열한시 통금 예비 고동이 울렸다. 잠시 고민을 하다가 근처에 있는 임용대 집을 찾았다. 당시 이 친구의 부친 임문석 씨는 민주당 경북도당위원장이면서 국회의원이었다. 자칫 우리가 어느 정당을 위한다는 오해를 받을 염려도 있었지만, 당장 역량 있는 한 사람의 도움이라도 필요한 입장이었다. 이 친구에게도 계획을 설명하고 "내일 반드시 등교하고 또 너희 집에 우리 계획을 절대 얘기 말라."고 거듭 다짐을 받았었다.

이렇게 정신없이 친구들을 찾아다니다 보니 12시 통행금지 사이렌이 울렸다. 각자 집에 갈 수 있는 시간은 이미 지났다. 우리는 다시 이대우 집을 향했다.

### 시위 계획 변경에 강한 반대와 구체적 준비

몇몇 친구는 집에 가고 남아 있는 친구들은 아직 잠자지 않고 있었다. 통금을 피해 골목길로 숨어오다 보니 몹시 숨이 찼다. 한참 동안 앉아서 헐떡이며 숨을 고르는데, 이대우가 우리 계획을 일부 변경해야겠다고 했다.

"너희가 가고 난 뒤 경북중 출신 대의원들이 와서 '이 계획을 좀 수

정하고, 학내에서 발표만 하자'고 했다."는 것이었다. 이유인즉 "얼마 전 미군부대에 우리나라 아이들이 몰래 들어갔다가 미군들에게 들켜, 머리를 빡빡 깎이고 콜타르를 발리는 린치를 당했다. 이런 민족적 수모에 대해서는 우리가 한 마디 의견도 표시 못 하다가, 일요 등교를 지시한다고 단체 행동을 하는 것은 너무 무리다."라는 것이었다.

정말 의외의 상황에 잠시 말문이 막혔다. 침묵도 잠시, 나는 "그래. 그 말도 일리는 있다. 그러나 이때까지 친구들을 찾아다니며 내일 나오라고 설득한 우리 입장은 또 뭐가 되냐?"며 얘기를 몰아갔다. 그런데도 그들은 자꾸 같은 말만 되풀이했다. 끝내 폭발하고 말았다. "이놈의 새끼들! 너희는 비겁한 놈이다. 누구는 겁이 안 나나? 다 겁이 나고 그러는데…. 그런 식으로 할 것 같으면 다시는 너희들과 일을 안 한다."고 고함을 쳤다. 그러자 제일 먼저 안효영이 "니 말이 맞다."라며 내 말에 동의를 표했다. 이 친구는 평소에도 솔직담백하여 나와는 말을 안 해도 통하는 사이다. 그때부터 모두 구체적으로 내일 일을 의논하기 시작했다.

제일 급선무는 시위하고 난 뒤 책임질 사람을 정하는 일이었다. 경북고는 이대우, 안효영 그리고 대구고는 손진홍, 장주효로 정했다. 다른 사람들은 어디가 못나서 빼는 게 아니고 나중에 들통이 났을 때 한 사람이라도 희생을 적게 하자는 취지였다.

두 번째는 두 학교의 선언문을 별도로 작성하기로 했다. 사전 모의 없이 순수한 입장에서 시도했다는 점을 강조하기 위해서였다. 물론 그 저변에는 다른 학교가 작성한 선언문을 함께 사용한다는 데 대한 자존심 문제도 작용했다.

세 번째는 구호를 정하는 것이었다. 이대우가 너무 직접적인 구호보다 당시 학생들에게 회자되던 타고르 시를 빌려 '횃불을 밝혀라,

동방의 별들아'라고 하면 정치색도 피할 수 있다고 주장해 일단 채택했다. 그 다음, 일요일 등교를 강요받을 만큼 학교의 자율성이 없으니 '학원에 자유를 달라', '학원을 정치 도구화 하지 말라' 등으로 정했다.

그 밖에 행동지침으로 오후 1시까지 반월당에 모여서 합동으로 시위를 하며, 구체적인 것은 학교에 가서 시간마다 서로 전화로 주고받자고 합의했다. 당시 우리 간부들은 교무실을 수시로 드나들었으며, 전화도 임의대로 사용할 수가 있었다.

이렇게 밤늦게까지 각자의 역할을 의논하고 다짐도 했다. 그러자 알 수 없는 무거운 공기가 한겨울 밤 방안을 무겁게 짓눌렀다. 우리는 이제 어떻게 되는 걸까? 시위를 치르고 나면 학교에서는 퇴학을 당하고, 그다음 징역을 간다고 생각하니 갑자기 비장한 생각이 들어 분위기가 숙연해졌다. 무엇보다 장가 한번 못 가보고 죽는다고 우스갯소리를 하면서 그 당시 유행하는 <유정천리>를 불렀다.

**"가련다 떠나련다. 어린 아들 손을 잡고 감자 심고 수수 심는 두메산골 내 고향에 못 살아도 나는 좋아 외로워도 나는 좋아..."**

우리는 그 밤을 그렇게 서로 위로했다.

## 당일의 숨 가쁜 상황과 폭발

### 연락 없는 경북고에 속은 터지고

불안한 마음으로 거의 밤을 새우고 신 새벽에 손진홍과 윤풍홍 그리고 나는 이대우 집을 나왔다. 학교로 가는데 괜히 가슴이 콩닥거려 '도둑놈은 어떻게 도둑질을 하는지 모르겠다'는 생각이 들었다. 학교 근처에서 국밥 한 그릇을 사 먹는데 무엇을 어떻게 먹었는지 기억도 안 날 정도였다. 그래도 정신을 가다듬고 학교에 도착했다. 그리고 경북고에 연락을 취하기 시작했는데 응답이 없었다. 계속 연락을 취했으나 소식이 없어 학교로 찾아가자고 의논하는 사이에 또 사고가 발생했다.

최용호가 써 온 선언문을 검토해서 손진홍에게 전달했는데, 나도 모르는 사이에 이대우와 둘이서 선언문을 두루마리로 써서 읽자고 했던 모양이었다. 그래서 필력이 좋은 박대근에게 그걸 쓰도록 했다. 그런데 공교롭게도 내가 경상중에 다닐 때 음악선생을 하셨던 그의 아버지에게 발각되고 말았다. 그의 아버지는 그 선언문을 불 속에 넣어버렸고, 경찰에 고발하겠다고 했다. 비상사태였다! 시작도 못 해보고 발각될 수는 없었다. 하는 수 없이 완력이 센 친구들에게 그 집을 포위하게 해서 아무도 못 나오도록 조치했다.

그런 속에 우리는 윤풍홍과 부위원장인 이성실을 연달아 지금 청운 아파트(대봉동) 자리에 있던 경북고로 보냈다. 이대우는 못 만나고 대신 윤종명과 정명소가 나와서 "애들이 말을 잘 안 들어 좀 힘들겠다."고 하더란다. 특히 아이들을 불러 모아야 하는 연대장이 "학생을 소집 안 하겠다."는 것이었다.

그때는 연대장이 교단 앞에 서서 학생들에게 "모두 모여! 차렷! 경례!" 해야 하는데, 당초 소집을 안 해준다는 것이다. 뒤에 들리는 얘기로는 이 친구는 이북에서 피난 온 송구 선수로 정의감도 있는 친구인데, 이런 일에 잘못 휩쓸려서 진학하려는 사관학교에 못 갈까봐 망설였다는 것이다. 내가 직접 그 친구한테 들은 건 아니고 뒤에 친구를 통해 들은 이야기이다.

나는 열이 받쳐서 "이놈의 새끼들, 비겁한 놈들! 어젯밤에도 꼬랑지를 내리고 변명이 많더니 끝내 배신을 하는구나!"하고 욕을 해댔다. 옆에 있던 손진홍이 도저히 안 되겠다 싶었는지, "대구고등은 네가 책임져라, 내 한번 가보고 올께."하며 경북고로 갔다. 손진홍은 언변이 좀 어눌하지만 우리보다 3~4살이 더 많은 경주 양동 손 씨로 양반이라는 긍지를 가지고 있고 뭘 하자는 집념이 대단한 사람이었다.

### 손진홍, 시위 독려 차 사대부고·경북고로 가다

그는 경북고로 가는 길목에 사대부고에 가서 최용호를 만났다. 당시 부위원장이 미온적인 데다 선생들이 막아서서 이틀 후 3·1절에 크게 하자고 해서 포기했단다. 그다음 대구상고에 가니 이미 학생들은 강당에 갇혀 졸업예행연습을 하고 있었다. 마지막으로 경북고등에 갔더니 정명소가 나와 "곤란하다. 학생들이 도저히 말을 안 듣고 시끄럽다."고 하더란다.

그때 벌써 경북고 학생들이 큰소리로 항의하며 교단 앞으로 몰려들고 있었다. 그러는 사이 손진홍은 "그럼 좋다. 우리는 혼자서라도 하겠다."고 정명소에게 이야기하고 돌아섰다고 했다. 또 다른 기록에는 손진홍이 "우리는 나왔다."고 했다는 것이다.

"이게 무슨 큰 의미가 있는가?"하는 의문을 갖는 사람도 있지만, 그래도 구성원 모두가 긴장해 어떻게 할까 하고 망설이고 있을 때 어느 한 사람이 나서면 누구라 할 것 없이 무조건 다 함께 뛰어나가는 것이 보통 사람들의 심리이다. 일부 기록을 보면 "경북고 데모를 결정적으로 자극한 것은 대구고 학생위원장이 내교해 우리는 나왔다."고 증언하고 있다.

그리고 경북고등의 데모 사진기록을 보면 학생들이 교단을 둘러싸고 이대우와 안효영이 선언문을 읽는 걸 보고 있다. 그다음 교문을 뛰쳐나온 후 완력 있는 친구들이 시위를 선도하는 장면은 과연 압권이었다. 뒷날 이것을 누가 찍었는지 내가 확인해보니, 사진반 학생이 찍었다고 했다. 기성 일선 기자도 포착하기 어려운 순간을 찍은 명장면이었다. 그건 당시 학생들의 활동이 참 다양했음을 짐작하게 한다.

한편 손진홍은 허탈한 심정으로 우리 학교로 오려고 버스를 기다리는데, 경북고가 교문을 나왔다는 소식을 들었다. 손진홍은 한시라도 빨리 이 사실을 우리에게 알리려고 했으나 교통수단이 없어 애태우고 있었다. 그런데 마침 이원영이가 자전거를 타고 와서 "우리는 곧 토끼사냥을 가기 위해 학생들이 운동장에 모이고 있다."고 하더란다. 그래서 자전거를 받아 타고 뒤에서 이원영이 밀며 헐레벌떡 대명동 그 긴 언덕바지를 올라왔다. 손진홍은 교문에 들어서자마자 "가자, 가자."하고 외쳤다고 한다.

### "우린 우야꼬, 우야노?" 나도 안절부절

한편 나는 경북고를 비겁하다고 욕을 했지만, 손진홍이 경북고로 떠나자, 대구고등에서 막상 나 혼자 무엇을 결정하려 해도 용기가 나지 않았다. 주저했다. 만일에 지금처럼 사물을 짐작해서 결정할 수 있었다면 보다 용감하게 행동할 수 있지 않았을까 생각도 해보지만 칠십이 넘은 지금도 많이 주저했을 것 같은 생각이 든다.

시위 계획을 귀띔으로 알고 있는 2학년들은 "우린 우야꼬, 우야노?" 하면서 내 얼굴만 쳐다봤다. 경북고에 간 손진홍이는 연락이 없고 조례를 한다고 교장 선생님과 선생님들은 교무실에서 운동장으로 내려오고, 아이들은 서서히 교단 앞으로 모여들고 있는데, 나는 이러지도 저러지도 못하고 죽을 지경이었다.

'손진홍은 없고, 그렇다고 1,2학년 모두에게 데모하자고 다 전달한 것도 아닌데 불쑥 데모하자고 하면 몇이나 따라 나올까?' 이래저래 머리를 굴리고 있는데, 느닷없이 교문에 시커멓게 땀을 흘리면서 손진홍이 들어오는 것이 아닌가! 그는 불문곡절하고 "가자! 가자!"하고 고함쳤다. 제대로 얘기를 못 들은 1학년과 2학년 일부는 그대로 있었고, 150여 명 정도만 손진홍을 따라 1차로 교문을 뛰쳐나갔다.

나머지 학생들은 영문을 몰라 어리둥절하고 있는 사이 다시 교장 선생님이 교단에 올라와 훈시를 하려고 했다. 그때 내가 주머니에 가지고 있던 경북고등 선언문을 대대장 자리인 단상에 올라가 읽기 시작했다. 교단에는 교장이 있고 대대장 자리에 내가 올라가서 "오늘 우리는 만민이 다 쉬는 일요일인데도 불구하고 누구의 지시로 이 귀중한 휴식의 시간을 빼앗아 갔는가…."하고 읽으니까 교장 선생님은 사색이 되어 얼굴이 붉으락푸르락 했다.

이렇게 선언문을 읽자마자 선생들 중 담임인 홍병준 선생님이 뜯어 말리는 바람에 서두만 읽고는 교무실로 끌려 올라갔다. 대구고등은 운동장에서 교무실로 올라가는 계단이 많아 한참 가는데 내가 중간쯤에서 돌아서서 "대구고등은 다 썩었다! 왜 안 나가나? 대구고등은 다 썩었다!"고 고함을 치자 그때서야 학생들이 이 상황이 무엇을 의미하는지 깨닫게 되었다.

### "대구고등 다 썩었다!"는 고함소리에 사태 짐작

교문을 빠져나간 손진홍이 경북여고 앞까지 가서 보니 150명 정도였다. 이 학생들로는 제대로 된 데모를 할 수 없다고 판단하고 다시 학교로 돌아왔다. 내가 "대구고는 다 썩었다"고 고함을 치고 난 뒤 교장 선생님은 완전히 이성을 잃고 갈팡질팡하고 있었다. 다시 들어온 학생들이 안 나간 학생들 뒤로 돌아가 독려하는데, 교장 선생님이 "학생이 정치 도구화가 되어서는 안 된다."고 훈시를 하자, 손진홍이 "그래, 안 되지요. 우리는 정치 도구화되지 않기 위해서 갑니다, 친구들아 가자!" 하고 외치며 교문으로 쏟아져 나갔다.

우리는 친구 아버지한테 선언문을 빼앗겨 비상이 걸렸고, 또 다른 학교를 독려하느라 일꾼들이 모두 뿔뿔이 흩어져 있었다. 이런 최악의 조건에서도 모두가 정의를 위해 다 뛰쳐나간 텅 빈 운동장을 보며 나는 '이제 우리가 할 일은 다 했다.'는 뿌듯한 마음에 눈물이 왈칵 쏟아졌다. 만감이 교차했다. 내가 선생님한테 잡혀 왔다는 생각은 없고, 할 일을 다 했다는 감격에 젖어 그저 눈물이 흐를 뿐이었다.

교무실에 잡혀 있을 때, 교장 선생님이 사색이 되어 들어왔다. "저 놈! 나쁜 놈!" 교장 선생님은 고함을 지르며 왔다 갔다 했다. 선생님들은 당장 뛰쳐나간 학생들의 신상이 염려되어 뒤따라 나가려고 교무실로 들어서며 저마다 걱정하고 있었다. 그 가운데, 뒷날 초대 대구시 교육감을 했던 김용대 선생님의 한마디가 오래 기억에 남았다.

성주농고에서 우리 학교 온 지 얼마 안 된 분이었다. "도에서 잘못해서 학생들을 이렇게 행동하도록 해놓고, 이제 와서 지도하라는 것은 잘못됐다."는 것이었다. 물론 격앙된 분위기에서 분개하는 소리는 누구라도 할 수 있을 것 같지만, 그러나 그 당시는 얼마나 용기가 필요한지 모른다. 그리고 너는 나쁜 놈이라고 소리 지르던 교장 선생님과 날 잡아 오면서 자기 안위를 걱정하는 선생님도 뒷날 보니, 다 생활에 쫓기고 세파에 물들어 용기가 없을 뿐이었다.

나 혼자 잡혀서 교무실서 교장실로 옮겨와 감금되어 있을 때, 밀물같이 쏟아져 나간 우리 대구고등 학생들은 명덕로터리를 통과했고, 남산파출소를 지나면서 "동방에 촛불을 밝혀라!", "학원에 자유를 달라!"라고 구호를 외치면서 갔다. 여기까지는 별문제 없이 일사천리로 갔다고 한다. 그 후부터 웃지 못할 넌센스가 벌어졌다. 우리는 일요 등교 명분이 토끼사냥이라 우선 단단한 몽둥이가 필요했고, 이때 주로 사꾸라 작대기를 사용했다.

그것은 경주 수학여행을 가면 하나씩 사가지고 오는 필수품이었다. 이것을 가지고 학생들이 토끼몰이를 하듯 휘두르니 순사들은 우리가 자기들을 공격하기 위한 무장 괴한이라 생각하고 폭압적으로 진압했다고 한다. 경북고등이 반월당을 먼저 지나갈 때는 이게 뭔지 제대로 몰랐던 경찰들이, 그다음에 우리가 반월당을 갈 때는 데모라는 것을 알았고, 그들이 쳐놓은 호구에 우리가 들어간 꼴이 되었다. 대구고는 시위한다고 두들겨 맞기도 했지만, 사꾸라 막대기로 무장했다고 더 많이 맞았단다.

### "저 놈입니다, 저 놈!" 고자질한 교장을 쫓아내려고 하다

나는 교장실에 잡혀 있는 바람에 시위하다 맞는 변은 피했지만, 대신 교장 선생님한테 나쁜 놈이라고 별별 욕을 다 들어가며 떨고 있었다. 얼마나 지났을까? 교장실로 인상이 험상궂고 건장한 사내들이 들이닥쳤다. 지금의 경찰 정보과에 해당하는 경북경찰국 사찰계 형사들이었다. 그들은 검은 지프를 타고 대구고등에 왔다. 내가 학교에 있다는 것을 어떻게 알고 왔는지 모르겠으나, 그들이 오자 교장 선생님은 벌벌 떨면서 "저 놈입니다. 저 놈!"이라고 했다. 기가 찼다. 그리고 충격적이었다.

그때 충격으로 뒷날 교장 선생님을 우리 학교에서 쫓아내려고 했다. 그런데 당시 3학년 담임이던 이동화 선생님이 "학생이 선생을 쫓아내는 경우는 없다."며 극구 말리는 바람에 실행하지 못했다.

학교에서 연행된 나는 소위 주모자 넷 중에 제일 먼저 잡혀간 셈이다. 손에 수갑을 차고 당시 도청 옆 경북경찰청으로 끌려갔다. 지금의 경상감영공원 자리이다. 잡혀가서 컴컴한 골방에 가두는데 벽에 보니 고문 기구가 즐비하게 걸려있었다.

한참 동안 벌벌 떨면서 암실 같은 곳에서 숨도 못 쉬고 잡혀 있는 동안, 우리 데모대는 일차적으로 반월당을 지나면서 경찰제지망에 많은 학생들이 잡혔다. 그들은 가까운 경찰서로 압송되었고, 또 일부 학생들은 다시 도청으로, 시청으로 돌아다니면서 "학원에 자유를 달라."며 구호를 외쳤단다. 그러다가 경찰이 보이면 골목으로 피신했다. 그때 이집 저집에서 어른들이 나와서 숨겨주거나 물도 주었단다. 꼭 내 자식을 보호하는 것과 같았다고 한다.

한편 경찰에 잡혀 들어간 대구고등과 경북고등 학생들은 경찰들[5]이 "주동자를 대라!"고 때리고 공갈을 놓으면 모두들 내가 주동자라며 당당하게 대항했다고 한다. 그러면 처음에는 때리다가 나중에는 힘에 부치는지 조용하라고만 하더란다. 그 시간에 우리 넷 중에 나 말고 이대우, 안효영이 잡혀왔고, 손진홍이 제일 마지막에 잡혀 왔다.

그 와중에 학생들의 안위가 염려되어 경찰서에 온 우리 학교 선생님들은 집단으로 봉변을 당했다. 학생들이 보는 앞에서 김관익 교감 선생님께 "당신이 선생이냐?" "너희들이 학생들을 선동했지?"라고 온갖 욕을 하는가 하면, 전우용 체육 선생님은 경찰에게 맞아 갈비뼈가 부러지는 일이 생겼다고 한다. 교장 선생님은 그때 벌벌 떨고 교장실에만 있었고, 학생들 동태를 파악하러 각 경찰서로 갔던 선생님들만 맞았다.

이런 난장판 속에 경찰들은 급하게 움직였다. 일몰이 가까이 오자

---

5) 전우용(全偶用) 선생님은 1959년 3월 31일부터 1961년 11월 30일까지 대구고등학교에 체육 선생님으로 재직하셨다.

상황이 진정되는 듯했으나 낮에 있었던 그 데모에 대한 대구시민들의 반응은 폭발 직전이었다. 학생시위대가 도로를 지나가면 환호성을 지르며 격려했고, 경찰에 쫓겨 골목에 들어가면 숨겨주고 물도 주었다. 데모를 함께 했다고 해도 과언이 아니다. 그런 점에서 2·28 대구 학생 데모는 그 당시 어느 도시보다 야당 성향이 강했고, 또 진보적인 사상이 잠재돼 있던 대구의 자연발생적인 시민정신의 발로라고도 할 수 있다.

한편 대구경찰서와 남대구경찰서에 잡혀있던 학생들이 서로 주동자라고 하자, 더 강압적인 조치로는 문제를 풀 수 없다고 판단한 듯했다. 급하게 중앙 요로에 보고했다는 기록이 뒷날 혁명재판의 기록에 나와 있었다. 또 당시 남대구경찰서의 권구원 사찰계장한테도 들은 얘기다. 중앙정치권에서 더 이상 학생들을 구속하지 말고 풀어 주라는 명령이 내려왔고, 학생들은 일몰과 동시에 모두 석방되었다.

이렇게 빠르게 조치된 배경에는, 더 이상 폭압적으로 학생 데모를 진압하다가는 더 큰 사달이 날 것으로 보았던 것이다. 또 국내외 여론도 부정적이라는 정치적 판단에 따라 학생들을 석방하게 됐다고 뒷날 경찰 정보기관서 알려줬다. 대신 주모자는 엄중 조사하라고 했단다.

이대우, 안효영, 손진홍, 장주효는 각자 방을 나눠 조사를 받기 시작했다. 취조 내용은 시위 모의 과정과 정치적 배경을 주로 캐물었다. "우리는 일요일인 오늘은 민주당 유세 날인데도 불구하고 특별한 이유 없이 등교하도록 지시하고, 또 토요일은 자유당 유세 날이라고 단축 수업까지 하는 처사는 아무리 생각해도 이해가 안 된다. 그래서 우리는 순수하게 학원에 정당한 권리를 달라는 것이지 어느 정파의 도움을 받은 적도 없고, 사수도 없었다."라고 똑같은 질문에 똑같은 대답을 하면서 신경전을 벌였다.

우리가 경찰과 실랑이하며 조사를 받는 동안 일선 경찰서에 구속되었던 학생들은 전부 다 풀려났다. 그와 동시에 그동안 선생들에게 감금되었던 사대부고 학생들도 전부 풀려났다. 그들은 뒤늦은 야간에 거리로 나왔다. 그길로 사대부고와 가까이 있는 도지사 관사에 가서 "구속 학생 석방하라!", "학원에 자유를 달라!" 그리고 "부고는 비겁하지 않다!"는 구호를 외치며 데모를 했다. 사대부고도 완력과 의기 있는 학생들이 많이 있었으나, 학생 수가 적고 기질이 보드랍고 또 '노가바 사건'으로 일차 홍역을 치른 상태라 쉽게 나서지를 못했다. 그러다가 이웃 학교들이 고통을 받는 것을 보고는 뒤늦게나마 시위를 했던 것이다.

다시 시내가 시끄러워지자 불똥은 조사받던 우리한테 떨어졌다. 우리를 조사하던 경찰들은 재빨리 우리에게 선무방송을 하라고 강요했다! 경찰에 잡혀 온 주제에 못 하겠다고 하면 두들겨 팰 것 같아 말도 못 하고 방송할 내용을 불러주는 대로 받아 적었다. "학생 여러분, 우리의 뜻은 관철되었습니다. 모두 가정으로 돌아가 주세요. 우리의 뜻은 다 관철되었습니다."라는 것이다. 이대우와 안효영 그리고 손진홍과 나는 각각 지프를 타고 중앙통 네거리를 돌면서 방송했다. 중앙파출소 앞에서 잠깐 쉬는데 마침 우리 학교 영어 선생님이 보고는 "장군아, 너 괜찮나? 너 이래도 되나?" 할 때 참 난감했다.

이게 잘하는 짓인지 잘못하는 짓인지 판단도 안 섰다. 다만 당시로는 더 이상 상황이 번져서는 안 되겠다는 생각밖에 없었다. 뒷날 내가 부끄럽게 생각한 것은 '왜 좀 더 침착하지 못하고 무슨 큰일이라도 하는 것처럼 우쭐거렸냐?'는 후회가 들었다. 물론 당시도 '못 하겠다고 하면 맞기밖에 더 하겠나?'는 생각도 들었다. 시내가 잠잠해지자 우리는 다시 경찰국으로 돌아와 똑같은 심문을 받으며 밤을 꼬박 새웠다.

또 후회스러운 일은 두 학교가 선언문을 달리하기로 한 취지는 본래 사전모의를 하지 않고 독자적으로 했다는 점을 강조하기 위해서인데, 막상 상황이 벌어지고 나니 이런 생각들이 얼마나 현실을 모르고 결정한 것인지 알게 되었다. 거기다 선언문을 졸업식 송사·답사할 때처럼 두루마리에 썼다가 발각되어 소각된 사건은 완전히 고등학생(?)들만이 가질 수 있는 감상적이고 유치한 생각이었다.

## 폭풍의 그날 이후

### 사찰계 권구원 씨와의 만남

이튿날 아침 5시가 다 되어 조사가 끝났다. 지프에 태워 각자 집으로 보내 주는데, 그때 운전하는 경찰이 얼마나 신경질을 내는지 숨도 제대로 못 쉬었다. "이놈의 새끼들 뭐 한다고 데모는 해가지고 나라를 시끄럽게 하느냐?"면서 불같이 욕설을 퍼부어댔다. 집에 와서 잠깐 눈을 붙이고 아침에 학교에 갔다. 2월 29일, 월요일이었다.

내가 생각해도 우스운 게 사람이 자꾸 우쭐거려지고, 무슨 큰일이라도 했다는 기분으로 지나가는 여학생들이 자꾸 쳐다보는 것 같아 평상심이 아니었다. 이런 기분으로 학교에 가니 각 반은 어제 데모 현장의 무용담으로 완전히 시끌벅적했다. 사꾸라 작대기로 순사를 때렸다는 얘기는 기본이고, 전우용 체육 선생님이 경찰한테 맞았다는데 어떻게 되었는지 모두 궁금하기도 했다. 무용담이 끝없이 이어지면서도 누구 하나 남을 원망하는 사람 없었다. 모두가 주인공이었다. 자발적이고 자랑스러운 데모였다는 것이 입증되는 결과였다.

그러나 나는 그 순간부터 어려운 생활로 들어갔다. 점심 때 남대구경찰서장이 경찰서로 각 고등학교 간부들을 불러 모은다고 해서 갔다. 그 당시 대부분의 학교 간부들이 다 모였다. 우상봉 서장이 "아주 잘했다."고 칭찬하면서 어느 비싼 중국집에 가서 점심을 사줘서 잘 얻어먹은 기억이 난다.

그 자리에 남대구경찰서 권구원(뒤에 권준호로 개명) 사찰계장이 우리 담당으로 참석했다. 그는 뒤에 대구광복회 회장도 역임한 사람으로 우리들과 오랫동안 교분을 가졌던 애국지사이다. 일정시대 학도병으로 끌려가서 탈출한 후 상해 임시정부에 투항해 광복군으로 있다가 해방과 동시 경찰에 투신한 사람이었다. 뒤에 새날동지회에 고문도 해 주었고, 이런 진정성 때문에 뒷날 이대우와 최용호 그리고 나와는 서로 신뢰하는 인간관계를 맺었다.

그때 이 분이 "차라리 너희들이 일찍 데모 잘했다. 만일 뒤에 했더라면 사람들만 더 상할 수 있었다."고 했다. 같은 얘기라도 우 서장이 했다면 선무라는 느낌이 강했고, 권구원 씨는 진심으로 학생들이 다치지 않아 다행이라고는 느낌이 강했다. 만약 뒤에 데모해서 잡혀 왔다면 큰 곤혹을 치를지도 모른다는 뉘앙스가 담겨 있었다.

권구원 씨 이야기를 하다 보면 대비되는 사람이 있다. 경북도경찰국 사찰계장이었던 김남영이다. 우리가 처음 체포될 당시 업무를 총괄하던 책임자로 머리회전이 빠르고 그 뒤 우리와 몇 번 조우를 했었다. 그에게서는 권구원 씨와 같은 인간미는 전혀 없고 전형적인 권력지향적인 면만 보이는 사람인 것 같았다. 그는 4·19전에 영주보궐 부정선거를 기획해서 매스컴에 보도되기도 했다.

사찰형사들 뒷날 중앙정보부 요원으로

4·19 후 전국경찰서의 사찰계 출신들을 일괄 정리했다. 그런데 5·16이 발발하자 그들 중 많은 사람이 정보부에 발탁되었다. 김남영 씨도 그 가운데 한 사람으로 뒤에 국장까지 했다고 한다. 이처럼 사찰출신 경찰들이 정보부에 대거 채용된 데는 그들이 갖고 있는 정보가 큰 힘으로 작용했다. 정부가 그 정보를 이용했음은 물론이다.

제2공화국 장면 정권이 쿠데타로 망한 요인 중 하나가 정보량이 많은 사찰경찰들과 경찰서장들을 대거 숙청한 결과라고 한다. 당시 정보가 가장 늦은 검찰도 5·16 쿠데타의 징후를 발견했다고 하는데, 결국 상황을 정확히 파악하지 못하고 우왕좌왕하다가 정권을 탈취당하고 말았단다.

이승만 정권이 국내 기반도 없이 정권을 유지할 수 있었던 것은 친일파와 일정시대 때 고등계 형사들을 처벌하지 않고 유지하면서 그들이 갖고 있는 정보를 이용했기 때문이라고 한다. 그들은 일정시대 독립운동하는 사람들을 사찰하면서 그 집에 숟가락이 몇 개 있는지 알 정도로 치밀했다고 한다.

우상봉 서장도 우리 학생들한테 정보를 탐색하는 것 같았고, 또 자유당에서 내려온 돈도 엄청나게 착복했다는 소리를 뒷날 들었다. 그날도 학생들에게 점심을 사주고 극장도 보내주려는데, 어느 결기 있는 학생이 "우리는 배우는 학생으로 극장 구경은 사양하겠다."고 큰 소리로 말했다. 그 분위기에서 반대하기가 쉽지 않았다. 뒷날 최용호에게 물으니 김영대라고 대성연탄 사장 아들이란다.

당시 경찰서장은 지금보다 숫자가 적었지만 직위는 훨씬 높고 역할도 많았다. 특히 요새처럼 정권을 유지하기 위한 정보부 같은 기관도 없었다. 또 검찰은 하부조직이 미약하여 제대로 힘을 발휘 못 했다고 한다. 따라서 정권은 일정 때부터 내려온 경찰과 집권당인 자유당 그리고 행정을 관장하는 내무부가 지키고 있었다.

이런 경찰들이 4·19전까지 우리들을 계속 미행하며 감시했다. 다른 친구들은 몰라도 이대우와 손진홍 그리고 나는 쭉 감시를 받았다. 우리 집에 와서 상주하는 사람도 있고, 때로는 멀찌감치 따라다니며 감시하기도 했다. 나는 이러한 감시를 배겨낼 수가 없어 권구원 씨에게 도움을 요청해 그분의 명함 뒤에 '이 학생은 좋은 학생이다'라고 보증을 해줘 누님이 있는 고령 시골로 잠시 피해 있기도 했다.

내가 그렇게 감시당할 정도의 인물도 아닌데 날 담당하는 사람이 따로 있었다. 뒷날 대학교 시절 6·3사태 때도 경찰이 우리 집에 상주하다시피 했다. 어른들이 얼마나 괴롭힘을 당했는지 뵐 면목이 없었다. 아들이라고 하나 있는 게 늘 감시자들이 따라다녀 남들 보기에는 큰 죄나 지은 듯했을 것이다. 거기다 그 사람들에게 밥도 먹여주고 돈도 줘야 하니 여간 고통스러운 일이 아니었을 것이다.

뒷날 알았지만, 경북고 데모를 위해 선언문을 작성한 하청일은 우리보다 한 해 위였었다. 그는 당시 휴학 중이라 경찰이 더욱 위험시하면서 미행하고 감시하는 바람에 본인은 물론 식구들이 모두 말 못 할 고통을 받았다고 한다. 특히 하청일은 이 감시의 트라우마에서 헤어나지 못해 나중에는 승려가 되었다가 일찍 운명하는 '2·28 희생자' 가운데 한 사람이라 할 수 있다.

### 1960년 2월 28일 당시 각 학교 상황

2·28이 일어난 지 30여 년의 세월이 지나 1990년 2월 2·28기념사업회가 발족하고 소위 '일요 등교'의 진상을 파악하고자 당시 공립 고등학교 상황을 알아보았다. 경북고와 대구고 그리고 사대부고는 앞서

살펴본 바와 같이 교문을 박차고 나와 각자의 주장을 분출할 수 있었다. 하지만 다른 학교는 학교의 사정으로 제대로 표출하지 못했다.

대구상고는 등교하자마자 강당에 갇혀 졸업 예정 연습을 하다가 경북고가 뛰어나가는 것을 보았다. 학생들 일부가 이를 보고 뛰쳐나오려다 교문이 잠겨 있어 담벼락을 부수고 나왔다고 한다.

그리고 대구공고는 윤 모 교장이 교문에 드러누워서 못 나가게 하고, 나가려면 나를 밟고 지나가라고 해서 끝내 나오지 못했다고 했다. 그 뒤 그 교장은 학생들에게서 쫓겨나 타 학교로 갔다고 한다. 또 대구농고는 정확한 사실을 파악하지 못했고, 경북여고는 신구자라는 당시 용감한 부회장이 있어 학생들을 개별로 시내에 진출시켜 일부가 민주당 유세장에 갔다고 한다. 대구여고는 자세히 듣지 못했다. 이게 그동안 내가 파악한 그 날의 상황으로서 학교마다 데모를 하든지, 아니면 농성을 하든지, 저마다 학교 나름으로 고민을 하면서 나라를 걱정했다는 것은 확실했다.

### 2·28은 학생과 시민, 그리고 작은 지도자의 합작품

혹자는 2·28은 몇몇 사람들의 의도적인 역할로 일어난 것이 아니라 자연발생적으로 일어난 하나의 사건이라고 주장하고 있다. 이에 대해 나는 의견은 달리한다. 물론 역사란 민중의 힘으로 이루어진 기록이라는 전제에는 나도 동의한다. 그렇지만 그 민중을 조직하고, 동기를 부여하며, 나아가야 할 좌표를 설정해서 추진하는 것은 지도자들의 역할이다.

만약 2·28 전날 열 명의 학생 간부들이 모여서 의논하고 기획하지 않았다면 과연 2·28은 일어날 수 있었을까. 혹자는 그 당시의 사회적 분위기로 봐서 그냥 두어도 일어날 수 있다고 하는데, 정말 당시 경북고에서 나왔던 얘기처럼 교정에서 선언문만 읽고 헤어졌으면 대구시민과 전 국민에게 '일요 등교'의 부당성과 학원의 정치 도구화를 알릴 수 있었을까. 그날 대구고도 손진홍과 장주효가 "가자! 가자!"하고 외치지 않았다면 서로 불평만 하다가 교장 선생님 훈시만 듣고 앞산으로 토끼사냥을 가지 않았을까.

경북고도 교정서 선언문만 읽고 헤어졌다가 삼일절에 다시 시위하려다 경찰이 알고 사전에 막았다면, 어떻게 행동할 수 있었다고 단정할 수 있겠는가? 물론 당시 분기탱천한 분위기 때문에 누군가 불을 붙이면 얼마든지 일어날 수 있었다고 주장한다. 이런 분위기를 조직하고 주의주장을 준비하지 않았다면, 어떻게 한 목소리로 '학원에 자유를 달라.', '학원을 정치도구화 하지 말라.'고 할 수 있었을까?

물론 모든 일의 진행 과정을 지나치게 지도자의 역할로 강조하는 것도 문제겠지만 그렇다고 모든 걸 민중에 의해 이루어진다고 보는 견해도 문제를 안고 있다. 역사란 민중의 요구를 결집해서 시대에 맞게 표현해내는 지도자의 역할, 즉 함께 작동한 결과가 성공의 기록이라고 본다. 그런 점에서 2·28은 4·19혁명을 성공시킨 민중의 출발을 작동케 한 중요한 동인이었다.

만일 2·28 전날 저녁에 구체적인 계획을 정하지 않고 걱정만 하다가 다음 날로 미뤄 실행을 못 했다면 그 뒤 얼마나 후회하며 가슴앓이를 했을까. 내일 데모를 하면 비록 현실적으로 엄청난 제재를 받을 수 있다는 것을 알면서도 아니 퇴학을 당하고 징역을 간다는 것도 각오하고 감행했었다. 그 단심은 비록 고등학생들이지만 남다른 애국과 희생정신의 발로라고 생각한다.

■ **1차 구술 인터뷰**

선생님께서는 1960년 2월 27일 밤, 이대우 선생님 댁에서 연합시위를 위한 모임에 참석하셨습니다. 대구고 세 분 중 한 분이십니다. 당시 모임을 갖게 된 배경, 논의된 내용 등 기억나는 대로 말씀해 주십시오. 또한 28일 경북고 방문, 시위 과정 등도 말씀하시면 기록하겠습니다.

1차 구술 인터뷰 대상자는 윤풍홍 선생이다. 2019년 5월 2일 2·28민주운동기념회관 4층 회장실에서 인터뷰를 진행하였다.

3 | 윤풍홍

## 27일 연합 시위 작전팀원이 되다

### 정치적 경제적 불안한 시절

**선생님께서는 대구고등학교 2학년 재학 중이실 때 2·28민주운동에 참여하셨습니다. 당시 배경을 보면 고등학생들이 사회를 보는 눈이 높았고, 또한 관심도 많이 둔 것으로 압니다. 선생님께서 기억하시는 1959년, 1960년 대구 분위기는 어땠나요?**

그때는 자유당 말기 아닙니까? 그때 이승만 대통령하고, 이기붕이 부통령 나왔는데, 말썽이 나오고. 요새 정치랑 비슷한지 그건 모르겠습니다만, 당시 그런 게 많았거든. 비판적이었어요.
당시 우리 대구시가 야당도시 아닙니까? 지금은 아무것도 아니고. 딴데는 다 안 되었는데, 민주당 되었는데, 조재천이 와가지고. 내무부장관으로 되고. 대구에서 국회의원 다 되었거든요. 요새같이 전라도니 경상도니 심하지 않고.

**정치적인 상황으로 보면, 당시 여당 정부의 부정부패가 심해서 여론이 안 좋았는데, 선거를 앞두고 일요일 등교 지시가 내려졌어요.**

그렇지. 2월 28일 장면(부통령 후보)이 유세를 했거든. 옛날에는 대통령 유세할 때마다 수성천변에서 많이 했어요. 조병옥이도 했고. 그 전에 대통령 후보로 나왔던 그분, 신익희도 했고. 그때 천변에서 유세하는데 고등학생들 등원시키는 게 말이 되나. 악재지.

**일요일 등교하라는 것이 문제를 일으켰고, 당시 대구의 사회적, 경제적인 부분은 어땠어요?**

경제적인 상황도 별로 안 좋았지.

**한국전쟁 일어나고 대구로 피란민들이 많이 이주하면서 문화적인 부분도 영향이 컸을 텐데요.**

있긴 있었지. 그런데 별로 그렇게까지 영향은 없었지.

### 손진홍과 장주효 그리고 동아리활동

**학교 다닐 때 독서 동아리 같은 것도 있었나요?**

많았지. 나는 공부한다고. 손진홍이랑 같이 들어갔는데, 파라다이스, 유토피아. 거기는 공부 잘하는 애들만 들어갔고.

**그 외 활동은?**

고등학교 때 아이젠하워 대통령이 와서 전선에 갔는데, 그때 고등학생 48명이 전선에 가니까 다 따라갔어. 그게 힘이 된 기라. 전선에 참가를 했거든. 이대우도 들어갔는가 모르겠다.

**손진홍 선생님과는 같은 반이셨어요?**

나는 2학년 2반. 손진홍과는 1학년 때 3반인데 같은 반이었고. 장주효와는 같은 반 아니었고. 손진홍은 경주 안강 촌놈인데 우리보다 서너 살 많았거든. 중학교 때 6·25사변 일어나가지고 학교는 3년간 놀았던 기라. 그래가지고 들어왔고.

또 (집) 위치가 손진홍이가 침산(동)에 있었어요. 우리가 그때 장주효하고, 1학년 때부터 노상(늘) 내가 학교 갈 때 마주쳤으니까. 요래 요래 한동네 살았어요. 내가 칠성동에 살았거든. 장주효 집 거기(동인동)로 가면 그 부친이 쌀장사 했었어. 우리가 학교 갈 때, 가다보면 만나게 되고 쭉 같이 걸어갔거든.

우리 학교 처음 만든 취지는 옛날에 대구고보가 있었어. 경고는 지금 몇 년 안 된 학교거든. 우리가 학교 다닐 때 대구고보를 만들려고 대구고등을 만들었어. 1차 시험 때 허가가 나왔으면 양상이 달라졌을 텐데, 2차 시험에 친 거야. 그러니 다른 곳에 떨어진 아아들이(애들) 우리 학교로 왔어. 경북중학교 출신들이 120명 정도 되고. 우- 몰린 거지. 그러니 경중하고 대구고하고 같이 붙어 있으면 이게 문제가 생길 것 같거든. 그러이 우리한테 경고 주고 바꾼 거지.

**네. 그렇게 대구고와 경북고가 서로 이동한 것이네요. 등교할 때 같이 만나서 걸어 다니셨으면 이야기도 많이 하셨겠네요.**

그러이 걸어 다니면서 쬐맨한 1학년, 2학년들이 정치도 이야기하고 뭐 온갖 것들 다 이야기하지. 여기 대구시가 야당도시 아닙니까? 당시 학생들은 요즘 학생들하고 많이 다릅니다. 칼 막스 이런 책도 읽고 온갖 거 다 읽었으니…. 장주효는 진보적이라고 할까. 그런 게 있지. 나는 친구지만 거기하고 틀리지.(다르지). 장주효와 내(가) 고등학교 때 싸울 뻔했지. "니는 부르주아 아니가?" 이랬어.

**27일 그날 세 분이 같이 계셨는데, 1,2학년 때 학생회 간부 역할 하셨어요?**

안 했어요. 간부가 그 당시에 영향력은 있지, 근데 나는 하기 싫었어.

### 강제적 일요 등교 지시! 자발적 데모 작전개시!

**27일 담임 선생님이 등교하라고 하셨을 때 반 분위기는 어땠어요?**

분위기 영 안 좋았지. (당시는) 학생들이 누가 이야기를 해도 확 쏠리기 때문에. 아아들(애들) 일요일 노는 날에, 신문노조도 그렇고. 신문을 봤는가 모르겠는데, 우리는 신문 봤으니까. 그래가 "이거는 안 된다. 일요일에 학교오라는 게 말이 되냐? 12시에 장면 박사 유세하는데 그 시간 맞춰가지고…." 우리는 매년 앞산에 토끼 잡으러 가는데 그 명분으로 학교 나오라 하는 기라.

**일요 등교 지시 듣고 혹 선생님한테 항의를 하셨나요?**

선생님한테 항의할 이유가 없잖아요. 선생님이 오라고 한 게 아니고. 위에서, 도에서 등교하라고 한 거지.

**선생님은 전달하는 입장이었네요.**

전달도 하는데, 선생님들이 애먹었지.

**왜 일요일인데 학교 나와야 하는지, 내일 유세하는 날인데 못 가도록 하는 거냐. 이런 이야기들이 바로 나왔겠네요.**

나왔고. 이기(이것이), 1학년 2학년들이 그날 마음에 안 들어가지고 "너희 나와라." 이래가지고 데모가 된 게 아니잖아요. 그전부터 마음에 안 들어가지고, 자유당 정치 못마땅한 게 쌓여가지고 뭐 하나 건드리면 터질 거 같은 분위기였지. (그날 일만 가지고 데모가) 될 수가 없잖아요.

여기 보니까[1] 이런 이야기는 하나도 안 했더만, 장주효, 손진홍 다 알았어요. 우리가 모여가 "우리 이건 안 된다. 이거는 데모를 해야 된다." 그렇게 죽을 각오로 한 건데….

**일요일 등교 지시 듣고 학교 별로 어떻게 움직이셨어요?**

그 때 이대우(경북고), 최용호(사대부고)도 알았어요. 27일에 모여가지고, "느그 학교는 어떻노? 우리 학교도 이래 됐다." "이건 안 된다." 이래서 모인 거지.

**저녁시간에 이대우 선생님 댁으로 모이셨던데 어떻게 연락해서 모였나요?**

뭐 우에가 통보를 했겠지. 학교 있을 때부터 통보해서 "니는 대우 집에 온나." 이랬지. 그때는 집에 가도 다 통보해가지고 온 겁니다. 열댓명 모였지. 모여가 "우리 안 되겠다. 데모를 하자" 이랬지.

나는 손진홍이랑, 집이 거기 침산동이니까 같이 갔지.

대우 집이 동인동인데 자기 아빠가 한약방을 하셨는데, 거기 기거하셨고, 우리는 그쪽 집에 이모. 거기가 육숫간을 한 거야. 그 집에 우리가 고기도 많이 얻어먹고 했는데. 그 집에서 수시로 모였어요. 거기 이모 딸도 있고 그래요. 거기 방에서 우리가 회의했어.

1) 이전에 나왔던 2·28민주운동과 관련된 자료들

**27일 모여서 어떤 이야기가 나왔어요?**

여러 이야기가 나왔지.

"이거 사회가 이렇게 되었는데 우리가 어떻게 하겠노."

"우리보다 대학생들이 데모해야 되는데."

"이거는 안 된다. 이거는 어른들이 해야 하는 건데, 우리 2학년 학생들이 하는 건 무리는 있다."

그 최초의 데모 아닙니까? 대학생들하고 어른들이 해야 하는 거를 (우리 고등학생들이 한다니까), 뭐 왈가왈부 했지. 이건 선언문만 읽고 하는 걸로 하자. 뭐 이랬죠.

우리가 데모를 하고나서 이게 확산되지 않았겠나 싶다. 우리가 하고 3·15 있었고, 4·19 나오고 그랬는데. 고려대 4·18, 대학교 교수들도 나오고 그랬는데. 4월 26일 이승만 대통령 하야하고 그랬잖아요.

**좀 더 구체적으로, 기억하시는 대로 이야기해 주세요.**

대우나 뭐 이런 애들이 주동을 섰겠지. 이대우, 손진홍, 안효영, 장주효 이런 애들이 "일이 이래 이래 되었으니까 이거는 우리가 해야 된다." 반대하는 사람이 없었어요. 우리가 데모를 한다고 전부다 똑같이 사전에 무언 중에 한 기라. 그래가 이래 이래하자 그렇게 합의 봤어. 그 당시 10시쯤 되었을 기라.

10시 되니 잠이 와가지고. "내일, 28일 12시에 반월당에서 만나자." 구체적으로 나왔거든요. 그래가지고 합의보고 12시 돼가지고 어디 갔을 거야. 대구고 서이(3명)하고[2]. 밤에 손진홍이랑 집집마다 갔거든요. 2시간, 3시간. "내일 데모한다. 너거 협조를 해라." 하며 집집마다

2) 27일 이대우 집에 모인 대구고 손진홍, 장주효, 윤풍홍 등 3명이다.

댕겼어요.

**그때 누구누구 집에 방문했는지 기억나세요?**

임용대 집에도 갔고. (임용대 부친은) 임문석 씨라고 (당시) 민주당 국회의원을 하고, 서동활 집에도 가고 좌우간 좀 많이 갔을 겁니다. 12시에, 그 당시에는 통행금지가 있어서 12시 넘어서 들어오고.

### 미온적 태도의 경고, 한판 붙었다!

**통행금지 때문에 다시 들어오셨네요.**

통행금지 때문에 12시에 들어가니까 경고에서 "우리는 데모는 안 하고 선언문만 읽고 만다."라고 하니까. 그때 붙었지.

**붙었다는 말씀은?**

자기는 선언문만 읽고 만다니…. 우리는 밤새도록 돌아다녔는데. 그래서 "선언문만 읽고 그럴 꺼면 하지마라. 안 해도 좋다. 우리 대구고 혼자만 할게." 이랬는데, 자기들도 그렇잖아. 학교 교정에서 선언문만 읽고 마는 건 자기들 안 좋으니까. 합의를 다시 했는데, "내일 우리도 하겠다." 그랬어.

1시간 정도 논쟁이 붙어가. 우리가 한다고 강력하게 나오니 저거 안 할 수 없지. 28일 아침에 선언문만 읽고 못한다고 그런 식으로 하고. 1시간 정도 논쟁이 있었고, 2시쯤 잤겠다. 10명, 11명이 똑바로 못 눕고. 그래도 방이 꽤 컸고.

**다시 데모하기로 결정하고 주무셨겠네요.**

27일 밤에 누워가 "내일 데모한다. 각자 하고 싶은 이야기를 해봐라."

그래(그렇게) 된 기라. 기억나는 거는, (지금) 다 잊어버리고. 누가 그런 발언을 했는지 모르겠는데.
"니는 뭐가 제일 억울하냐? 나는 결혼 안 한 게 후회된다."
"........"
그 당시 고등학생이니까(결혼 안 했지). 떠들지도 않고 다들 조용했어. 후회스럽다고 해도….

**비장함도 있었을 테고. 그리고요.**

그러다가 아침이 돼가지고 (학교에서) 토끼 잡는다고 작대기 잡고 있는데, 10시쯤 되었는데, 그 당시 경고서 선언문만 읽고 데모를 안 한다고 한 거야.
내가 거기 있는 주동자 전부다 잘 알잖아. (손진홍이) 내보고 이래(이랬어). "니가 가가 이대우 보고 교문에 나오는 거 보고 끄집어 온나." 라고. 시킬 사람이 없으니까. 네가 가라고 하니 내(가) 갔다고. 그 당시에는 교통수단이 나쁘잖아. (유선) 전화밖에 없으니까. 요새 카톡으로 하면 참 잘 할 긴데….
그래가지고. 내가 뒷문에서 대명동 경북여고 앞으로 해서 영선못으로. 이렇게 경고까지 가면 직선거리거든. 그렇게 해서 내가 쫓아갔거든.

**그렇게 직선거리를 달려가면 몇 분 걸려요?**

1시간도 안 걸렸을 거예요. 20분, 30분 안 걸릴걸. 잘 모르겠어요. (가서) "너거 데모 안 하고 선언문만 읽고 한다며?"

**누구보고 이야기하셨어요?**

윤종명이 있었고.

**그분도 27일 밤에 거기 같이 계셨죠?**

윤종명은 왔다 갔다 하면서, 이대우랑 잘 알거든. 27일 밤에는 없었지 싶어요.

**경북고등에 들어가서 윤종명 선생님을 만나서.**

"이대우를 함 보자." 해가지고 있었지. 딱 가니까. 경고 아들 딱 집합하고 있는 기라.

선언문 읽으려고 그러는가. 읽었는가 그거는 잘 모르겠습니다.

**경북고에 여러 명이 갔다던데 선생님이 선발대로 가셨네요.**

갔지요. 내가 갔으면, 가만히 있으면 되었는데, 손진홍이 지도 가가 부고도 만나보고…. 그런 거 안 해도 되거든. 딱 나오는 걸 보고, 경고에서 나오는 걸 보고 대구고로 쫓아갔잖아. 그래가 "경고 나온다!" 했어. "지금 (경고 )나오니까 데모한다!" 그래 된 거지.

그러니까 시간적으로 보면, 저거가 요새도 뭐 그카니까. "데모 했는 건 뭐 너거도 하고 나도 하고 다 한 거 아니가?" 이러는 거지. 시간적으로 저거가 조금 앞선 거야. 그거를 저거가 주동을 했니, 어쩌니….

내 보니까 가만 몇 십 년 동안 가만히 있으니까. 동창회도 안 나가고. 저거가 주동을 했니 뭐 그러는데, 그거 할 게 아니라고. 저거들이 뭐 주동을 했나. 똑같이 했는데….

그 밑에 놈들 우리는 알지만은, 학생들은 모를 거 아니가? 대다수 1,000명 되는, 물어보면 알겠습니까? 발단이라고 하는 건, 저거가 먼저 나왔다고. 반월당 가보니 우리가 없다고. 반월당 가가 도청으로 가기로 했다고. 그래가지고 한 겁니다.

### 선언문은 불타도 우리는 달려 나간다!

**선언문 이야기 좀 할게요. 박대근 선생님한테 두루마리에 붓글씨로 써 달라고 부탁했다던데요.**

박대근이가 우리 중학교 동기라. 저거 아버지가 음악 선생이거든. 내가 가가지고(가서) "니 글씨 잘 쓰니까. 이거 내일 아침까지 써 놔라." 라고 했지.

**언제 전해줬는데요?**

27일 밤에.

**제가 듣기로는, 대구고에서 저녁에 친구들 찾아다니며 내일, 28일 데모 이야기하는 동안, 사대부고 최용호 선생님한테 대구고 선언문을 작성해 달라고 들었습니다.**

지금은 그렇게 이야기 하는데, 경고는 하청일이 쓴 건 아는데, 내가 보니까. 기억은 안 나고. 최용호가 썼다고 그러는데, 갖다 주는 건 내가 가져다 줬으니까. 확실하게. 아침에 쓴 거 보고 자기 부친이 불에 태웠으니까.

**아버지가 태웠다는 걸, 아침에 전달한 학생이 있는데 누군지 기억나세요?**

아니다. 거기 아침에 갔으니까. 몇 명이 갔는가 모르겠는데, 선언문을 가져와야 되니까. 갔는데, 내가 연락을 취했지.

**혹시 학교에서 우리 데모할 건데 반대하는 학생들은.**

없었고.

**반대하는 학생들은 없었고. 대구고는 토끼 잡는다고 스틱을 들고 등교했다던데.**

까만 토끼 잡으러 간다고 했지.

**네. 아- 경찰 옷이 까만색이니까. 교문 나갈 때 학생들은 어떻게 나갔는지?**

질서정연하게 나갔으면 조례 보는 곳에서 "니들 가지마라." 그랬겠지. 나는 경고 간다고 그래서 그건 잘 모르겠다.

**학생들이 경찰을 피해 달렸을 텐데 어디로?**

그때 도움을 많이 받았습니다. 대구사람들이 학생들이 데모한다고 하면, 요새 같은 것도 아니고. 딱 도망가면 자기 집에 넣어가 밥 먹이고 그러고 보냈습니다.

**학생들이 경찰들한테 쫓기니까 숨겨 주신 거네요.**

가면, 순경들한테 쫓길 거 아닙니까. 문 있는 데 들어오라고 하고. 숨겨준다니까.

### 경찰서에 연행되다

**대구고등이 현재 이 자리니까. 경북여고를 지나서 남문시장 앞으로 해서 반월당으로 갈 때 경찰을 만났겠네요. 선생님은 어디쯤에서 경찰을 만나셨어요?**

만났지. 내가 아침에 쫓아다녀서 딜(힘들) 꺼 아닙니까? "느거, 아아들 이제 전부다 앞에 내보내고 뒤에 너거 서라." 배치가 그래 됐어요. 1학년들을 보호하기 위해서 앞에 1학년, 뒤에 2학년. 학교에서 내가 제일 마지막에 나갔거든. 교대 앞으로 가니까 대구경찰서에서 나온 순경들이 달려오데. 그래도 나는 잡히지도 않은 기라. 나는 운동을 했으니까. 그러다가 남문시장 앞에서 붙들렸지. 남대구경찰서, 옛날에 부고 앞이 남대구경찰서였으니까. 거어 남대구서로 붙잡혀 갔지.

**붙잡힐 때 몇 명이 같이?**

대구고등 100명쯤 되었지. 우리만 100명이 아니라 경고하고 같이 100명쯤 되더라. 거기에 서서 조사를 받는데, 100명쯤.

**경찰서에서 서서 조사를 받았어요?**

거기 가가지고 책상에 앉혀서 조사를 받았지.

**학교에서 맨 마지막에 나가셨는데 대구고 다른 학생들하고 같이 붙잡혔어요?**

남대구경찰서 가니까. 아아들이 많이 잡혀있어. 비슷비슷하더라. 숫자가.

**남대구경찰서에 붙잡힌 시간은?**

서너 시쯤 됐을 거예요.

남대구경찰서 가니까 100여 명이 있었고. 교복을 보니까 나눠져 있었고. 추달이라고 해야 될까. 하나는 경고, 하나는 대고. 이렇게 (추달) 받았어.

**조사하는 형사가 2명이라면, 한쪽에는 경고학생들이 쭉 서있고. 다른 편에는 대고학생이 있고.**

다 서라 해가지고. 내가 한 서너 번째 가니까. 두 번짼가? 세 번째로 가니까.

"주동자가 누구고?" 하니까. 대답하겠습니까?

"나는 모릅니다." 이랬거든.

경고도, "여어 주동자가 누구냐?" 이래 하니까

"모릅니다."

거기 있으니 그거 다 듣기거든. 옆에 있으니까. 나는 모른다, 모른다 하고 있으니까. 인과관계가 있는 거 아닙니까? 형사들이 "니, 이름이 뭐고?" 적다보니까. 저거 아버지하고 아는 기라.

**학생 아버지하고 형사하고?**

대구 시내에서 영향력이 있으니까. 알 꺼 아닙니까? 그러니 "니는 저 가라." 이래서 좇아버리더라고.

**좇아낸 자리가?**

옆에 서 있어라. 물어보고 아는 놈인 거 같으면 저리 가라하고. 엄청 두들겨 맞았다. 그 당시 경찰서만 해도 무법천지입니다.

세 번째 가니까. "니 아나?" 모른다 하니 그때부터 많이 맞았지.

**어떻게 맞았어요?**

방직공장 베틀로, 두께는 1.5cm 길이는 1m 50cm정도 되는데, 그게 참나무니까 때리기 참 좋다고. 한 등더리(등) 맞고, 어깨 때리면 아프거든. 머리는 못 때릴 거 아닙니까. 등 맞고. 한 30분 넘게 맞았을 겁니다. 집에 가니까 빨간 줄이 있는데.

**다른 사람들도 맞았나요?**

좀 맞았을 겁니다. 내가 제일 많이 맞았을 겁니다.

**왜 그렇게 많이 맞았어요?**

모르지. 나는 이유도 없는데, 모른다고 했으니. 내가 말하는 게 반항적인 게 있었는가. 주효 같으면은 반항기질이 있었거든. 그래가 두들겨 맞았을 텐데.

조사는 몇 명 안 받았어. 10여 명 정도 조사를 받았다. 학년부터 물어봐서 제일 위에 학년이면 그 학생들 불러가 조사하고. 당시 1학년들이 주도하겠습니까?

**그날 학교 선생님께서 경찰서로 찾아오셨다고 하던데요.**

한 5시 쯤 되니까. 선생들이, 각 (경찰)서에서 학생들을 붙들어 왔으니까. 남대구경찰서에 선생님 한 분이 왔는 기라. 형사들이 선생의 뺨을 때리는데…. 그 다음부터는 아아들이 안에서 단결이 되고. 창문을 통해서 맞는 걸 다 봤으니까.

그때 주모자 못 찾았지. 형사들이 "주모자 누고?" (하니까) 옆에 있는 아아가(애가),

"거기에 주모자 '내'라고 적으소. 선생들 귓때기 때리는 게 말이 되는 교!" (그러면서 누가 주모자라고) 이야기 안 하는 기라. 그때 남대구서에서는 주모자 못 찾았지.

**남대구경찰서에서 뺨을 맞은 그 선생님 기억하세요? 또 다른 분들도 오**

**셨어요?**

체육 선생이라. 선생님들 몇 명 안 왔어. 두들겨 맞는 사람 1명 봤으니.

**전우용 선생님이셨어요?**

내가 생각하기에는 박태구[3] 선생이라고.

**네. 그 이후 이야기 좀 해주세요. 언제쯤 풀려나오셨어요?**

30대 정도 맞고 다들 등에 줄이 이렇게 있었는데, 주모자 찾았다고 해서 그만 맞고. 주모자 찾았다고 해서 다섯 시 반인가 여섯신가 그때 집으로 갔지. 선생님들이 집에 가라고 해서 각자 집에 갔지.

주모자 잡아가 선무방송했다는 거, 나는 왔다 갔다 하느라 몰랐지. 그 후도 뭐 3명쯤 됐을 거야. 포항 같은 데 (데리고) 다니면서 회 사주고 그랬어요. 한 몇 달 그랬을 거예요.

**선생님 댁에 가셨을 때는 여섯시 넘었겠네요.**

넘었지. 칠성동까지 걸어가야 했으니까.

**부모님 반응은 어땠어요? 데모한 것을 알고 계시던가요?**

놀랐지. 데모한다고 알았을 거야. 그런데 우리는 학교 다닐 때, 고등학교 때 엄마하고 아버지한테, 요새하면 혼났을 기라. "엄마하고 아버지한테 피해 하나도 안 끼칠 테니 내가 친구 집에서 자든 말든 찾아다니지 마라. 신경 쓰지 마라." 그랬지. 손진홍의 (집) 안강도 가서 거기 재실에서도 자고. 온 데 가서 자기도 했어.

---

3) 박태구(朴泰九) 선생님은 1959년 10월 27일부터 1962년 2월 28일까지 재직하셨다.

우리 집에도 친구들이 많이 왔거든. 다다미방에서 할마시(어머니)가 아아들 왔다고 하면 국수를 해주고. 대접을 잘해줬지.

**27일 저녁에 집에 안 들어가셨고, 28일 저녁에 집으로 들어가고, 대구시내 학생들이 데모한 것도 아셨나요?**

등에 줄이 서 있었으니까. 대구시내가 뒤집어졌는데, 대구 시민들은 거의 다 알았을 거예요.

**부모님 반응은 어땠어요? 아프다고 했어요?**

아프다고 했지. 맞은 자국을 어머니가 보고 깜짝 놀랬지. 옛날에 담 있으면, 담 걸렸다고 하면 막걸리에 들깨를 빻아서 (먹으면) 담 낫는다는 민간요법이 있었거든. 그걸 내가 먹었지.

**경찰서에서 맞았다는 걸 아셨을 텐데. 왜 데모했냐고 꾸중 안 하시던가요?**

별말은 없었지. 그 당시에 학생운영위원회 회장 뽑는다고 집에 왔을 때 아아들 와서 야단했거든. 그때 뭐라 했지. 걱정을 하셨을지는 몰라도 말은 없었지.

우리 (데모)하고 나서 3·15, 4·19 일어날 거라고 생각을 했지. 일어났고. 다행히….

■ **문헌 기록 및 자술서**

- 문헌

서동활 선생의 자료는 2011년 11월 15일 공적 입증 자료, <장주효> 편에서 발췌한 것으로, 『대고 20년사』, 「2·28의거」, 1978. 4. 10, 42쪽~46쪽의 내용이며, 당시 서동활 선생의 자술서이다.

- 자술서

남대진

최태영

---

위의 자술서 외 민태식, 심재태, 이원순 선생의 자술서는 구술 인터뷰가 진행되어 인터뷰와 함께 적절하게 수록하였다.

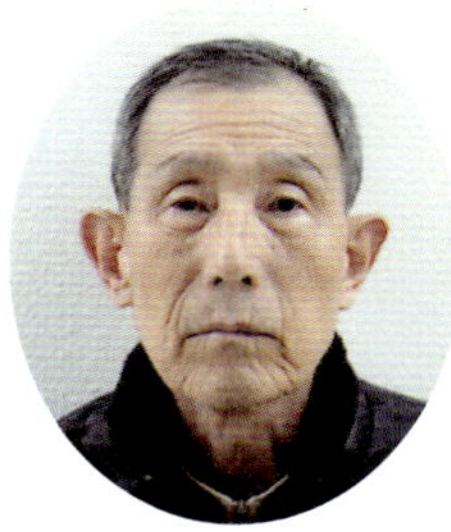

4 | # 서동활

## 사관학교를 꿈꾸던 우리들

"야! 지금이 몇 신데 이래 몰려 다니노!"

이제 며칠 안 있어 봄이 오면 삼학년이 된다. 지금부터라도 정신을 차려야겠다고 마음을 먹었다. 친구도 멀리하고, 교제하던 여학생에게도 찾아가서 "훌륭한 대학에 들어가서 다시 만나자."고 이별을 고했다. 못내 아쉬운 발걸음을 억지로 되돌려 집으로 돌아왔다. 이렇게 하지 않고는 지난 고교 2년 동안의 문란했던 내 생활을 청산하고 마음을 잡을 수가 없을 것 같았다.

그날 밤 조용히 책상 앞에서 늦게까지 공부를 하고 있을 즈음, 11시가 넘었는데 밖에서 다급한 목소리로 내 이름 부르는 소리가 들렸다. 내 공부방이 도로변에 붙어 있었기에 첫마디에 알아듣고 뛰어나가서 친구들을 방으로 안내했다. "야! 지금이 몇 신데 이래 몰려 다니노!" 이렇게 묻고 나서 좌중을 훑어보니 그때 학생운영회 부위원장직을 맡고 있던 장주효 군과 5,6명의 간부들이었다.

그들은 단도직입적으로 내일의 거사에 협조해달라는 것이었다. "내일이 너도 알다시피 수성천변에서 장면 선생 선거유세가 있지 않느냐? 그런데 내일이 일요일임에도 불구하고 우리 학교에서는 토끼 사냥을 간다고 전교생 모두 등교하라고 하지 않았느냐! 뿐만 아니라 교내 체육대회다, 뭐다, 그럴듯한 구실을 붙여 시내 모든 학교가 내일 모두 등교한단 말이다. 이게 무슨 유치한 짓이고!! 이젠 신성한 학원까지도 완전히 정치 도구가 안 돼 버렸나! 이거 우리가 가만있을 수 있겠나!" 이렇게 장 군이 열변을 토하고 말을 끊으니, 방안이 숙연해졌다. 잠시 후 내가 무겁게 입을 열었다.

"그와 같은 정세를 난들 모르는 바 아니지만, 폭풍이 지나간 뒤에는 얼마만한 희생이 올 것인가를 계산에 넣어야 한 것이 아닌가. 희생을 각오한다면, 일전에 우리가 굳게 약속한 맹세는 어떻게 되는 건가? 우리 모두 사관학교에 꼭 합격하여 나라의 간성이 되어, 썩어가는 조국을 다시 일으키자고 한 그 약속 말이다!"

이와 같은 내 말에 또다시 침묵이 흐른 뒤 장 군이 침통한 표정으로 입을 열었다.

"그러면 좋다. 나는 기왕 각오한 몸이니 동활이 너는 앞에 나서지 말고 내일 아침 학교에서 대열이 움직이지 않을 때 학생들 대열이 움직이게만 해 주라! 프랑카드, 전단[1] 등 모든 준비는 다 되어 있고, 경북고교와도 협의가 되어, 10시에 교문을 박차고 나오면 남산파출소 앞에서 양교가 합류를 할 수 있게 될 것이다. 그리고는 시내로 곧장 질주해 들어가는 거다."라는 대략적인 설명을 하고는 12시 통금 싸이렌이 울리기 직전에 모두들 황망히 떠났다.

1) 프랑카드나 전단지는 당시 준비하지 않은 것으로 이는 기억의 오류로 보인다.

아침 일찍 일어나서 나는 마루 밑을 뒤졌다. 수학여행 때 불국사에서 사온 사꾸라 작대기를 찾기 위해서였다.

등굣길에는 약 50m 간격으로 동급생들이 길목을 지키고 있었다. 나는 일일이 손을 들어 아는 체를 하고 학교에 들어섰다. 학생들은 저마다 몽둥이를 든 채 운동장에 모여서 웅성거리고들 있었다. 오늘의 거사를 모두들 알고 있는 것 같았다. 그때 교무실에서는 직원조회가 열리고 있었고 학생 주동자들은 경북고교에서 시작했다는 연락이 오기만을 기다리고 있었다. 정각 10시에 양교에서 동시에 전교생에게 결의문을 낭독하기로 되어 있는데, 경북고교에서 시작했다는 통보가 오지 않았다.

통신방법은 50m간격으로 서 있는 학생들의 릴레이식 완수신호 방법이었다. "자, 자아- 10시 10분이다. 저쪽에서 연락이 없으니 더 기다릴 수 없다. 직원회의도 곧 끝날 테니 빨리 시작하자!" 내 말에 부위원장 장주효 군이 교단에 올라가서 오늘의 거사를 일으키게 된 동기부터 시작하여 행진 코스 등을 설명하고 만약 경찰과의 충돌이 있어 대열이 흩어질 경우 모두들 도청 광장으로 집결하라. 그 다음의 행동은 그때 상황에 따라 정한다는 열변을 토하고 있을 때, 선생님들이 조회를 마치고 쏟아져 내려오셨다. 심상치 않은 분위기에 전우용 체육 선생님이 먼저 교단으로 뛰어올라 장 군의 목덜미를 잡고 "이 자식이 미쳤나!!" 그러면서 직원실로 끌고 올라갔다.

장 군은 끌려 올라가면서 뒤돌아보며 외쳐댔다. "전부 나가라! 빨리 나가라!"고. 그러나 대열은 웅성거릴 뿐 움직이지 않았고, 선생님들은 교문으로 몰려가서 철문을 걸어 잠그고 있었다.

그때 나와 친구 몇 명이 사꾸라 몽둥이로 "나가자! 와아!!" 외치면서 학생들의 무리를 무차별로 두들겼다. 대열은 몽둥이에 맞지 않으려고 밀려난 것이 결국 교문 밖으로 터져 나왔다. 그때 교문을 지키고 섰던 성기용 음악 선생님이 내 옷자락을 붙들고 너는 나가면 안 된다고 했다.

그 이튿날이 3·1절 기념식이 있고 시가행진이 있는데다가 내가 악대부장의 직책을 맡고 있었기 때문이었으리라. 그러나 뿌리치고 달렸다. 대열은 토끼가 있는 비슬산 쪽이 아니고 시내를 향하여 치달렸다.

첫 관문인 남산파출소는 아무런 저지 없이 통과하여 시내로 들어섰다. 김정일 학생 대대장의 선창에 따라 구호를 외쳤다. "학원에 자유를 달라!", "학생을 정치도구화 하지 마라!" 등 구호를 외치면서 결의문도 뿌렸다.

붐비는 중앙통의 인파들이 이 광경을 보고 모두들 손뼉을 치며 환호를 보냈다. 그러나 중앙파출소 앞에서는 경찰 백차들이 일렬횡대로 바리게이트를 치고 있었다. 여기서 일대 접전이 붙어 대열이 흩어져 일부는 중앙통으로 빠지고 일부는 수성천변 쪽으로 빠졌다. 나는 수성천변을 향하여 수성교에 가보니 유세장 쪽으로는 이미 사람을 통과시키지 않았고, 방천시장 앞 버스정류소에는 인산인해를 이루고 있었는데 어디서 몰려 왔는지 경북여고 학생들이 삼삼오오 떼를 지어 손에 손을 잡고 유세장으로 몰려가려고 하고, 경찰관들은 소방차와 경찰용 백차를 동원하여 여학생들을 자동차에 쓸어 넣어 싣고는 어디론가 질주해 가는데, 여학생들의 울음소리가 천지를 진동하는 것 같았다. 그때 유세장에서 들려오는 확성기 소리에는 "우리들의 귀여운 자녀들이 의거를 일으키고 있는데 경찰은 이들을 무자비하게 연행하고 있다."고 하였다.

이렇게 어수선한 하루가 지나고 그 이튿날은 아예 학교에 등교하지 않았다. 그때부터 타 학교에서도 데모의 사태가, 우후죽순처럼 일어났다. 이튿날 밤늦게 주동자들이 잡히고 이들을 태운 경찰차는 시내를 다니면서 학생들에게 등교를 권했고 학원의 정상화와 사회의 안정을 호소했다.

나중에 들은 이야기지만 그날 경찰국과 대구서에 붙들려 들어간 학생들은 주모자가 누구냐는 추궁 때문에 고문도 당했다는 것이며, 사꾸라 몽둥이를 누가 가지고 오라고 했느냐는 문제에 부닥쳐 체육 선생님이 토끼 잡으러 간다고 가져오라고 했다는 학생들 말에 전우용 체육 선생이 잡혀가서 곤욕을 치렀다는 이야기도 있었다.

경북고등학교는 우리가 일차 시내를 휩쓸고 지나간 이후에 나왔는데, 혹자들은 2·28의거를 경북고등에서 일으킨 것처럼 이야기를 할 때 가슴이 아프지 않을 수 없었다.

5 | # 남대진

## 대구시민들의 야당성향, 민주정치를 희구하다

### 27일 일요일 등교지시와 분위기

학생간부 외 일반 학생들은 종례시간에 28일 일요일에 등교하라는 담임 선생님의 말씀이 있으실 때까지는 별다른 동요는 없었던 것 같다. 일요 등교 지시를 받고 나서야 28일의 수성천변에서 열리는 박순천 여사를 비롯한 야당연설회에 가지 못하도록 하려는 것을 알아챘으나 크게 동요하지는 않았다, 하지만 28일 당일 앞산에 토끼 잡으러간다는 이유로 작은 막대기라도 지참하라는 말씀에 실소를 금할 수 없었다.

하교 후에 손진홍, 장주효 등의 학생회 간부들이 경북고등학교의 이대우 등의 친구들과 동인동 모처에서 다음날의 시위 계획을 세우고 선언서까지 준비한 것으로 그날 이후 후문으로 들어 알게 되었다.

### 2·28민주운동 경험

등굣길에는 별다른 기색을 느끼지 못하고 등교 후 교문에 들어서니 분위기가 매우 이상함을 알았다. 전교생이 교정에 집합해 있었고, 공정수 군으로부터 대충의 전개과정을 들었다. 선생님들은 교문을 닫고 그 앞에 대기하고 있었으며, 경북고등과의 연락이 원만하지 않아 서동활 군 등 몇몇이 연락 차 경북고로 뛰어갔었다.

손진홍(당시 학생회장)군이 교단으로 올라가서 선생님들께 "우리가 선생님께 배운 민주주의는 이런 것이 아니지 않습니까?"라고 외쳤다. 급박한 상황에서 선언서 등은 낭독되지 못하고 "학원에 자유를 달라."는 구호와 함께 집결지도 모르는 채 그냥 "나가자!"라는 외침과 함께 달렸다. 교문을 막고 있는 선생님들을 제치고 교문을 박차고 그냥 거리로 달려 나가며 "학원에 자유를 달라."고만 외치면서 달리기만 하였다.

별다른 행동지침도 없이 그냥 달리기만 하였다. 어느덧 남문시장 네거리에서 경찰의 제지를 당하였으나, 그 여세로 반월당까지 진출하였다. 그러나 만나기로 했던 경고생들과의 조우는 이뤄지지 않고 수많은 경찰의 제지 속에 뿔뿔이 흩어지고 말았다. 목적지가 경북도청이라는 누군가의 외침에 이끌려서 약전골목 등으로 흩어져 2,3명씩 짝이 되거나 홀로라도 그냥 달렸다. 이미 경찰의 추적을 받게 되니 아무 집으로나 몸을 피하는 학생도 있었고 각자 흩어지게 되었다.

나의 경우는 우여곡절 끝에 다다른 곳이 구 시민회관 뒤쪽의 태평로 미창 근처였다. 그런데 나타난 경찰에 체포되어 5,6명이 경찰 지프차를 타고 끌려간 곳이 도경찰국이었다. 이미 200~300명의 학생들이 잡혀 와서 쭈구리고들 바닥에 앉아 있었다. 벌써 점심 때가 지났으나 아무런 조치도 없이 쫄쫄 굶으면서 배고프니 먹을 것을 달라고 항의하다가 얻어맞기도 하였다. 타 경찰서로 연행된 학생들은 많이 맞기도 하였다는데 도경찰국에서의 구타 건은 별로 없었다. 오후 4,5시경 교장 선생님이 다녀가신 후 7시경에 방면되어 집으로 돌아왔다.

신문보도, 사진 등에는 반월당까지 진출 거리가 가까운 경북고만 거의 편향적으로 보도되었으나, 대구고 등의 당일 활약상은 경북고등학교를 능가하고 있는 점 유의해야할 것이다. 그날 시민들의 반응도 학생들에게 매우 호의적이었다. 이후 마산의 3·15사건이 터질 때까지 일반학생들은 그런대로 조용한 편이었다.

6 | ## 최태영

### "하도 오래된 일이라 기억나는 대로"

27일 (토)

오전 단축 수업을 하고 일찍 하교시켰다. 집에 가서 부모님들이 자유당 강연장에 나갈 수 있도록 집을 보라고 하였다.

28일 (일)

일요일인데도 불구하고 앞산에서 토끼잡이 한다며 작대기(몽둥이)를 준비하고 등교하라고 하였다. 이날은 민주당(박순천, 장면) 강연회 날이었다. 이에 도저히 이해할 수 없는 부당한 처사에 격분하여 다시 대구고등학교 학생회장 손진홍, 경북고등학생 회장 이대우 등 대구시내 공립8개 고등학교 학생회 대표들이 27일 저녁에 긴급 회동하고 28일 일제히 봉기할 것을 다짐하고 결의하였다. 나는 이 사실을 전혀 모른 채 작대기를 준비하고 등교하였다.

아침 조회를 정진기 교장 선생님의 훈시로 진행하던 중 갑자기 단상에 누군가 등단하여(장주효로 기억됨) 결의문을 낭독하고 다같이 나가자고 외쳤다. 이에 재학생 720명(1,2학년생, 3학년은 없었음)이 교문을 박차고 돌진하였다.

이 돌발 사태에 교장 선생님은 말문이 막혀 숨을 몰아쉬면서 "이 놈들이!!" 하시고 선생님들은 망연자실 멍하니 쳐다만 보고 있었다.

중앙통을 향해 함성을 지르며 달리던 중, 학생회장 손진홍은 버스를 타고 출입문에서 돌진하라고 격려하면서 손을 흔들고 지나갔다. 나는 상당한 용기와 힘을 충전받았다.(이때 길거리 시민들은, 단순 학교 스트라이커인줄 알고 무덤덤하더라. 관제시위는 있어도 반정부시위는 보지 못했으니)

달려서 중앙통에 당도하니 경찰이 철벽방어를 하고 있었다. (당시에는 통신이 불가능하여 분산시위가 되고 경찰은 무전통신으로 철통수비를 할 수 있었다.) 저지선을 뚫기 위하여 경찰의 곤봉(얼마 전 붉은 곤봉이 지급되었다고 함)과 우리들의 막대기가 격렬하게 충돌하여 난타전이 벌어졌다. 결국 저지선을 뚫지 못하고 골목길로 몰려 피신하였다.

나는 대문이 열려있는 가정집으로 동료 몇 명과 들어갔으나 집주인이 불이익을 걱정하고 그만 나가줄 것을 요청하여, 오래 머물지 못하고 밖으로 나왔다. 도청으로 재집결하려고 동정을 살피던 중 사복경찰관에게 붙들려 중앙파출소로 끌려갔다.

거기에는 다수 학생들이 감금되어 있었다. 얼마 후 나는 경찰차로 남대구경찰서로 이송되었다. 가보니, 많은 학생들이 꿇어앉아 있었다. 나도 같이 동석했다. 체격이 건장한 형사(털보형사라고)가 우리를 통제하고 있었는데 왈, "너희 놈들이 뭐 안다고. 하라는 공부는 안 하고 거리로 뛰쳐나와!"하며 훈시를 하던 중 나를 보더니, 반성은 하지 않고 고개를 들고 말대꾸한다며 앞으로 나오라고 하였다. 무차별 폭행(구둣발로 머리를 가격하고 뭇매를 가했음)하고 너희 놈들은 빨갱이 (남노당) 자손이 아닌지 뒷조사를 해봐야겠다고 소리를 질렀다.

당시에는 무소불위의 경찰 권력의 폭행은 일상화고 반공시대라 빨갱이라면 가공할 공포감을 주는 시대다. 공포에 떨면서 위축된 시간이 지루하게 지나갔다.

밤이 되자 "너희들은 특별히 석방하니 두 번 다시 경거망동하지 말고, 등교할 땐 2인 이상 뭉치지 말고 각자 등교하라." 하면서 훈방조치 했다. 경찰은 의외로 나긋나긋하고 한없이 부드러워졌더라.

■ **2차 구술 인터뷰**

오늘 구술 증언 인터뷰는 1960년 대구고등학교 학생들의 2·28민주 운동에 관한 이야기를 정리하는 작업입니다. 이 인터뷰는 개인 혹은 그룹으로 진행됩니다. 인터뷰 한 내용은 녹음하여 구술 인터뷰 식으로 정리하는 것과 전체 구술자의 내용을 연결해서 하나의 스토리로 만드는 내용 등 두 가지로 결과물이 나옵니다. 스토리에는 개인의 생각, 행동, 그리고 시간과 장소의 이동이 적절하게 배치됩니다. 27일, 28일, 29일까지 대구고와 반월당까지 오가는 거리, 그리고 경찰서로 연행되는 것까지 하나의 이야기로 묶입니다. 녹음은 하되 따로 정리할 예정이니, 편하게 말씀하십시오.

---

2차 구술 인터뷰는 2019년 5월 25일 2·28민주운동기념회관 4층 세미나실에서 집단 인터뷰로 진행되었다. 전체 질문의 방향과 당시 배경을 이야기한 후 개별적으로 인터뷰를 진행하였다. 인터뷰가 진행되는 동안 상이한 기억은 서로 확인하였으며, 그 과정도 함께 담았다. 대상자는 임용대, 김팔호, 박대근, 심재태, 안영호, 이복웅, 전병조 선생 등 7명이다.

**1960년 당시 사회, 경제, 정치적인 배경부터 여쭙겠습니다. 분위기가 어땠나요?**

**심재태 :** 자유당 시대 때 선거 치른다고 밀가루, 설탕 줬어. 촌에서는 검정고무신 돌리고. 우리 동네는 뒷골목이라 조금 못살았어. 우리 쪽에는 안 왔는데, 뒷동네는 못살아서 밀가루, 설탕 나오더라고.

**그건 경제적으로 어려웠던 것도 있지만 그보다 선거 물품으로, 선거를 유리하게 하려고.**

**안영호 :** 부모님들이 그 당시에 자유당에서 너무 심하다고 했어. 독재정치를 한다든지. 타당의 의사를 무시하고. 그 당시에는 없는 법도 만들어서 했다고 했거든.

**심재태 :** 못사는 집에 밀가루를 평소에 가져다주면 좋은데, 선거철 되면 하니까. 그랬지.

**임용대 :** 그때는 자유당, 민주당 분위기였고. 우리가 어렸으니까 그런 정치적인 건 잘 몰랐지. 자유당 독재라는 그런 인식만 자꾸 받았지.

**그렇죠. 사사오입들. 정치적인 상황은 정의롭지 못한 사회였습니다. 그 당시는 한국전쟁 일어나고 얼마 안 되었기 때문에 경제적으로 궁핍했고 사회적으로도 어수선하고.**

**임용대 :** 많이 못살았고. 실향민들은, 변두리에 사는 사람들은 먹는 것도 제대로 못 먹어서 소나무껍질 벗겨서 먹고. 시내에서 사는 사람들은 좀 나아도. 변두리에 사는 사람들은 그래요. 나물 같은 것도 이상한 거 먹어서 변도 못보고, 얼굴도 퉁퉁 붓고. 못 먹어서. 그런 사람들이 많았어. 우리는 그 사람들보다 조금 살아서 학교도 다니고 그랬지.

**심재태 :** 그때 어려웠지. 책상 둘러메고 영선못 둑으로 지나갈 때 근처

에 집들이 별로 없었어.

중학교, 고등학교 방학 때. 칠곡 지천역, 그 동네에 들어가면, 진짜 못 사는 사람들 많았다. 거기에 우리 고모가 살아서 가봤다. 농협에서 나와서 밀가루를 배급했어요.

**이복웅** : 그 당시만 해도 도시락을 못 싸오는 학생도 있었어요. 도시락 뚜껑에다가 밥을 준비해가 나눠먹고 다닐 정도로 못살았어.

**심재태** : 원조에 의존해서 살았잖아.

**말씀하신 것처럼 여러 모로 안정적이지 못한 때였습니다. 1960년 3·15선거를 앞두고 대구 수성천변에서 2월 27일 토요일은 자유당, 28일 일요일은 민주당의 선거 유세가 예정되었습니다. 그런 상황에서 학생들에게 일요일 등교 지시가 내려졌고요. 그로 인해 학생들 분위기는 어땠나요?**

**심재태** : 임용대 잘 알 거 아니가? 아버지가 민주당 국회의원이었는데.

**이복웅** : 국회의원이고 민주당 도당위원장이셨지. 28일날 임용대 집에 장면 박사가 왔었고. 그 전날 밤에 우리 친구 손진홍이랑, 장주효가 임용대 찾아갔을 때 임용대 집에 그때 장면 박사가 와 계셨어요. (부친이) 경북도당위원장이라. 삼덕동 1가 1번지에 살았거든.

7 | 임용대

## 삼덕동 1가 1번지, 대구 경계 1호의 아들

### 야밤에 찾아온 친구들

**1960년 2월 27일, 밤에 장면 박사가 선생님 댁에 오셨어요? 당시 부친께서 민주당 경북도당위원장이셨어요?**

정치적인 이야기는 제가 이야기 안 하겠습니다. 당시 정부통령 선거 유세가 있었습니다. 27일 자유당에서 선거 유세를 했고 그 다음날 민주당에서 있었습니다.

집에 장면 씨가 온 게 아니고, 저희 집 앞에 옛날에 동인호텔이 있었는데, 요즘 박근혜 생가터라고 나오는 곳, 지금은 호텔이 없어졌다는데, 거기서 투숙하시고. 그 다음날이 선거 유세기 때문에 저희 집과 가깝습니다.

그 당시에 민주당 정보사찰이 굉장히 심했습니다. 대놓고 사찰할 땝니다. 옛날에는 경찰들 정보 사찰이 제일 셀 땝니다. 경찰이 좌우할 때였습니다. 그러이 우리 집은 경계 1호죠. 지금 말하자면, 정보형사가 깔렸다고 보면 돼요. 대구에서는 1호였어요.

**이대우 선생님 댁에서 1차 회의를 마치고 대구고 학생들한테 내일 학교에 나오라고 독려하러 나가서 마지막으로 선생님 댁으로 찾아간 걸로 알고 있습니다.**

그런데 그때 27일 저녁에 손진홍이랑 장주효가 우리 집에 왔었어요. 그런데 자들도 모르고 온 거 같애.
나보고 "내일 나와 가지고 같이 함 하자." "그래, 좋다. 내일 나가겠다." 했죠. 더 이야기한 거는 그 사람들 구술에서 나왔으니까 됐고.
처음에는 내가 학교 나가기 싫었죠. 그 당시 내 성향으로 봐서는…. 정치적인 상황이니까 나는 개인적으로는 안 갈려고 했는데, 순수하게 한다는 걸 들었고, 또 친했습니다. 둘이가 와가지고 그래 내가 나간다고 했지.
나를 만나고 갈 때 내가 "너거 조심해서 가라."고 신신당부했어요.

**데모한다는 이야기를 듣고.**

듣고. 그러고서 나갈 때 "너거 조심해서 가라." 그런 이야기를 내가 당부했지. 집에서 이야기한 것이 아니라 바깥에 불려나가서 이야기했어.
자기들은 우리 집이 어떤지 모르고, 그냥 친구로 온 거니까. 학생들이 그런 데에 대한 관념이 없으니까 알 리가 없지. 그런데 나는 알지. 그 당시에 딱 보면 저사람 형사라는 걸 아니까.
그라고 그 당시 경찰들은 학생들이 그럴 거라고 생각도 안 했겠죠.

**생각도 못했겠죠.**

그 당시 권력구조가, 경찰이 권력을 잡고 있었거든요, 경찰들도 분야별로 다 나뉘어 있었습니다. 1과, 2과 있듯이. 경찰도 정치담당, 경제

담당 같이 여러 군데로 나뉘어 있었어요.
그 당시 정보형사들이 제일 핵심이었어. 정보과 형사들이 최고였지. 그 사람은 이동이 없어요. 예를 들면 학원을 상대하면 학원만 담당했어요. 전문갑니다. 경제를 담당한 사람은 경제만 담당하고, 정치는 정치를. 그라고 야당을 담당하거나 여당을 담당하거나. 그 구조가 지금도 같겠지만….
그러이 내가 "너거 여기 왔으니까 조심해야 한다."하고 신신당부 한 겁니다. 나는 우리 집안 분위기를 아는데, 찾아온 친구는 모르잖아요.

**27일 밤에 그 이야기를 들었고, 28일 아침에 학교에 갈 때 부모님께 뭐라고 말씀하셨나요?**

제가 이야기를 안 했죠.

### 매일신문사로 피신하다

**28일 등교 했을 때 학교 분위기는 어땠어요? 데모에 대해서는?**

아는 애들은 알고. 대부분 알고 오고. 모르고 온 애들도 있겠지만.

**등교한 이후부터.**

28일 학교 가서 (데모) 참가했다가 내려오다 중앙파출소에서 경찰을 보고 저는 매일신문사로 피신했습니다. 거기 마침 신문사의 논설위원이 제 얼굴을 아셔서. 그 당시 정치상황으로 봐서 "넌 지금 나가면, 잡히면 큰일 난다. 너는 오늘 내하고 같이 있자." 그래가지고 데모에 참가했다가 경찰과 마주치고 중앙파출소 있는 매일신문사 거기로 도망갔습니다.

**당시 매일신문사 위치가?**

지금 중앙로 KB은행 자리가 매일신문사였어요.

1층에 들어가니까. 논설위원이 2층인가 자기 방에 오라고 해서 거기서 제가 점심, 저녁을 먹었나? 저녁까지 얻어먹었고. 제 기억에 밤 11시쯤 넘어서 "이제는 집에 가도 된다. 괜찮겠다." 해서 나왔습니다.

그때 만약에, 지금은 모르겠습니다만은 만약에, 중앙파출소에 잡혔더라면 이 2·28이 또 변질되었을지도 모릅니다.

그런데 그때 매일신문사에 계시던 논설위원이 저한테 상당한 도움을 주었고. 이게 순수하게 되었습니다. 안 그러면 다쳤죠. 그 당시에 그렇게 몰면 걸리는 거니까.

**민주당하고 학생들하고 합세했다고 할 수 있으니까.**

그렇지. 배후 있다고 조작하는 건 간단하니까. 그런데 그런 거는 내가 상상하기 싫고. 그때 그분의 도움으로 피신하였고, 저녁까지 얻어먹었고.

그 당시 뭐 잘은 모르는데, 경찰에 많이 잡혀있었다고. 심(심재태) 회장은 맞기도 하고. 실신한 사람도 있고. 어떤 경우는 학부형까지 불려 와가지고 고초도 당했다고 뒤에 들었습니다. 그런데, 저는 운 좋게 신문사로 도망갔는데 저를 알아봐줘서, "너는 나가면 안 된다." 그래서 그 분하고 같이, 그 분이 참 고마운 게 그 상황이 종료될 때까지, 물론 신문사는 기사도 있고 하니까 그 상황이 끝날 때까지 자기도 하는 일이 안 있었겠냐만은, 상황 다 보고 밤 11시쯤에 나가라 해서 집으로 왔습니다.

**혹시 논설위원, 그분 성함을 기억하세요?**

아니, 기억 못합니다. 그때는 우리가 어렸다고. 그 당시는 뭐 정신이 없었고.

**고마운 분이셨네요. 상황이 종료되었다는 걸 어떻게?**

상황이 종료되었다는 걸 신문사에서 자기가 연락을 받은 거죠. 상황이 종료되었으니까 집으로 가라고 했고. 그런데 그날 내가 만약 잡혔더라면 내만 아니고 다른 친구들도 당할 수 있겠죠. 그런데 그 당시는 그런 것 하고 아무 관계 없었거든. 진짜 손진홍이나 장주효나 이대우나 다 순수했으니까. 그런 거 없습니다.

8 | 김팔호

## 유토피아의 연락병, 경북고와 사대부고로

**27일 일요 등교 지시 들었을 때부터 이야기 좀 해주세요.**

내 사건은 간단합니다. 27일 방과 후에 "내일 아침에 등교해서 앞산에 가서 토끼를 잡는다."라는 이야기를 듣고 하숙집으로 갔어요.

하숙집에 그때 누구누구 있었냐하면, 신의신이하고, 내하고, 윤원태, 김윤태 이렇게 영천 친구들 셋이랑 내하고 4명이서 하숙을 했어요.

나는 그때 시골이라 (하숙) 했는데 달성군 월배가 집이고. 봉산동에서 하숙을 했어요.

하숙 친구들 신의신하고 윤원태하고 서이 하교하고 하숙집으로 오는데 보니, 시민들이 전부다 줄을 서가지고 용두방천 유세장에 간다고.

**용두방천[1]? 토요일, 자유당 유세장으로 가는 길이네요.**

수성교 인근이 그 근방이야. 거 오는데, 줄을 서서 가길래 서이가 "야 이건 좀 너무한 거 아이가? 자유당 유세 때는 각 마을마다 사람을 동

1) 상동교 인근. 수청천변은 대봉교와 수성교 사이.

원해가지고 그쪽으로 가고. 내일 (민주당) 유세 때는 우리를 등교까지 시켜가지고 유세장에 사람을 못 가게 하는 거는….” 그러면서 집으로 왔어요.

**부당하다는 것을 직접 목격했네요.**

단순히 우리가 봤을 때는 이거는 너무 부당하다. 의욕이 생겨가지고. “아, 이건 그냥 있으면 안 되겠다. 뭔가 해야 되는 거 아니냐?” 이런 식으로 우리가 그랬어요. 그때 신의신이는 중대장을 했어. 그 이야기를 하고 하숙집으로 들어갔어.

저녁을 먹고 있으니까. 손진홍이가 그 하숙집에 왔어. 신의신이하고 우리가 같이 이야기를 한 것도 있고. 우리가 이야기한 그 내용을 그대로, 손진홍이가 와가지고 “내일 데모한다.” 그런 이야기를 하면서. 그때 유토피아에 내하고 우리 14명의 회원이 있었어요. 그 중에 손진홍이가 회장직을 맡았는데, “14명의 조직을 이용해서, 내일 학교에 많이 등교할 수 있도록 연락을 해라.” 그러곤 자기는 딴 곳에 연락을 해야 된다고 바로 갔어요.

**손진홍 선생님이 집집마다 찾아다니며 데모한다는 것을 알렸네요.**

그랬죠. 그때 유토피아 회원들 집으로 다 찾아가야하니까, 일일이 다 못가고. 몇 군데, “내일 학교 등교를 해야 된다.”카고.

그 이튿날 아침에 학교 등교하는 길에 또 아는 친구 연락하고 등교를 했어요.

**등교 후 맡은 역할은?**

손진홍이가 경고의 이대우하고 서로 연락이 안 되니까, 성실이하고 내하고 거기 가봐라 했다고. 우리가 거기 갔다가 이대우를 못 만나고 학교에 오고. 이대우를 못 만났다고 하니까 그러면 부고 최용호한테 이야기 좀 전해주라고 해서 거기 갔는데, 최용호도 못 만나고 그냥 학교로 왔고.

**왔다 갔다 하느라 힘드셨네요. 데모에는 합세하셨어요?**

데모는 첫 선발대로 내가 바로 나갔어요. 다른 친구들하고. 합세를 하고 나갔는데, 선발대로 나간 거 같아요. 거침없이 학교에서 나갔는데, 가다가 중앙파출소 근방에서 순경들이 꽉 막고 있더라고. 거기서 붙잡힌 친구들도 있었고. 거기서 내가 순간적으로 도피하고 본능적으로 봉산동 하숙집으로 도망쳤어요. 전체적인 활동은 그 과정이고.

**같이 하숙하던 다른 친구들은요.**

그 저녁에 신의신이는 잡혔어. 잡혀가지고 고문 같은 거 구타 같은 건 안 당하고. 그냥 잡혀 있다가 훈시 듣고 그날 저녁에 하숙집 왔습니다. 그날 저녁은 다행히 다 그렇게 보냈어요.

그 이튿날에 학교에 등교하니까 학생들이 여기저기 모여서는 모험담을 꺼냈죠.

9 | # 박대근

## 불태워진 선언문

**선언문 관련해서 박대근 선생님께 여쭙겠습니다. 당시 선언문을 언제, 누가 들고 갔었나요?**

**박대근** : 2·28 선언문 때문에 또 되새기는 게. 노출시키고 다 했는데도, 오늘 또 찍힌 사람처럼 바른말 해라는 거 같은데, 바르게 얘기 할게요.

아마 27일 저녁에 손진홍하고 최용호하고 둘이가 왔어요. 27일 늦게 왔어요. 아무따나(아무렇게) 선언문을 써가지고 왔는데. "이거 정서를 좀 해도." "하지, 뭐." 카며 쾌히 승낙을 하고, 오래 이야기는 못했어요. 갔는 건 아는데. 그 후에 심재태한테 물어봐야 돼요. 우리 집에 그날 왔었나?

**심재태** : 그 이튿날이지.

---

박대근 선생의 경우, 기억이 상이하여 여러 명이 함께 기억을 더듬으며 구술 인터뷰가 진행되었고, 그 과정의 내용을 옮겼다. 오래된 기억의 희미함과 또는 그렇게 기억하는 것, 동시대, 동장소에서 함께 겪었던 이들이 그 기억을 반추하는 과정도 기록으로 남길 만한 역사이기 때문이다.

**박대근** : 아, 그 다음날이가

**심재태** : 그래. 28일날이지.

**박대근** : 27일 아니고?

**이복웅** : 그때 최용호한테 물어보니, 자기가 써가지고 새벽 6~7시에 너거 집에 풍홍이가 갖다 주고 갔다더라. 나도 들은 건데 하도 오래 되니.

**박대근** : 28일 아침이면, 내가 언제 쓸 일이 있었노?

**이복웅** : 학교 니 아침 10시쯤 갔는데, 아침 6시쯤 갔다고 하거든? 그때. 최용호가 그러더라고. 용호의 이야기가, 대우 집에서 자고, 자기가 주효하고 쓴 걸 풍홍이하고. 너거 집에 오면서, 너거 집이 삼덕동 그쪽이었다며? 대우 집은 동인동 근처 어디 있었다매? 거서 오면서 맡기고. 그래 왔다던데.

**그간의 자료를 봤는데, 선언문 전달은 28일 아침인 것 같습니다.**

**박대근** : 그러니까 일찍, 새벽에 갖고 온 거네. 아무따나 써 온 걸 내가 정서를 하는데 아버지가 보시고 "이게 모꼬? 아, 여태 애 믹이 샀더니. 이거 가지고 또 애 멕이나?" 당장 째가지고 불을 딩기는 기라. 난 큰일 났다 이기라. "째면 안 됩니다. 불 붙이면 안 됩니다." 하고 손을 댔는데, "손 놔! 학교 나가면 내 모가지는 우에 되노!" 그러이 내가 고개를 팍 숙이게 됐어.

'아버지가 공무원이라 중요하구나.' 싶었지. 선생 아니라도 공무원이 그런 데 개입하면 안 되는 일이거든. 나중에 성공 안 했다면 조사 나와가 "당신은 왜 선언문 쓰는 걸 방조했냐?"고 그런 문제가 되면 그러니까. 그래서 나는 포기했어요. 포기하고 하! 한숨을 쉬면서 학교 와서 손진홍을 제일 먼저 만났어요. 만나가지고 "하! 이렇게 됐다." 카고.

사실, 손진홍이 대구고등학교에서 (데모) 안을 제일 먼저 냈어요. 흥분해가지고. 그런데 지금까지 시민들은 경고의 이대우가 선두했다고, 대우가 주모자가 됐어요. 누가 주모자냐 밝히고 싶은 게 아니고. 사실은 그렇습니다. 2·28하면 경고 학생들이고, 뭐 어디든지 경고라. 우리가 어쩔 수 없이 늦게 나갔으니까 그렇다만, 경고 나왔다 하고 나갔으니까. 30분 차이가 난다. 10시에 나갈려고 했는데, 10시에 못나갔으니까.

**심재태** : 그런데 그게, 대근아. 경고에서 반월당까지는 10분 걸린다. 우리는 20분 걸립니다. 경고 거기서 뛰면 5분 걸린다. 그 시차에 의해서 서로가 이해가 된 거야.

**학교에 나오기 전에, 아버지가 선언문을 보고 아궁이에 불태우고, 신고하겠다고 하셨어요. 그 상황이 궁금한데, 아버님한테 들킨 것을 학교에서 어떻게 알고, 몇 명을 보내서 아버지가 신고를 못하도록 담장을 에워쌌다고 하는데.**

**심재태** : 대근이가 말하는 게 혼선이 있는 거 같아요. 사실은 거기[1) ]보면은, 내하고 최종광이 하고 서선홍이 하고 너거 집에 가라고 했거든. 나는 그게 약간 혼선인 거 같아요. 나는 그런 기억이 없어요. 대근이 니는 방금 이야기한 거 같이, 아침에 (학교)와서 진홍이한테 이야기한 거잖아.

---

1) 동아일보 이강현 편, 「민주혁명의 발자취」, 1960년 7월 10일, pp37-38. 이 책에 손진홍 선생이 직접 쓴 글 '부정에 항거하는 젊음들'에서 '박대근 집으로 심재태, 최종광, 서선홍을 보내 집 대문을 지키고 서서 드나드는 사람의 출입을 못하도록 했다'고 서술했다. 그러나 심재태 선생은 구술 인터뷰에서 기억이 없다고 말씀하셨다.

**박대근 :** 나는 집안에 있으니까. 밖에 누가 보초선 건 전혀 모르지.

**심재태 :** 아니. 거기에서 나와서 뒤에 나온 이야기가 대근이 니가 괜찮다. 먼저 가라. 하고 니가 뒤에 왔단 말이야. 그러면, 니 선언문을 써서 어른이 불태웠다는 사실을 진홍이한테 이야기 했다고 안 했나? 그럼 어디서 이야기를 했나? 학교에서 와서 했나?

**박대근 :** (학교) 와가 했지.

**심재태 :** 그럼, 그게 말이 안 된다는 거지.

### 선언문을 둘러싼 기억의 혼선

**선언문은 아침에 받아서 정서를 한 것 같고, 불 태워진 이후 부분이 혼선이네요.**

**심재태 :** 내가 학교에 오기 위해서 서선홍이 집에 9시쯤 돼서 갔거든. 왜냐면 학교에서 늦게 나오라고 했거든. 선홍이가 "진홍이 아침에 새벽밥 먹고 나갔다." 이러는 기라. 거 나가가지고 경고 아아들하고 이야기하고 나왔어. 그 사이에. 내하고 안 맞더라고. 니가 와서 선홍이를 먼저 만났으면, 학교 와가지고 내가 학교에 9시 30분에 왔어. 좀 일찍 왔어. 그건 확실히 기억한다. 내가 기억을 하는 것이 일찍 와가지고 왜 그러냐면, 선홍이가 그전에 "니가 내일 1학년들 좀 하라."고 해서. 내가 1학년 애들하고 이야기하려고 좀 일찍 나왔는데, 나는 거기 가서 진홍이를 못 봤거든. 그런데 너는 봤다고 하니까. 그게 좀 혼선이 있는 거 같다. 그걸 잘 생각해봐야….

**이복웅 :** 저기 사료를 보면 재태하고 종관이하고 선홍이하고 니가 들키가 너거 집으로 가가 에워쌌다. 그런 이야긴데, 내가 생각하기에는 그게 손진홍이 "야 니(대근)한테 맡겨놨으니 너거가 가서 좀 주시해봐라." 이런 식으로 해서 너거가 간 건지. 너거가 안 갔다고 하면은 그

거는 또 손진홍이가 착각을 한 건지.

**박대근** : 그럼 진홍이는 어디서 언제 이야기를 듣고 알았는고?

**심재태** : 뭐가?

**박대근** : 선언문.

**이복웅** : 니가 잘못됐다고 하는 그거는 내가 저번에 유공자 신청할 때 보니까. 서로가 착각을 하는데, 내가 이런 생각이 들더라고. 진홍이가 그 당시 이강현, 동아일보에서 대담하던 게 (1960년) 7월인가? 대담을 했는데, 그때 자기가 하다보니까 착각을 했는 거 같은데, 이런 거 있는 거 같애.

대우 집에서 최용호한테 (선언문) 써달라고 해놓고. 그걸 너한테 맡길 때 윤풍홍이도 갔다고 했거든. 풍홍이한테 물어보면 자기가 갔다고 하더라고.

그날 대우 집에서 아침에 자고 새벽에 6시쯤에 되었데. 오면서 너거 집에 삼덕동에 용호가 삼덕동 느그 집을 알더라고. 그때 대우한테 쓰고 치우자 했더니, 주효가 "야 두루마기에 멋있게 써야 되지 않겠냐." 했고. 대근이 니가 글씨 잘 쓴다고 그러니까, "대근이한테 맡기러 가자." 해가지고 너한테 맡겼다고 했다고. 그 뒤에 보면, 이강현 씨의 '대구고등학교 편'에 보면은, 종광이하고 재태하고 선홍이하고 느그 집에 갔는데, 너그 아버지한테 들키가지고 다른 사람들이 집에 못 들어가도록 했다고 하는데, 나는 그 이야기가 이해가 안 돼. 아닌 기라.

**선언문 정서하라고 박대근 선생님한테 줬는데 어떻게 될지 모르니까. 친구들 몇 명을 보냈던 것 아닌가요?**

**이복웅** : 그때는 왜냐면 그 당시에는 손진홍이가 서선홍이네 집에서 먹고 살다시피 했잖아. 그날따라 아침도 먹는 둥 마는 둥 하고 아침 일

찍 나갔다고 하니까. 그때 만약에 너거들이 갔다고 하면은, 거 진홍이가 와가지고 "내 오면서 글을 맡겨놨으니까. 혹시 들키면 안 되니까 함 가서 지켜봐라." 그 소리를 했으면 맞을 수도 있는데. 그 외에는 뭐 태워가지고 그게 말이 좀 안 되는데.

**심재태** : 그게 종광이한테도 물어봤거든. 최종광이는 미국에 있어요. 야도 그 기억을 잘 못해. 나도 잘 기억을 못해. 내가 어디를 가가지고 너거 어른한테 들켜서 불태워졌다고 하면서, 혹시 너거 어른이 신고를 했다고 하던가 뭐 이래 했을 때 대근이 무슨 사달이 일어났다고.

시간적으로 보면은, 옛날에 너거 집에 가려면 버스 기다려야 되고. 시발택시밖에 없다고. 그렇잖아? 근데. 시발택시 탄 기억은 난다고. 왜 그러냐면, 택시비를 준 기억이 나거든. 그런데 너거 집에 간 건지 그거는 기억에 없어. 어디로 갔는지. 그래가 쫓아 나가지고 올 때 우에 오노. 버스가 있나. 버스가 내려오나. 그걸 확실하게 기억을 하는 사람이.

**이복웅** : 그때는 합승이 대봉동에서 중앙통까지 다니는 합승이 있었어요.

**심재태** : 15인승 정도 되는.

**이복웅** : 합승버스. 7,8인승 되는 거. 드럼통을 뚜들겨 만든 차. 손진홍이가 그 합승을 탔습니다. 그 차를 탄 게. 그게 타고 대봉동에서 반월당 오는 게 있었거든요. 반월당 오면은 학교까지 가는 버스가 있어요. 중앙버스가. 그게 칠성시장으로 해서, 저 자갈마당으로 해가지고 대신동으로 가는 중앙버스가 있었습니다. 그게 학교 앞이 종점이거든.

일단 니가 기억을, 니는 아까 (학교에 와서) 진홍이 데리고 10시쯤 붙들고 울었다고 그랬는데.

**박대근** : 나도 울고 진홍이도 울고. 같이 진홍이랑 손 붙잡고 엉엉 울

었는데. 그게 기억나는데, 시간대가 언젠지 모르겠다. 진홍이가 나를 달랬어. "다 지나간 거 아이가." 하면서.

**선언문을 빼앗아 불태우며 "신고하겠다." 하니까 거기 가셨던 분들 중에서 손진홍 선생님한테 연락을 했고, 손진홍 선생님이 몇 사람을 시켜 담장을 둘러싸게 했던 것 아닌가요?**

**박대근** : 그건 아니라. 지금 기억나는 건 진홍이가 대의원을 했기 때문에. 그 대의원실에서 진홍이랑 같이 운 게 기억이 난다.

**그럼, 선언문이 불태워지고 집으로 여러 명 보냈다는 건 아닌 것 같네요.**

**박대근** : 지금 생각해도 그건 안 맞고.

**이복웅** : 응 그거는 아닌 거 같애. 내가 지금 판단해도 그렇고. 들켰다고 하면은 시간이 안 맞잖아. 니 이야기는 바로 학교 가니까. 10시쯤 되었다고 안 했나? 대의원실 가서 울었다고 하는데. 제일 처음에 갔을 때 야, 우리 아버지한테 들켰다. 그런 소리를 했을지도 모르는데, 그래 가지고 먼저 갔는 친구들이 있을지는 모르겠지만, 들켜가지고 지키러 먼저 갔다는 거는 아닌 거 같애.

**박대근** : 모르지. 내가 스스로 학교 혼자 가가 손진홍이한테 말했는데.

**심재태** : 시간대가 안 맞다. 내가 보니까. 왜 그러냐면은 그 당시에 교통수단으로 사실 시간이 많이 걸린다. 여기서 중앙통 가려면, 버스타면 10~15분 만에 갈 수 있어. 자전거 타면 5분 만에 갈 수도 있어. 지금은 아스팔튼데, 그 당시에는 아스팔트가 아니잖아.

**데모 4개월 뒤 작성한 손진홍 선생님의 글에, 선언문이 불타고, 학교에서 삼덕동까지 3명을 보냈고. 심재태 선생님은 9시 30분에 학교에 나오셨**

**고, 이후 택시를 탔던 기억은 있는데 어디로 갔는지 모르고. 박대근 선생님은 10시에 대의원실에서 손진홍 선생님과 울었다고 하시고. 이제 기억으로 퍼즐 조각을 맞춰야 하는데.**

**이복웅** : 정리해서 대근이하고 다시 봐야 되고. 손진홍이 대담한 것도 착각한 게 있는 거 같고. 세 사람이 갔다고 하는 건 손진홍이 증언에는 나와 있어요. 동아일보 이강현 편에 7월달인가, 석 달 후에 대담을 했어요. 책에 보면 나와요.

**심재태** : 그러면 그 기억이 좀 맞겠지. 불과 4~5개월 뒤에 작성한 거니까 지금 기억보다 안 맞겠나?

그런데 종광이가 갔다고 하는데, 손진홍이는 죽었으니 모르겠고. 종광이에게 물었는데, 우리 둘 다 기억이 없어. 단, 자유당 유세에 간 거는 기억이 나거든. 토요일에 진홍이가 "안 되겠다. 데모를 해야겠다." 우리가 순수하게 이야기가 됐거든. 그래서 내가 경고에 대우 만나러 가야겠다고 했고.

**이복웅** : 대근이가 이게 썼는 게 그걸 맞춰야 하는데. 시간적으로 안 맞잖아요. 니는 학교에 10시쯤에 니 혼자 왔다고 하는데, 들키고 왔다는 건데, 요새같이 전화가 있으면, 우리 아버지한테 들켜가지고 그래 되었다. 그러면 모르겠는데, 요새는 빨리 걸으면 얼마 안 되지만, 10분 20분 걸린다고. 선홍이 집에서 대근이 집에 세 사람이 갔다. 그거는 조정을 해야 되겠고.

**심재태** : 핵심은, 선언문을 쓰다가 어른한테 들켜가지고 그게 찢어졌다. 시간을 맞춰보니 진홍이가 증언한 이야기하고 틀리다. 나도 너거 집에 가서 지켰다는 기억은 없다. 그래서 미국 사는 애한테 물어보니 가도(그 애도) 모른단다.

**손진홍 선생님 대담한 내용 보셨어요?**

**박대근** : (손진홍 대담한 거) 그게 어디 있는데?

**이복웅** : 손진홍이가 60년도에 7월 10일인가, 동아일보 이강현 기자한테, 그때 경고도 대담하고, 대구고등도 대담하고. 대구고등은 손진홍이가 대담을 했는 거야. 경고 편 있고 그래. 거기에 등장하는 인물만, 내가 유공자에 등록을 한 거야. 다른 사람은 손진홍이가 이야기를 했으니까. 재태, 성실이, 종광이, 작고 5, 6명이고, 살아있는 사람은 6, 7명밖에 안 돼요. 대대장하는 김정일은 연락이 안 되고. 서동활은 몸이 안 좋고. 이번에 유공자 신청하면서 만나고 해보니 좀 안 맞는 것도 있어.

**박대근** : (진홍이와) 울고 나서 그치고, 진홍이랑 나가가지고 심재태가 1학년, 2학년들을 몽둥이로 고기 후쳐내듯 교문까지 후쳐냈뿟어. 그 다음에 슬슬 나갈 때 거기 2학년에 합세했어. 그래놓고 보니까 선생들도 고개 푹 숙이고 있어. 우는지 뭐 하는지.

그래가 뛰어가 중앙파출소까지 왔어. 근데 중앙파출소 보니까 창문도 깨지고. 집기도 엉망이고. 다 깨졌어.

**심재태** : 학교 학생들은 안 그랬어.

**박대근** : 중앙통을 꽉 메워가 어디로 갔냐면, 매일신문사 옆 골목에 들어가서 신도환 자유당 반공청년단장. 내가 신도환이 집을 압니까? 누가 신도환 집에 가자고 해서 “가자!” 하며 갔지. 잠겨 있었어. 나무대문인데, 으쌰으쌰 해가지고 잠긴 문을 팍 열었어요.

**그건 혹시 4·19 때 아닌가요?**

**박대근** : 중앙통 시내가 엉망이었어. 학생들 집으로 가라고. 지프 타고 방송했었어.

**이복웅** : 신도환 집은 그때도 작살이 났었어요. 그때 매일신문사 옆골

목이 (지금) 진골목입니다. 지금은 주차장하고 있더라구요.
신도환이 집에 거기 많이 갔어요. 부수러 간다고. (민)태식이도 가고. 나중에 경찰국에 잡혔다고 하는데. 최상훈이도 갔고. 상훈이가 말하는데 막 문 차고 두들기고. 안영호는 발로 차고 그냥 지나가고. 병학이 알지. 병학이를 마침 거기서 만나가 문을 뒤로 재껴가 문을 뿌사뿌리고. 학생들이 먼저 그렇게 했는데, 나중에 넝마주이들이, 옛날에 등더리에 광주리 메고 뭐 넣고 하는, 그런 게 있어요. 신도환이 집에 넝마주이들이 물건을 다 가져간 거야.
상훈이가 그때부터 수배 당했다. 거기다가 달성파출소 소장이, 우리가 등교하기 위해 자갈마당정류소에서 버스를 타고 오려고 하면 학생 모자 빼들어가 딱 기다리고 있는 기라. 상훈이 잡으려고. "저놈의 새끼 저거는 데모나 하고. 저 나쁜 짓만 하고 댕긴다." 하면서. 그렇게 5,6개월 동안 상훈이가 애먹었어.
**박대근** : 돌아 나와서, 모자는 벗어서 주머니에 숨기고 오는데 물을 주고, 수고했다고. 국민들도 양쪽으로 나오고. 뭐라 안 하고 응원을 해주고. 경찰차가 쓰리쿼터에 막 실어가 나가는 기라.

**이후 어떻게 됐어요?**

**박대근** : 담임 선생님이 29일에 "니 뒤에는 항상 형사가 따라 붙는다." 고 말씀하셨고.

**부친께서는?**

**박대근** : 그건 모르겠는데요. 하하.
**심재태** : 아니, 내가 아침에 9시 반인가 가니까. 선홍이가 (진홍이는) 아침 새벽밥을 먹고 갔다는 거야. 먹고 쫓아갔다는데, 그 전날 내가 봤

을 땐 대우하고, 풍홍이랑 같이 (의논)하고 있었던 기라. 경고 아아들 하고. (데모 의논) 했을 때 같이 가자고 했는데, 새벽밥 먹고 나가서 나중에 다시 보니까. 경고 아아들이 나가기 어렵다, 어렵다 이런 거야.

10 | ## 심재태

### "니가 내일 1학년들 잘 다독이고 설득 좀 해라."

**일요 등교 지시는 언제 들었나요?**

27일 토요일에 학교에 가니 담임 선생님께서 "오늘 수업은 단축수업을 한다. 그리고 내일 일요일 오후에 우리 전부 토끼 잡으러 간다. 학교 나와라." 토끼사냥은 옛날에 앞산에 눈이 오면 토끼가 제법 많았습니다. 눈 오면 토끼들이 먹이 찾으려고 나오는데, 토끼 발자국은 보이거든요. 그러면 토끼 몰이해서 잡기가 용이했다고. 그래서 학교에서는 토끼 잡는다는 명분으로 나오라고 했어요. '민주당 유세하니까 나오지 마라.' 그 이야기는 안 했어요. 그냥 토끼사냥한다고만 하고.

특히 우리학교는 앞산 바로 밑에 있어서 겨울에는 산에 눈이 덮입니다. 그러면 토끼들이 먹이를 찾으러 다니고, 눈발자국이 보여서 쉽게 토끼를 잡을 수 있거든요. 그라고 막대기를 하나씩 가져오라는 당부의 말도 있었고.

---

심재태 선생의 경우, 자술서와 구술 인터뷰 진행을 함께 정리하였다.

**그 말을 듣고 학생들은 뭐라고 했어요?**

학생들 다 서로 웅성거리기 시작했습니다. 그런데 그 전날 토요일에는 학교에서 일찍 마쳤어요. 자유당 유세한다고. 우리 친구들 알 거 아닙니까. "일요일 노는데 토끼사냥한다고. 속된말로 앉아서 민주당 유세 가지 말라는 거 아니가?" 그랬죠. 학생이 무슨 정치에 관심이 많겠습니까마는, 그러나 워낙 사회가 혼탁하고 독재라는 것이 어떤 면으로는 학생들 피부 사이로 느끼고 있었어요. 그러다 보니까. 민주당 유세장에 학생들이 많이 갈까 싶었고.

**학생들이 알기에는 민주당 선거유세 현장에 못 가도록 일요일 등교 지시했다고.**

그렇죠. 그거 다 알았죠. 자유당 유세는 학생들 동원까지 했어요. 토요일날 수업하고 있는데, 영대네거리 거기 있죠? 거기에 깃발 들고 반공청년단인가 이런 친구들이요, 서로 선거 유세에 깃발 들고 다니고, 다 보이거든. 잘 보이거든. 속된말로 얼굴 도장 찍으려고. 무슨 단체 이렇게 잘 보이거든. 그렇게 많이 동원되는데. 거기에 사실상 학생들도 제법 많이 따라갔습니다. 자기들도 보이는 거 아닙니까? 학생들 동원하고. 일요일날 민주당 유세가 자유당 유세보다 사람들이 더 많이 오면은 여론몰이를 하니까. 선거라는 게 바람 아닙니까. 그래서 "우리 (학교)나오라는 거 보니까. 유세장 가지 말라는 거 아니가?" 이래 불만이 있어 툴툴거리며 왔어요.

**하교하고 28일에 어떻게 하자는 이야기는 없었나요?**

하교하면서도 툴툴거렸죠. 그라고 나는 최종광이와 함께 하교하면서 반월당 네거리에 있는 서선홍 집에 들렀어요. 최종광의 집도 바로 옆이에요.

지금 반월당 네거리 삼성빌딩 있잖습니까. 그 자리가 내 친구 집인데, 대산소아과라고 서선홍 집입니다. 하교 시 교통도 편리하고 집에서도 멀지 않아 친구들이 일주일에 5일 정도는 그 집에 갑니다. 몇 명한테는 서선홍 집이 아지트입니다. 거기에 경고 아아들도 옵니다. 왜 그러냐하면 서선홍이가 경북중학교 나와서 대구고 들어왔기 땜에 경고 아아들도 몇 명 놀러옵니다.

그 집은 전면에는 병원을 하고. 뒤에 가정집인데, 서선홍 방은 방 2개가 뚝 떨어져 있어요. 옛날에 사랑방처럼. 그래가 위에 문 잠궜뿌면 애들도 없고. 우리들끼리 놀기 좋아서 자주 그 집 갑니다.

그 당시에 손진홍이가 서선홍이 집에서 몇 개월 있었습니다. 그래서 우리도 만났죠.

둘이 선홍이 집에 가 있는데 손진홍이가 들어왔어요. "야 이거 안 되겠다." "와?" "속된말로 우리 일요일날 나오라고 하는데 의논해서 데모라도 해야겠다." 그때 내한테 그런 이야기를 한 번 하고. "대우 한 번 만나러 가야겠다." 대우는 내하고 경상중학교 동깁니다. 그러면서 진홍이가 갔어요.

**그때 데모라는 말이 나왔어요?**

데모하는 말은 없었고. 그때 가면서 나한테 뭐라고 했냐면, "1학년 애들을 니가 좀 다독여라. 설득 좀 해라. 니가 내일 할 일은 서로 비밀을 지키기 위해 각자 맡은 일을 나중에 이야기 해줄 테니까." 그라고 갔어요.

내가 우리 1학년들하고 좀 친합니다. 친하다기보다 좀 많이 압니다. 내가 2학년 들어갈 때. 1학년들 후배들 반갑다고, 1학년 교실 다 들어가서 몽둥이 들고 다니면서 후배들 길들인다고 좀 팼습니다. 그러니까 1학년 애들 웬만하면 압니다. 또 거기서 알아봤자 자기들 나름대로 제법 힘쓰는 애들 있잖습니까. 1학년들이라도 우리하고 같은 나이들이 많습니다.

**그 얘기 들으시고 어땠어요? 긴장하거나, 무섭거나.**

손진홍이는 당시 나이가 39년생으로 우리들보다도 3~4살이 위였으므로 우리들보다 더 어른스러웠어요. 특히 학생회장으로 신임이 두터웠고, 우리들은 손진홍이를 많이 따랐습니다.

**그러니까 27일 이대우 선생님 집에 모이기 전에 손진홍 선생님이 선생님과 서선홍 선생님한테 먼저 데모 이야기 한 거네요.**

그렇지. 낮에. 그게 아마 내가 기억하기엔 학교에서 나왔으니까, 한 두서너 시 되었을 겁니다. 그날 자유당 유세하는 데, 최종광이랑 같이 반월당에서 걸어서 수성천변에 구경 갔어요. 걸어가면 10분, 15분만 가면 안 나옵니까?

결국 우리는 유세 연설보다도 사람 구경을 하고 서선홍 집으로 돌아와 진홍이를 기다렸으나 오지 않아 아무래도 진홍이가 일하고 있을 거라 하고 집으로 돌아왔습니다.

**28일 아침에 등교는 몇 시에 하셨어요?**

아침에 토끼 잡을 막대기를 들고 서선홍 집에 가니, 진홍이가 새벽에 와서 일찍 아침을 먹고 가면서 선홍에게 학교에 가서 학생들을 독려해 달라는 말은 남기고 나갔다며 최종광, 서선홍과 같이 학교로 갔습니다.

**학교 분위기는요?**

학교에 도착하니 아직 학생들은 별로 없고 선생님께서는 "왜 그리 일찍 왔냐?"라고 하길래, 웃으며 "토끼 잡을 연습하는데 토끼를 어떻게 잡습니까?" 하니까 "여럿이 막대기로 토끼몰이를 한다."해서 한바탕 웃었습니다.

조금 후 학생들이 하나, 둘 오길래 각 반을 돌며 아무래도 오늘 데모를 해야 할 것 같다며 하니까 모두들 좋다고 하니, 어찌 어깨가 우쭐한 기분이었습니다.

또 내가 1학년 교실을 돌며 이야기하니까 모두들 찬성했고. 그리고 경북고 학생들도 같이 데모한다고 전하며 손진홍이가 오면 그 지시에 따르자며 약속했습니다.

**아침부터 바쁘게 움직이셨네요.**

그때 전교생이 운동장에 모이라는 전갈이 와서 웅성거리면서 운동장에 모여 있으니 교단에서 교장 선생님께서 토끼사냥 갈 준비 연설을 했어요. 좀 있으니까 손진홍이가 문을 열고 올라오면서 "나가자!" 했다고. 누가, 누가 나갔는지는 모르겠는데, 정황이 없으니까. 나는 이제 되었구나 하는 생각에 여러 친구들과 함께 맨 먼저 교문을 뛰쳐나와 막대기를 흔들며 앞으로 돌진하였다. 그라고 주효가 내보고 "야야, 니가 좀 앞장서 나가도." 그래가 앞에 나갔죠.

**본격적으로 시위가 시작되었을 때 어떻게 움직이셨는지.**

생각 없이 와락 뛰어나가다가 경북여고까지 가다가 보니 뒤에 사람들이 없어. 100여 명 정도밖에 안 되고. 그래가 손진홍이가 아마도 학교 선생님들에게 저지당한 것 같다하며 몇 명과 같이 다시 학교로 돌아갔습니다.

나는 우리들끼리라도 대오를 짓자는 의견을 모아 "학원의 자유를 달라! 일요일 등교가 웬 말이냐!"며 구호를 부르짖으며 반월당으로 향하였습니다.

가는데 시민들은 무슨 영문일줄 몰라 두리번거리며 보더니 우리들의 구호를 듣고 그제서야 손뼉을 치며 격려하는 말에 힘을 얻어 우쭐거리는 기분도 들었습니다.

명덕로터리를 지나 막 나가보니까. 경찰들 차가 있고. 경고 애들도 나가 있고. 나와가 거의 뒤범벅이 됐는데, 우리는 몽둥이가 있으니까. 토끼 (잡는다고 준비한) 몽둥이가 있으니까. 경찰들이 다른 사람들은 그냥 잡지만은 우리는 몽둥이가 있으니까 자기들 몽둥이로 아아들 때리고 이랬거든. 그러다보니까 속된말로 칼싸움이 벌어진 거야.

특히 우리 대고 학생들은 작대기로 경찰 몽둥이와 격전을 벌이는 바람에 대구고 학생들은 더욱더 경찰들에 두들겨 맞는 형국이 되었다.

**결정적으로 몽둥이가 대구고 학생들을 더 많이 맞게 했네요.**

그렇지, 그렇지. 그러다가 저는 그냥 잡힌 게 아니고 맞고 쓰리쿼터에 실려 경찰서에 들어갔어요.

**어느 경찰서?**

남대구경찰서. 1층 취조실에 가니까 잡혀온 학생들로 가득 차 북새통이었는데, 누가 악! 소리를 질러. 뭐하는가 싶었는데, 요놈들이 "주모자 대라!" 하면서. 사실 학생들은 주모자가 누군지 몰랐어요. 그런데 요놈들이 학생들 손가락 사이에 자기들 조사하는 연필을 끼우고 누르고 있는 거야. 그거 엄청나게 아프거든요.

그리고 그거는 누군지 모르겠는데, 조사실 거기 바로 옆에 유치장이 있습니다. 유치장에서 앉아가 뭐 풍덩풍덩하면서 물 멕이는 소리가 나는데 그 짓을 하고 있더라고요. 발로 차는 고함소리도 들리고 전부 겁에 질린 얼굴들이었습니다. 그래서 '아 이제 나도 당하는구나.' 속 겁먹고 있었죠.

**학생들에게 자백을 받기 위해 구타가 있었네요.**

그래 있는데, 누가 문 입구에서 "심재태가 누고!" 이러면서 부르더라고. 보이끼네 옆에 뭐 높은 사람, 서장인지 과장인지 누군지는 모르겠어요. 여기 무궁화 달린 사람하고 우리 어른이 옆에 떡 있더라고요. 그래가 내가 "내요!" 하고 벌떡 일어나가 나가니까. 간부라는 사람이 내 뒤통수를 한 대 툭 치더니 "야! 뭐 공부나 하지 데모[1]를 하노." 그러니까 경찰이 "조사 아직 안 했는데요." 하니까, "그건 내가 알아서 할 테니까." 그래서 우리 어른한테 붙들려가 집에 갔는 거죠.

**아, 부친께서 데리러 오셨네요.**

우리 어른은 데모했다는 거를 학교 선생님한테 듣고, 대구경찰서에 가서 찾아보고 없으니까 남대구경찰서로 오신 겁니다.

**집으로 올 때 부친께서 무슨 말씀 없으셨는지.**

집에 가서 꼼짝 말아라 하고. 우리 어머니는 문 잠가 놓고 못나오게 하고. 그라고 우리 어른은 회사 가고. 나를 적극적으로 만류하셔서 집에 있을 수밖에 없었습니다.

---

1) 구술에 의하면, 당시는 데모라는 말이 없었으며 주로 '시위'라는 말을 사용했다.

우리 어른은 "니 쫌 나서지 마라!" 그러셨어. 하하.

**29일 월요일 학교 등교했을 때 많은 이야기가 있었을 텐데요.**

그 전에, 학교 가기 전에, 아침에 손진홍과 장주효 그리고 다른 친구들은 어떻게 되었는지 궁금하여 서선홍 집으로 일찍이 들렀습니다. 라디오 방송을 듣고 밤중에 모두 풀려났다는 소식은 들었지만, 그래도 궁금해가 갔죠.

그 시절에는 대구 반월당 중심으로 웬만하면 반경 2km이내에 집이 있어 걸어서 10분~20분 거리에 있었기 때문에 거의 걸어서 다니곤 했는데, 다만 대구고등이 제일 멀리 있는 편이라 버스를 타고 다녔거든요. 그라고 학교 갔는데 무용담으로 시끄러웠죠. 하하.

물론 이번의 데모는 손진홍, 장주효가 주동이 되었지만, 여기에 동참한 우리 학생들이 모두가 부정에 항거하는 주인공들이라고 봅니다.

# 11 | 안영호

## 앞장서서 뛰쳐나간 2중대장의 활약

**일요등교 지시 언제 들으셨어요?**

27일 아침에 내일 토끼 잡으러 간다고 들었고. 민주당 (유세 장소) 수성천변에 못 가게 등교 시킨다는 걸 알고 집으로 갔어요. 나는 집이 시골이니까 통학을 했어요.

**시골 어디서 통학하셨는데요?**

성서. 그때는 달성군이었고. 버스타고 통학했습니다. 집에 가가지고 이만한 단단한 몽둥이 하나 준비해가지고 (다음날 학교 갔습니다.) 당시 우리 학교 연대 대대장들의 모임이 있었어요. 모임이라기보다는 자주 만나가지고 회의도 하고 그랬는데.

**학교 다닐 때 역할은?**

2중대장이었습니다.

**28일은 학교 와서 어떻게 움직이셨어요?**

1차로 나갔는데, 앞에 먼저 나갔습니다. 중대장들이 키가 좀 크고 덩치가 있었습니다. 아까 전병조 씨가 얘기한 것처럼. 나갈 때 "우리가 나가자. 우리가 나가야 따라 나온다." 이래가지고 우리가 출발해가 갔는데, 재태하고 같이 갔죠. 재태가 앞장서서 소리 지르고. 사실 심재태 씨가 100여 명이라고 했는데, 100여 명도 채 안 될 거예요. 1차 나갈 때. 다시 가는데 누가 연락했는지. 중간에서 진행하지 말라고 해서 다시 들어왔습니다.

사람 몇 명 안 되니까. 도무지…. 우리가 데모를 하더라도 사람이 좀 많아야 되니까. 그래서 잘못되었다 싶어서 들어왔는데, 운동장에 많은 학생들이 있더라고. 그때 대대장은 김정일이고. 1중대장은 포항의 신의신이고. 2중대장은 내가 했고, 민태식은 3중대장이고. 안인욱이는 4, 뭐 이래하고. 이성택이는 대대장인가. 하여튼 우리가 다 들어왔어. 우리가 몰고 들어왔지.

들어왔다가 2차로 "가자!" 할 때 그때 상당히 많은 학생들이 나갔어요. 거의 한 80% 정도 다 따라 나왔어요. 나갔는데 이미 경고도 지나갔다는 거 듣고. 대구고등도 일부 갔는데 싸우고 있다고 들었죠.

**경찰들과 대구고 학생들이?**

우리가 긴 작대기 들고 가는데, 경찰들은 까만 작은 봉을 들고 우리를 제지하고. 우리가 긴 작대기 있었지만 경찰은 차마 못 때리겠더라고. 그래가 우리는 방어하듯이 갔는데 반월당, 거어서 조금 더 가니까. 중앙파출소도 있고 경찰이 대치하고 있더라고.

**중앙파출소 근처에서 접전이 일어났다고 들었는데 주변에 시민들 반응은요?**

거기서 학생들이라기보다 시민들이 동요를 했는데, 그 시민들이 누군지는 모르겠어. 청년들이야. 청년들인데 같이 막 했어. 도망갈 때는 중앙통으로 바로 안 빠지고 약전골목이나 진골목, 신도환 씨 집 골목으로 많이 들어갔습니다. 들어가서 일단 피신한 거지, 경찰이 제지하니까. 우리가 인원이 많아서 밀고 나갈 수 있었는데, 그게 안 되더라고. 경찰이 있으니까 겁이나서 다 못 들어가고 골목으로 피신했지.

**진골목 쪽으로 들어갔으면, 시민들이 숨겨주기도 했다던데.**

거기, 신도환이 집 앞에서 "자유당 물러가라!" 카며 소리 지르고 항의하니까 신도환이 집에서 좇아 나오고, 그래가 우리가 나왔어요. 결국 반월당 쪽 가다가 중앙통으로 가다보니까 한국은행 네거리에서 경찰이 또 제지하려고 해서 골목으로 도망갔는데, 옛날 한국은행 뒷골목이 될 거예요.

거기서 보니 경찰복 입은 사람들도 있고, 사복 입은 어른들도 있더라고. 우리가 몽둥이 들고 가니까 경찰이 "섯!" 카길래 안 서고, 우리가 반항하려고, 왜냐하면, 인간은 극에 달하면 물잖아요. 치고 나가려는데, 어떻게 사복 입은 사람들이 딱 잡아서 꺾었는데, 꼼짝을 못하겠더라고. 무술을 해가지고 손목을 틀어서 쥐는데 꼼짝을 못하겠어. 그래가 엎어져 있었다고. 나중에 곤봉 차고 온 경찰들이 끌고 갔는데, 때리지는 않더라고. 건너편 도경찰국에 들어가서 보니 주머니가 막 찢어졌더라고.

**지금 경상감영공원 자리에 도청이 있었고, 그 안에 있는 도경찰국이죠?**

예. 거기 가보니까 아는 친구도 잡혀와 있더라고. 거기서 한 군데 맞고. 어떤 친구는 많이 맞았어요. (발로) 차고 그러더라고. 나는 맞지는 않았는데, 거기서 오랜 시간 보내고 난 뒤에 나중에 시간되니까 전부 다 모아 놓고 남대구서에서 하듯이 훈시를 하더라고.

**그때도 도경찰국 마당에서 훈시 했었어요?**

예. 훈시를 했죠. 여러 사람들. 자기들끼리 옳은 말만 하더라고. 우리가 볼 땐 옳은 말 아니라. 뭐 항의를 할 수는 없으니까. 집에 가니까 5시 쯤 됐나?

이름 쓰고 '앞으로 안 하겠습니다.' 이렇게 각서 쓰고. 귀가 했습니다.

12 | 이복웅

## 2차로 나오며 다친 발목 또 다쳐

**27일 일요일 등교 얘기 들으셨는데 학생들 분위기 어땠어요?**

모두 불만이 많았었죠. 손진홍이나 장주효는 미리 알고 생각이 좀 있었지만, 당시 정치, 사회에 대한 불만도 많았는데, 일요일 학교 나오라고 하니까 우리 모두 불평이 많았습니다.

**선생님께서 겪은 28일 시위는?**

28일 10시 넘어서 등교하니까 친구들이 교실에 많이 와 있었어요. 뒤에 키 큰 친구들, 간부들은 시위한다는 것을 이미 알았는지 옹기종기 모여서 웅성거리더라고.

당시 학교에는 학도호국단이 있었는데. 기율부 대대장이 연단 앞에서서 학생들을 모아 정렬시켜 놓고. 교감, 교장 선생님께 보고하고, 훈시도 들었어요. 선생님들께서는 학생들 주위에 서 계시면서 주의도 주고 그랬거든.

운동장에 정렬할 때는 1학년은 서쪽, 2학년은 동쪽, 키 작은 사람은 앞에, 키 큰 친구들은 뒤에 섰어요.

28일 모든 학생들이 정렬해 있을 때, 손진홍이가 교문 쪽에서 숨을 헐떡거리며 뛰어와 뒤에 서 있었는데, 교장 선생님께서 몇 마디 훈시하는 도중 갑자기 "가자!"하고 소리쳤어요. 손진홍의 목소리에 키 큰 친구들과 일부 학생들이 손진홍과 같이 1차로 먼저 나갔어요.

**운동장에서 교문을 빠져나갈 때의 상황을 좀 더 자세하게 말씀해 주세요.**

1차로 나간 후 나머지 1,2학년 학생들은 재 정렬했고, 다시 교장 선생님의 훈시가 있었는데, 그때 장주효가 연단에 올라가 주머니에서 종이(선언문)를 꺼내더니 몇 마디 읽다가 홍병준 선생님께서 말리며 장주효를 교무실 계단으로 끌고 올라갔어요. 장주효는 끌려 올라가면서 "대구고등은 다 썩었다!"라고 고함을 쳤고.
장주효가 교무실로 끌려간 후 교장 선생님께서 다시 훈시할 즈음, 1차로 나갔던 키 큰 친구들과 손진홍이가 언제 왔는지 운동장 서쪽 1학년 줄로 갔어요. 앞에서는 계속 교장 선생님의 훈시가 있었고. 그때 손진홍이 뭐라고 고함을 지르고 다시 "가자. 나가자!"라고 하며 소리쳤고. 그리고 키 큰 친구들 몇 명이 작대기로 1학년 학생들에게 휘둘렀고. 그러면서 모두들 교문 쪽으로 몰려나갔어요.
당시 교문에 선생님 두 분이 계셨는데, 한 분은 곽태전 선생님인 거 같고. 한 분은 구자봉 선생님으로 기억납니다. 그 두 분이 서서 못 나가도록 하는데, 그때 누군가 교문을 훅 밀어버리니까 교문이 활짝 열렸고, 선생님이 옆으로 비켜섰어요.

**그게 2차로 나간 거네요. 선생님께서도 2차로 나가셨어요?**

그렇죠. 2차로 나갔었죠. 그런데 우리학교는 교문과 큰 도로 사이에 경사가 심하고 그 가운데는 돌로 축대를 쌓아둔 상태였어요. 모두가 교문을 박차고 갑자기 나오다 보니 교문 내리막길에서 앞에 가던 학생이 넘어졌고, 그 바람에 나하고 몇 명이 동시에 넘어졌어요. 나는 도로 쪽으로 뒹굴다가 금방 일어나 행렬에 합세하여 남문시장네거리, 당시 대도극장 건너편의 남산파출소(당시는 남산지서)까지 같이 달렸습니다.

**넘어졌으면 다쳤을 텐데 계속 달리셨네요.**

다리를 다친 상태라 많이 아팠을 텐데 달리느라 아픈 줄도 몰랐어요. 나중에 알았지.

**2차에 나오셨으면 대구시내가 이미 어수선했을 텐데, 밖의 분위기는 어땠어요?**

일부 빨리 내려온 학생들은 남문시장 네거리에 있던 남산파출소의 정사복순사들한테 안 끌려가려고 반항하고, 일부 학생들은 작대기로 방해를 하고 있었고.

그리고 우리가 반월당네거리까지 오니까 중앙파출소 앞에서 정사복순사들과 뒤엉켜 싸우는 모습도 있었고. 그걸 보고 일부는 동쪽 수성천변 쪽으로, 일부는 서쪽 길로 흩어졌어.

우리가 중앙파출소 쪽을 향해 그곳에서 작대기를 휘둘고 하니까 중앙파출소 뒤에 있는 의원(병원) 옆 골목에서 사복순사들이 우리 뒤쪽으로 와서 잡아끌고 갔어요. 나는 모자를 벗어 들고 염매시장 안으로 도망쳤어요. 서너 명이 같이 뛰어왔는데 시장 안에서 뿔뿔이 흩어지고. 나 혼자 옛날 효성여중 정문 앞에까지 달려갔어. 정문 앞에서 뒤돌아보니 아무도 안 보이기에 정문 담에 기대서 한참 쉬었어요.

집에 가려면 파출소는 피해야겠다고 생각하고 일어서는데, 우측 발목이 통증이 심했어요. 주저앉아 바지를 올려보니 무릎과 발목에 피멍에 잔뜩 들었고, 발목은 퉁퉁 부어 있더라고. 2주전에 발목을 삐었는데, 다 낫기도 전에 또 삐었으니 상태가 악화된 거지.

**효성여중 정문에서 이후 어디로 가신 건가요?**

우선 경찰을 피해야 했고. 동산파출소를 피해서 약전 큰길을 건너 희도초등학교(현 희도아파트) 옆골목으로 해서 인교동 골목으로, 인동촌(달성공원 옆) 쪽으로 돌아 돌아서 다리를 절뚝거리며 원대동 집에 도착하니 저녁이었어.

모친께서 “저녁은 먹었냐? 다리는 왜 절뚝거리느냐?” “얼마 전에 다친 다리가 아파서 그렇습니다.” “어디 보자.” 다리를 보시더니 “이래 가지고 내일 학교에 가겠냐?” 하시며, 치자, 생강 등 여러 가지를 빻아서 밀가루를 섞어 발목에 붙이고 붕대를 감아 주셨어요. 당시는 정형외과도 없고, 시청 옆에 접골원 2곳이 있었는데 그곳까지 치료하러 가기도 힘들었어.

다음 날부터 삼촌 자전거를 빌려 타고 등교했어요. 체육시간 실기 시간에는 항상 열외 관전했으나 필기시험 50% 참작해 주시는 덕분에 최하위 성적은 면했어. 하하. 그때 한 3,4개월 정도 등교하는데 불편과 고통이 따랐어요.

13 | 전병조

## 경찰에게 급소 맞고 기절

**27일 일요일 등교 지시부터 여쭙겠습니다.**

나는 몇 가지 팩트만 이야기 할게요. 당일. 토끼 잡으러 간다고 학교오라고 했어요. (그날 민주당) 선거 운동하는데, 민주당 가지마라는 이야기였고.

**학교 당국의 일요 등교 지시의 이유를 감지하셨네요. 28일 시위는 어떻게 참여하셨나요?**

안영호 동문하고 내가 같이 (움직였어요). 그때 내가 키가 좀 컸어요. 손진홍 동문이 "가자!" 이렇게 해가지고. 덩치 큰 친구들 먼저 앞서서 나가고. 심(재태) 동무하고 경북여고 지나서 반월당으로 내려갔는데, 반월당가니까. 그때 (데모한다고) 소문이 났는가. 경찰이 한두 명 보였어요.

같이 간 친구, 김홍대라고, 올 3월에 작고했어요. 이 친구랑 친하니까. 우리 집은 청라언덕에 있었고, 거기서 우리 집이 가까우니까 적십자병원 우측으로 피신해서 집으로 갔어요. 이 친구 집이 동인로터리에 있었는데, 누나랑 자취를 하고 있었어요.
우리 집에 같이 있다가 (시위가) 끝난 줄 알고 이 친구 바래다준다고 나왔다가 만경관 앞에서 경찰한테 걸렸어요. 둘이 얼마나 맞았는지. 내가 급소를 맞았는지. 눈뜨니까. 대구경찰서 2층 시멘트 바닥이었고, 나는 친구 무릎에 누워 있었어. 물도 없고, 아무것도 없고. 기절해가 있었는데.

**정신을 잃었는데 경찰의 아무런 조치가 없었어요? 병원으로 이송한다든가.**

예. 그때 심재태 아버지가 심재태를 찾으러 왔어요. 대구경찰서로. 귀한 아들이니까 어디 있는가 싶어가 찾았나봐. "재태 못봤나. 재태 못봤나?" 하던 그 소리가 들리더라고.

**많이 힘드셨겠네요. 친구 아버지께 도움을 좀 요청하셨으면.**

처음에 우리 선생님이 우리를 보호하려고 한 게 있었어요. 내가 급소를 맞을 때 체육 선생 전우용 선생이 홍대하고 나를 딱 보는데, 눈짓을 딱 하는데, 나는 또 기합주려고 오라카는 줄 알고 멈칫하고 있는데, 피하라고. 도망가라고 눈짓한 건데, 사복 경찰들이 많으니까. 제자들이 추격당하니까 피하라고 신호 보낸 건데 (우린 몰랐죠). 나중에 보니까 선생들이 꽤 있었어. 여기저기에 같이.
근데 언제 뭐 두 번 눈 마주치기 전에 홍대하고 같이 딱 맞아가지고 기절하고.

**그 이후에는?**

대구경찰서 마당에 전부 집합을 시켰어. 마당에 잡은 학생들 다 집합

시켜서 세워두고 훈시를 하더라고. 훈시를 한 사람이 남용진이라. 대구경찰서 지금의 중부경찰서. 남용진 서장이라. 설득을 하더라고. 그때 그 양반이 위협을 하거나 그런 건 없었고. 학생들을 설득 했어. 장시간 동안. 이러면 안 된다. 그러면서 보내주고.
누구 무릎에 누웠는지도 모르겠는데. 그 다음에 기억이 없어.

**마당에 있는 학생들에게 경찰들의 구타는 없었나요?**

거기서는 없었어요. 그전에 남대구경찰서에서는 맞았다고 하는데, 대구경찰서에서는 모르고. 나는 만경관에서 급소를 맞아가지고 친구도 어떻게 되었는지 모르고. 대구경찰서에서 친구 무릎에 있었으니까. 모르고.

**그리고 언제 깨어나셨어요? 집에는?**

그게 해 질 무렵에 보내줬지. 김홍대 이 친구가 집에 안 가고. 우리 집에 데려다 주고.
그 이튿날 아침에 기독교방송 '보이스 오브 아메리카'에 대구에서 학생들이 데모를 했다고. 뉴스가 나오더라고. 그래서 전국적으로 확산. 소문이 난 걸로.

**그때 경찰서에서 구타 당한 선생님도 계시던데요.**

**이복웅** : 전우용 선생님이 그때 (경찰한테) 맞아가지고 한 달 넘도록 병원에 입원했어. 선생이 학생을 이렇게 가르쳤다고.
**전병호** : 경찰서에 찾아와가지고 맞았어. 한 가지 재미있는 거는 경상감영공원 앞에서 경찰이 잡으려고 하니까 경찰 모자를 벗겨서 던졌어. 그 경찰이 모자 주우러 가는 사이에 도망가고.

## ■ 3차 구술 인터뷰

구술 인터뷰로 진행될 내용은 대구고등학교 2·28민주운동에 관한 이야기입니다. 질문에 따라 당시 각자의 경험을 말씀해 주십시오. 고등학교 2학년 때의 일이므로 기억이 희미할 수 있겠으나, 한 분이 말씀하시면 다른 분들도 비슷한 경험이므로 당시 장소에 따라 여러 기억들이 떠오르리라 봅니다. 동시대 동일한 사건에 대한 경험이지만 개인의 경험은 다 다를 것입니다. 각자의 경험 이야기가 중요합니다. 그 경험 하나하나가 의미 있는 역사의 기록이 될 것입니다.

---

3차 구술 인터뷰는 2019년 6월 1일 서울 교대역 인근 식당에서 진행되었다. 1회 동기회 모임 때 진행된 인터뷰였으며, 개인적으로 인터뷰를 진행하기 전에 본 기록사업의 방향과 취지, 질문 등을 구체적으로 설명하였다. 대상자는 권구일, 김안호, 박종률, 이기철, 임영기, 정태규, 최수봉, 최병태 선생 등 8명이다. 이복웅(대구 동기회장) 선생도 참석하였다.

14 | 권구일

## "산에 가기 싫은데 잘 됐다. 나가자!"

**28일 일요일 학교에 나오라는 말은 언제 들으셨어요?**

27일. 조회 시간에. 일요일날 나오라는 말은 학교에서 들었지. 수성천 변에서 강연이 있었다고. 요새 말하면 선거유세. (그런데 그날 일요일인데) 앞산에 토끼 잡으러 간다고 (학교 나오라고 해서) 그때 입이 툭 툭 튀어나왔지.

그 뭐 2학년 땐데 뭐 정의감이고 뭐고 그런 건 전혀 없었던 거 같아요. '왜 노는 날 왜 나오라는 거지? 특히 야당이 유세하는데….' 우리 나름대로 판단을 했지. 그래서 못 가게 그러는 모양이다. 그 정도로 알았던 거지. 그 외에는 별로. 그렇게 판단하고.

**일요일 등교 지시에 불만을 갖고 있었는데, 28일 등교는 전체 다 했었나요?**

28일 그날 모였을 때 몇 명이 왔는지. 하여튼 전부다 나온 건 아니었어. 출석 부르는 것도 아니니까. 교장 선생인가? 체육 선생이. 이야기하고 있는데, 하여튼 누가 "나가자!"고 했어. 아무튼 누가 나가자 해가지고. “아이고 잘 됐다. 산에도 가기 싫은데.” 그래가 확 나왔어.

**교문으로 뛰어나오셨네요.**

앞에 선생님이 두 사람인가. 세 사람이 있었어. 있었는데, 갑자기 학생들이 확 나가니까. 그때 학교 선생은 막고 그랬는데, 튀어나가니까. 그 학교 선생은 아니고. 학교 수위하고, 학교 수위는 우리가 매일 보니까 아는데, 누가 있었는데. 우리가 전혀 모르는 사람이 한 사람 있었다고. 그 사람이 막 “빨리 나가라!”고 했는데, 그래가 나중에 “저게 혹시 또 간첩이 아닌가?” 우리끼리 그런 이야기 했다니까. 선생은 아니고, 경비도 아니고, 막 나가라고 막 카니까.

나중에 끝나고 돌아와가 우리끼리 “야, 그거 간첩이 아이가?” 이랬다고. 뭐 나갔는데. 학교에서 나와가 명덕로터리가 나오고. 저쪽으로 가면 경북여고가 나오고. 일부는 바로 내려가고.

**명덕로터리로 바로 내려가고.**

일부는 누가 “야, 경북여고로 가자!” 해가지고 거의 반반.

**경북여고로 간 이유는?**

데리고 가야된다고. 경북여고도 데리고 가야된다고 그쪽으로 갔지. 그래서 반월당에서 만났지.

**누굴? 경찰과 반월당에서 만난 건가요?**

반월당 가니까 경찰들이 이미 나와 있었어. 잡혔는 친구들도 있고. 나는 어영부영하다가 잡혔는데. 얻어맞고 뭐 그런 건 없었어.

**잡혀서 어느 경찰서로 갔어요?**

경찰서에 갔는데 어디로 갔는지 확실하게 기억이 나지는 않아.

**도경찰국?**

확실히는 모르겠어. (나를) 조사하면서 감정이 있어가지고 때리는 건 아니고. 꿀밤처럼 툭 하면서, “이놈 새끼들! 공부는 안 하면서” 카더라고. 그래가 이름 적어 놓고 왔어. 그게 끝이야.

그러고 한참 있다가 조용하니 그랬는데. 학교에서 “경찰서에 가서 조사를 좀 받아야하는데, 니가 학교 대표로 가라.” 이러더라고.

**그건 누가?**

담임 선생님이. 위에서 연락을 받았겠지. 나는 그때 주도적으로 하지도 않았는데, 그때 내가 반장이었어. 그래 내가 가니까. 경북고등학교에서 온 사람도 있더라고. 교복을 보니까. 아마 그날 각 학교에서 대표로 다 왔던 모양이야.

**몇 명 정도 오셨나요?**

그건 확실하게 기억나진 않아. 내가 본 건 경북고등학교가 앉아있고. 지금 생각해보면 조서를 썼던 거 같애. 조서를 쓰면서 내한테 묻는 게 답이라. 자기가 쓰면서 뭐 “이런 이런 이유 때문에 했지요?” “예 예 예.” 솔직하게 그런 거 처음에 물을 때. “정의감이나 뭐…. 그렇죠?” “어, 예 어 예 예.” 이래가 주르륵 써 내려가더라고. 한 두서너 장 썼어.

**꾸며 놓은 조서를 쓴 거네요.**

그렇지. 그리고 지장을 찍고. 그러고 끝나고 왔지.

**그 이후로는 부르거나 그런 건 없었고요?**

없었고. 조용했으니까. 경찰이나 이런 쪽에서도 고등학교 2학년 학생들이니까. 지금 같으면 모르지. 지금 같으면 하도 막 복잡하니까. 지식 수준들이 그때 고등학생들이랑 다르니까. 그때 주동했던 친구들은 모르지. 그런 쪽으로 머리가 조금 발달된 친구들이 돼가지고….

나는 가서 조서, 그거 쓰고 할 때도 내가 아닙니다. 하기에는 그렇고. 정의감에서 한 거니까. 물을 때도 아이고 그건 아닙니다. 산에 올라가기 싫어서 한 겁니다. 이런 이야기는 하기 싫더라고. 그래서 그렇지요? 하니까 네 네 네. 그러니까 넘어갔뿌데.

**경찰서에서 불렀던 건 2·28 끝나고 4·19 전에 일어난 일인가요?**

끝나고 조용할 때. 4·19 전이지. 날짜는 모르겠어요. 내가 갔다 오고 난 뒤에 학교에서, "왜, 점마가 가? 저거는 주도적으로 한 친구도 아닌데. 왜 지가 가가지고…." 난 내가 가고 싶어서 간 것도 아닌데. 그런 불평도 좀 들었어요. 학교에서 가라고 해서 간 건데. 그것도 3학년 1반이고.

**3학년 1반이면 4월 초에 가셨네요. 4월에 학년 시작하니까.**

모르겠어. 근데 내 혼자 생각해보면. 내가 주도적으로 한 건 없는데 날 보낸 거는, 그냥 상징적으로 1반부터 6반까지 있으니까. 3학년 1반 반장을 보내는 게 안 괜찮겠나. 아마 선생들끼리 이래 이야기가 됐는지. 난 그걸 모르지. 그냥 가라고 해서 갔으니. 그라고 그 자체가 문제가 안 되었고 전체적으로 조용해져버렸어. 그게 끝이라.

15 | 김안호

## 아버지의 자술서

(질문하기 전에 먼저)

나는 잘 기억은 안 나는데.

**2·28 참여하신 이야기 기억나시는 대로 편하게 말씀하시면 됩니다. 데모 한다는 이야기는 언제 들으셨어요?**

28일 운동장에서 들었어.

그날 데모하다가 남대구경찰서에 수감이 되었어. 수감이 되었는데, 나는 내가 아버지가 젊으니까. 아버지하고 30살밖에 차이가 안 나니까. 25살 정도 (차이 나는데). 아버지가 와가지고 자술서 써주고. (보호자가 자술서) 해주는 사람은 빨리 빼주겠다고 그래서. 그걸 순진하게 듣고 아버지한테 전화를 해가지고. 아버지 사업하는데 오시라 해가지고 아버지가 풀어주셨어요.

**경찰서 전화로 아버지 사업장으로 연결해주셨네요.**

그러니까. 경찰서에서 전화로 자리를 연결해줬어.

**아버지는 어떤 사업을 하셨는지?**

아버지는 대구 서문시장에서 섬유 사업하셨어. 아버지 밑에서 자랐는데, 공부도 열심히 해서 대구고에서 공부를 굉장히 잘했어요. 연세대학교 상과에 유일하게 합격을 했어. 대구고에서 3명이 들어갔어요.

**아버님께서 남대구경찰서로 오셔서 자술서를 써주시고, 가면서 뭐라고 말씀하시던가요?**

좋은 일은 했는데, 앞으로는 학교가야 되니까 조심하라고 하셨지.

16

# 박종률

## 친구와 약속을 지킬 수 없었던 그날

**2·28 때 활동한 행로 좀 말씀해 주시겠어요?**

리더가, 우리가 저항을 해야 된다고 해서 거기에 호응을 했어. 대명동으로 해서 종로까지 갔어요. 종로에 가니까 형사들이 앞을 막았어요. 그래서 옆으로 해서 골목으로 막 들어간 거야.

**진골목?**

예. 거기로 들어갔어요. 거기서 또 형사가 또 기다리는 거야. 그래서 꼼짝 못하고 경찰한테 딱 붙잡혔지. 그래서 종로경찰서[1]로 간 거 같애. 그때 내 친구하고 그날 만나기로 했는데, 그날 그냥 간단하게 토끼몰인가 뭐 하고 와서 저녁에 만나기로 했는데, 경찰서에 잡혀 있으니까 어디 갈 수가 있어야지. 괴로울 때가 있었지. 그래가 여하튼 저녁 늦게 훈방이 돼서 집으로 간 거 같애요.

1) 대구경찰서로 잘못 알았으며 후에 정정함.

**경찰서 가서 구타를 당하거나?**

그런 건 없었던 거 같애. 경찰서에서 구금을 당하고 있었는데, 경찰서에서 우리가 난동을 부렸으면 제지를 당했을지 몰라도, 우리가 난동들 부리지 않은 거 같애. 그래서 그냥 있다가 잡혀온 놈이 너무 많으니까. 처치 곤란이니, 밤 11신가 늦게 훈방을 해주더라고. 그래가 집으로 갔어.

**종로경찰서? 아니면 대구경찰서?**

나는 이때까지 종로경찰선데, 지금도 대구에 있는지는 모르겠는데, (옆 사람한테 물어본 후) 대구경찰서라네.

그때도 우리가 말이야, 무슨 놈의 일요일날 토끼를 잡냐고 그러며 흥분을 했지. 그래서 반기를 들고. 사실 학교에서 가자고 한 걸 안 간다고 하는 건 각오를 해야 되는 거야. 그러이 각오를 다 하고 했는데. 지금 생각하면 잘한 거 같애. 가장 영광스러워. 그러고 이게 도화선이 돼서 4·19, 5·16이 일어나서 우리나라 되었다니까. 좀 뿌듯해요. 근데 내가 그때 좀 해서, 내가 선봉에 있었으면 좋았을 텐데, 그때 선봉에 못 서서 그게 아쉬워.

**성함은?**

박종률. 2학년 3반이야. 담임 류시열? 선생님. 1-5반, 3-5반.

그리고 말이야, 그 일을 좀 자랑스럽게 생각해. 그 후에 기념탑도 만들고 이래서 내가 대구 내려가면 '그때 우리가 참 잘 했구나.' 생각한다고.

**당시 부모님하고 같이 사셨어요? 아님 하숙이나 자취?**

나는 집이 경주고, 대구에서 하숙했었죠.

**2·28로 인해 부모님의 걱정은?**

조금 걱정 하셨겠죠. 우리 아들이 저기 휩쓸려서 피해를 볼까 했는데, 그때 데모 선두에 못 섰기 때문에 피해가 없었으니 우리 부모님은 안심을 했는지도 모르지.

## 17 | 이기철

### "왜 대구고등은 언론에 안 나오냐? 선배 없다고 얕보냐?"

2·28이 왜 생겼는지부터 알아야 하는데, 그때 새날동지회에 경북고등, 대구고등 학생회장단들이 주축이 되었어요. 28일에 수성천변으로 못가도록 학생을 묶으니까. '학생들로서 떳떳한 항의를 해야 된다.' 그런 마음이 학생들의 순수한 마음이에요. 새날동지회는 앞으로 어떤 정치와 학생들의 (활동을) 독립적으로 만든 거지만은. 그 사람들을 주축으로 만든 거고. 2·28을 만든 동기입니다. '학생을 정치의 도구로 만들지 마라.' 이 말은 벌써 조선일보 최석채 씨가 말을 했어요. 최석채 씨는 경찰 출신으로 언론계통에 투신을 하셨어요. 대구매일신문에 최석채 씨가 주필을 할 때 자유당에서 테러를 한 거예요. 윤전기에 모래 뿌리고.

**백주의 테러, 최석채 필화사건이죠.**

그때 최석채 씨가 쓴 것이.

**학생들을 정치 도구화 하지 마라. 그 구호가 2·28 구호로 들어간 거네요.**

대구에 윤풍홍이랑 장주효하고 몇 사람 있는데, 손진홍이가 윤풍홍이네 기거를 했어요, 칠성동에서. 장주효 집도 칠성동[1]이거든.

쭉 인편으로 밤에 연락을 했는데. 지금 누군지 기억은 못하겠고. 학생들은 그렇게 연락을 받았고. 하나 목적이 우리는 각 학교마다 달랐어요. 학생 동원하는 것이 달랐어요. 대구고등은 토끼사냥한다고 하고. 당시 그 작대기가 경주, 중·고등학교 수학여행가면은 작대기 하나 사서 (옵니다). 그때 그 작대기를 다 하나씩 들고 간 거예요.

일요일에 우리가 왔는 동기는 이거다. 그 전에 사전 연락을 한 것이. 각본이 짜여져 있었어요. 경북고등과 대구고가 몇 월 몇 시에 만나 출발하기로. 그런데 그것이 중간 연락체계에 의해서 잘못됐어. 한쪽에서는 우리는 출발했다. 뭐 우리는 선언문을 빼앗겼다. 서로가 연락이 안 돼. 그 당시에는 인편으로 했으니까.

대구고등에서 대봉동까지 2km 되거든. 그걸 연락하려고 하면 암만 뛰어도 30분 거리야. 그래서 이게 연락이 안 돼서 경북고에서 먼저 출발한 거예요. 이 친구들이 벌써 반월당 거쳐가지고 중앙통 거쳐가지고 경북도청까지 거쳐서 간 거예요. 걔네들은 거기서 파멸 해뿌고. 우리는 도청이 목적이니까.

우리가 출발한다는 이야기가 그 이후에 나온 거예요. 그때는 이미 반월당에서부터 바리게이트쳤고. 중앙파출소까지 진입할 수 있었던 거는. 작대기 가지고, 경찰봉은 요만해요. 그래서 머리 터진 친구도 있을텐데, 그런 게 안 나오더라고요. 그래서 잡혔는데, 일부는 대구경찰서. 일부는 남대구경찰서로 가고. 남대구경찰서 가서 인적확인하고 확인

1) 실제로는 동인동이다

된 사람들은 먼저 석방하고.
경찰 정보망에 적힌 거는 29일, 3월 1일에 또 하려고 했지. 학교 학생회장단에서 힘깨나 있고 말깨나 잘하는 친구들을 불러 모았죠.

**경찰서에서?**
학교에서 불렀죠. 남대구경찰서장실에. 요새 같으면 감금이지. 유치를 했어요. 경찰서장실에 우상봉 씨 방에 유치를 했지. 그 사람이 학생들이 데모를 하면 안 된다. 3월 1일 데모를 못하도록 거기서 유치를 했어요. 거기서 유치해서 학생들을 회유하고.
그 당시에 제일극장. 그때 학생들이 영화 보러 갔어요. (이 일은) 들은 게 아니고 저도 같이 겪었으니까. 그날 오후에 동아일보에서 대대적으로 보도가 나왔어. 대구일보나, 대구매일신문에도. (그런데) 경북고등학교 이거 밖에 안 나왔어. 대구고등은 하나도 안 나왔어. 사진에는 대구고등도 있는데.

**대구고등은 사진이 없다고 하던데.**
있어요.

**가지고 있어요?**
없어요. 그래서 "언론에서 우리가 선배도 없다고 너무 푸대접하는 거 같다. 우리가 다른 거 말고 대구매일(신문사)에 항의하러 가자." 이래서 갔지.

**항의하러 간 날짜는?**
우리가 3월 3일이나 4일쯤에. (2·28 이후) 2,3일 지난 후에 매일신문사 갔어. 그때 우리 대구고등 출신들이 약 30여 명 이상이 간 것으로 알고 있어. 옛날 대구매일신문 사옥이 남산동에 있었거든. 그 사옥에 갔는데. 신문기자들이 하나도 안 나와요.

**사옥이 1층, 2층 있었죠?**

(우리를) 옥상으로 유치를 하더라고. 옥상으로 안내를 해주는데, 옥상에 신문기자들이 안 나와요.

우리가 항변을 하면서 "왜 안 나오냐?"고 하니 봉변을 당할까 싶어서 그 사람들이 안 나오는 거야. (신문사도) 알지. (우리가) 왜 왔는지. 편파적이라는 걸 따지러 갔으니까.

그 당시에 나온 사람이 제 중형이에요. 둘째형. 이름이 이기창. 매일신문사 사회부장이었던 둘째형이 나왔어. 그 형에게 "우리가 선배도 없고 그래서 이런 푸대접받는 게 아니냐?" 그랬더니 그 형이 하는 말이 "여기에 왜 선배가 없냐? 대구중 출신도 있고. 경북중학 출신 선배들도 있는데 왜 선배가 없다고 생각하느냐? 그런 건 아니다." 그렇게 회유를 해가지고 (우리를) 보냈어요.

그런데 형님이 이후에 하는 말이 "내가 거기 왜 갔냐면, 학생들한테 아무도 안 가려고 하는데, 틀림없이 자네가 왔다는 생각이 들어서 내가 나간 거다. 다른 사람들은 해코지를 당할까봐 안 나오고. 나는 니가 있기 때문에 간 거다." 그랬어.

우리 대구고등 1회 졸업생들이 경북중학에서 출발했기 때문에. 2회에는 우리하고 졸업한 친구들이 무지하게 많아요. 경북중학교 졸업한 애들이 대구고에 2회에 많이 입학을 했단 말이야. 재수했다가 입학한 애들이.

**같은 동기네요.**

졸업했단 말이야. 걔들이 많이 포진되어 있었어요. 경북중, 경상중, 대구중 출신들, 다른 곳 출신들이 재수를 하거나 많이 포진해 있었지. 그 1,2회 학년 구분이 없었어요.

인원이 그렇게 구성되어 있었기 때문에 데모가 다 같이 나갈 수밖에 없었어요. 여기에 보면 앞에는 거의 공부한 애들이 있었고. 뒤에서 덩치 있고 힘이 있는 친구들이 키 작은 학생들을 동요해가지고 밀어내면서 동시적으로 나간 겁니다. 앞에 있는 사람들이 밀어서 나간 게 아니에요.

**앞에 있는 사람이 밀어낸 게 아니고 뒤에 있는 사람이 앞에 있는 사람을 바깥으로 밀어붙인 거네요.**

중심이 있고, 뒤에 있는 친구들이 나가자 그러고.

**앞에 있는 애들이 휩쓸려서 나간 거고.**

그렇게 된 거에요. 누가 여기서 선동을 해가, 선동은 했죠. 그리고 뒤에 체격이 큰 친구들이 한 거라고 알고 있어요. 저도 그랬고. 여기 이름 이렇게 있는 건 아니에요. 최상훈 이 사람은 맞아요. 이 사람은 옛날에 건달도 했으니까.

18 | 임영기

## 사친회장 이모부가 더 걱정되고

**데모한다는 이야기는 언제 들으셨어요?**

아침에 정문에서 몇몇이서 (전해줬어.)

**학교에 들어가기 전에?**

극비적으로 그냥 생각하고 있었어. 그리고 교단에서 손진홍이가 그럴 때 일시적으로 그냥 같이 했지.[1]

그때 당시 고 분위기 아침에 감지 돼가지고 갔을 때. 몇몇이 저한테 이야기를 하더라고요. 저는 그때 위치가 사친회장이 저 보호자였습니다.

**사친회장이 아버님? 어머님?**

아버지가 아니고 저희 이모부입니다. 대구고등 설립 할 때 제일 큰 공을 세우시고.

1) 교단에서는 장주효 선생이, 손진홍 선생은 교문으로 들어서며 외쳤다.

**아, 대구고 설립자셨어요?**

대구고보를 계승한다는 의미에서 대구고등을 설립할 때 주도적으로 하셨고. 그 직계는 아니지만 이모부이셔서 제가 대구고등을 다니게 되고 사친회장을 3년 동안 하셨고.

저는 그런 주도적인 인물은 못됐지만, 그날 분위기를 봐서 손진홍한테서 어느 정도 귀띔이 왔어요. 저도 묵과적으로 했지만은. 일이 벌어져가지고 교문을 밀치고 나갔어요.

반월당까지는 승승장구로 갔어요. 조금 있으니까 경찰 트럭이 온 데서 나타나가지고 3선[2]인 경북고등학교, 1선[3]인 대구고등학교 무조건 잡아가고. 그런데 그걸 뚫고 대구소방서 앞까지 갔어요. 근데 트럭들이 무조건 잡아가지고 끌고 가는데. 이렇게 끌려가지고.

**교복 뒷덜미를 잡혀서 차에 실리신 거네요.**

그때는 경찰차들이 트럭이었어. 트럭에 싣고 갔는데 대구경찰서에. 전부 뿔뿔이 흩어졌으니까. 대구고등 뿐만 아니라 전부 꿇어앉아 있었는데. 니가 어쨌니. 저쨌니 그러는데, 한참 따지고 그랬는데. 뭐가 있었는데 그게 기억은 없어요. 대답만 하다가 뭐 조서를 꾸미는 거 같았는데, “어떻게 해라 훈방을 하겠다.”

**훈방 조치하겠다고 회유한 거네요.**

네. 경찰서 들어갔을 때에는 일부 경찰들한테 발로 차이기도 했지. 어린놈들이 뭐 어쩌고저쩌고 하고. 그러다가 나왔죠. 다 보내줬어요.

---

2) 3선: 경북고등학교 교모에 두른 흰테가 3선이었다.

3) 1선: 대구고등학교 교모에 두른 흰테가 1선(8mm)이다.

사실은 겁이 나는 게. 그때는 자유당 시절이었으니까. 우리 이모부가 상당히 겁이 나서 경찰서에서 입조심 했어. 그분이 그전에 자유당 아니고, 무소속으로 유일하게 당선 되신 분입니다.

**무소속으로 당선? 어디에?**

대구시장에. 그때는 자유당이면 올빼미 그런 거로 해서 거의 다 당선이 되었어요. 그런데 워낙 인기가 많아서 무소속 당선이 되었어요.

**이모부 성함이?**

김종환. 무소속으로 2번 역임하셨어. 대구에서 자유당시절에. 그리고 대구 남구 국회의원도 하고. 그분 명예 때문에 나도 조심하고. 신분관계 말 안 하고 조심했어요. 이후에도 우리 이종이나 다 이 사실은 전혀 몰라요.

**그 다음날 학교 분위기는 어땠어요?**

그 이튿날 학교에 가니까 아- 전부다 맞은 거. 그런 이야기들뿐이더라고. 나도 마찬가지고. 그게 전부고. 하이튼 그래 됐어. 전부다 다 맞은 거밖에 이야기 안 하더라고. 누구는 줘어 박힌 거. 누구는 무릎 까이고. 나도 마찬가지고. 그게 전부고. 그게 그렇게 되었어. 이게 무슨 정의냐 따지기 전에 '이거는 아니다.' 그런 생각은 있었어.

**다들 그런 생각을 갖고 있었어요.**

"일요일날 학생들을 학교에 나오라고 하고, 정치적으로 학생들을 가지고 이러는 건, 이거는 아니다." 했었지. 그 정도였어. 우리는 고등학교 2학년 정도였으니까.

19 | 정태규

## 교복카라를 태극기로 애도(哀悼) 표시

**28일 일요일 등교 지시는 언제 들으셨어요?**

27일. 내일 앞산에 토끼 잡으러 간다. 학교 나오라고 했어. 그때 앞산에 눈이 허옇게 있었어.

**데모한다는 소식은 언제 접하셨어요?**

누가 우리 집으로 왔는데, 아침에 나한테 전하는 말이, "학교에서 오늘 집합하라는 종 치면은 집합하지 말고 그냥 나가자." 누가 통보를 해줬는데, 걔가 누군지는 기억이 안 나고.

**그날 학교에 몇 시까지 등교했어요?**

평상 시 대로. 학교에 나오라는 시간대에 나갔지. 우리 집이 남산동인데 학교 가는 길에 있었어. 등교하는 시간보다 빠른 시간에 누가 알려주러 왔었어. 내가 그 당시 학교에서 규율부를 했거든.

그리고 그 당시에, 내가 선거가 있을 당시에 내가 학생동복 카라에 흰 뿔 카라 대신 태극기를 두르고 다녔거든 목에다가. 그거는 증언해줄 사람이 있고.

**그때가 2·28 때가 맞으세요? 혹시 4·19때 아닌가요?**

4·19가 아니고 2·28때. 호남선에서 대통령 후보 돌아가시고 그럴 때.

**호남선에서 대통령 후보 돌아가신 분은 해공 선생이고요. 조병옥 박사 아닌가요?**

(옆에서 최수봉 선생 : 맞아. 조병옥 박사.)
그때 둘이서 태극기를 두르고 다녔는데, 내가 하는 거 보고 자기도 하고 다니고.

**조 박사님 돌아가시고 계속 태극기를?**

예. 2·28 때까지.

**2·28 그날도 태극기 카라를 하고 데모하셨어요?**

태극기를 목에 걸고 반월당에 가서 걸리면은, 이게 좀 크게 걸릴 거 같아서. 그때 반월당에 아버지 회사 사무실이 있었는데, 태극기를 풀어서 사무실에 두고.

**반월당 부친의 가게에 태극기를 두고 가셨어요?**

그때 아버지 회사가 파일토건이라고. 산격동에 경북도청을 짓고 가창상수도댐을 만든 회사. 아버지가 산격동 경북도청의 현장소장이었지. 가창상수도도 그때 했는데, 아버지가 현장소장으로 있으면서 사무실이 있었는데, 태극기를 지나가면서 어디다가 버릴 수는 없으니까 거기에 벗어두고 갔어. 손병권이라는 친구가 나하고 같이 목에 태극기를 한 친군데, 서로 목에 태극기를 한 걸 기억하지.

**목에 태극기를 단 건 조병옥 박사가 돌아가시고 슬픔의 애도표시로?**

그렇지. 2·28까지 했고. 2·28 때 잡혀서 지프를 같이 타고 간 김종하는 죽었어. 포항 감포 쪽에 있어서 우리 같이 놀러갔어. 친한 친구였어.

**태극기 벗어두고 그 이후는?**

다른 애, 김종하랑 나랑 같이 데모를 하다가 한 3,40명이 붙잡혀가지고. 김종하라는 애랑 나를 경찰 지프 뒷좌석에 지휘관이 태우고 갔는데, 우리가 학생들을 지휘를 하니까 뭐 좀 되는 줄 알고 태웠어.

우리가 도경에 갔는데, 그 도경에서 큰 뭐는 없고, 몇 시간이 흐르고 난 뒤에 경찰이 “여기 주동한 사람이 누구냐?” 그러니까 내가 “접니다.” 하니까. 옆에 있는 친구들이 쳐다보니까, 주동한 애가 아닌데, 제가 접니다 하니까. 그 옆에 있는 놈들도 “접니다. 접니다.” 서로 이러니까. 경찰들이 “이 새끼들이!” 이랬어. 그리고 좀 시간이 지나고 저녁에 다 학교 와서 헤어졌는데,

**학교에서 헤어졌어요?**

예. 학교서 데리러 와가지고 잡혀서 학교까지 걸어왔어요.

**학교까지 걸어서?**

걸어서 학교에 와서 훈시를 듣고 집으로 갔어.

20 | # 최병태

## 진골목으로 숨고 또 숨어

**28일 일요일 등교 지시를 듣고 어떠셨는지 이야기 좀 해주세요.**

내일 일요일에는 원래는 장면 박사 유세 연설하는 날인데, 우리를 그날 전부 못 가게 한다고 28일 학교에 나오게 한 거라고 했지. 그때 토끼를 잡으러 간다고 했어.

**28일 상황은?**

일요일날 장주효가 교단에 뛰어 올라가서 "인류 역사에 이런 일이 있었는가…." 연설을 하고 독일어 선생님이 말리러 올라가서 내려오고.

**어수선하고 좀 긴장되는 상황이었네요.**

나는 장주효하고 같은 반이라. 우리는 "가자!"해서 다 알아듣고, 그게 그 자리에서 처음 안 거지만, '아하! 이게 이때까지 흘러왔던 부정선거!' 이렇게 다 알고 있었으니, '가자' 할 때 나갔어요.

반월당쪽으로 가니까 경찰들이, 무술경관들이 우리를 막 치고 엎고. 그 다음에 그때 반공청년단이라고 했나? 계성고등학교 선생 했던 신도환 씨가 반공청년단 회장인가 그랬어요. 거기 세 사람이 와서 우리를 막고 이랬어요.

**반공청년단이 막았어요?**

예에. 그 사람들도 오긴 왔는데, 직접 당하진 않아도. 그 사람도 왔다고 하더라고. 거기서 경찰서로 끌려간 사람들도 있고. 아니면 우리는 옆으로 골목으로 다 들어갔어요. 들어가서 창고에 한 대여섯 명이 있다가, “이 집이 누구네 집이냐?”하고 있는데, 주인이 나왔어. 계성고등학교 무슨 선생님 집인 거라. 그래서 거기 창고에서 5~6시간 있었어.

**경찰서는 안 가셨고요?**

경찰서엔 안 가고. 나중에 학교 와가지고 “가련다 떠나련다….” 이런 노래 있지? 그런 노래하고.

**유정천리.**

유정천리 노래하다가 나는 (선생님한테) 잡혀가지고 학교 교장 선생님이 “너 그런 노래하면, 너 부친이 학교 교장 선생님인데 안 된다!”고 하셨고.

**그 노래는 언제 부르셨어요?**

유정천리 노래는 2·28 다 끝나고 나서. 그 다음에 학교 등교하고 나서.

**아, 그러면 29일 월요일에 부르셨네요.**

그 이후에. 끝나고 나서. 당시만 해도 나는 상주가 고향인데, 김천쯤 가면은 민주화운동하던, 소위말해서 야당, 대구가 야당도시였어요. 조재천 씨라든지, 박순천 여사라든지. 소위 말해서 불 끓는 도시였어. 나는 하숙했는데, 김천으로 가서 상주로 가려고 하면, 민주당, 소위 말해서 정치하는 사람들이 목에 두르는 걸 입고 '자유가 없다' 이러면서 쇼도 하고 그랬어. 그때 분위기만 해도 나라에 이승만 대통령이 장기 집권하는 데에 반대가 굉장히 많았어. 요즘 말하면 민주화 운동 비슷한 운동을 하는 사람들을 곳곳에서 볼 수가 있었어. 우리 고등학교 어린 나이에도 그런 정의가 살아있었지.

21 | 최수봉

## 민주당 박순천 여사의 지지를 받다

운동장에서 모여서 만나서 밖으로 뛰어나간 건 다 구술이 됐으니 비슷할 것이고.

**그래도 선생님 경험을 말씀해 주세요.**

운동장에 모였어. 학교에서는 앞산에 토끼를 잡으러 간다고 다 모여가지고, 선생님이 1반은 왼쪽으로, 2반은 오른쪽으로 가라고 했는데. 그때 그 당시 2·28 주동했던 장주효, 손진홍이 거기 있다가 확실히 기억은 안 나는데, 장주효인지, 손진홍인지 모르겠어. 그때 밖으로 나가면서 "이런 일이 있어선 안 된다!" 하면서 전부 다 뛰쳐나갔거든요. 나가서 거기서부터 전부 쭉 같이 나갔어요. 대명동 로터리[1]를 거쳐서 반월당까지 갔는데 그때 다 같이 갔어요. 반월당까지 갔는데, 반월당에서 경찰들이 와가지고 학생들을 막 잡아가기도 했는데. 그래서 흩어져가지고 반월당에서 어디로 뛰어갔냐면, 반월당에서 내려가면은

1) 대명동로터리가 아니라 명덕로터리이다

그때 아마 대구소방서일 거예요.
매일신문, 중앙통 쪽에. 그쪽으로 가다가 그때 누구를 만났냐면. 민주당 유세차량을 만났어.

**유세차가 반월당으로 지나갈 때 시위하면서 만난 거네요.**

그렇지. 그렇지. 그 유세차에 누가 탔냐하면, 민주당 박순천 씨가 탔어. 마이크를 잡고 오늘 방천에서 유세를 하니까 나오라고 하는데, 우리 학생들이 막 뛰어가니까 박순천 여사가 "학생들 왜 그러냐? 왜 그러냐?"고 묻는 거야.
그때 당시에 민주화라는 말이 없을 땐데, 우리가 "오늘 일요일인데도 불구하고 현 정권에서 학생들을 학교 나오라고 하면서 유세를 못 보게 한다. 우리가 이거를 항의하기 위해서 나왔다. 이래서 되겠냐?"고 하니까. 박순천 여사가 "이야! 정말 이거 잘한다. 학생들 계속 해라. 잘한다!"고 하면서 우리를 격려해주더라고. 그리고 박순천 유세차가 지나가고. 우리는 쫓겨서 가다가.

**유세차가 있을 때는 경찰들의 제지가 없었어요?**

유세차가 지나가고, 우리는 다시 만경관 쪽으로 쫓겨 가다가 경찰한테 붙들렸는데, 나 혼자 아니고 7,8명 정도. 그래가지고 어디로 갔냐면 도경찰국으로 갔어.
가서 보니까 거기 한 50명 가까이 될 거야. 거기서 구타는 없었는데, 이야기하면서 꾸중도 하고, 나중에 진술선지 시말선지 그걸 썼어요.

**뭐라고 썼어요?**

그건 기억 안 나고. 학교랑 이름이랑 뭐 썼는데, 쓰고 선생님이 찾아오셔서 우리를 인솔해 갔는데, 그때가 저녁 해 떨어질 때였어. 서너 시간 넘게 붙잡혀있었고. 선생님 인솔 하에 대구고등학교 (운동장) 연병장에 있었어.
그때 교장 선생님이 정진기셨나? 올라오셔서 눈물을 흘리시면서 "너거들 왜 그러냐?"고 연설 좀 하셨고. 전부다 헤어져서 집으로 갔는데. 집에 갈 때도 선생님이랑 같이 가고. 집으로 갈 수 있도록 해주셨고.

**2월 28일 시위한 기억이네요.**

예. 지금도 그 기억이 새록새록 하네.

■ **4차 구술 인터뷰**

오늘 구술 인터뷰 내용에는 대구고등학교 2·28민주운동 중 중간 조직의 활약이 좀더 자세하게 드러날 것 같습니다. 당시 많은 학생들이 손진홍 선생님과 장주효 선생님의 연락을 받고 조직적으로 움직이신 것을 최근 인터뷰에서 확인했습니다. 오늘도 직접 연락을 받고 움직이신 분들의 활약, 그 연장선상에서 이루어질 것 같습니다.

---

4차 구술 인터뷰 대상자는 민태식, 윤국웅, 이성실 선생 등이며, 2019년 6월 2일 서울 양재역 인근 카페에서 인터뷰를 진행하였다. 민태식 선생은 자술서를 참고로 구술 인터뷰 내용을 추가하였다. 이복웅(대구 동기회장) 선생도 참석, 기억을 반추하는 과정에 일조하셨다.

22 | # 민태식

## 대의원으로서 맹활약

### 자유당과 이승만 정권에 대한 국민의 분노

1960년 3월 15일 대통령 선거운동과정에서 국민 여론을 전혀 고려하지 않은 일방적인 만행이 전국적으로 터져 나와 분노가 하늘을 뒤흔들고 있었다.

비근한 예로 당시 일방적으로 이승만 정부에 대한 편향적인 기사를 보도했던 서울신문 구독문제에 대해서도 학생들이 학교에 항의했던 기억도 생생하다. 특히 대구의 민심은 야당 성향이 강했기 때문에 더욱더 2월 28일 일요일 등교에 대해서 시민, 학생들 모두에게 분노를 야기한 것으로 생각한다.

### 4·19혁명의 기폭제가 된 2·28민주운동의 개요

2월 27일 토요일 조례시간을 통해 각 반 담임 선생님들께서 '내일(28일) 교내 운동시합 하니까 등교하라'는 말씀이 있으셨다. 그렇지 않아도 2월 25일 경북고등학교에 일요일(2월 28일)에 등교하라는 지

민태식 선생은 자술서와 구술 인터뷰가 함께 병행되어 묶어서 하나로 정리하였다.

시가 왔다는 것을 학생들은 다 알고 있던 차에 등교하라는 말씀에 올 것이 왔구나 생각하면서 각 반 학생들이 동요하기 시작했다. 학생회 간부 손진홍 학생회장, 이성실 부회장, 장주효 및 일부 반대의원들(당시 2학년 6반 대의원인 민태식<본인>, 이원영)이 교무실을 찾아 교감 선생님께 교내 운동시합에 대한 부당성을 항의하였으나, 학교방침이니까 협조하라는 말씀만 계속하셨다.

학생 대표들은 다시 교장실로 가서 교장 선생님께 연유를 물었으나 대답은 그저 협조하라는 대답만 하셨다. 손진홍 학생회장이 교장 선생님께 "2월 28일 오후 1시부터 대구 수성천변에서 자유당 유세가 있으므로 저희들은 부모님께 유세장 동원에 협조하기 위해 금일 조기 단축수업을 하는 것이 어떠하시겠습니까?"하고 말씀드리니 교장 선생님께서는 단축수업에 대해 교직원들과 의논하시겠다며 안색이 편안해 보였다. 다시 손진홍이 "내일은 민주당 강연이 있는 날인데 부모님께서 강연장에 갈 수 있도록 일요일 행사를 뒤로 미루어 주십시오." 라고 강력히 건의 하였으나, 교장 선생님께서는 학교 결정을 따라줬으면 좋겠다고 말씀하셨다.

학생과장, 교무과장 등 선생님들도 제군들의 뜻은 충분히 알고 있지만, 대세는 이미 기울어졌다고 타이르셨다. 그러나 우리들은 굽히지 않고 거세게 항의했다. 그 후 1시간쯤 지나서 교내 운동시합은 학교 앞에 있는 고산골에서 토끼사냥으로 변경되었다. 따라서 손진홍 학생회장, 이성실 부회장 등 학생회 간부들과 각 반 대의원(민태식 본인 포함)들은 '토끼사냥 등교'에 대해 분노가 충천했다.

한편, 손진홍, 장주효 등은 2월 28일 등교에 대해 2월 25일 사전 통보받은 경북고등학교 측의 이대우 학생회부회장, 안효영 등과 방과 후에 만나 2월 28일에 어떻게 할 것인지 충분히 의논한 후 2월 28일 아침에 우리들에게 통보하기로 하고 헤어졌다.

## 피란민 소년가장의 대구 정착기

어제(2월 27일) 학교에서 일어났던 일들을 정리하면서 불안한 마음으로 잠을 자는 둥 마는 둥 하면서 아침을 맞이했다. 나는 1950년 6·25 전쟁이 일어난 다음 해인 1951년 6월, 38선 이북인 강원도 철원에서 아버지, 어머니와 함께 지금의 서울 천호동으로 피란 왔다. 그때 나는 초등학교 2학년 11살이었다. 우리 식구 3명은 황량한 들판에 그냥 짐짝처럼 내팽겨졌다. 그래도 아버님께서는 자유를 찾았으니 열심히 일하면 잘 살 수 있다고 어머님을 위로하셨다. 우리 집은 이북에서 정미소를 운영하던 넉넉한 집안이었다. 소위 부르주아에 속했다. 자유를 찾아 남한으로 내려온 것을 좋아하시던 아버지께서는 불행히도 서울 도착 7일 만에 장티푸스에 걸려 향년 39세의 이른 나이에 소천하셨다.

슬픔은 말할 수 없이 컸지만, 어머님과 나는 살아야겠다는 절박감에 젖어 있었다. 어머님께서는 채소를 사서 팔면 밥은 먹을 수 있을 것이라는 이야기를 듣고 난생처음 나와 함께 채소장사를 시작하셨다. 다행히 첫 장사치고는 좋은 결과를 얻어 자신감을 가지고 계속 노력하겠다고 다짐을 하였다. 그러던 중 청천벽력과 같이 어머니께서도 장티푸스에 감염되어 사경을 헤매시는 것이었다. 때문에 나는 졸지에 11살 나이로 소년가장이 되고 말았다. 이후 나는 이루 말할 수 없는 고생을 하였다. 환자가 된 어머니는 현재 성남비행장 옆 대왕초등학교(당시 임시 피란민 수용소 겸 응급 환자들을 돌보기 위한 천막병원)에서 치료를 받으셨다. 다행히 한 달쯤 지나 어머님의 병환은 차도가 있으셨다.

그런데 임시병원측은 차도가 있는 환자들은 서울적십자병원으로 이송해야 한다고 독촉했다. 우리는 부랴부랴 서둘러 트럭을 타고 적십자병원으로 갔다. 저녁 늦게 도착해서 저녁식사를 하고 잠시 쉬고 있을 때, 병원 복도에서 어수선한 분위기를 느꼈다. 다름이 아니라 내일 아침에 대구로 후송된다는 소식이었다. 당시 나는 어린 아이라서 대구가 어떤 곳인지도 모르는 상태였다. 다음날 아침에 환자인 어머님과 함께 서울역에서 화물열차를 타고, 3일 만에 대구에 도착하여 지금의 명덕초등학교 임시 수용소에 정착하였다. 이것이 대구 생활의 시작이었다.

### 2월 28일 아침부터 긴밀한 연락이 오가고

피란 온 지 6년이 지나고 대구고등학교 2학년 1960년 2월 28일 아침을 맞이했다. 어머님은 아무것도 모르고 아침 준비를 하셨다. 아침을 먹고 있던 중, 그동안 대구에 피란 와서 나를 공부시키기 위해 온갖 고생을 마다하지 않고 불철주야 애쓰시는 어머님을 생각하니 정말 마음이 찢어지는 듯하였다. 그날따라 어머니를 편안하게 모셔야 한다는 절실한 책임감이 더욱 엄습해 왔다. '오늘 데모가 잘못되어 나에게 큰 불상사가 생기면 어머니를 어떻게 뵐 수 있을까.' 생각할수록 앞이 캄캄해 왔다.

아침을 먹는 둥 마는 둥 하고, 토끼사냥을 가기 위해 지난 수학여행 때 경주에서 산 벚나무 지팡이를 마루 밑에서 찾아들고 단단한 각오하면서 학교로 향했다. 9시 30분쯤 학교에 도착하니 어제 손진홍 학생회장이 일요일 학생들 등교가 저조하면 오늘 행사를 망치지 않을까 걱정했던 것과는 다르게, 꽤 많은 학생들이 등교해 있었고 계속 등교하고 있었다. 참 다행이라고 생각했다.

손진홍은 아침에 모인 학생간부 각 반 대의원 및 관련 학우들에게 어제 저녁 두 학교 협의 사항 등을 설명하고, 추인해 줄 것을 요청했다. 다들 이의 없이 찬성하였다. 특히  나는 반 대의원이면서 당시 교내외 많은 행사의 조회 및 시가행진이 있을 경우 학생의 대열을 잘 선도하도록 편성한, 1960년도 교유회 부서조직 훈련부내 대대장 중대장 및 소대장 등으로 구성된 연대의 중대장으로서 연대 간부들과 잘 협조해서 적극적으로 참여할 수 있도록 독려해 달라고 나에게 신신당부를 했다. 그 후 나는 연대 내에 책임감과 정의감이 강하고 학우들로부터 신뢰를 받고 있는 안영호, 안인욱, 이성택 등과 협의하여 연대 간부들도 적극 참여할 수 있도록 최선을 다하겠다는 약속을 받았다.

또 이른 아침 서선홍도 별도로 나를 찾아왔었다. 손진홍이 자기 집에서 아침식사를 같이 하면서 "학교에 가면 먼저 민태식을 만나서 민태식과 친한 김종대, 은국웅, 최종광, 최상훈을 잘 설득하라고 해라. 오늘 앞산에 토끼사냥하러 가려고 운동장에 모이면 내가 '가자'라고 외친다. 그때 그 친구들이 선두에 서서 앞산으로 가는 것이 아니라, 시위하기 위해 경북도청으로 가도록 전교학생들을 유도하도록 하라." 고 당부했다는 것이었다. 나는 이와 같은 사실을 상기 친구들에게 전했고, 그들은 일요일 등반에 불만이 많았기 때문에 즉시 동의하였다.

### 1차 함성

손진홍은 10시가 넘었는데도 경북고등학교로부터 연락이 없자, 윤풍홍에게 빨리 경북고에 가서 이대우 등 관련자를 만나고 오라고 했다. 하지만, 윤풍홍은 이대우도 못 만나고 왔다. 11시가 되어서도 경북고에서 연락이 없었다. 이성실과 김팔호군을 다시 보냈으나, 경북고등학교에서는 상당히 어렵다고 했다.

손진홍은 직접 경북고등학교로 달려갔고, 이대우를 만났으나 현재 부회장이 반대하여 어렵다고 했다. 크게 낙담한 손진홍은 대구고등학교라도 단독으로 시위하겠다고 생각하고, 반월당에서 미리 준비하고 있는 김정일 대대장을 만나러 가는 도중 경북고등학교 학생들이 교문을 나와 봉산파출소를 지나 반월당 사거리로 가고 있다는 전갈을 받고 급히 본교로 왔다.

12시가 넘어 막 교무실에서 교직원 회의를 마치고 선생님들이 운동장으로 나오는 순간, 손진홍이 교문을 박차고 들어왔다. 손진홍은 지금 경북고등학교가 출발했다고 고함을 지르면서 "자 가자! 가자!" 외쳤고, 운동장에 대기하고 있던 약 800여 명의 학생들은 동요했다. 이때 학생들 사이에 있던 나를 포함한 서동활, 신의신과 연대간부였던 안영호, 안인욱, 이성택 등도 함께 토끼사냥 가기 위해 준비해온 지팡이를 마구 흔들면서 학생들이 뛰어나가도록 독려하였다.

약 150여 명이 교문을 박차고 영선못을 거쳐 경북여고 앞을 지나 남산파출소 앞을 지날 무렵 손진홍이 우리들(서선홍, 김종대, 최종광, 은국웅과 나)에게 손짓으로 기다리라는 신호를 하였다. 그런데 일부 학생들은 가라는 신호로 알고 계속 달려가다가 경찰들의 저지로 일부 학생들은 파출소로 연행되고, 나머지 학생들은 경찰저지선을 뚫고 반월당을 지나 중앙파출소까지 나아갔다. 학생들의 시위 소식을 듣고 출동한 경찰들과 충돌하여 많은 학생들이 남대구경찰서로 연행되었고, 일부 학생들은 골목으로 피신하여 야당유세장인 수성천변으로 갔다. 이렇게 1차 시도는 실패로 끝났다.

### 2차 함성

1차 시도의 실패 후 급히 학교 앞으로 돌아온 손진홍, 나, 서선홍, 은국웅, 최종광, 최상훈, 김종대 등과 함께 어떻게 교문을 열고 들어갈 것인지 방안을 연구하고 있는데, 교문을 막고 있던 선생님들이 "왜들 돌아왔냐?"고 물었다. 손진홍이 "이제 다 포기하고 토끼사냥가려고 왔다."고 하니 선생님들도 문을 열어 주셨다. 이런 와중에 장주효 군이 대대장 단상에 올라 1차 시도에 나가지 못한 학우들에게 분통이 터진 목소리로 선언문을 낭독하자, 체육 선생님이 놀라 장 군의 허리를 잡아채 교단 밑으로 끌어내렸다. 당시 장 군이 낭독한 선언문은 경북고등학교의 선언문이었다. 대구고등학교에서 작성한 선언문은 박대근 학우가 두루마리에 붓글씨로 쓰던 중 당시 시내 모 중학교의 교사였던 박 군의 아버지가 이를 발견하고 놀라 빼앗아서 불에 태웠던 것이다.

당시 우리학교 본관은 운동장에서 몇 계단 올라가야 교실로 통하도록 되어 있었다. 장주효 군은 선생님에 의해 끌려 올라가면서 "대구고등학교 학생들은 다 썩었다."고 통곡하면서 울부짖었다. 이 광경을 보고 있던 학생들은 울분이 끓어올랐고, 교장 선생님께서 "학생은 정치 도구가 되어서는 안 된다."고 말씀하시자, 손진홍이 "교장 선생님! 교장 선생님께서 지금 학생을 정치 도구로 사용하고 계시지 않습니까?" 하면서 "다같이 나가자!"하고 외쳤다. 조금 전 문밖에서 들어와 아침부터 손진홍과 함께 승리를 위해 참여했던 나, 서선홍, 최상훈, 최종광, 은국웅 등은 이미 학생들 속에 들어가 있었다.

2차 시도를 위해 기다리던 우리들은 "가자! 도청으로!"라는 고함소리에 재빨리 지팡이를 휘두르며 다같이 "가자! 도청으로!"라고 고함을 쳤다. 흥분한 전교생이 성난 파도처럼 교문을 박차고 뛰기 시작했다. 이 광경을 보고 온몸에 전율이 흘렀다. 교문 밖으로 나온 학생들은 "신성한 학원을 정치 도구로 삼지 말라!", "우리에게 자유를 달라!", "횃불을 밝혀라 동방의 별들아!"라고 목이 터져라 외쳤다. 순식간에 달려온 학생들은 어느새 남산파출소를 뚫고 당초 2차 목적지인 반월당에 도착했으나, 이미 경북고등학생들이 지나간 후라 경찰들의 경계가 삼엄하였다. 우리 대구고등학교 학생들은 경찰과 치열한 공방전을 벌였다. 상당수 학생들이 잡혀서 남대구경찰서로 연행되었다.

경찰과의 공방전을 뚫고 나온 학우들이 중앙파출소 앞쪽에 도착하니, 경찰차가 더욱 삼엄하게 진을 치고 있었다. 우리는 공포에 질려 있었다. 학생들이 반월당에서 잡히고 골목으로 피신했기 때문에 그 수가 줄어 있었다. 이 와중에 나와 안영호, 심동현 등 많은 학생들이 경찰 포위망을 뚫고 중앙통을 마구 달려 진골목길로 들어갔다. 당시 매일 신문사 옆 골목길에 있던 반공청년단 단장 신도환의 집으로 가자고 일행 중 누가 소리쳤고, 우리는 정신없이 앞사람들만 따라 신도환의 집에 도착하였다. 학생들은 "신도환 나와라!"하고 고함을 지르고 항의하고 다시 골목길을 나와 중앙통을 달렸다.

참고로, 신도환은 당시 반공청년단 단장으로서 단원들을 이용해서 3·15 대통령 선거에 이승만 대통령, 이기붕 부통령을 당선시키기 위하여 부정 선거 개입을 하는 등 전 국민의 분노를 사고 있었던 인물이다. 신도환은 대구계성고등학교 유도 선생이었으며 전국학생유도대회에서 당시 이승만 대통령의 참관 하에 최우수상을 받음으로써 대통령의 총애를 받았다. 또한 신도환은 항간에 이승만 대통령의 양자라는 이야기도 자자했다. 그래서 그런지 반공청년단은 단장의 지휘 하에 적극적으로 대통령 선거에 개입했으며, 특히 고려대학교 학생들의 데모 저지에 개입하여 고려대학교 학생들의 분노를 야기하여 4·19혁명의 단초를 제공한 인물이었다는 평도 있다.

남은 대구고등학교 학우들과 함께 나는 우리의 목적지인 도청으로 달리고 있었다. 손진홍과 어디서 헤어졌는지도 모르며, 서로 목적지를 향해 달리고 있었다. 중앙통에 위치한 한국은행은 도청으로 들어가는 사거리 왼쪽에 위치해 있었다. 사거리에 각 도착하려고 할 때 이미 학생들의 소요소식을 들은 경상북도 경찰국 경찰관 및 사복 경찰들이 쫙 깔려 사거리를 차단하고 있었다. 나는 안영호, 권용삼 등 많은 학우들과 함께 뛰다가 한국은행 앞 향촌동 입구 중앙시장으로 기억되는 곳으로 달려 들어갔다. 시장 상인들은 모두가 나를 피신시키려고 문을 열고 어서 들어오라고 야단이었다.

그러나 막 뒤따라오던 경찰관에게 목덜미를 잡히고 말았다. 경북도청경찰국으로 연행되는 과정에서 경찰과 몸씨름을 하며 빠져나오려고 하니 경찰관이 발길로 나의 음낭을 차고 심한 구타를 하였다. 그 고통은 이루 말할 수 없었다. 그 고통을 생각하면 분통이 터진다.

경상북도경찰국은 이미 연행되어 온 경북고등학교 학생들과 대구고등학교 학생들로 꽉 차 있었다. 그 와중에 옆에 잡혀있던 경북고등학교 박충남 학생과 통성명도 나누었다. 조금 있으니 안영호도 잡혀 들어왔다. 그리고 같이 뛰었던 권용삼은 대구경찰서에 연행되었다고 다음날 등교해서 알았다. 그밖에 이름이 기억나지 않은 많은 친구들이 연행되어 고초를 겪었다.

1시간쯤 지나 사복경찰관인지 어떤 사람이 나와 이원영 군을 호명하길래 책상 밑에 숨었다. 왜냐하면 우리들은 2학년 6반 대의원이었고, 또한 나는 학교 행사 때 학생들의 조회와 시가행위를 선도하는 연대내 중대장 임무를 맡고 있었기 때문에 나를 호명할 것으로 생각하였기 때문이다.

감금상태에서 몇 시간이 지났다. 오후 6시경, 도청 학무국과 경찰서에서 의논하여 사태를 악화시키지 말라는 지시가 있었는지 감금된 학생들을 모두 도청 앞마당에 집합시키는 것이었다. 그리고 도학무국장인지 경찰국장인지 잘 모르겠으나 높은 사람이 나와 오늘 여러분들이 한 행위는 학생으로서 해서는 안 되며, 오로지 공부에 열중하여야 한다는 취지의 말씀을 했던 것으로 기억한다.

경찰서에서 풀려나 집으로 오는 도중에 온몸이 쑤시고 결렸다. 또한 나의 음낭부분이 매우 아파 걱정이 많이 되었다. 혹시 '큰 병이 되면 집안도 어려운데 어떻게 치료하나? 어머님한테 큰 누가 되겠구나' 하고 고심하면서 귀가하였다. 집에 도착하니 어머님께서 내 모습을 보시고 어디가 아프냐고 물으셨다. 나는 오늘 일어난 일들을 말씀드리지 않았다. 왜냐하면 나에게 모든 희망을 걸고 계시는 홀어머님께 걱정을 끼치고 싶지 않아서였다. 밤새도록 끙끙거리며 앓고 있으니까 어머님께서 어디가 아프냐고 물어보시며 걱정이 많으셨다.

다음날 2월 29일 학교에 등교하니 학교가 온통 어수선하고 주모자로 낙인 찍힌 손진홍, 장주효 등은 경찰에 불려갔다고 했다. 집에 돌아와서도 나는 음낭이 부어서 소변을 잘 볼 수가 없어 연유를 어머님께 말씀드렸다. 어머님께서는 정말 장한 일을 했다고 하시면서 너무 걱정하지 말라고 대범하게 말씀하셨다.

3일째 되는 날 어머님께서 질경이 뿌리를 캐서 달인 물을 주시면서 이것이 소변(방광염)이 잘 나오지 않을 때 먹는 약이라고 하시면서 매일매일 먹어보라고 말씀하시며 수고하여 주셨다. 그리고 아침마다 쌀뜨물을 한 사발씩 주시면서 먹으라고 하셨다. 6개월 동안 하루도 빠지지 않고 먹었다. 웬일인지 어려운 살림에 방광염인데도 병원 한 번 가보지도 못하였는데 차도가 있었다. 이 모두가 어머님의 극진한 자식사랑에 힘입어 좋아진 게 아닌가 생각된다.

2·28민주운동에 참여한 것은 내 스스로 대견스럽고 자랑스러운 일이었다.

구술 추가

**시위 전의 상황 좀 말씀해 주세요.**

경고는 경고 위주. 대구고는 대구고 위주로 이야기를 하니까 실제로는, 객관적으로 장주효하고 이야기를 해보면. 이대우 집에서 만난 건 사실이야. 안효영이하고 권준화하고 만났는데, 2·28하자고 했는데, 주도한 사람들이, 경고 애들이 이거 혹시 (시위하면) 학교 다 끝난 게 아닐까하며 상당히 머뭇거렸었는데, 대구고등에서 하는 쪽으로 하자. 이렇게 결론이 난 거 같아요.

그래서 그날 아침에 그게 안 나오네? 나는 당시 2학년 6반 이원용이랑 대의원이었어. 그날 내일 데모를 한다고 했어. 여기 관련된 사람들이 거의 삼중(현재 경상중)출신이야. 이대우, 장주효, 안효영, 권준화, 전화섭 다 삼중이야. 삼중 애들이 여기 대구고에도 있으니까. 삼중이랑 대고랑 가까우니까 저그 집에 모이고 그랬던 거 같은데, 그날 27일 내일 나오라고 하니까. 손진홍이하고 기억이 안 나는데, 대위원들 일부 교무실에 가자고 나오라고 했었어. 따라가니까 그때 누가 나오라고 했는지 기억이 안 나는데, 손진홍이 보고, "교감한테 내일 우리가 안 나오면 안 되느냐?" 그랬는데, "체육대회 한다고 나오라." 그랬어.

**1차 시위 때 나갔다고 하셨는데 그 상황 좀 말씀해 주세요.**

우리가 운동장에 서 있을 때는 교무실에서 선생님들이 회의하고 있었어. 그때 손진홍이 막 쫓아 들어오면서 문을 열고 "경북고등 나왔다!"

무슨 설명도 없이 그랬어. 일부가 1차로 튀어나갔어. 내가 그때 몸이 컸어. 덩치가 큰 친구들이 중대장도 하고. 그 친구들이랑 먼저 1차로 경북여고에서 남문파출소, 반월당으로 갔는데. 내가 기억하기론 경북고등학교는 제일극장에 영화 구경하러 가는 걸로 알았어. 그날 데모하러 가는 게 아니고, 제일극장으로 영화 구경하러 간다고 해서 자연스럽게 반월당으로 먼저 간거야.

**경북고가 대구고보다 반월당에 더 가까우니까.**

박순천 유세차와 같이 반월당으로 왔다고. 그래서 경북고등학교가 반월당에 먼저 갔다고 떠드는 거야. 우리는 애들이 먼저 극장가는 걸로 알고 가다가 자연스럽게 갔고. 대구고등은 손진홍이 (경고 갔다가) 오자마자 무조건 설명할 여가도 없이 운동장에 있던 우리가 막 튀어나갔다고. 튀어나갔는데 교문이 비탈길이라서 넘어지고 그랬어. 나와서 보니까 100여 명 나왔어. 한 700~800명 1학년까지 있었으니까. 영선못으로 손진홍이랑 가고 있는데, 애들이 없는 거야. 손진홍이 빠꾸하라고 했는데, 그때 나하고 김종대, 최상훈 등 그 친구들하고 빠꾸해서 (뒤로 가서) 다시 들어왔어요. 들어와서 보니까. 문이 닫혀있고 애들은 갇혀 있었어요. 선생님 두 분이 못나오게 막았는데, 선생님이 손진홍을 보고 “너희 왜 왔노?” 그러는 거야. “저희 다시 들어왔습니다.” 하니까 문이 열리는데, 그래서 우리가 들어오니까. 그때 선생님들 교무회의를 마쳤어. 장주효가 그때 올라가가지고 나가서 뭘 읽으려고 하는 거야. 그게 눈에 선해. 선생님들이 학생과장인가 누가 장주효를 잡았어. 운동장에 거기가 계단이야. 여길 잡고 장주효를 끌고 가는 거야.

**선언문 읽다가 끌려가셨네요.**

교무실로 잡고 올라갔는데. 교장이 뭐 이야기를 하고. 하다가 다시 손진홍이가 "가자!" 그러니까. 그때 상당한 인원이 나갔지.

**이복웅**: 거의 다 나갔지.

손진홍하고 반월당 쯤 갔는데, 그때는 우리가 희생을 많이 당했어. 왜냐? 경북고가 1차로 간 다음에 경찰이 많이 나왔거든. 그러니까 우리는 뚜들겨 맞기는 제일 많이 맞았던 거야. 반월당, 중앙파출소로 오니까 거기에 백차들이 있는 거야. 우리는 거기 뚫고. 누가 거기서 뭐라 그래. 대구매일신문사로 가려고 하니까. "신도환이 집으로!" 해서 신도환 집 골목으로 들어갔어. "신도환이 나와라!"고 이러고. 우리는 다시 도청으로 가야 하니까.  골목으로 나와서 아카데미 극장에서 거기서 다시 뛰어간 거야. 한국은행 사거리에서 좌회전하면 도청인거야. 도청이고. 경찰국이 같이 있어.

**도경찰국.**

순경이 막으니까. 거기 나는 모퉁이로 돌아가니까. 거기 중앙시장이 있었어.

**이복웅**: 향촌백화점하고 거기 사이에 조그마한 시장이야.

앞에 도청인데 순경들이 있으니까. 시장으로 피해 들어갔어. 장으로 들어가니까 아줌마들이 막 들어오라고 그랬는데, 순경이 뒷목을 잡았는데, 내가 그때 덩치가 좋아서 뿌리쳤다가 경찰신발로 다리 맞고.

**그때 순경은 몇 명 있었어요?**

한국은행 주변에는 5,60명 정도 있었고. 시장 안으로 날 잡으러 온 순경은 서너 명이고. 그 순경한테 잡혀 도청으로 들어갔지. 도에 들어가니까. 우린 도청이 생전 처음이지. 안에 경찰국이 있고. 도청도 같이 있었어. 그래서 들어가니까 방이 서너 갠데 꽉 찼었어. 거기서 경북고 애들하고 많이 잡혀있고. 큰 일한 것처럼 잡혀 앉아 있었다고. 조금 있으니까 어수선하고. 악수도 하고. 방이 꽤 찼었어. 누가 있었는지 기억이 안 나네. 조금 있으니까 누가 날 부르더라고 나무책상 밑에 숨어 있었지. 나가면 두들겨 맞을 거 같았으니까. 대의원이니까 대의원들이 관련된 게 아닌가하고 부르는 것 같아서.

6시쯤에 도청 앞 운동장에 다 있었어. 그때 도청국장인가? 그 사람이 와가지고 이렇게 하면 안 된다 해가지고. 나가라고 했다고.

훈방 받고 집으로 왔는데, 경찰한테 다리 맞은 게 방광염인지도 몰랐어, 그 당시에. 그래서 우리 어머니가 6개월간 쌀뜨물, 약이 없으니까. 질경이 그거 다려서 먹고 다 나았었어.

**경찰 구타로 한참동안 고생하셨네요.**

23 
# 윤국웅

## 대구경찰서에서 짜장면을

**27일 학교에서 다음날 학교 나오라는 이야기 들으셨네요.**

2학년 4반이었는데 학생회장 손진홍 씨와 학교 밖에서 친했어. 28일 학교에 나갔더니. (손진홍이가) 나한테 운동장에 모여서 시위한다는 듣고 나면, 애들 밖으로 다 나가도록.

**아침에 학교에 가니까. 손진홍 선생님이 우리가 이렇게 할 거니까 학생들 나가도록 좀 움직여달라고.**

예. "뒤에 남은 애들 없이 밖으로 나갈 수 있도록 동참해라." 그랬고. 그때 애들이 1차로 100m 달리기 하듯이 교문 앞으로 나갔어. 영선못까지 쫘악 내려가서 숨이 차고. 사범학교 앞으로.

**대구고등학교가 좀 경사졌죠.**

많이 내리막길이고 또 올라갔다가 내리막길이고. 한 50~60명이 1차로 나갔던 거 같고. 확실한 것은 잘 모르겠고. 내려가다가 명덕로터리 거서 고려다방 쪽으로 올라가는데, 반월당 바로 내리막길 쪽에 순경들이 서 있었어요.
그래서 고려다방쪽으로, 그 골목이 얼마나 좁은지, 그쪽으로 탁 튀어 나가가지고 골목길로 들어가서 복명초등학교[1] 뒤로 해서 갔는데. 순경들은 학생들이 어디로 나오겠다는 걸 알고 저쪽에서 기다리고 있다가 튀어 나왔어. 아아들 거기서 뿔뿔이 흩어지고. 염매시장 안쪽으로 빠져나가니까 약전골목이 나오잖아. 약전골목 빠져 나오기 전에 뒤에서 탁 잡는 거야.
약전 골목에서 조금 벗어나면 자개공방.

**종로 고가구거리.**

거기 앞을 싹 지나가는데 뒷덜미를 딱 쳐가지고 앞으로 꼬꾸라지고. 무릎은 아프지, 걷기도 힘들지, 순경은 때릴 수도 없고. 대구경찰서로 들어갔어. 낯선 애들도 있고. 경고 애들인가.

**대구경찰서로 연행되었네요.**

거기 들어가서 물어보는 거 대답해주고. 조서를 적었지.

**질문은?**

누가 주도를 했는지. 난 모른다고 했고. 그냥 교문 열고 나가자 했으니까. 하여튼 순경한테 몇 차례 맞았어요. 세게 뺨을 맞은 게 아니고 꿀밤 맞듯이 쥐어 박혔고. 내가 거짓말도 해줬어. 단순하게 나가자 해서 뛰어나갔다고.
그러고 저녁 해지고 6,7시쯤 되었나? 체육 선생님 전우용 선생님이

1) 현재 동부교육지원청 자리이다.

(경찰한테) 한 몇 차례 맞았는데, 나는 안 맞고. 그때 학교에서 내가 운동했기 때문에 선생님들이 함부로 못 때렸어. 덩치가 크기보다는 키가 컸고. 체육 선생한테 2,3차례 맞고. 별거 뭐 없이 조금 있다가 짜장면을 시켜주더라고. 아아들 배고프다고.

**어디서? 누가?**

경찰서에서.

**몇 명한테?**

우리 방에. 10여 명 있었는데,

**아까 몇 대 맞았다는 건 경찰한테 체육 선생님이 맞았다는 거예요?**

아니 내가 맞았고.

**뭐라고 하면서 때리던가요?**

글쎄. 몇 차례 맞았어.

**짜장면 시켜줘서 먹고?**

대구경찰서에서만 짜장면 먹었고. 버스도 잘 모르겠어요. 거기서 내가 두세 번째 나왔을 거예요. 나는 일찍 끝내고 나왔으니까. 짜장면 먹고. 8시 조금 넘어서 나오고.

24 | 이성실

## 경북고로 달려간 전령사

"너는 뒤에서 일을 도와라."

**대구고등은 2월 27일 종례시간에 일요 등교 지시가 전달되었던데, 그전에 혹시 들었나요?**

손진홍 통해서 다 들었지. 내가 들은 건 12시쯤. 아침에 (그 얘기가) 돌았지.

**손진홍 선생님과 같은 반이셨어요?**

아니. 손진홍은 학생회장이고 나는 부회장이었기 때문에 들었고. 손진홍이 나한테 하는 말이 이대우랑 이야기를 했는데, 이런 일이 있었고. 너는 아버지가 경북중학교 선생님, 교육공무원이니까. 너는 좀 빠지고 자기가 하는 걸 도와 달라. 그러면서 박대근 이야기를 하더라고.

**박대근 선생님은 선언문을 쓰다가 부친께.**

선언문을 박대근에게 맡겼다.

**제가 들은 바로 약간 시차가 있는데, 왜냐하면 박대근 선생님한테 선언문을 써달라고 맡긴 거는 그날 28일 아침 일찍 맡긴 걸로 들었거든요. 왜냐하면 선언문을 27일 늦은 밤에 썼기 때문에.**

손진홍이 대근이한테 맡기기 전에 나한테 말한 걸 수도 있지. 대근이가 두루마리에 글씨를 잘 썼거든. 27일 12시에 손진홍이가 분명히 저한테 말했어요. "선언문은 박대근이가 쓴다."라고 제가 들었어요.

**27일 선언문을 박대근 선생님이 쓸 것이라고 하셨는데, 그 무렵에는 선언문이 없었습니다. 경북고등학교에서 27일 밤에 모일 때, 경북고는 그 전에 이야기가 있어서 하청일 선생님이 써서 들고 오셨고. 대구고의 선언문은 27일 밤에 쓰고 28일 아침에 필사를 부탁한 것으로 압니다.**

선언문 들은 건 확실한데, 문제는 박대근 필체가 좋으니까 쓰는 거지. 선언문 내용은 모르고.

**데모를 하자고 결정한 게 이대우 선생님 집에서 저녁 7시에 정했다고 알고 있었는데. 그럼 그전에?**

내일 토끼 잡으러 간다 뭐 그랬으니까. 그래가지고 내일 아침 9시에 경고와 대구고가 동시에 교문을 나선다. 딱 그렇게 이야기를 했어요.

**아침 9시에요?**

난, "아침 9시에 나온나."라고. 나는 9시로 들었어요.

**12시에 반월당에서 만나는 걸로.**

나는 9시에 교문을 뛰어나간다고 들었어. 27일날 그 애기를 들었고. "너는 깊게 관여하지 마라. 대신 지시를 따라라."고 들었고.

**그러면 선생님은 27일 저녁에 댁에 들어가셔서 다른 일은 없었고?**

집에 있었고. 손진홍이 자주 집에 들렀으니까.

**그날 저녁에 모의했으니까. 그 다음날 28일 아침에 손진홍 선생님을 만나셨네요.**

그 시간은 모르겠지만, 손진홍이 얼굴 벌개가지고 이거 (선언문) 찢어졌다는 이야기를 나는 손진홍한테 학교에서 들었지. 교실에서 손진홍이랑 나랑 둘이 뒤에 앉아가지고.

### 2·27언약 깨뜨린 경북고로 달려가다

**대구고와 경북고가 동시에 나간다고 들으셨어요? 아님 반월당에서 동시에 만난다고 들으셨어요?**

동시에 교문을 나선다는 그 얘기를 들었어요.

**그런데 경고에서 연락이 없었네요.**

없었어요. 그래서 손진홍이가 많이 화가 나기 시작했어. 연락이 없다고. 수성천변에서 그러고 있는데.

**그리고?**

손진홍이 경북고에 가보라고 해서 갔지. 모이기 전에 갔었던 거 같아.

**아침에 경북고에서 이야기가 없어서 직접 가셨고. 경북고 갈 때 혼자 가셨어요?**

내 기억으로는 혼자 갔어요. 그 당시 뛰어서 혼자 갔지. 영선못 있는 쪽으로. 나는 항상 경중, 경고를 지나서 대구고 왔기 때문에 길을 잘 알고 있었지.

**경북고에 혼자 뛰어가셨고. 경북고에서 누구 만났어요?**

이대우 찾고. 손진홍이 심부름 왔다.

**그 말은 누구랑 하셨어요?**

나는 그때 대우를 모르니까 지금 집에 있다고 했지. 그때 경중에 사람들이 5,6명이 있었지요. “이대우 찾아라.” 못 만나고.

**이대우 선생님 못 만나고. 학교로 바로 돌아오셨어요?**

그렇지. 그러고 얼마 안 돼서 내가 배신당했다고 그 이야기를 들었지. 몇 신지 모르겠는데 경고가 배신을 했다고 그러더라고. 경고가 5분인가 10분 먼저 앞서나갔다고 (손진홍이 경고 갔다가) 얼굴 벌개가지고 그러고 왔어. 경고가 먼저 나가가 대구 시내가 엄청 시끄럽다고 반월당에 경찰들 다 나와 있다고. 손진홍이 그랬어. 내 기억으로는, 나는 주도한 사람이 손진홍이라고 생각해요. 그 당시 아이디어를 내고 끌어 모았다고. 손진홍이 얼굴벌개가지고 들어오고 나서 나갔지.

**손진홍 선생님이 경고 갔다가 들어오면서 “가자!” 외치자 학생들이 운동장을 뛰쳐나갔다고 들었습니다.**

그 때 나는 1차로 나갔다. 이미 경찰들이 깔렸어. 길거리에 아줌마, 아저씨들이 ‘학생들이 밖으로 뛰어나갔다’고 이야기하면서 ‘박순천 씨가 연설을 하면서 고등학생들이 교문을 나서서 부정에 항의했다고 나왔다’ 그런 이야기를 해줬어.

### 연행 그리고 영화관람

**손진홍 선생님이 나가자고 외쳤고, 그때 대구고도 반월당을 향해 뛰쳐나갔네요.**

그때 반월당으로 가는데 계속 막혔고. (나는) 반월당으로 가지도 못하고 염매시장 골목으로 피했는데, 아줌마들이 나 숨겨주려고 했지.

**거리에 시민들이 많이 있었나요?**

내가 알기론 대구시민들이 많이 놀랐구요. 난 중학교 1,2학년 때부터 아버지 따라 조병옥, 신익희 선거유세 다 따라다녔어요. 그렇게 계속 도망 다녔는데, 백차가 내 앞에 서대. '어느 학교냐'고 묻더니 '무조건 타라'고 했어. (탔더니) 앰블란스 소리내면서 가다가 남대구경찰서에 내려줬다.

**골목에서 연행되셨어요? 백차는 어떤 차?**

대구시청 근방에서 잡혔어. 백차는 지프. 군용 지프를 흰색으로 칠한 게 백차. 경찰차에 실려서 남대구경찰서로 갔는데 우상봉 서장이 나왔어.

경찰한테 잡혀서 조서 꾸미고. 우리가 남대구경찰서에서 풀려난 게 10시쯤이었거든.

**연행될 때 백차에는 몇 명?**

백차에 3명 타고. 경찰 2명 타고. 앰블란스 울리면서 가니까 사람들이 놀랬지. 범죄자마냥.

**그날 여러 군데서 소리 많이 났겠네요.**

길거리에서 그러니까. 나는 염매시장으로 도망갔는데, 갔을 때 이미 많이 잡혀있었어요.

**선생님은 남대구경찰서로 잡혀가고. 그 외 경찰서에도 학생들이 많았겠네요.**

많이 있었지. 고함도 지르고 뺨도 때리고. 나도 뺨 두 찰(대) 맞고. "니 아버지 내일부터 파면이다."하고.

**부친에 관하여 경찰들이 이미 알고 이야기한 거예요?**

내보고 직책이 뭐냐고 묻더라고. 학생부회장이라고 했더니, 나는 아버지가 뭐하는지 말은 안 했는데, "너거 아버지 내일부터 파면이다." 했고. 그때가 오후 5시쯤 되었을 때고.

**그 이야기 듣고 어떤 생각?**

그때는 몰랐어요. 우리 아버지 세대에는 이기붕이라고 하면 증오가 있었고. 이승만 씨에 대해서는 증오심은 없었어요. 아버지가 저녁 8시쯤에 경찰서에 오셨어요. 걱정이 되가지고.

**그때까지 경찰서에 계셨네요.**

밤 10시에 풀려나고. 내 생각에는 경찰이 아버지 부른 거 같아요. 아버지 와가지고. "신경 쓰지 말고, 내가 볼 때는 잘한 거 같다. 소신대로 해라." 그러셨고. 신도환 씨가 대구 체육회의 유도 회장할 때 아버지가 육상경기연맹 회장을 했어요. 아버지가 올림픽 3단 점프 기록보유자이셨어요. 보유하고 계셨어요.

**밤 10시 넘어서?**

10시 넘어서 훈방조치 되어 나왔어요.

**그 시간에도 학생들이 경찰서에 많았는지?**

많이 있었어요.

**대부분 해질녘에 나왔다는 이야기가 있었는데.**

캄캄할 때 나왔어요.

그때 기억나는 거는 취조하는 경찰은 아주 악질이어요. 우상봉이 그 당시 서장이잖아. (우리를) 유화시킨다고 되게 그러더라고. 그때 <레인트리 카운티raintree county>[1] 영화를 제일극장에서 상영한 거야. 제일극장 앞에서 모이라고 해서 가보니까 34명이 있는데, 전부다 보니까 각 고등학교 학생, 부회장들이 온 거야. 협성고등학교 학생이 내 옆에 있어서 이야기를 참 많이 했는데, 그때 협성고등은 참여도 안 했는데.

**28일 이후 일이네요. 34명 정도의 학생들이 제일극장 앞에 모였고, 우상봉 서장이 영화까지 보여주었네요.**

영화를 오전에 한 번, 오후에 한 번 일주일에서 열흘 정도 보여주고.

**이 영화를 일주일 넘도록 계속 불러서 보여준 거예요?**

예. 손진홍이와 같이 봤고.

---

1) 미국 에드워드 드미트릭 감독의 <레인트리 카운티>(1957년)는 엘리자베스 테일러, 몽고메리 클리프트가 주연이었다.

**그 일은 2·28 지나고 얼마 후에 있었던 일인가요?**

그 다음날 29일날, 3월 1일은 쉬는 날이고 3월 2일부터 대구 제일극장에 집합해서 점심은 그 근처에 돌아다니면서 먹고. 서장이 나와서 짜장면도 몇 번 사주고.

**2·28의 또 다른 기억은?**

나는 2·28하면 기억나는 건 이대우가 배신을 했고. 손진홍하고 이대우가 화해를 하는 게 오래 걸렸을 거예요. 한 3,4년 넘게 걸렸을 거예요. 손진홍이가 술 한 잔 하면서 이대우한테 섭섭했던 걸 이야기 했다고.

■ 5차 구술 인터뷰

구체적으로는, 27일 일요 등교 지시 이후부터 방과 후에 어떻게 움직였는지, 28일 학교에서, 시위하는 과정, 경찰서, 귀가 등 기억나는 대로 편안하게 말씀해 주세요. 녹음 후 정리 과정을 거치고 기록됩니다.

시위 과정에서 교통수단, 친구와 함께한 이야기도 좋습니다. 당시 사회 분위기, 학생들 간의 모임 활동, 교우관계 등을 비롯하여 2·28민주운동 당시 개별적으로 어떻게 움직였는지 각자의 경험적 기억을 말씀하시면 2·28민주운동의 의미가 더 구체화되리라 봅니다. 또한 완성도 높은 기록물이 될 것으로 여겨집니다.

---

5차 구술 인터뷰는 2019년 6월 12일 2·28민주운동기념회관에서 진행되었으며, 참석자는 강모인, 김석봉, 김창호, 이점석, 이희성, 조영길 선생 등 6명이다. 이복웅(대구 동기회장) 선생도 참석하였다.

25 | 강모인

## 시민들의 지지를 받으며

**선생님의 2·28 경험은 어떠셨나요?**

나는 이왕 나왔으니 소감이나 한 마디 할게요. 우리 반이 줄설 때, 제일 앞, 교문 입구라. 그러니까 제일 먼저 나오다보니 결국은 선두그룹으로 나왔었죠. 쭉 내려오다 보니 명덕네거리 쯤에서 시민들이 "저 학교 뭐고? 잘한다." 이러며 손뼉치고 난리 났더라고. 가던 사람 전부 모여가 손뼉치고 막 이랬거든요. 그래 내려오는데 보니, 중앙파출소 앞에 경찰들이 경찰봉 들고 쫙 배치돼가 막고 섰더라고. 우리는 마침 토끼 잡는다고 다들 몽둥이 가지고 있었고. 내려오면서 "우우-" 그러니까 (경찰들이) 바로 피했뿌데.

**아, 경찰들이?**

경찰들이. 경찰들이 우리를 피하데. 막으려다 안 되겠는지 피하고. 조금 더 내려가니까 매일신문사 그 앞에서 젊은 사람이 자전거를 대놓고 막고 있더라고. 뭔고 보니까. "시내 전부 다 경찰들 쫙 깔렸다. 골목으로 빠져나가라." 하더라고. 그때 뭐 시민운동장에서 만났다카며.

그래서 우리는 뭐 뒤에는 모르고, 그리로 해서 들어갔다가 나올 때 제일 먼저 나오는데, 나오니까 경찰들이 거서 이제, 경찰들이 큰길에서는 못 잡는데 골목에서는 잡을 수 있잖아요. 거기에 준비해가지고 있더라고. 그걸 보고 "야, 튀자!"하고 나가니. 경찰들은 전체를 잡아야하니까. 한둘 나가는 거는 보지도 안 하고. 그 골목 입구로 들어가는 걸 보고 우리는 집으로 돌아왔어. 그러이 뭐 할 얘기도 없고.

**지금 하신 말씀이 다 할 얘기였는데요.**

나중에 보니까 애들 어떻게 되었냐고 하니까. 문을 열고 시민들이 문 열어 주고 숨겨주고 그랬대요. 못 숨은 아아들은 잡혀가고.

**자전거 타신 분, 혼자 매일신문사 앞에서 자전거를 타신 분 고마운 분이네요.**

자전거를 탄 게 아니고 기대서 서서 잠바 입고. 일반인 같은데. 손으로 막 막아서면서 서라고 했습니다. 보니 이거는 우릴 잡으려고 하는 게 아니다 싶었죠. 가까이 가보니, 시내 전부 경찰들 깔렸다고 해서 골목으로 도망갔지.

그땐 내가 키가 워낙 작아서 잘 안 어울렸고. 그날 같이 서 있으니까 갔는데. 1번이었어.

26 | 김석봉

## “우리도 시위하자”

**28일 일요일 등교 지시 듣고 어떤 생각하셨어요?**

토요일은 3시간 (단축 수업해서) 일찍 보내주면서 “자유당 유세 보러 집에 어머니, 아버지 데리고 가라.”하고. 일요일은 (학교) 나오라고 했어. 내 속으로 ‘이 새끼들이 미친 놈 아이가! 오늘은 놀라고 하고. 내일은 토끼 잡으러 간다고 나오라고 하고. 저거 우리 (장면 박사 유세현장) 못가도록 하는 거다.’ 그랬지. 그때 경고는 시험 친다고 나오라고 하고.

**왜 일요 등교하라고 했는지 파악하셨네요.**

아침에 가니까 몇이 만나서 “야 시위한다는데 집에 갈까?” 이러더라고. “가긴 뭘 가. 시위하지.” 그래가지고 갔는데,

전우용 선생이 총 지휘를 했어. 몇 반은 어디로 가고 어느 반은 어디로 가라고 했어요. 하고 나니까 손진홍인가 장주효가 교단에 올라가서 무조건 튀라 그랬어. 그래가지고 튀나간 걸로 알고 있어요.

**교문을 벗어난 이후는?**

반월당까지 나오니까 경찰들한테 전부 다 깔려가지고 나는 약전골목으로 가서 시영버스 타고 동촌으로 가서 동촌교 박준규인가? 집에 가서 점심 먹고 가만히 기다리다가. 저녁 7시쯤에 라디오방송에서 학생들 이제 집에 가라는 거 듣고 집에 갔지.

그런데 내가 군대 가니까 신원조회를 하더라고. 5·16일어나고 군대 갔는데 보안대에서 나와서 조사를 하더라고. 그게 2·28과 연관이 되는 거 같애. 조사하더니 별 말이 없더라고.

27 | 김창호

## 진골목 살림집 장독 깨뜨려

**2·28 당시 상황 좀 말씀해 주세요.**

2월 28일 전전날부터 시작해서 그때 시국이 우리 어린 나이지만, 조병옥 죽어버렸지. 어수선할 때 인기 많은 장면 (박사) 오지. 공부를 해도 살며시 나와서 듣고 싶은, 그런 나이였단 말이에요. 그런데 내일 몽둥이 가지고 와서 토끼 잡으러 가자고 한 게 나는 이해가 안 되더라고.

**다른 친구들도 비슷한 생각이셨어요?**

나는 '주피터'를 만들어서 했어. 그때 어린나이지만 쌀 튀밥 튀겨놓고 친구들 불렀어요. 5,6명이 모였어. 친구들 모여가, 상용이하고 덕치하고. "내일 토끼 잡으러 간단다."고 하길래, "그게 무슨 말이냐? 우리가 앞장서서 뭐라도 할까?" 했고. 우리끼리 모인 만만한 자리니까 그런 정치색이 있는 발언을 했어요.

**28일 당일 어떻게 움직이셨나요?**

당일 날 운동장에 학생들 서 있고 손진홍이 박차고 뭐라고, 뭐라고 해서 나갔는데, 우리가 1차로 나갔어요. 반월당에서 우리 조영길처럼 덕산목욕탕 앞으로 가서 다시 진골목, 지금 미도다방 쪽으로 뛰어갔어요. 그 집이 부엌도 없고. 담이 낮았어. 지금 생각하니, 농협하고 노영하산부인과 사이에, 제일극장 건너편 정소아과 그 근처야.

담은 낮지. 도망은 가야겠지. 그때는 처음으로 한 게, 앞장서서 시위한 거. 손진홍이 앞장서고 한 그런 마음 참 대단하다. 그게 잡히면 사상범으로 죽는, 그런 거, 엄청 무섭게 생각했다고. 그때는 그걸 하면서도 겁이 나더라고.

**진골목 쪽으로 피신하셨네요.**

그래서 도망친 곳이 진골목인데 지붕으로 올라갔다가. 너무 시야가 넓어서 다 보이니까 내려오다가, 부엌이 너무 좁아서 조그마한 장독을 깨고. 그제서야 40대 정도 된 집주인 아줌마가 나왔어요. 지붕에 올라갈 때는 주인이 있는지 몰랐는데, 장독 깨니까 나오고, 깨지는 소리가 나오니까 나왔겠죠. "아, 어떡해? 어떻게 해서 이거 깼냐?" "내가 이거 깬 건 내가 물어주겠다." "그게 아니라 학생들이 이래도 되는 거냐?" 반틈 질책을 하면서 "밖에 소란스러우니까. 나가면 안 된다." 그때 백차가 근방에 왔다갔다 했거든. 그래서 안 나가고 한참 부엌 부뚜막에 앉아서 깨진 거 이래 쳐다보면서 '야, 이거 마음이 안 좋다. 이거 이렇게 해도 되는 거가?' 독백을 하면서 어두울 때까지 있다가 (나왔어요).

나는 집이 옛날에 경마장, 그때 원대 경마장. 거기 버스를 타지 않고 걸어서 논길로 골목길로 자갈마당 쪽으로 철로 변으로 해서 어둑서리 할 때 집에 온 것이 다다. 붙잡히지도 않고 맞지도 않고.

**이래도 되냐고 한 것은 장독 깨뜨린 건가요? 아님 시위한 것인가요?**

"어떻게 이렇게 남의 집에 들어와서 우악스럽게 하느냐? 남의 집 지붕 위에 왜 올라 가냐?"고 아주 질책을 하더라고.

죄 지은 것 같아서…. 그러다가 상황설명을 했더니, "그러면 학생 지금 잡히면 큰일 난다. 지금 나가지 마라. 어두울 때까지 있어야 되는 거 아니가?" 그랬죠.

데모한 걸 질책하고 남의 집에 올라온 것도 질책했지. 그래도 설명을 하니까. "큰일 날 짓을 저질렀구나. 전부 조사할 거다. 큰일 날 일을 했구나." 그때 사회가 상당히 독선적이었으니….

**학생이 할 수 없는 걸 했으니까 보호를 했는데, 혹 그때 무슨 말했는지 기억하세요?**

(장독 깬 것은) "우리가 무조건 잘못했다. 학교에서 의기투합해서 와장창하고 같이 나왔다. 사실 이런 마음이 들어 걱정된다. 우리가 이런 짓을 하면 큰일 나고. 전부 조사할 거고 전부다 잡혀갈 거다. 데모한다고 상상도 못했으니까. 다 알려진다. 그럼 우리는 어쩌냐? 주장인 손진홍, 이대우 유명하다."고 그랬지.

**시위는 따라서 갔지만, 그렇다 해도 일요 강제 등교 지시의 부당함을 알았기 때문에 거리로 뛰쳐나간 것이죠. 그렇게 참여했기 때문에 2·28민주운동이 가능했던 거고요.**

28 | 이점석

## 경찰 제압하고 튀다

**28일 일요일 토끼사냥한다는 등교 지시 듣고 어떠셨어요?**

저는 고향이 옥포. 학교 다닐 때 옥포에서 45인승 버스를 타고 통학했었어요. 상당히 힘들었어요. 아침에 학교에 오려면 8시 전까지는 와야 되니까. 그때 버스를 놓치면, 거기서 트럭을 타고 뒤에 매달려서 오곤 했었어요. 버스를 타고 오면 앞에 들판이었어요. (대명동) 계명대학교에서 뛰어 내려오면 앞에 아무것도 없었어. 전부다 들판이었고. 경상중학교 주변에도.

저는 그 안 날, 토끼 잡으러 간다고 해서 (그렇게 알고 등교 했고). 저는 (데모한다는) 정보도, 아무것도 모르고 학교에 와가지고 알았어. 데모한다는 이야기는 몰랐지.

가만히 생각해보니까. 자유당 시절에 우리 학생들을 거기, 무슨 방천이고? 용두방천인가?

**수성천.**

아, 수성천. '수성천에 우리를 못 가도록 하기 위해서 하는구나.' 하고 짐작을 했죠.

**학교에서 시위는 어떻게?**

그런데 손진홍이가 "뛰어라! 같이 나가자 캤는가!!" 뭐 이랬나. 그래가 "와!"하고 같이 나갔는데. 저 같은 경우는 큰 역할을 맡지도 못했고. 명덕로터리까지 왔는데, 많은 경찰들이 와서 학생들이 왼쪽 오른쪽으로 흩어지고.

저는 명덕로터리에서 대도극장이라고. 남문시장 지나면 좌측에 대도극장이 있었고. 일부는 오른쪽으로 해서 반월당으로 갔겠죠. 덕산파출소로 갔는데, 내가 촌에 살아서 시내 지리를 완전히 잘 모르는 상태였어.

**시내 지리를 몰라서 더 당황스럽고.**

경찰들이 쫓아와서 친구 한 서너 명이 골목으로 도망가는데, 우리 앞에 경찰이 딱 막아서며 곤봉을 휘두르고. 우리를 제압했어요. 나는 같이 있는 경찰과 대항하고자 맞서 있는데, 그 친구 누군지 이름은 모르겠는데, 같은 반 친군데. 덩치 좋은 한 친구가 경찰을, 업어치기 해가지고. 와장창하는데…. 그 시멘트바닥에 넘어지며 떨어졌는데 얼마나 아플까.

그래가지고 우리는 그 사건을 보고 튀었는데, 그 골목이 어딘지도 잘 모르겠어, 덕산파출소 지나서 어느 집에 들어갔는데 아무도 없어. 거기서 혼자 한참을 기다리다가, 촌놈이 돼가 길도 모르는데다가, 그래 있다가 나오니까 아무도 없어.

**한참동안? 나올 때 어두웠어요?**

오후였어. 시민극장까지 걸어서 나 혼자 갔어요. 서문시장 코너. 그래서 저는 붙들려가지도 않고 무사히 집으로 갔죠.

**29일 등교했을 때 분위기는 어땠어요?**

학교 오니까 학생들이 곤봉도 가져오고.

**경찰봉을 빼앗아서 가져왔구나.**

저는 경찰한테 두들겨 맞은 기억은 없고. 지금도 생생한 게 경찰을 제압하고 업어치기한 게 제일 기억이 나.

29 | 이희성

## 구호 적은 현수막의 진실

**27일부터 상황을 말씀해 주세요.**

제일 처음부터 관여했던 사람입니다. 좌우지간 손진홍이라는 친구가, 내가 학교 초창기에 싸움을 잘했어요. 날 업고 계속 데모하는데, 처음부터 관여해달라고 2·28, 20일 전부터 대산소아과에서 10년 가까이 장주효하고 모였고. (그날) 경고에 왔다갔다한 친구는 윤풍홍일 겁니다. 내가 8번 나갔는데.

그 당시 어떤 상황이었냐면, 선거유세 할 때마다 아아들 오라고 해가지고 그런 일들이 흔할 때였습니다.

2·28 전날 27일에 대산소아과 서선홍 집에서 모였는데, 27일 밤에 조

---

이희성 선생의 경우, 기억이 혼재되어 있어 확인할 필요가 있었다. 구술자가 거론한 장주효, 김우진, 윤풍홍 선생님과 확인한 상황을 옮겼다.

김우진(당시 미술반 반장) 선생께서는 당시 부친이 공무원이셔서 2월 28일 시위에 관하여 친구들로부터 소위 왕따(?)였다고 했다. 따라서 현수막에 대해 아는 바가 없으며, 현수막을 집에서 만들거나 집에 보관하는 일은 위험한 일이었으므로 가능하지 않았다고 했다. 이에 대해 김우진 선생께서 재확인 요청하셨다. 장주효 선생께서는 기억에 없다는 대답이었다.

편성을 했어요. 내가 4조장이지. 1조, 2조, 3조, 4조까지 있었어. 나를 4조장으로 손진홍이가 맡아달라고 해가지고 행사하기로 했는데, 그 당시에 어떤 일이 있었냐면 내가 '청운4인'이라고. 이강소, 김수평, 이동녕이랑 나랑 청운 4인으로 바로 KBS 밑에 대구문화원에서 전시회하기로 되어 있었습니다.

전시회를 하고 10시쯤, 손진홍이가 '경고하고 어디하고 일로 가서 한다' 하면서 이야기했기 때문에 그날 내가 전시회장에 가 있었어요. 갔다가 시간이 맞다고 생각을 했는데, 마침 그때 이강소의 삼촌이 쫓아와가지고 "너거 시위했네. 너 대구서에 가봐라, 붙잡혀 있단다."고 하더라고요. 이강소 형이랑 대구서에 같이 가니까. 7명이 붙잡혔다가 훈방조치하고 사람이 하나도 없더라고요. 나오고 나서 웅성웅성 거리지 않고 2·28이 조용하게 끝맺음이 된 거 같습니다.

**대산소아과에서 10명 정도 모이고, 8번 정도 나갔고. 8번 나갔다는 횟수는 27일 토끼 잡으러 간다는 말 있기 전부터?**

토끼 잡으러 가자고 하기 전에도 했어요. 내가 이 이야기를 하는 이유는 2·28기념행사에 가면 전부 경고가 다 했다고 되어 있더라고.

**이복웅**: 선홍이 집에 너가 8번 나갔던 그때 나갔던 친구 기억나는 대로.

**이희성**: 윤풍홍한테 말하면 제일 잘 안다.

**이복웅**: 니가 풍홍이도 같이 모여 있었다고 하는데, 풍홍이한테 물어보면 니가 있었다는 걸 알겠네. 그럼 그때 8번 정도 풍홍이도 같이 모였나?

**이희성**: 그래. 마지막에도 풍홍이가 경고에 갔다 온다고 하는 거 보고

늦었는데.

**이복웅**: 그러면 니가 8번 가까이 모였다고 하면 그때 사람이 10명 가까이?

**이희성**: 장주효나 이 멤버들한테 물어보면 상세하게 잘 알 거다.

**이복웅**: 풍홍, 주효한테 물으면 이희성 다 잘 알겠네.

**이희성**: 바로 전날 손진홍이가 미술실에서 현수막을 만들자고 하니까, 김우진이 학교에서 만들면 큰일난다고 해서 학교 바로 앞에 사는 우진이 집에서 만들었어. 내용은 '학원을 정치 도구로 삼지 마라' 이랬지. 우진이도 했단 말이야.

**이복웅**: 니 혼자 썼나?

**이희성**: 아니지. 우진이랑 같이 했지.

**이복웅**: 그럼 우진이한테 물어보면 알겠네.

**2·28때 모인 게 아니고 2·28 끝나고 4·19 무렵에 서선홍 선생님하고 모여서 현수막 만든 건 아니고?**

그때 내가 학생 혁명회라고 있었는데, 4·19때는 전국 학생 혁명회라고 그게 창설 되었을 때에요.

**다른 분들 이야기 많이 들었는데 지금 이 말씀은 처음이라, 그 당시 학생들끼리 모였던 건 많았는데, 현수막 만들었다는 이야기는 처음입니다. 그 당시에는 그걸 만들 상황이 아니었다고 알고 있습니다. 왜냐하면 이전에 구술 인터뷰를 진행하면서 데모할 때 현수막 만든 적이 있냐고 물었더니 그런 적은 없었고, 그럴 환경이 아니었다고 말씀하셨습니다. 그래서 자꾸 여쭤봅니다.**

아니라. 그때 손진홍이 부탁을 해서 미술실 재료로 하려고 하다가 선생님들한테 발각되면 안 된다하면서 북쪽에 2,3층 올라가는 입구 쪽에 미술실이 있었어요.

**이복웅:** 현수막 2개 만들었나?

**이희성:** 어.

**이복웅:** 우진이도 알 거 아니가.

**이희성:** 우진이도 알 끼다.

**현수막을 27일에 만들었다는 말씀인가요?**

그렇죠.

**혹시 4·19랑 기억이 혼재되어 있을까봐 다시 여쭙겠습니다.**

**당시 상황을 보면, 2일 전에 경북고에서 먼저 이야기가 있었기 때문에 미리 알았던 학생들은 있을 겁니다. 당시 경북고 이대우 선생님이 먼저 듣고 손진홍 선생님을 만나서 '우리 학교 일요일 학교 나오라 한다.' 그러자 '야, 그런 게 어딨냐? 그런 일이 있으면 우리는 안 된다. 대가리가 두 쪽이 나더라도 우린 싸워야한다.'고 되어 있어요.**

**대구고는 다음날 27일 종례시간에 '내일 학교에 나와라 토끼사냥 간다.' 그러자 학생들이 '그런 게 어딨냐?' 하면서 들썩거렸어요. 방과 후 손진홍 선생님은 사대부고 최용호 선생님을 만나서 같이 수성천변 자유당 유세장으로 갔어요. 그리고 저녁 7시쯤 이대우 선생님 방에서 3개 학교 학생들이 모였습니다. 그 시간을 보면, 토요일 수업 마칠 때 그 이야기가 나오고, 자유당 수성천변에 가면서 최용호 선생님이랑 만나서 이야기 했고, 7시쯤에 모였습니다.**

**어떻게 27일에 현수막이 준비돼서 구호를 작성할 수 했을까 싶은데요.**

**왜냐면 그 이전에 데모라는 이야기가 없었고. 그날 저녁에 시위 계획을 세웠으니까요.**

그 전부터 사람이 만났어. 손진홍이 이대우하고 사전에 의논을 했다고. 윤풍홍이 먼저 대구고 모임에 있다가 경고 모임에 잠깐 갔다 올게 이랬거든. 이게 실질적으로 행했기 때문에…. 이게 묻히면 우리가 경고한테 싸잡혀서…. 그래서 오늘 나왔단 말이에요.

**그럼 그전에 대구고에서 모이고 경고 모이는데 갔다 오겠다고 한 거네요.**

좌우간 윤풍홍이가 “경고 모임에 가서 사전계획을 알아보고 올게.” 이랬어요.

**이복웅**: 서울에 갔을 때 우진이를 만났는데, 그런 말이 없었고. 이게 사실이면 이건 중요한 거야.

**이희성**: 사전에 데모 계획을 전부 세우고. 그 당시에 목표는 ‘학원을 정치 도구로 삼지 마라.’, ‘유세장에 나오라’고 그랬어요.

**이복웅**: 쓰고 보관도 우진이가?

**이희성**: 나는 이튿날 28일에 대구문화회관에서 전시회가 있어서 거기 갔어.

30

# 조영길

## "경북여고 신구자! 이미자! 서동명! 너거도 나와라!"

**당시 악대부로서 활동하셨다고 들었습니다.**

일반적으로 이야기하는 거, 타 학교와는 좀 다르게 특이합니다. 2월 28일에 등교하라고 했는데, 대구고등은 앞산에, 옛날에 야시골이라고 했습니다. 우리는 학교에서 등교 지시 이유를 뭐라 했는가 하면, 휴일인데, 야시골에 몽둥이 들고 토끼 잡으러 가자고 했습니다.
나는 안 가고, 왜 안 갔냐면 밴드부를 했기 때문에 그 다음, 다음날에 3·1절 시가행진이 있었어. 그날 나오라 해가지고, 밴드부는 밴드 연습 때문에 (학교 안 갔고).

**그럼 2·28민주운동에는 어떻게 참여?**

그런데 그전에 나는 알았어. 그날 저녁에 손진홍 씨한테 연락을 받은 게. "우리는 토끼 잡으러 간다는데, 그날 우리는 2·28항거 의도를 가지고 있다. 자네는 밴드부에 있으니까. 관덕정 옆으로 가서 경북여고 학생들을 불러내라." 당시 박대근, 서동활이라고 그 친구들과 같이 밴드부를 했습니다. 제가 부속중학교를 졸업했기 때문에 손진홍이 저한테 그런 오더를 내렸습니다.

**부속중학교와 경북여고가 관련 있나요?**

경북여고에 좀 거어한(영향력 있는) 친구가 신구자, 이미자, 황정애, 서동명. 서동명이 누구냐 하면 서동활의 사촌입니다. 얘들은 사대부중 우리 동기니까. "니는 가들 불러내라." 해가지고 (나갔죠.)

지금은 (경북여고) 교문이 명덕에 있는데, 옛날에는 뒤편에, 반대쪽에 교문이 있었습니다. 동쪽에 있었습니다. 정문이 동쪽에 있었는데, 영선못 옆으로 가면 관덕정이 나옵니다.

**경북여고 육정자 선생님도 신구자 선생님과 많이 활동하셨던데.**

육정자도 있었지. 여어 불러낸 친구들이 경북여고에서 영향력 있는 친구들입니다. 신구자, 육정자 다 부중 출신입니다.

**경북여고로 나가실 때 아무런 제지 없었나요?**

교문 밖으로 나갈 때, 처음에는 교문이 안 잠겼고, 선생님도 안 계셨어. 우리 밴드부가 길 건너 갈 때 잡고 말린 선생님이 없었어. 나가가지고 우리는 별도 코스로. 도로 건너서 골목으로, 영선못으로, 관덕정으로 해서 경북여고 부르고.

**경북여고에 혼자 가셨어요?**

아니. 1학년 밴드부 애들이랑 같이.

**1학년 밴드부 같이 갔던 인원은?**

1학년과 나 포함해서 4명.

**경북여고 가서 뭐라고 하셨어요?**

문을 잠가놨대요. 고함을 질렀지. 그대로 하면, "신구자! 이미자!" 부르니까 대꾸도 없어. 그러이 뭐라캤냐하면, 좀 상스러운 것 같지만 고대로 하자면 "야! 이 가시나들아!!" 이렇게 불러댔죠.

**만나셨나요?**

못 만났지.

**그러면 전달 못 하셨겠네.**

아 저거는 들었겠죠. 그 길에서 강당까지 얼마 안 걸려요. 그 강당에 전부 다 넣어놨다 카데.

**교문이 닫혀있어서 길에서 부르셨고. 그런데 무조건 나오라고 하면, 여학생들이 나오겠어요? 뭐 "데모하러 가자." 라든지.**

그 친구들도 그런 걸 알기 때문에 강당에 전부 가둬 놨지.

**나오라고 했는데 안 나오고. 몇 번 소리를 지르고.**

악을 쓰고 고함을 질렀지. 그래도 안 나와요. 우리 거기 있으면, 혹시 우리 입장이 난감해질까봐. 제일여중 옆 오포산 밑으로 해가지고 갔지. 그때 제일여중, 오포산이라고 있었어요, 거기는 옛날부터 정오에 포를 쏜다고 해서 오포산입니다. 거기서 대구초등학교, 원래는 덕산초등학교였어요. 덕산국민학교로 해서 반월당으로 갔습니다. 내가 그 길로 갔기 때문에 기억합니다.

영선못 옆에 활 쏘는 터가 있었습니다. 그쪽으로 빠지면, 경북여고 옆으로 쭉 가면 덕산목욕탕이 있었습니다. 그쪽으로 가면, 대산소아과.

대산소아과가 그때 말로 큰(大) 뫼(山) 일본말로 ‘오야마병원’이라고 했어요. 그 집의 아들이 서선홍이라고 우리 동깁니다.

**대산소아과 서선홍 선생님 집에 손진홍 선생님이 많이 갔다는 이야기 들었습니다.**

맞아요. 거기서, 경북고등이 저거 뭐 그러는데, 거어서 손진홍하고 자주 만나가지고 작당했다 카더라고.
그리고 우리가 최종적으로 반월당에서 만나기로 했지. 그래서 혹시나 싶어서 악 좀 쓰고, 반월당쪽으로 가니까 없어요.

**반월당으로 4명이 뛰어갔는데?**

없죠. 아무도 없는 게 아니고, 순사들하고 있는데, 분위기가 어수선해 가지고 대산소아과 거어 가면 뭐가 안 있겠나 싶어가지고 갔다가 중앙파출소, 약전골목으로 가다가 옛날 남일동. 진골목으로 안 빠지고. 바로 만경관으로. 종로 쪽으로 빠졌어요. 만경관으로 가다가 잡혔지. 크게 두들겨 맞지는 않고. 그랬지.
지금 또 내가 기억나는 것은 대구경찰서 지하실 가서 두들겨 맞고.

**만경관 앞에서 순사한테 붙잡혔어요?**

만경관 앞에서 조금 지나면 대구경찰서 나옵니다. 대구경찰서 바로 맞은편에 유명한 빵집이 있습니다. 덕인당빵집이라고. 우리 동긴데, 경고 나온 친구가 있어요. 그 뒤에 이야기는 뭐 내가 꿀밤 맞고 그랬는데, 그 이후 이야기는 내가 좀 곤란해요.

**덕인당 빵집에서 잡혔고. 후배들도 같이 잡혔나요?**

난 지금 큰 체구는 아니지만, 내가 딱 잡혀 들어가니까, 형사들이 다른 아아들은 잡을 생각을 안 하고 내만 끌고 갔습니다.

**3명은 도망가고?**

갔겠죠.

**대구서로 들어갔네요.**

들어가니까 밑으로 들어가라 카데. 순사 말 안 들으면 안 되지. 지하실에서 검문을 했는지는 모르겠어요. 그때 거기 우리 애들이 몇 명 있었어요. 근데 그때 보니까 미리 들어온 애들은 미리 나간 거 같애. 몇 대 두들겨 맞고 물어보고. “주동자 맞냐?” “아닙니다.” 그러면 나가고. 그 학생들 전부다 지하실 못 잡아 넣거든요.

**대구서에 들어간 시간은?**

대구서에 들어갔을 때가 오후 2시? 시계가 없으니까.

**선생님이 들어갈 때 학생들이 여러 명 있었고. 취조는 어떻게?**

꿀밤 몇 대 맞고 취조를 당하기 전에, 저는 나올 수 있는 그게 있었거든요. 그거는 우리 가정사라 말 못해요.

“여 앉아라.” 꿀밤 한 대 맞고 이름하고 대충 안 합니까? 그럼 이름 대고. 그때 내가 불안하고 잡혀있으면 곤란할 거 같으니까. 집안에 어떤 분 누구 이름 대니까. 나는 도망가기 위해서 우리 집안의 어른 이름을 댔는데,

**이름 외 다른 질문은?**

"뭣 때문에 이런 걸 했노?" 이렇게 물으니까. 내가 그대로는 이야기 못하죠. 그냥 "우리 학교에서 아아들하고 하다보니 이래 했다." 그 사실대로 말 못하고. 우리 집안의 어른 이름도 대기도 곤란했거든요. 그런데 안 하면 두들겨 맞을 거 같고. 그래서 어른 이름을 말하고 한 대 때리더니 "나가!" 그러데요.

**대구경찰서에서 나와서 바로 집으로 가셨네요.**

예. 집으로 갔지. 바로 간 게 아니고 쎄(혀)가 빠지게 도망갔지요.

**집에 들어가셨을 때 어른들이 뭐라고 하셨는지?**

전혀 모르지. 내가 이야기를 안 했으니까. 많이 뚜드려 맞지도 안 했으니까. 여어 뭐 입술이라도 찢어졌으면 알 텐데, 그것도 아니고. 꿀밤 한 대 맞았다고 얼굴에 상처난 건 없었으니까.

**29일 월요일에 학교 갔을 때 분위기는?**

기억에 없는데, 29일에 학교 갔는데, 밴드 우리 음악선생님 성기용[1) ]선생이 연습도 안 하고. 나는 (그 당시) 트럼펫을 했고. 박대근이랑 서동활이도 교대로 악장을 했고.

---

1) 성기용(成箕鎔) 음악 선생님은 1959년 3월 31일부터 1963년 9월 13일까지 재직하셨다.

## ■ 6차 구술 인터뷰

지금까지 1회 졸업생을 대상으로 몇 차례 인터뷰를 진행하였습니다. 같은 장소의 비슷한 경험이지만 각자의 활약은 다 달랐습니다. 놀라운 것은 당시 고등학교 2학년 학생이 공권력 앞에서 조금도 주저하지 않고, 오히려 저항하며 교문을 달려 나갔다는 점입니다. 고등학생들, 즉 엘리트 학생 집단들의 조직된 힘이 크게 작용했다고 봅니다. 그 용기가 단순히 일요일 등교 지시가 아닌 부정부패가 만연한 사회, 그것을 인식한 학생들의 지적 수준 등이 맞물린 포화상태에서 폭발한 것 아닌가요?

---

6차 구술 인터뷰는 2019년 7월 20일 대구 동구 청구정형외과(이원순 원장) 옆 카페에서 이원순, 신한익, 이복웅 선생 등 3명이 참석하여 진행하였다.

31 | # 이원순

## "혁대 풀고 신발 구겨 신어!"

### 중국집에서 잡히다

1960년 2월 28일 교무회의를 마치고 선생님들은 운동장에서 조회를 하기 위해 교단 앞쪽으로 내려오고 계셨다. 우리들은 어수선한 분위기 속에서 서로 의견을 나누고 있었다. 그때 갑자기 교문으로 돌진한 손진홍이 "가자, 가자. 우리는 모두 민주대열에 합류하자."고 소리를 지르는 것이었다.

그 소리에 오늘의 거사를 귀띔으로 알고 있던 2학년을 중심으로 약 150여 명이 1차 선발대로 교정을 빠져나갔다. 나도 그 1차 선발대에 합류하여 도청(현 중앙공원)을 향해 마구 달려갔다. 명덕로터리를 지나 경북여고 앞에 이르자 목소리를 더 높여 "우리에게 인류애를 달라!" "동방에 횃불을 밝혀라!" "학생을 정치 도구화 하지 말라!" "학원에 자유를 달라!"고 구호를 외쳤다. 이렇게 우리 1차 선발대는 남문시장을 지나 반월당에 들어섰다. 그러자 반월당 중앙파출소 앞에서 경찰은 바리게이트를 치고 학생들을 향해 무자비하게 방망이를 내려치고 있었다.

경찰 방망이를 피해 나는 약전골목 쪽으로 쫓겨 가다가 다시 종로 쪽으로 내달려서 지금은 누군지 확실히 기억할 수 없으나 어느 친구와 함께 길 오른쪽에 자리잡고 있던 중국집으로 불문곡직하고 피신하였다. 그런데 얼마 지나지 않아 형사가 들이닥치는 바람에 붙들리고 말았다. 경찰은 혁대를 풀고 도망가지 못하게 했으며, 신발을 벗어 구겨 신으라고 했다. 그리고는 대구경찰서(현 중부경찰서)로 끌고 가서 2층 임시 구치소에 가두는 것이었다.

### 구치소에서의 짧은 상념들

한편 구치소에 잡혀 온 나는 짧은 시간이지만 불안한 마음에 몇 가지 상념과 걱정을 하고 있었다. '자유당 독재정권의 불법 선거운동과 대통령 행차 시 학생들을 강제 동원하는 것은 분명히 민주사회를 지향하는 오늘과 같은 현대사회에서는 시대정신에 크게 역행하는 처사이다. 그러나 이러한 부당한 권력의 일탈형태에 대해서 개인의 안위도 생각하지 않고 용감하게 발언하고 행동하며 앞장 설 수 있는 주동자의 결의에 찬 용기는 과연 어디에서 연유한 것일까?'하는 생각이었다. 그들은 분명 나를 포함한 보통의 일반 학생들보다 확실히 사물을 보는 눈이 성숙했는지 모르겠다는 생각이 들었다.

그 다음은 무엇보다 도청 간부로 근무하시는 아버지께 신변상의 불이익이 닥치지 않을까하는 걱정이었다. 우리 아버지는 오로지 우리 사회의 올바른 발전을 기원하고 나아가 우리 오남매의 착실한 성장을 바라보며 어디 한걸음이라도 남의 입에 오르내릴까 염려하셨다. 또한 내가 철들고 나서는 늘 길이 아니면 가지 말라고 당부하시는 분이었다. 그래서 주위에서는 법이 없이도 사시는 분이라고 얘기하시는데 이번에 내가 이와 같이 엄청난 일을 저지르고 구치소에 갇혀있으니…. 나의 이 같은 돌출행동이 과연 올바른 것인지 하는 의문이 들기도 했다. 그러나 아무리 되돌아보아도 내가 잘못된 일을 했다는 생각은 들지 않고 시간이 흐를수록 더욱 당당해지는 신념형 불온분자(?)가 되고 있었다.

당시 함께 구치소에 있던 학생들의 정확한 숫자는 모르겠으나 아마 50여 명 정도 되는 듯했다. 모두 꿇어앉아 있었다. 앞자리에 있는 어느 한 친구가 "우리에게 자유를 달라!" "학원을 정치 도구화하지 말라!"는 구호를 소리 높여 외치다가 경찰에게 심하게 구타당하는 것을 보고 크게 다치지 않아야 할 텐데 하고 걱정을 했다. 이름도 모르고 얼굴도 기억나지 않지만 작은 체구의 당찬 모습이었다. 이제 세월이 60년이 지났는데도 한 번쯤 먼빛으로라도 보고픈 생각이 든다.

그렇게 온갖 상념에 사로잡혀 불안하게 몇 시간을 보내자, 우리들은 거짓말같이 주의 몇 마디를 듣고 소위 훈방되었고, 나는 바로 집으로 왔다. 그때 아버지께서 경찰에 잡힌 아들이 걱정이 되어 대구경찰서까지 오셨다는 것을 나중에 우연히 알게 되었다. 당시 아버지께서는 아무 말씀은 없고 다만 "어디 다친 데는 없느냐? 그래. 앞으로 장성해서 너희들이 이끌어갈 사회는 정말 성숙된 민주주의가 되었으면 좋겠다."는 단지 두 말씀뿐이었다.

나의 1960년 2월 28일 일요일은 이렇게 지나갔다.

<구술 추가>

**2월 28일 일요일 등교하라는 이야기는 언제 들으셨어요?**

반마다 담임 선생님이 언제 이야기 했는지는 몰라도, 내 기억에는 아침 조례에 한 걸로 알고 있습니다. 그때 사회적인 분위기는 자유당 장기집권, 이승만 국부를 중심으로 장기집권이 이어지면서 부정부패가 심했잖아요. 이런 것을 학생 입장이지만 조금은 알았단 말이에요. 그 다음날 야당에 정부통령 유세가 있다는 것도 알고 있었고. 그 당시에, 나는 직접적으로 본 건 아닌데, 이야기를 들어보면, 학교 호국단(학생위원회) 중심으로 반대 의견을 갖고 교무실로 가서 많이 이야기를 했던 거 같아요. 그래서 일요일 등교 지시에 대해 '이건 아니다'라고 반대 표시를 했죠.

**당시 고등학생들의 사회를 바라보는 시각이 굉장히 성숙했네요.**

그랬죠. 나도 2·28 50년사를 쭈욱 리뷰 해보았는데, 주동했던 친구들은 보통 학생들보다 사물을 보는 시각이 앞서갔고 더 성숙된 것 같았습니다. 우리는 뭐 그저 열심히 공부하고, 평범한 모범 학생(?)으로 솔직하게 앞장설 그런 용기는 없었지요.

**27일에 내일 등교하라고 했고, 그 이유가 대구고는 토끼사냥으로 들었거든요.**

그래요. 나는 토끼사냥으로 알고 있었는데, 학교 간부 이야기로는 처음에는 체육대회를 한다고 공표했다가 나중에 토끼사냥으로 변경을 했대요. 그래서 아침에 단단한 막대기 하나 들고 학교에 갔죠.

**27일 내일(일요일) 등교하라는 이야기 듣고 교실에서 학생들의 동요가 있었고, 그 다음날 몇 시에 등교하라고 했어요?**

그때 우리(옆에 앉은 신한익, 이복웅을 보며) 몇 시쯤? 10시쯤? 정확한 시간은 기억 못하는데 평상시보다는 조금 늦게. 10시 정도. 도착하자마자 교실로 들어갔다가 바로 조회를 한다고 운동장으로 나갔지.

**바로 교실로 들어가셨네요. 아침에 등교했을 때 분위기는 어땠어요? 시위라고 할까. 항의하러 가자. 이런 이야기가 있었어요?**

낌새가 '시위를 할 거 같다.' 요새 같으면 '데모를 한다.' 그런 분위기였어요. 조회한다고 나오라고 해서 우리 반이 먼저 나와 있었는지, 하여튼 웅성거리며 모여 있었는데, 손진홍이 들어오면서 "느거들 뭐하노? 민주대열에 합류해라!" 흥분하면서 고함치니 그제서야 다들 "와아!!" 하면서 150명 정도가 교문을 뛰쳐나갔죠.

**손진홍 선생님이 경북고 갔다가 교문을 들어오면서 외치신 거네요.**

경고에서 파발이 안 오니, 손진홍이 자전거를 타고 경고 교문까지 갔대요. 그 다음에 장주효는 손진홍이 오기 전에 시위 이야기를 했고.

함께 반월당에 모여 시위를 하기로 경고와 대고가 합의했는데 차질이 생겼대요. 경고에 가서 독촉을 한 후 손진홍이 대구고로 오는 과정에 경고 저거들이 나가 버렸지. 실질적으로 우리 대고와 경고가 같이 나가야 하는데…. 그런 면에서 경고하고 차질이 생겼었지요. 손진홍이가 급히 대구고등 정문을 들어서면서 민주운동을 촉구하는 고함을 쳤지요.

**이복웅**: 원래 처음 만나는 건 8군 후문에서 만나기로 경고하고 약속이 되었대요. 왜냐면 경고가 8군 후문으로 오는 거랑 우리가 영선못으로 가는 거랑 거리가 비슷하다고 해서 그렇게 된 거래요. 그러다가 모여 가지고 함께 가자. 그 뒤로는 반월당에서 만나서 가자고 했고.

그때 자료가 있어서 알겠지만, 손진홍이 경고에 도착하니 경고의 대대장이 '우리가 뭐 3월 1일 한다, 2일에 한다.' 왈가왈부하고 할 때, 손진홍이가 "대구고등은 나갔다! 이제 너거들 알아서 해라!" 고함을 지르고 합승을 타고 반월당까지 왔다는 거야.

**150명 정도 나갔으면 1차로?**

나는 1차로 나왔어. 우리 1차 선발대가 손진홍이 앞세워서 "와아!"하고 갔는데, 저 끝에 학생 간부들하고 나갔는데, 남문시장까지만 해도 사람이 별로 없었어요. 남문시장을 통과하고, 중앙파출소 앞에 가니까 바리게이트 쫙 쳐져 있고. 경찰은 곤봉 들고 있고. 앞자리에 서 있던 친구들이 많이 맞았어. 우린 뒤에 따라가면서 보는데, 포위할 때, 데모 진압하는 식으로 하는데…. 우리는 학생이니까 힘도 없고 역부족이잖아.

내가 피한 건 약전골목으로. 피했다기보다는 한쪽으로 분산시키는 작전에 몰려간 거였지. 뒤에 경찰들이 따라오니까. 우리는 종로 쪽으로 갔었지. 왜냐하면 무조건 도청 쪽으로 가서 시위한다고 하는 이야기를 들었으니까.

**시위할 때 달리면서 구호도 외쳤어요?**

우리가 1차로 나가서, 경북여고 앞에서 "학생을 정치적 도구로 쓰지 마라!", "학원에 자유를 달라!"라는 구호를 외치면서 행진을 하다가 중앙파출소 앞 바리게이트에서 1차 선발대는 제지를 당했죠.

우리 일부가 약전골목으로 가는 길에 오른쪽 종로로 빠져서 도망가는데, 오른쪽에 중국집이 하나 보이길래…. 나하고 다른 애하고 둘이가 그쪽으로 피신하듯이 들어가서 화장실에 갔다가 나오는데…. 손님 몇 명이 있었고, 누가 신고했는지는 모르겠지만 경찰이 따라 들어왔고. 거기서 딱 붙들렸어.

경찰이 대뜸 "학생들 혁대 풀고 신발 빠게(접어) 신어!" 도망 못 가게 한 거지. 그거를 처음 당하니, 내가 범죄자가 된 기분이었어. 그때 대구경찰서, 지금 중부경찰서죠. 그쪽으로 구치되었지.

대구경찰서 2층에 올라가니 큰 강당이 있었는데, 미리 붙들린 사람도 있고, 그 뒤에 붙들려온 사람도 들어왔고. 학생들이 무조건 꿇어앉아 있고 형사는 정리를 하고 있었는데…. 이름과 얼굴은 기억이 안 나는데, 하여튼 거기에 붙들려왔던 한 친구가 구치소 안에서 구호를 막 외치는 거야.

**구치소 안에 들어와서?**

"학생들 민주…. 자유를 달라! 정치 도구화 하지 말라!" 고함치니 경찰이 와가지고 구둣발로 차고 했었어. 그 용기가 참 대단했지. '야, 참 대단한 용기다. 더 다치지는 않아야 할 텐데.' 하며 걱정을 했었고.

**이후 어땠나요?**

내 경우, 2·28에 대한 당시 상황은 주동자도 아니고 동조하는 입장에서 참여하였지.

그 2·28을 넘기고 그 뒤 30년 후에 장주효가 (2·28민주운동)기념사업회를 만들었을 때부터 조용하게 뒤에서 도와준 건 겁니다.

이미 이야기를 했지만, 혼란한 사회속의 시대관, 그 당시 학생으로서의 활동범위는 제한적이고, 아무리 공부를 많이 하고 시대 상황을 알더라도 학생으로서는 범주가 넓지 않은데….

손진홍이나 장주효, 이대우 세 사람은 주동인물로서 앞서가는 국가관이 있었던 것 같아요. 다른 친구들은 학생으로서 비슷한 공감, 공감도 어느 정도 차이는 있지만, 사회를 걱정하는 것도 속으로만 했었지요.

2·28 역사도 진실되게 봐야하는데…. 어느 특정학교가 독점적 기득권을 행사하려고 하는 게 있었고. 또 어느 한 개인을 우상화해서 영웅 취급하고…. 나에게도 그렇게 보여 편치 않았어요.

안인욱 선생이 2·28민주운동기념사업회 7대 의장할 당시 『2·28민주운동 50년 백서』를 만들었어요. 마침 내가 대구고 1회 동기회장을 할 때라…. '손진홍, 장주효에 대한 공적사항을 만들자.'고 했었어요.
그 전에 어느 특정인 한 사람을 영웅화하고 '4·19민주 혁명의 도화선이다.'하고 상을 받고 그랬잖아요. 경고에서는 이대우를 추천하여 상을 주고 그러는데, 장주효랑 손진홍이는 포상을 못 받고…. 역사 이거 자꾸 왜곡되는 듯해서 내가 안인욱 선생이랑 상의를 해서 공적사항을 작성해가지고 추천 했었어요. 그때 이미 이대우는 공적상을 받았었어요. 같이 받아야지….

**아, 저는 네 분이 같이 받으신 줄 알았어요.**

**이복웅**: 아니야. 몇 년 후에 받았어. 2011년도에 받고.
그건 아니잖아요. 우리가 선배 없는 걸로 인해 푸대접을 받는 기분이었어요. 똘똘 뭉쳐가지고 대구고 전통을 만들자 생각했죠. 그게 큰 역할을 했어요. 그래서 내가 보기엔 안인욱 선생이 최대한 자료를 객관적이면서 굉장히 많이 모았어요. 손진홍, 장주효에 대한 공적 백서가 있을 거예요. 그게 비교적 진실에 가까워요.

**그건 초창기 자료를 다 모았다는 건가요?**

잘 모았고. 완벽하진 않지만 열심히 모았어요. 보완은 후배들의 몫이죠.

32 | 신한익

## 유토피아 회원들만의 비밀인 줄

**일요일 등교 통보 받고 시위한다는 것은 언제 들으셨어요?(앞부분은 구술자, 이원순, 이복웅 같이 이야기 나눈 상태였음)**

2학년 때 손진홍이 주관하는 우리 모임이 있었어. 그 모임 회원들한테 손진홍이가 말하더라고. 내일 아침 일찍 오라고.

**그러면 시위 소식을 27일 들으셨네요.**

그렇지. 나는 이런 (시위하자는) 모임 있는 것도 모르고 공부밖에 모르는 측에 있었고. 대부분의 친구들은 유토피아였지. 대부분의 친구들은 말 힘도 세고, 웅변도 잘하고.

진홍이가 회원들한테 "내일 아침에 일찍 온나. 내일 토끼사냥은 핑계고 운동(시위) 때문에…. 운동을 나가야한다." 모임에도 중간 중간에 같이 서서 있다가 나갈 때 먼저 나가고. 그런 식으로 했어.

**시위 소식을 27일 밤에 들으셨어요?**

아니. 그때는 내가 집에 가기 전에 알았으니까. 방과 후에. 낮에 이미 결정된 것 같애.

**늦은 밤이 아니라 낮에 들으셨다는 거네요.**

그렇지, 그렇지. 저녁에 헤어지기 전에. 대고 모의한 건 그 전에 운동권 친구들이 여러 번 작전 회의하고, 여러 가지 나름대로 우리가 생각지도 못한 걸 한 거 같애. 그 당일날 정황을 봤을 땐, 경고는 아무래도 소극적이고 하니까 손진홍이가 애를 많이 썼는 거 같애.

손진홍이는 그 당시에도 리더십이 있었고, 그리고 이 친구가 한학을 많이 해서, 1학년 1반. 한 반이었는데 위원장이었고. “우리는 일류를 지망해야 한다. 우리 모임 만들자.” 그래서 유토피아도 만들었어요. 당시 모든 걸 생각하고 느끼는 건 손진홍이고, 경고나 이대우는 한 게 없고 모든 걸 손진홍이 다했고. 손진홍은 어릴 때부터 정치적인 풍이 있었고. 지금은 고인이 되었지만…. (손진홍이) 있었으면 우리나라의 한 인물이 됐을 거야. 이런 친구였어. 이 친구가 모든 학교에 이야기했고, 장주효가 중간다리를 놓았지 싶어. 우리 친구들 사이 조직에 쓰리세븐이고 뭐가 있었는데, 그 친구들이 우리보다 사회적으로 생각하는 게 빨랐기 때문에. 그 주축에서 장주효가 중간다리를 놓았고.

손진홍이 말할 때 아무도 모르는, 우리 유토피아 회원들한테만 알려진 내용이고, 내만 아는 비밀인 줄 알았어. 속으로는 내가 뭔가 있는 것처럼 생각했고. 뭔가 타오르는 기분이 있었다고.

**비밀 거사를 들은 자로서 존재감이랄까, 다른 친구들은 모르는데 나만 아는 비밀, 좀 인정받는 느낌도 들었겠네요.**

그렇지. 그렇게 그 이야기를 들었고.

아침에 좀 일찍 나와 있으니까 나중에 장주효가 “나가자!” 이랬거든.

그때 내가 들은 게 있으니까. 나는 운동권 친구들도 아니고 그런데도 들었으니까. 같이 동조해가지고 내가 "가자!" (그랬지). 그때는 어디서 힘이 났는지. 그대로 달려 나가고.
내가 대도극장에서 반월당 넘어가는 우측 중간쯤에 경찰들이, 형사들이 지프차 트럭 같은 데에 애들을 막 싣는 거야. 겁이 나서 옆으로 뛰어 들어갔는데, 그 집이 병원? 식당 같기도 하고. 어딘지 머, 마루도 있었는데, 신발 신은 채 그냥 들어갔는데 숨겨주더라고. "좀 피해가 있어라. 나중에 조용해지면 이야기 할게." 한참 있다가.

**주인께서?**

으응. 한참 있었어. "학생 이제 조용하니까 가라." 그래서 나가니까, 집에 가는 대학생들이 "왜 카노?" 이러면서 물어보는 거야. 그러니까 영웅이 된 기분이더라고. "여기 이래 있다가 우리 간다."고 하고. 뭐 그런 거밖에 없고. 2·28에 대한 정치적인 이런 소명 의식은 없었고. 그 계통에 그 운동권이 학생 운영위원회 이런 친구들 몇몇이 알았지 나는 몰랐어.

**피신한 덕분에 경찰서는 안 가셨네요.**

그때 생각해보면, 그 나이 그 또래에서 어떻게 그 용기를 냈는지. 나는 그게 제일 신기해. 시발점인데 신기하고.

**29일 아침엔 어땠어요?**

29일 아침엔 영웅된 것처럼 우쭐해 보이고. 우리를 영웅시하고.

## ■ 7차 구술 인터뷰

1960년 2월 28일 대구시내 공립고등학교 2학년이 주축이 되어 민주운동이 일어났습니다. 당시는 정·부통령 선거를 앞두고 여당(자유당)과 야당(민주당)의 선거 유세가 있던 때였습니다. 27일 토요일은 자유당 선거 유세가, 28일 일요일은 민주당 선거 유세가 예정돼 있었습니다. 그런데 갑자기 28일 일요일 등교 지시가 내려졌고요. 학생들은 부당하다고 여기며 항거했습니다.

60년 지난 오래된 일이지만 고교시절의 워낙 강렬한 사건이라 기억하실 것입니다. 당시 참여했던 선생님의 개인 경험 이야기를 듣고자 합니다.

---

7차 인터뷰 대상자 윤주철 선생은 현재 뉴욕 거주자이다. 2019년 8월 9일 전화 통화로 인터뷰를 진행하였다.

33 | ## 윤주철

### "이건 부당하다!"

**일요 등교 지시는 언제 들으셨어요?**

27일 오후 종례시간에 들었습니다. 수성방천에서 대통령 출마하신 분이 누군지 기억 안 나고 학생들을 그날 나오라고 했습니다.

**종례시간에 이야기를 들으셨고, 방과 후에 학생들끼리 어떤 반응이 있었나요?**

방과 후에, 당시 학생회장은 손진홍이가 했는데, 손진홍이가 각 반에 몇몇을 불러서 "이거는 우리가 (그냥 지나갈 수 없다.) 내일 학생들이 모여서…. 그 뒤에 뛰쳐나가서 하자."는 걸 회의를 했어요. 근데 그때 만장일치가 아니었고. 27일에 찬성하지 않은 학생들이 많았어요. 3분의1 정도 반대를 한 걸로 기억합니다.

**반대한 이유는?**

그때 학교 처음 생겼는데 '선생님들이랑 트러블 일으키기 싫다.'는 겁니다. 당시 선생님들은 순박했어요. 또 학생들하고 선생님하고 나이

차이가 많이 없는 사람도 있었고. 어렵지만 (선생님과) 친하게 지낸 것도 있고.

**대구고 내부적으로는 27일 그렇게 이야기 있었네요.**

그 당시 27일 오후에 모임이 있었다는 걸 몇몇 선생님들이 알았던 걸로 기억하는데, 손진홍하고 몇몇이 모임한 것을.

**그날 밤에 손진홍, 장주효, 윤풍홍 선생님과 경고학생들과 결의를 했는데, 시위하자는 이야기는 언제 들었나요?**

28일날 학교에 학생들이 나와서 각 반마다 공고가 되었죠. 운동장으로 나가서 밖으로 나가자고 했는데, 담장 넘어가는 학생도 있었고. 밀고 하다가 교문이 열렸다. 나도 운동장을 뛰쳐나갔습니다.

**반대한 학생들도 있었는데 데모는 어떻게?**

그렇지만 (우리는 일요일 등교 지시에) 수긍할 수가 없다고 했어요. 우리 학생들이 정치놀음에 관여해서는 안 된다는 거지. "일요일날 (민주당) 유세한다고 (거기) 못 가게 하다니…. 도학무국에서 학교 학생들 등교하라고 했으니 이건 위법이다. 박차고 수성천변 강연장까지 가자!" 그래서 학생들이 출발한 거지.

2월 28일 그날은 날씨가 춥지 않았습니다. 그래서 학생들 다 뛰쳐나가는 여건이 되었고. 날씨가 추웠으면 학생들이 안 나가려고 했을 겁니다.

**교문을 나설 때 상황은 어땠어요? 선생님들 반응은요?**

28일날 학교 교문은 닫혔고. 선생님들이 교문을 지키면서 학생들 못 나가게 막고. 그걸 학생들이 뚫고 나갔어요.

대구고에서 명덕로터리로 나가는 중에는 경찰들 제지는 거의 없었어요.

**대구고에서 명덕로터리로 내려왔고. 그 이후에는?**

명덕로터리 가기 전까지는 별 저항이 없었던 걸로 기억합니다. 사범고등 지나자마자 경찰이 제지하는 게 있었고. 명덕로터리에서는 제지가 아주 심했어. 뿔뿔이 흩어졌어요.
제일 많이 간 곳은 경북여고 오른쪽, 수성방천 쪽으로 가는 경북여고 방향, 그쪽으로 간 학생들이 경찰한테 피해를 많이 받았을 거예요.

**경찰에게 붙잡혔나요?**

몇 명은 붙잡혔고. 가다가 풀어주기도. 도망가기도 하고.

**남대구경찰서?**

거기까지 못 갔어.

**경찰에게 제지를 당하거나 붙잡힐 때 상황은요?**

윗도리를 잡는 걸 풀어 제끼고. 그렇지만 제지하려고 때리지는 않았어요. 경찰들이 겁을 주었어요. 학생들이 어린마음에 그런 일이 처음이니까. 한 사람이 옷을 잡으면 구해주기도 했어요.

**선생님은 경찰에 연행되셨어요?**

피해서 잡히지 않았어요. 내 친구들하고 몇 명은 어디 다시 앉아서 놀았어요. 그러다가 그쪽으로는 안 되겠다 해서 동성로로 가서 집으로 간 걸로 기억합니다.

**대구시내가 그날 떠들썩했는데, 댁에서는 뭐라 말씀하시던가요?**

몰랐습니다. TV나 방송이 있었던 것도 아니었고. 당시 아버지가 (국민)학교 교장이셨는데 우리학교에서 데모(시위)한 걸 집에서는 몰랐어요.

**댁은 어디?**

당시 삼덕동에 살았어요.

**충분히 알 수 있는 장소인데, 이후 알았을 땐 뭐라고 하시던가요?**

내가 말씀드렸죠. 오늘 이런 일이 있었다고. 그러니까 "절대 정치에 참여하거나 그런 건 하지 마라."라고 하셨죠.

**요즘에 데모라고 하는데, 29일 월요일 등교 후 데모에 대한 학생들과 학교반응은?**

28일 행사한 그 일에 대한 이야기가 대부분이었고. 대구고랑 경고 두 학교만 행사했고. 손진홍, 나이가 많은 손진홍을 회장으로 뽑은 게 자랑스럽다고 했었죠.

**그 뒤에 경찰들이 학교로 왔었나요?**

그런 기억은 없어요.

**다른 학생들이 경찰에게 피해 입은 이야기는?**

그 당시 학생들이 경찰서에 가서 고문 받은 건 기억에 없어요. 경찰국에서 학생들 구타하는 건 제지를 한 거 같아요. 겁을 준 거죠. 잡고 끌고 가면 학생들이 겁을 먹는다. 학생들이 윗도리를 많이 잡혔어요.

2회 졸업생

## ■ 문헌 기록 및 자술서

- 문헌

강증구, 노백무, 백진호 선생의 기록은 2·28민주운동기념사업회에서 발간한 『22인의 경험과 기억』(2016)에서 발췌하였다.

- 자술서

김상박

김석희

1 | # 강증구

## 윗도리 벗고 뛰어가며 항의하다

### 일요일 등교 이유는 '토끼사냥'

**2·28 관련해서 말씀을 하시면 되는데, 선생님 1학년 때잖아요, 2·28이. 1학년 한 해 지내고지요?**

그렇죠. 선배가 2학년뿐이니까. 1,2학년뿐이거든요 제가 1학년 때 그때 아마.

**1학년 한 해 공부를 하고 그 다음에 2월이잖아요. 근데 2·28 있기 전에 전체적인 학교 분위기가, 그런 독재정권 시절이니까 그런 분위기를 선생님은 어떻게 느끼셨어요?**

자유당 때 아닙니까? 이승만 자유당 땐데. 그때 뭐 독재라 카는 건, 그때 최인규(崔仁圭)가 그때 말이지 내무부 장관. 그카고 하이튼 독재라 카는 건 알고 있었지만 우리 어린 학생들이 어예 할 수가 없지.
우에 할 순 없었지만은, 부당하게 2·28 그때가 일요일이거든요. 일요일인데 "내일 앞산 공원에……." 앞산이 그땐 공원이 아니지요. "앞산에 토끼 잡으러 가니까 막대기 이만한 거 전부 하나씩 가져오너라."

그랬어요. 그때 앞산에 눈이 많이 왔었어요, 눈이 왔으니께 토끼 잡으러 가나보다 하고 가니께, 막대기 가지고 교복 입은 채로 학교 쭉 모였지요. 모이가지고 토끼 잡으러 간다꼬 카는데…….
2학년 우리 선배, 지금도 이름은 안 잊어버립니다. '장주효'라고, 그 당시엔 대단했죠. 강단에 올라가가지고. "독재 이거 안 된다. 왜 이런 날 말이지……. 토끼 잡으러 간다는 거 거짓말이다. 독재 선거에 참가 못하도록 우리를 이래 모았다." 그래가 2학년 선배들이 막 했어요.

**3학년 있었어도 졸업을 했겠구나. 28일이니까 그러니까 2학년 선배들이 주도적일 수밖에 없는.**

그때 2학년 선배가 1회였으니까.

**아, 대구고등는 2학년까지 밖에 없었네요. 그래 장주효 선생님이 그렇게.**

선동을 하고 주동을 했지요.

**장주효 선생님은 덩치도 조그마신 분이 왜 그래 깡이 있노?**

예. 그때는 대단했어요.

**일요일 학교에 오라 카는 것도 좀, 그땐 그래도 학교 선생님들 무슨 이야기하면 대부분 다 듣잖아요.**

다 듣지요. 듣게 되어 있지요, 당연히 들어야지요.

### 단숨에 내달린 중앙로

**지시 받고 일요일 학교 거의 다 나왔어요?**

다 나왔지요. 다 나왔습니다.

**출석도 부르고?**

예. 그건 이설(異說)이 없습니다.

**몇 시까지 갔습니까?**

그때 아침이지예. 아침 아홉시에 운동장 모이라 캐가지고 한창 웅성웅성 카디만 2학년 선배 장주효가 제일 먼저 올라갑디다. 그분이 선동하고 주동을 하고 다했어요. 그 밑에 있는 몇 사람도 있었지만, “이건 도저히 아니다. 독재에 항거해야 된다. 우리한테 토끼 잡으러 가라 카는 건 거짓말이다 이거….” 그캤지예.

**너무 유치하다. 토끼 잡으러 간다는 게.**

예. 막대기 또 가오라 캤지. 그러니 교문을 박차고 뛰쳐나갔어요. 그래 시내로 가자, 와! 그 많은 학생들이 대구고등 여기서 대구역까지 일단은 항거를 하면서 갔는 기라. 중앙통으로 그땐 자전거가 많았잖아요.

**중앙통이 그땐 2차선이지예?**

그렇죠. 자전거 막 자빠지고 아들이 막 와 뭉치 나가니께네.

**그때 몇 시쯤 출발하셨어요?**

그때 오전 한 열 시쯤 됐을 거예요.

**거 내려오면 경북여고도 있는데.**

그렇죠. 있지요. 있는데, 거의가 대구고등 학생들, 나는 경북고등학교 학생들이 그날 뭐 했다 카는데, 나는 경고 학생들 흰 테 색은 구경도 못했고. 우리 대구고 학생들이 여기서 대구역까지 확 시위를 하면서 갔지예.

**갑자기 나가서 경찰들도 대비 안 됐을 거고. 또 그날 민주당 유세잖아요. 그래서 경찰도 그쪽으로 많이 빠져있었을 텐데.**

그렇죠. 글로(그쪽으로) 빠졌고. 우리를 제재하는 경찰들은 거의 없었어요.

**그래가 어디까지 단숨에 내려왔습니까?**

단숨에 대구역까지 갔지. 대구역까지 가가 시위와 항의하고 가다가 이거는 아니다 싶어가지고. 그때 옷 이거 겨울에 춥지만은 웃도리 이거 벗고 얼마나 뛰어 갔던지. 가면서 항의하고 이래 나노니. 그 당시에 참 그거는…. 생전에 학생들이 데모를 해 봤습니까, 어데. 처음이지 싶어요. 그러고 4·19 터졌지만은, 내가 그 4·19 거어도 참석을 했어요. 할라꼬 한 게 아니고 그 학교 1학년 때니까 그 해에 2·28 나고, 그 해에 4월달에 4·19 났잖아요. 그때 보니 마 충무로 글로 해가 대단해 학생들이.

**그러면 중간에 좀 빠진 학생도 있겠지만 대구역까지 다 내려가서 그렇게 할 때, 경찰들은 언제쯤 나타났어요?**

경찰들은 거 대구역 거의 갔을 때, 그때 막 경찰들이 전부 다 막고. 곤봉 들고 막고 이카이. 그러이 경찰들이 막 제재를 하니까 강제해산 됐지 뭐.

**학교 선생님들도 거기까지 따라왔겠지요?**

학교 선생들은 보이지도 안 하고. 우리끼리만 막 그랬는 거예요. 선생님은 구경도 못하고.

**대구역 앞에서 어떻게 하셨는데요?**

대구역 가니까 경찰들이 막 제재를 하더라고요. 더 이상 우리가 뭐 어떻게…. 경찰들이 제재를 하니까 어떻게 할 수가 없었고. 거서 강제해산 시키니까 각자 집으로 가는 수밖에 없죠 뭐.

**그 대구역 앞에서도 장주효 선생이나 뭐 이런 분들이….**

아, 했지요. 거기서도 하고 경찰 막 몸으로 부딪히고 난리가 났지요 그때는.

**그 다음 구호는 뭐였는데요, 구호나 이런 게 있었습니까?**

구호는 뭐 크게 독재정권 물러가라 이런 거창한 건 없었고, 부당하게 말이지 일요일에 학교오라 칸다꼬. 이런 데가 어딨느냐고. 불평을 하고 고함을 지르고 그랬던 거 같아요.

**그러면 80년대 대학생들 데모할 때처럼 노래나 이런 건 안 했어요?**

노래…. 노래 부르고 이런 건 없었어요. 근데 그게 인제 2학년 선배들이 자기 나름대로 극비로 계획을 짰던 거 같아요. 우리는 이걸 독재 항거를 해야 된다, 이건 아니다. 우리 1학년 우리는, 2학년 선배들 하는데 무조건 따라가는 거예요.

**그럼 선생님 같은 경우는 자유당 정권에 대한 무슨 생각이나 뭐 이런 것들을 뚜렷하게 가지고 계신 게 있으셨어요?**

근데 그 뻔해, 알잖아요. 그 당시에 그죠? 부정투표하고 말이지. 그때 그 누고? 어느 집에. 시 간부 집에 우리가 한 번 들어간 거 같아. 들어가니까 오만 좋은 게 다 있더라고요. 그 당시 상황을 다 기억은 못하고, 그때 상황은 굉장히. 우리 코스는 여서 대구역까지 가가지고 강제 제재를 당했으니까 헤어졌고.

**다른 학교 학생들은 나타나지도 않았고?**

다른 학교는 내 경북고등학교 했다 카는 게 이해가 안 가는 게, 물론 하긴 했겠지예. 근데 어디로 어떤 코스로 갔는지를 우리는 모르지예.

**경고, 대봉동이었잖아요. 대봉 천주교회 밑에.**

거서도 아마 그래 했는 거 같아요.

**그러면 해산이 되고 몇 명 학생은 경찰에 연행됐을 거고, 그 다음날이 월요일이잖아요. 학교 가니까 어떻습디까, 분위기가?**

학교 가니까 뭐 공부할 분위기가 아니죠, 그때는.

**그러니까 2학년 선배들 잡혀간 사람도 있고 그랬습니까?**

그때 아마 그랬을 겁니다. 장주효 선배도 잡혀갔을 거예요.

**그때 도청이 여기 경상감영공원이었잖아요, 경상북도 도청이. 그쪽으로는 안 갔습니까?**

우리는 그 옆이니까 무조건 학교서 대구역까지만…. 중앙통만 휩쓸었어요.

**그러면 1, 2학년 여덟 반에 육십 명, 근 천명인데 새까맣겠구나.**

예. 많습니다. 중앙통을 휩쓸었다 카니까요. 까맣습니다.

**하여튼 그 다음날 학교에서 어떻게 대처를 하던데요? 모른 척하고 수업만 합디까?**

학교에서요? 뭐 학생들 움직이는 거 보고는 선생들이, 아니 뭐 모른 척은 못 하지예. 못 나무래고. "공부나 열심히 하자."카며 학생들 달래는 쪽.

**다독이는 분위기였구나.**

선생님들이 그래 좋더라구요. 학생들 편이고 그래도.

**그러니까 2월 28일이 일요일인데, 그 다음날 바로 학교 갔어요?**

그 다음날 바로 학교를…. 월요일이니까.

**그러면 반에서 어제 일어났던 그런 시위에 대해서 여러 가지 이야기를 했나요?**

아, 하지요. 그러니 공부가 안 되죠.

**주로 어떤 이야기를 했습니까?**

"야 어제 내가 글로 갔는데 말이지." 뭐가 어쩌고저쩌고…. "나는 일로 갔다."카고. 내 친구는 절로 갔다카고, 주로 그런 이야기고. 대구역에서 이제 강제해산 될 때 상황 이야기, 이런 저런 이야기, 역까지 간 것만 해도 참 잘 간 거라요.

2 | 노백무

# 도청까지 한달음으로

## 2·28민주운동 전사(前史)

**2월 27일 학생들 동향은 어떠했습니까?**

며칠 전에 주동자들끼리 모여가지고 어떻게 할까 이야기를 자주 하였습니다. 학교에서 낌새를 챘어요. 경상북도 학무국에서 그걸 알고 학교로 연락이 왔는 것이, 일요일 날 장면(張勉) 후보가 수성천변에서 선거 유세를 하기로 했는데. 각 학교마다 등교를 시켜라. 공립학교와 국립학교인 사대부고 하고 등교를 시키라고 지시를 허니까, 경북고등학교는 대구시내 영화관에 영화 관람하러 가자고 하고, 저희들 대구고등학교는 앞산에 토끼 잡으러 가자고 했습니다.

**2월 28일 거리로 나가기 전의 대구고등학교 시위 계획은 어땠습니까?**

그거는 인제…. 선배들이 이야기하는 거는 기밀이니까 저는 그것에 대해서는 상세하게 잘 몰랐어요. 그 당시에. 전체적인 분위기에 따라가지고는 행동을 했지만. 그 사람들이 적극적으로 말하기가 어려웠죠, 계획이 새나갈 염려도 있고 하니까요.

**2월 28일 앞산에 토끼 잡으러 간다고 운동장에 모였을 때 학생회 지도부로부터 어떤 행동 방침이 전달되었습니까?**

그 이전에 소문이 전달되었겠죠. '이래가지고 있어서는 안 되겠다. 우리가 데모를 해야 되겠다. 우리의 뜻을 밝혀야 되겠다'는 거를 무의식적으로 학생회 주동자들하고 연결되는 사람들은 감(感)을 잡잖아요? 저보고 어떻게 하라는 말은 안 해도 저는 그런 감으로써 행동을 함께 한 거지요. 2월 28일 등교를 하고 난 후에요. 그 이전에 가끔은 만나서 이야기가 오고가고 하는 것을 듣기도 했죠.

**28일 일요일 등교 지시는 며칠 전에 벌써 내려왔겠는데요.**

그렇죠. 내려왔죠. 이미 유세 계획이 잡혀 있었으니까요. 장면 유세에 학생들이 가서 손뼉 치고 환호하지 마라는 그런 뜻이지요.

**28일 학교에 나와 가지고 불만을 표출하면서 거리로 나온 건데, 그 전에 이미 알게 모르게 그런 분위기가 학생들 사이에 조금이라도 돌았습니까?**

그렇죠. 돌았지요. 왜 그러냐 하면 핵심들하고 접촉하는 사람들은, 나 같은 경우에는 장주효 씨하고 많은 접촉을 했기 때문에 그걸 느끼지요. 꼭 이날 어떻게 행동하라 안 그래도 방법이 데모하는 것밖에 없잖아요. 이런 분위기가 되니까 운동장에 모여 토끼잡이하러 가는 것이 아니고 교문을 박차고 그냥 밖으로 나가는 거죠. 이제 중앙통으로요. 그때 봐서는 중앙통으로 향하니까 명덕로터리 거쳐 반월당으로 가게 되죠.

**교문 밖으로 나올 때 선생님들이 제지하지는 않던가요?**

적극적으로는 제지를 안 해요. 왜냐하면 선생님들도 무언중에 상부에서 그런 지시를 받으면서 '이 나라가 이래서는 안 된다'는 것을 다 알고 계시거든요. 그래서 담임 선생님들 보면 한 마디도 '너 왜 이랬나?' 이런 소리를 안 해요.

**당시 2학년들이 주동을 했는데 1학년들은?**

장주효, 손진홍, 이대우, 최용호, 하청일 이런 분들이 주동이 돼가지고 결의문도 쓰고, 어떻게 하자는 각본을 짰는 거 같아요. 그런데 그 밑에 후배들에게는 이야기가 새나갈까 싶어가지고 자세한 내용이라든지 계획을 이야기를 안 했지. 우리는 인제 감(感)으로 잡았지요. '아, 이거는 언젠가는 데모를 할 것이다.'라는 감은 잡았지요. 또 어떻게 해야 된다는 것도 알고 있지요.

당일에도 그걸 미리 알고 대고나 부고, 경고 등 등교 안 한 사람들이 많았습니다.

**당일 등교하지 않은 사람들은 왜 그렇게 했습니까?**

부모들이 현실적으로 이야기를 하거나 또 개인 사정 등 여러 가지 일이 있다든지 볼 일이 있다든지 했겠지요. 저는 그래도 상당수는 깨어 있었어요.

**대구고등학교는 앞산에 토기 잡으러 간다고 했는데, 등교한 후에는 어떻게 했습니까?**

토끼 잡으러 간다고 운동장에 모이라고 했지요. 줄지어가지고 가는 셈이죠. 이거는 형식적이죠. 토끼를 잡은 사람도 없죠.

## 2·28민주운동 당일의 상황

**대구고등학교 학생들의 2월 28일 움직임에 대해 말씀해 주세요.**

대고하고 경고하고 같이 나가자고 연락을 했지만, 경북고 학생들이 다 중앙파출소 앞으로 다 나가고 난 다음에 나갔을 겁니다. 저희들은 뒤에 나왔죠. 저희들은 경찰들한테 붙들려갔습니다. 감영공원에 경상북도 도청이 있었습니다. 그 안에 또 경찰서가 있었지요. 붙들려갔다가 다시 학교로 돌아왔습니다.

**2월 28일 거리 시위를 위한 다른 학교와의 연락체계는 어떻게 정했습니까?**

연락은 주동자 학년에서 연락했고, "교문으로 나가자!" 하니까 반사적으로 "가자!" 하면서 나오게 된 거죠. "가자!" 해가 나온 거지, 조직적으로 행동방침을 정해서 한 거는 아니죠. "가자!" 하니까 뒤돌아서 쫙~ 뛰어나오는 거죠. 도청 쪽으로 간 거지요. 쉬지도 않고 그냥 뛰었어요.

**2월 28일 시위를 주도했던 사람들은 누구였습니까?**

시위 주도 세력들은 장주효 씨하고, 사대부고 최용호, 그 다음에 경북고 이대우, 하청일 이런 사람들이 핵심입니다. 핵심. 대구고등은 장주효 씨가 핵심입니다. 당시 학생회 간부였습니다.

**2·28 운동 당시 학교 교문 밖으로 나와서 벌어졌던 상황에 대해 말씀해 주세요.**

인제 저희들도 반월당 정도에 가니까. 경북고가 먼저 나오고 대구고가 뒤에 나오니까 일반 순경들도 의자에 앉아 있었습니다. 약전골목

중앙파출소 있지 않습니까? 거기에서 제지당해가지고 쫓겨서 우리는 샛골목으로 피했지요. 샛골목으로 피해도 골목 앞에서 전부 붙들려 갔죠.

근데 막 구호를 외쳤죠. '자유를 달라!' 그 다음에 '부정부패 규탄', '독재정치 반대' 그러 거지요. 시민들이 손뼉 치는 사람도 있었고. 경찰들은 엉겁결에 일어서가지고 그냥 있었는데, 앉아있기도 했어요. 시위대를 제지하다가 지쳐 그런지는 몰라도요. 나중에 경상북도 경찰국, 중앙 네거리로 가까워지니까 그 전에 딱 봉쇄를 했습니다. 경찰들이 갑자기 쫙 나와 가지고요.

**당시 대구경찰국이 어디 있었습니까?**

경상감영 공원 안에, 도청 안에 있었습니다. 도청하고 같이 있었습니다.

**거리로 나온 학생들이 어느 한 곳에 모여가지고 결의문을 낭독한다든가 그렇게는 하지 않았습니까?**

결의문 낭독하고 그런 건 없었죠. 모여가지고 하기로 하긴 했는데. 결의문 낭독 그거는 학교 자체에서 하고. 그 다음에 거리로 나와 가지고 도청으로 가서 다 모여 가지고 다시 결의문을 낭독하고 이렇게 하기로 했는데, (강조를 위해 손뼉을 치면서) 호흡이 안 맞았지요. 도청에 들어 가가 의사 표시를 해야 하죠. 제가 알기로는 대구고등학교 학생들은 경고가 먼저 가버렸기 때문에 못했지요.

**선생님은 거리로 나온 후 어디서 붙잡혔습니까?**

저는 중앙 네거리에서 잡혔죠. 경상감영공원 도청 광장으로 붙들려갔지요. 도청 광장에 전부 꿇어앉혀 놓대요. 꿇어앉혀 놓고, 우리 선배는 많이 붙들려가서 취조 당하고 이런데, 우리 한 해 후배들은 너무 많으니까 학교에 연락해가 학교 선생님들이 인솔해 데려 갔지요.

**당시 대구고등학교 학생들은 얼마나 붙들렸습니까?**

그건 확실히 모르겠어요.

**붙들려 간 사람들 중 기억나는 이는 누구누구입니까?**

그러니까 장주효하고 손진홍이는 확실하게 그거는 뭐 대표니까 핵심 멤버라는 거는 알기 때문에 거기 붙들려갔죠. 저도 학생회 부위원장으로서 핵심 멤버라면 멤버이긴 해도 그 당시에는 유치장도 적고, 넣을 장소도 없고 해서 핵심 멤버들은 거기 넣고, 한 해 후배들은 그냥 학교에서 교사들이 불러가지고 학교로 데리고 갔죠.

**경찰과 물리적인 충돌은 없었습니까?**

물리적 충돌이 좀 있었죠. 1년 선배 한 분은 참…. 느꼈던 게 '참 저런 것도 경찰인가?' 싶을 정도로…. 경찰이 엄격하게 자세를 취하지 않아서 그런지는 몰라도요. 고등학생 주먹으로 경찰을 때리니까 경찰이 넘어지대요. 제가 그걸 봤어요. 그러니까 의식적으로 대비를 하지 않는 사람들은 저렇구나, 하는 걸 느꼈지요. 그리고 학생들이 혈기왕성하지 않습니까.

**학생들이 경찰한테 맞은 경우는 없었습니까?**

맞기야 맞았지요. 그거야 쥐어박으면 맞아야지 안 맞을 수 있습니까? 그런데 심하게는 하지 않았습니다. 잡혀갈 때는 모두 수갑을 채우는 건 아니고, 허리띠를 잡히면 꼼짝 못하고 잡혀갑니다. 끌고 가면 끌려갔지요. 기운이 센 아이들은 경찰을 뿌리치고 도망가기도 했고. 쫓겨서 집으로 간 아이들도 있고. 도망가 버리고 많이는 안 잡혔어요.

저가 보니까 한 50~60명 정도 꿇어 앉혀 있는 걸 봤어요. 근데 끌려 간 사람들, 1년 선배들은 벌써 유치장에 많이 들어갔고. 그때 요새처럼 각 경찰서에 구치소가 있었다면 다 끌려가지마는.

**당시 붙들려 갈 때 전부 차에 태워져 갔습니까?**

저는 도청 가까이 가서 붙들렸기 때문에 붙들린 채 그냥 걸어서 갔지요. 도청 가까이 갔기 때문에 붙들려갔죠.

**도청 내 경찰서 외에 다른 곳으로 붙들려간 사람들은 없습니까?**

경찰서로도 붙들려갔는지는 잘 모르겠지만, 저는 도청 안 도경찰국으로 갔지요. 꿇어앉아 있었지요. 워낙 많으니까 머리를 몇 번 쥐어 박히기야 쥐 박히지요. "이 놈들이 공부는 안 하고…." 하면서 쥐 박히기야 했지요. 크게 아프지는 않고.

**선생님이 데리고 나갈 때는 단체로 학교까지 갔는지, 아니면 곧바로 귀가 조처 됐는지요?**

저는 몇이랑 학교로 같이 가서 학생회 부대표이므로 교무실까지 붙들려갔습니다. 가니까 선생님들도 크게 기합도 안 줍디다. 물리적으로 기합도 안 주고 꾸중을 하는데, 한 분이 너무 심하게 꾸중을 하니까 내가 반사적으로 그런 이야기가 나왔죠.

그때 우리나라는 솔직한 말로 필리핀보다 못살았잖아요. 필리핀의 민주화는 막사이사이 대통령. 그 당시 뉴스를 듣고 '참 그 사람 훌륭한 사람이구나'라는 걸 느꼈지요. 아시아에서는 훌륭한 사람이다. 이렇게 생각을 했는데, 제가 은연중에 막사이사이 대통령 이야기를 했어요. 책을 읽어본 그 이야기를 하니까, 그때 선생님 한 분은 저보고 "이것 봐라. 일마(이놈) 막스-레닌주의자다" 하더라고요.

막사이사이 이야기를 하는데, 저더러 맑스-레닌주의자라라고 해요. 그 당시에는 마르크스-레닌주의 하면 확실히 모르거든요. 확실히 알 턱이 있습니까? 마르크스라고 하면 공산주의 창시를 했다는 그런 정도였지.

### 2·28민주운동 직후의 상황

**2월 28일 시위 직후 관계 당국의 후속 조처 같은 것은 없었습니까?**

그때는 주동자뿐만 아니라, 고등학생이니까 잘못된 사상을 가지고 있다고 그렇게는 당국에서 판단은 안 했습니다. 별다른 일 없이 조사를 받고. 나라를 위해서 학생들이 그 정도 했다는 거죠. 그 당시 국내 여론도 학생들이 단순한 게 그런 거지, 정치적인 의도라든지 사상적인 의도라든지 그런 건 없다. 그리고 수사 당국에서도 아마 그렇게 생각했을 것입니다. 학교에서도 순수하다. 순수한 학생들이 행동이라고 생각한 것 같았습니다.

**학교의 벌칙 같은 조처는 없었습니까?**

아무런 그런 건 없었습니다, 오히려 선생님들이 속으로 '아, 우리가 못한 걸, 기성세대들이 못한 것을 너희들이 잘했다' 이런 분위기였지, 그중에 이걸 좀 잘못 생각한 사람들은 쉽게 말하면 좌익분자, 빨갱이한테 호되게 사생활을 당했던 사람은 반사적으로 그렇게 말한 것이지, 학교 전체적으로 선생님들은 더 아껴주고.

**2·28 시위에 대한 가족이나 친지 등 가까운 주변 사람들의 생각은 어떠했습니까?**

다른 경우는 몰라도요. 우리 형제들과 내 주위 사람들은 부정적으로 안 봤어요. 쉽게 말하면, 거기에 너무 관심 두지 말고 공부만 착실히 했으면 좋겠다는 반응이죠. 첫째는 그거죠. 그 당시는 친구들이 많거든. 회원들이 많잖아요. 어떤 분은 친구 많은 것이 좋다고 하면서….

**2·28 시위 도중 붙들려갔다가 귀가하니까 어머니는 어떤 반응을 보이시던가요?**

우리 어머니는 연세가 많아가지고 뭘 하는지 모르는 거예요. 나중에 알아가지고 어쨌는지 모르지만 그때는…. 그 다음에 우리 큰형님은 어머니하고는 따로 살았지요. 큰형님과 형수님이 나와 가지고 따로 살기 때문에 잘 모르지요. 어머니는 저하고 같이 살고. 그 당시에는 내가 어디 구금이 됐다 하면 어머니가 반응이 있었을지도 모르지만, 그냥 그대로 학교 다니니까요.

3 | # 백진호

## 중앙통을 향해 전력질주

### 2·28이 있기까지

**고등학교에 입학해서 2·28까지 어떻게 경험하셨는 지 이야기해 주세요.**

저는 특출한 인간도 아니고 중간이라서…. 2·28이라는 영향력보다는 성품 자체가 책임 있어요. 7남매의 맏이라는 위치가 항상 책임감으로 있습니다. 거기에 무게를 두고 있고, 또 우리 씨족의 DNA가 정의롭고 부정에 대한 저항의식이 항시 잠재한다고 봅니다.

그 영향은 고등학교 1학년 때도 그렇지만, 우리가 이래저래 살기 힘들었잖아. 당시 자유당 정권의 부정과 부패, 장기 집권을 위한 폭정이 하늘을 찔렀어요. 오죽하면 '못 살겠다 갈아보자.'라는 캐치프라이즈도 있었겠습니까. 우리들 맘속에서는 그런 부분이 꿈틀하고 있었지. '아, 이 참 부모들이 자식 키우기가 참 힘들구나.'라는 걸 피부로 느낄 수 있었죠. 또 먹는 것도 그렇고. 먹는 기 항상 그럴 수밖에 없지만은 풍요롭지는 못했거든. 부모들이 살기 힘들다 카는 걸 많이 느꼈죠. 그 때 노래가 '가련다 떠나련다.' 노래 가사를 바꿔가지고 불렀어요. 살기 힘들다는 걸 나름대로 표출한 거죠. 이런 주변 환경들이 많이 조성이 되어 있었습니다.
당시 상황은 정치적으로나 경제적으로 대단히 힘든 사회였다고 보면 됩니다. 그러던 차에 일요일에 등교를 하라니….

**2월 28일은 선생님이 1학년에서 2학년 올라가기 바로 전이잖아요?**

그렇지. 28일 일요일이지만 '토끼사냥'한다고…. 토끼사냥을 해본 적도 없는데,
우리 1학년들은 '토끼사냥 가자.'라는 부분에서만 의심을 갖고 그랬지만은. 2학년들은 경고하고 서로 연대하면서 부당하다는 걸 표출하고 있었어요. 학원의 자유를 박탈당한 것에 대한 서로 의논을 했어요. 그 마음이 하나가 되어서…. 아시겠지만은 경고 이대우 씨 집에 경고, 대구고등, 사대부고 대표들이 모여가지고 모의를 했지요. 거기서 할래 말래 안 한다는 부분도 있었지만은 결론은 하기로 했고. 그런 부분은 우리 1학년들은 몰랐지. 그 날 저녁에 그런 모의를 한다는 걸 몰랐지.

**시위한다는 것은 언제 알았어요?**

28일 일요일 날 투덜거리며 걸어가는데, 명덕로터리 쯤 가니까. 우리 한 해 선배들이 앉아가지고 "오늘 일요일 등교에 대한 항의 데모를 할 건데 참여해야 한다. 그라고 교실에 가서도 알려라." 그래서 교실에 가서 이 사실을 알렸습니다. 운동장에 나가서도 동기생들에게 오늘 항의한다고 말했고.
그때 이미 운동장은 웅성거리고 난리가 나 있데. 1, 2학년 800여 명이 모였는데, 조금 있으니까 조회 마치고 교장 선생님하고 담임들 나와서 학년별로 줄 세우고. 교장 선생님 올라오더니 토끼사냥 가는데 대한 유의사항을 한창 하고 있는데, 저 쪽 교문 쪽에서 "가자! 나가자!"

하는 외침과 함께 삽시간에 교문을 박차고 나갔어요. 우리는 올라오면서 미리 내용을 인지하고 있으니까 가능했죠. 그 선배들이 중간, 중간에 앉아가지고 "오늘 이런 거 한다. 해야 된다."카고 이래 인지를 시켰으니까.

**조직적으로 움직였네요.**

그렇지. 안 그러면 우리가 할 수 없지. 그래 뛰쳐나갔는데, 그 때는 데모라 카는 건 몰랐고, 요새는 데모라카면은 스크럼을 짜가지고 질서있게 가고. 그런데 그때 명덕로터리 지나가지고 반월당에 모이자 이래 됐는 기라. 그래 경고하고 약조가 그리 돼 있었어. 거기서 집결해가지고 소기 목적을 달성하자 그런 거라.

지금도 반월당에 가면 집결지 표지석이 바닥에 동판을 엎어놓은 게 있어요. 그게 약속한 장소라. 우리 대구고하고 경고하고 같이 만나기로 한 장소인데 서로 안 맞았어요. 경고가 반월당을 먼저 지나가고 우리는 늦게 갔어요.

우리는 또 거리가 멀단 말이야. 우리가 뛰어나갈 때는 벌써 경고가 나옴으로 해가지고…. 그전까지는 경찰이 몰랐다가, 경고 나가는 거 보고 데모라는 걸 알았죠. 그래가지고 경고가 중앙통으로 가고 난 후에 우리가 중앙파출소 쪽으로 가니 바리게이트가 쳐져 있는 기라. 그러이 우리가 대오를 지어가지고 갈 수가 없었어. 그 때부터 흩어져가지고. 나는 요행히 지금 서울약국 있는 그 골목으로 피신했어. 거기는 옛날 골목이라. 골목으로 나가다가 자빠지기도 하고…. 그래 산발적으로 흩어졌뿌렸어. 그러다가 도청으로 가자는 소리에 그래 도청까지 가고. 갔더니 아무도 없었고. 다시 '역전으로 가자'는 소리가 나서 역전까지 뛰어가긴 갔는데.

**도청이 지금 경상감영공원이잖아요.**

예. 뒤에서 '앵앵' 하면서 백차가 왔어요. 백차가 와서 우리 일행을 일부 체포해 갔어요. 그래서 나는, 요새는 없어졌는데 화물 취급하는 그쪽으로 나와서 역 화물칸으로 뛰어가서 연행은 모면했어요. 다시 나와가지고 칠성동으로 해서 이런저런 생각으로 가다보니, 저기 무태까지 가가지고 해 빠질 때까지 있다가….

**무태에까지 갔어요?**

혹시 학교에서 데모 참가자에게 정학 처분을 내리지 않을까 이래저래 머리가 복잡했어요. 그러고 늦게 집에 왔어요.

그 다음 날 학교 가니까 웅성거리고 난리가 났는데.

**그 다음 날이 월요일?**

월요일에 학교 가니까, 누구는 잡혀갔다왔다 카고 어수선하니 그래 됐어. 그러고 난 뒤에도 산발적으로 저녁에 데모가 일어났습니다. 여기저기서 그런 거가 많이 있었고. 계속 그래가 진정이 안 됐어요. 저녁이 되면 웅성거리고. 나도 그 데모 대열에 함께 한 적이 있었어요. 파출소에 돌을 던지고 붙들려서 '시말서'라는 거 쓰고 훈방조치 됐어요.

**대구가 그 때는 정치성향이 상당히.**

야당 기질이 있고, 그 때는 야당 도시 아닙니까. 그 때 조병옥 박사가 서거(逝去)를 안 하고 그 때 됐어야 됐는 기라. 조병옥 박사가 서거하는 바람에 대구 사람의 기대감이 하루아침에 무너져버렸죠. 대한민국의 정치 판도가 달라질 수 있는 계기가 됐을 텐데 정말 아쉬웠죠.

**2학년 올라가고 정치 상황이 상당히 불안정했잖아요? 그러다가 3·15 부정선거가 나고 4·19.**

3·15. 그 김주열이 최루탄 맞아가지고 나오고. 우리는 순수하게 고등학생이 뛰나왔지만 거기는 고등학생, 대학생 할 것 없이 총도 쏘고, 그건 완전히 사람이 죽었잖아요. 부정 선거에 대한 시민들의 시위 현장에 발포했잖아요. 그러이 수십 명의 사상자가 발생했지. 그게 4·19혁명으로 이어졌고, 마침내 이승만이 4월 26일 하야하는, 그런 극적인 드라마가 연출됐던 거지요.

**사실 제가 여러 분들 말씀 듣고 자료를 쭉 보니까, 경찰이 소극적이 아니고 수위를 낮춰서 대응한 것 같아요. 내가 보기에는 대구의 정치적인, 일반 시민들의 분위기 때문에 학생들에게 강압적으로 안 한 것 같아요.**

그런데 그거는 우리가 선량한 시민이라서 그런지 몰라도, 우리가 죄 안 짓고 경찰서나 그런 데 갈 일도 없고. 학생들이 갈 일도 없지만…. 내가 볼 때는 경찰들의 태도가 그리 순하게 느껴지지는 않았어요. 두드려 팼다니까요. 방망이 빼가지고 막 후리패고 백차에 싣고 가고. 나는 미온적으로 생각 안 하는데요.

**학생들 오래 붙잡아두지 않고 풀어주었던데요.**

그거는 내가 볼 때는 지령이 떨어졌겠지. “학생들 붙들고 있어봤자 뭐하겠노? 풀어줘라.” 그런 게 있었겠지. 만약에 묶어놨으면 더 일어났겠지.

**그래가지고 그거 때문에 빨리 풀어준 게 아닌가.**

그런 것도 있을 것 같아요. 그 때는 대구, 경고만 나갔잖아요. 8개교가, 사대부고는 3시, 4시 넘어서 나왔다는데, 그건 모르겠고. 공고도 학교에 묶여가 못나왔고. 경북여고, 대구여고도 꼼짝 못했고. 낮에 뛰나온 거는 경고, 대구고밖에 안 뛰나갔는데. 그런 어떤 소위 '끓는 피'가 있단 말이에요. 못했던 학교들이 또 결집을 해가지고 제2의 사태가 일어날 거란 말이야. 그런 걸 노려서 잘 풀어 줬는지도 모르지. 그런 의도가 안 있겠나.

4 | 김상박

## 1960년 2월 28일 민주운동 비화

1960년 2월 28일. 이 날은 일요일인데도 27일 토요일 종례시간에 담임 선생님께서 '내일 앞산으로 토끼몰이 하러 가니까 등교하라'고 말씀하셨다.

그날은 수성천변에서 민주당이 대통령선거 유세하는 날이고, 자유당은 그 전날 유세를 하였다. 일요일 학생들이 유세에 참가하는 것을 막기 위해서 각 학교에 일요일 등교를 지시한 것 같았다. 각 학교마다 등교 지시의 여러 가지 명분이 있었지만, 우리학교는 10시까지 학교에 등교한 다음 운동장에 모여서 앞산으로 가기 위한 준비를 하고 있었다.

그런데 일부 학교에 간 학생들은 민주당의 선거유세를 방해하기 위한 공작이란 것을 알고 전날 모처에서 모의를 하여 시위하기로 결정을 한 것 같았다.

운동장에 모여서 조금 있으니까, 간부학생들의 지시에 따라 교문을 열고 시위하러 시내를 향하기 시작하였다. 나도 여러 학생들과 같이 명덕로터리 방향으로 달리기 시작하였다. 이렇게 시내 쪽으로 달려 남문시장을 지나 매일신문사 방향으로 가는데, 어디서 나타났는지 경찰들이 와서 제지하기 시작하였다. 우리들은 경찰을 피해 골목길로 접어들었고, 가정집에 숨어 있다가 집으로 오려는데, 경찰들이 다시 나타났다. 경찰에 잡혀 중앙파출소로 갔다가 다시 도청 있는 데로 잡혀갔다. 아마 거기가 도경찰국인 것 같았다.

우리들을 구출하기 위해서 교감 선생님과 체육 선생님이 오셨다. 일부 학생들은 하도 반가워서 눈물을 흘리면서 야단인데, 어떤 순사가 체육 선생님께 헛소리를 하니까 교감 선생님께서 "학생들 있는 데서 이게 무슨 짓이냐?"고 경찰들을 나무라면서 야단을 치셨다. 거기서 우리는 선생님의 지도에 따라 전원 귀가 조치되었다.

그 후 이런저런 이유로 우리학교 선생님들과 교감 선생님은 시골로 전근 조치되고 일부 선생님은 불이익을 당했다는 말을 들었다.

5 | 김석희

## 1학년 동급생들을 독려하다

1960년 2월 28일 일요일은 3·15 정부통령 선거에 즈음하여 민주당(당시 야당) 후보의 정견발표회가 대구 수성천변에서 열리는 날이었다. 당시 이승만 정부는 대구의 전(全) 국공립고등학교 학생들에게 일요일에도 등교하라는 지시를 내렸으며, 우리 대구고등학교에서는 앞산(비슬산)에 토끼사냥을 간다는 명목으로 학생들을 등교시켰다.

반면 1960년 2월 27일은 수성천변에서 자유당(당시 여당) 후보의 정견발표회가 있었다. 당시 수업이 있는 토요일임에도 불구하고 학생들을 2시간 단축수업 시키고, 학부모님들을 거의 강제로 수성천변으로 모이게 하였다.

1960년 2월 28일 등교지시가 민주당 후보의 정견발표회에 대한 방해 공작이라는 것을 당시 학생들은 알고 있었다. 본인은 당시 대구고등학교 1학년 6반이었다.

1960년 2월 27일 밤, 대구고등학교 학생회장 2학년 고 손진홍 선배(대구고등학교 1회 졸업생)의 연락을 받고 경북고등학교 이대우의 대구 동인동 집에서 만나, 1960년 2월 28일 독재 정권의 불의에 항거하고 비민주적 선거의 부당함을 알리는 학생시위를 하기로 대구시내 고등학교 학생회 대표들이 결정하였다는 사실을 전달받았다.

본인이 당시 경북고 학생 이대우의 집에 갔을 때 대구고, 경북고 모자를 쓴 학생들 30~35명 정도 모여 있었다.

고 손진홍 선배와 장주효 선배께서는 본인에게 대구고등학교 학생들도 학생 시위에 참가하기로 결정하였다고 하시면서, 본인이 1학년 학생들에게 시위 참여를 독려토록 하라고 전달을 받았다.

본인은 시위 계획에 찬동하고 적극 참여하기로 결심하였으며, 1960년 2월 28일 일요일, 아침 일찍 등교하여 1학년 각 학반(당시 8개반)을 돌아다니며, 각 학반 실장들에게 시위 계획을 전달하고, 전(全) 학생들이 시위에 참가하도록 독려하였다.

1960년 2월 28일 일요일, 아침 조회를 한다고 교장 선생님과 선생님들이 교무실에서 운동장으로 나오고 있을 때 손진홍 선배가 "가자! 가자!"라고 고함지르며 교문 쪽에서 땀을 흘리며 달려오고 있었다.

시위 계획을 제대로 얘기 듣지 못한 1,2학년생의 일부는 그대로 있었고 150여 명 정도만 손진홍을 따라 1차로 교문을 뛰쳐나갔다.

나머지 학생들은 영문을 몰라 어리둥절하고 있는 사이 다시 교장 선생님이 훈시를 하려고 할 때 장주효 선배가 연단에 올라 선언문을 읽었고, 선생님들이 장주효 선배를 끌고 교무실로 올라갔다.

장 선배는 뒤돌아서서 "대구고등은 다 썩었다. 왜 같이 안 나가나?"라며 고함을 지르며 교무실로 끌려갔다. 그제야 2차로 남은 학생들이 교문을 나가려고 할 때 선생님들이 교문을 닫아 놓아 선생님과 몸싸움이 있었다. 교문을 박차고 밀물같이 쏟아져 나간 우리 대구고등학생들은 "동방에 횃불을 밝혀라.", "학원에 자유를 달라."라고 외치면서 거리로 나갔다.

이승만 독재정권의 불의에 반대하고 부정선거를 꾀하는 일요일 등교를 거부한다고 외치면서 시위에 나섰다.

본인은 1학년 학생들을 독려하고, 1학년 학생회 부회장인 노백무와 함께 앞장서서 시위하였다.

교문을 뛰쳐나와 명덕로터리, 남문시장 네거리를 지나 반월당 중앙파출소에 도착해보니 이미 경찰이 자전거로 길을 막아 놓고 제지를 하고 있었다.

이때 경찰들을 밀치고 앞으로 나아가려고 하다가 심한 구타를 당하고 대구남부경찰서로 끌려가서 문초를 받았다.

본인은 독재와 불의에 저항하고 1학년 학생들이 적극 참여도록 독려하였으며, 시위에 앞장서서 주도적으로 참여한 이유로 대구남부경찰서에서 죽봉으로 목덜미와 온 몸을 수없이 맞았다.

그 후 당시 김관익 교감 선생님과 몇몇 선생님들이 선처를 요구하는 등의 노력으로 경찰에서 풀려났다.

■ **1차 구술 인터뷰**

27일 일요 등교 지시를 듣고, 28일 등굣길, 등교 이후부터 교실, 운동장, 교문을 나갈 때와 반월당으로 진출하면서 있었던 일, 경찰과 대치되던 상황 등 기억나는 대로 말씀해 주시면 됩니다. 한 분씩 말씀하시다가 기억이 좀 다르거나 잘 떠오르지 않으면 같이 도와주셔도 좋습니다.

---

2회 졸업생(당시 1학년)의 1차 구술 인터뷰는 2019년 7월 12일 2회 동기회 사무실에서 진행하였다. 대상자는 김창수, 배태홍, 안주열, 유수현, 이영근, 정성길, 진재홍 등 7명이다. 대구고 2·28민주운동의 기억을 반추시키고자 백진호 선생도 참석하였다.

6 | 김창수

## 교문을 활짝 열다

**2·28 당시 배경은 어땠나요?**

4·19의 도화선은 2·28이다. 그 당시 민주당에서 '못 살겠다 갈아보자.' 했었고, 자유당에서는 '갈아봤자 소용없다. 구관이 명관이다.' 했어. 우리는 모두 '못 살겠다 갈아보자.' 이편에 있었기 때문에 우리 어린 학생들이지만 일어났다.

**배태홍**: '이리 저리 가지 말고 신작로로 가자.' 했어요. 이승만과 이기붕, 신익희와 장면을 두고 한 이 구호가 굉장히 유행했어.

**다같이**: 기억력 좋네.

이승만 독재였을 때, 신익희 선생이 세상 떠났고. 학생들의 마음속 응어리가 차 있었을 때, 장면 박사가 수성천변에서 유세를 하는데, 정부에서 막았다는 말입니다. 기관을 통해서 전부 다 막았는데, 우리 학생들은 거기 가가 손을 흔들자는 것보다는 '무슨 이야기를 하는가 들어보자'가 더 컸단 말이에요. 가고 싶은 사람들은 우리 대구고 2회 뿐만 아니라 전 시민들일 겁니다. 그랬는데 정부기관에서 이걸 막았잖아. 참 택도 안 되는 말로 토끼 잡으러 간다고 몽둥이 하나씩 들고 오라 그러고.
우리는 (학교에서) 차남인데, 차남에 대한 불만은 조금씩 다 있는 편입니다. 노백무는 27일 저녁에 참석 안 한 걸로 돼있죠?

**27일 저녁에 모의할 때요? 참석 안 하신 걸로. 본인이 참석 안 했다고 하셨는데요.**

노백무가 27일 저녁에, 우리 2회는 참석했다는 말을 안 하는데, 노백무도 참석을 했었어요. 왜 말을 안 했노 하면, 1회 선배 옆에서 내 뭐 발언한 것도 없고, 그냥 앉아있었는데 이 정도로만 이야기.
우리 그날, 2월 28일에 전부 다 학교에 왔어요. 왔고. 그때 1년 선배. 김정홍이 있었어요. 쓰리세븐(777)에 같이 있어서 친했어요. 그때, 나하고 오영차하고 우용기하고 세 사람 불렀고. 오영차는 장주효가 선언문을 낭독하러 올라갈 때 선생님들이 막을 것이다. 그걸 제지를 했으면 좋겠다. 김정홍 씨가 오영차에게 말했어요. 그 사람도 777회원이었어요.
우용기랑 나랑 둘이 대문 앞에 얼렁거리고 있으니까. “나가자!” 하는 소리가 들렸어. 그거 듣고 대문으로 쫓아가니까 전우용 선생님이 쫓아왔어. 우용기가 전우용 선생을 막았어. 그러니까 전우용 선생이 우용기 귓때기를 한 대 딱 때리는데 그걸 보고 내가 문을 열었어. 그러고 학생들이 막 뛰쳐나갔지.

**선생님은 대문 열었던 일, 그날 문지기 역할을 잘 하셨네요.**

## 7 배태홍

### 김일성 장군가 불러 사상범으로 몰리다

시위한 것은 대동소이한데, 저는 다른 친구들과 좀 다른 게 6·25전쟁 때 인민군이랑 3개월간 같이 살았습니다. 왜냐하면 제 부친이 -그 당시는 대구와 경상북도가 합쳐진 상태- 반공청년단, 지금 말하면 지부장을 했습니다. 우리 부친이 저를 누님하고 외삼촌하고 함께 피란을, 곧 지금 난리가 날 징조가 있다고 피란을 보낸 게 고령 외가로 보냈어요. 거기서 마당에서 자는데 6·25전쟁이 발발했는데, 자다가 '난리 났다!' 이래가지고. 인민군이 낙동강을 넘어서 고령까지 전부 점령을 했습니다. 거기서 3개월 동안을 인민군하고 우리하고 생활을 같이 했어요. 그래 있다가 위천 낙동강 철교가 끊어졌는데, 나룻배를 타고 건너 왔습니다. 왜 이런 말씀을 드리냐하면 3개월 동안 있으면서 참 인민군들이 같이 생활했는 기, 솔직한 말씀으로 나는 사상이 좀 건전하지 못해가 그런지 모르지만 아직도 동경해요. 그리워요, 그 시절이. 왜냐하면 그 사람이 우예 됐던지 내 생명을 구해준 사람이고. 또 살면서 가족과 같이 지냈어요. 하나도 헤치지 않고, 그래가지고 내가 그 생각을 하는데.

내가 고등학교 때도 시위는 같이 했습니다. 지금 중부경찰서에 나는 연행이 되었습니다. 거기에서 뭐 조금 구타를 당했어요. 당하고 나도 모르게. 여러분들은 잘 모르시겠지만, '김일성 장군가' 카는 기 우리나라에서 애국가처럼 북한에서는 제일가는 국가인기라. 나도 지금도 가사를 한 대여섯 줄 하는데, 그걸 나는 경찰서 가가 뚜드려 맞고 이러면서 우연히 그 노래가 나왔어요.

그기 곡조가 뭐냐 하면 "장백산 줄기줄기 피는 흐른다…." (노래를 조금 부르심) 하는 이런 노래인데, (옆에서 "됐다."고 함.) 지금은 괜찮은데. 그래가지고 내가 나도 모르게 부르게 된 거라. 사람이 막 맞고 나니까. 나도 모르게 그 노래가 나왔어. 그기 뭐냐 하면 내가 어린 시절에 인민군하고 3개월 동안 있으면서 그 사람들이 나를 안 죽이고 우리 누님이랑 살려준, 굉장히 막 가족같이 대해 주었고. 물론 일은 했습니다. 뭐 소구루마를 끌고 양식을 싣고 어데 가라카면 따라가고. 이런 부역은 했는데, 그래가지고 내가 사상적으로 몰렸뿌렸어요, 지금으로 말하면. 그래가지고 나는 경찰서 2층 다른 방으로 갔어요.

지금 여기 현미경으로 보면 보일는지 모르겠는데, 여기 화상을 입었어요. 그때는 곡수. 코크스, 요만한…." (옆에서: 석탄) 난로. 석탄가루 요렇게(옆에서: 갈탄) 만든 건데, 그걸 난로에 넣어서 사용하는데, 우리는 곡수라 했는데, 그 곡수를 새로 넣고 그 밑에 재를 끌어 모아서 버리러 가는데, 거기에 내가 넘어졌어. 자꾸 구타를 하니까 거기에 넘어졌어. 정확하게는 잘 모르겠는데 일반병원은 잘 없었으니까. 경대병원 앞에 가축병원이 있었어. 거기에 가서 3개월 동안 치료를 받았는데, 참 흉터가 생겼죠. 이래가 유일하게 나는 다른 동료 친구들은 훈방 받고 나왔는지 모르지만, 나는 나오질 못했어요. 나는 거기서 구금을 당해서 밤새도록 취조를 받고.

그 이튿날 아침에 우리 모친이 이야기를 듣고 와가지고 "우리 집안은 절대 그런 집안이 아니다." 그래가지고 저희 부친의 이름을 대고. 그 이후에 대한반공청년단장 신도환 씨가 보증을 해서 내가 풀려 나왔습니다. 절대 사상범은 아니라고 증명이 돼가 나왔습니다.

**경찰서에서 어떻게 인민군가를 부르실 생각을.**

뚜드려 맞으니까 오기가 생긴 거지. 그 인민군들도 우리를 가족같이 보호해줬는데 그게 나도 모르게 떠올랐지.

**중부경찰서로 연행되었다고 하셨는데 진골목에서.**

그게 아니고 북성로, 그때 우리 부친이 미나까이백화점에, 그 건물이 외갓집 할머니 건물인데, 거기에 우리 부친 사무실이 있었지. 나는 거기로 가다가 붙잡혔지. 지금의 향촌동 골목입니다.

**반월당을 지나서 북성로까지 진입하셨는데, 몇 명이 같이 거기까지 갔었어요?**

그때는 아무도 없었고. 그 골목으로는 아무도 없었습니다.

**중부경찰서에 들어갔을 때 사람이 많았나요?**

중부경찰서 1층이고 복도고 전부 다 꿇어 앉아있었고. 저는 여서부터 같이 시위하다가 잡혔으면 나도 꿇어앉아 있었을 텐데, 나는 단독으로 걸어가다가 잡혀서 2층으로 올라갔지. 2층으로 올라가자마자 대번에 막 손으로 몇 대 맞고, 곤봉으로 몇 대 맞았는데, 내가 성격이 이상하게 화가 나서 노래를 불렀지.

**경찰들이 뭐라고 하면서 때리던가요?**

“왜 이리 너거 학생들이 앞으로 살날이 많은데, 공부는 안 하고 이런 헛된, 나쁜 일을 하냐?” 하면서 아주 심한 욕설은 아니지만 훈계하듯이.

그래서 내가 그때 한 말이 6·25때 인민군들도 이렇게 사람을 구타하지는 않았다. 그렇게 말했어요.

**상당한 용기였네요.**

그때는 빨갱이 괴뢰군이었지. 내 기억에는 상당히 예의를 가지고 있고.

**김일성 가를 부른 후에 형사들로부터 더 심한 구타를 당했겠네요.**

김일성 가를 부른 후에는 계속 구타 안 했고. 나를 회유하는 것처럼, 인간적으로 말을 하면서 심문하는 시간을 가졌지요. 그래서 내가 왜 그런지 6·25사변 때 3개월 동안 어린 시절 이야기를 했지. 고령 덕곡면 덕곡초등학교에 인민군 대대 사령부가 있었고, 어떻게 해서 나룻배를 타고 건너 왔냐하면, 건너 올 때도 우리 외할머니가 대구에서 고령까지 찾아온 것, 우리 외할머니가 잘 살았으니까 금을 허리춤에다 갖고 왔어요. 그때는 달러, 금…. 우리는 몰랐지. 그걸 주니까 인민군들이 나룻배를 타고 가라고 허용을 했어요.

**그럼 인질로 있었던 것과 마찬가지?**

그렇죠. 우리는 넘어오려니까 낙동강 철교가 끊겼는 기라. 낙동강 물이 벌갰어요. 전부 시체가 둥둥 떠 있었고. 낙동강 물 자체가 뭐 벌건 물이지. 그래서 나룻배를 타기 위해 왔는데 전부 인민군이라. 그래 우리 외할머니가 이걸 딱 풀어가지고 금을 줘서 왔지. 우리를 나룻배에 태워주데. 강 건너에는 국군이 있었는데 우리 피란민인줄 알았으니까 우리를 쏘지는 못했지. 건너 와가지고 거기서 걸어서 내당동으로 서문시장 뒤쪽에 파출소로 오니까 우리나라 헌병들이 교통지도를 하고 있었고. 그 당시 우리 집 동인동으로 왔죠. 인질로 인민군과 살았던 걸로.

8 | 안주열

## 경찰도 못 쫓아오는 초능력 발휘

**선생님의 2·28민주운동에 대한 기억은?**

저는 딴 거 없어요. 우리가 교문을 나서서 대도극장까지 계속 뛰었어요. 전부 계속 뛰어서 반월당에 오니까. 경찰들과 마주쳤었고. 우리가 막대기 가지고 있으니까 순경도 곤봉을 가지고 있었죠. 처음에 오니까 이 사람들이 우리를 곤봉으로 때리려고 하니까, 우리도 막대기를 가지고 한 번 때리고는, 나중에 겁이 나서 막대기를 내던지고 도망을 갔어요.

**막대기를 던지고 어디로 도망가셨어요?**

예. 장관동 골목으로 들어갔어요. 골목으로 들어갔는데, 담 넘고 갔는데, 같이 간 사람 이름은 모르겠고. 뒤에는 경찰이 곤봉을 들고 막 따라왔는데, 내가 '초능력'이라는 걸 처음 느꼈어요. 그 때 키가 170cm 이었는데, 담장이 이만큼 높았어요. 내 키보다 높은 담장을 훌쩍 뛰어 넘었는데, 몸이 사악 올라가 버렸어요.

그 집 지붕 위에 올라가서 보니, 순경이 보고 있는데, 문이 잠겼으니까 들어오지는 못하고. 순경이 곤봉을 들고 두 명이 있었는데, 우리도 사람이 여럿이 있었는데, 하여튼 그 사람들도 열심히 뛰어올라 남의 집 지붕 위에 올라가 있었어. 한참 동안 있었는데 경찰이 보다가 그냥 가더라구요.

나중에 지붕에 있으니까, 집주인이 나왔어요. 자기들 지붕에 있으니까 기왓장 깨진다고 걱정을 하더라고요. 그래서 잘 내려 와가지고 집에 가서 옷을 갈아입고, 나는 우리 집이 대봉동에 있었어요. 그리고 신천에 가서 장면 박사 유세현장을 보고 왔어요.

**시위 소식은 2학년 선배들 여러 명이 대열 속으로 들어가서 이렇게 이렇게 하라고 할 때 처음 들으신 거네요.**

그렇죠. 그때 처음 들었죠.

**장주효 선생님이 교단에 올라가서 선언문 읽었다고 하던데 다 들렸어요?**

그때 마이크를 사용 안 했는데 웬만하면 다 들었을 거예요. 다 들렸어요. 그 선배는 웅변가였는데.

**장면 박사를 보러 유세장에는 몇 명이서 갔나?**

대여섯 명이 도망을 갔고. 기와지붕 위에 올라간 사람은 3명 정도였던가. 기억은 안 나고. 경찰은 2명이 따라오고. 문이 닫혀있으니까. 순경이 한참 있다가 가고. 집에서 옷 갈아 입고 교복 아니면 모르니까. 유세를 들으러 갔지. 박순천 여사도 와서 같이 했고. 신천에 사람이 엄청 많았다. 우리 학생들을 오라고 못한 거지.

9 | ## 유수현

### 물대포에 스크럼은 흩어지고

**시위 당시 기억을 듣고 싶습니다.**

생각나는 대로 서론부터 결론까지, 두서가 없어도 다 이야기 할게요.

**예. 말씀하십시오.**

세월이 가니까 김주열 사건하고 연관되는데, 우리는 한 해 선배만 있는데, 선배가 우리는 선생님보다 더 무서웠어요. 학교에는 대대장이 별도로 있어서 차렷! 경례하고. 손진홍 씨는 학생회장이었어요.

(28일 운동장에 줄지어 서 있을 때) 주일날에까지 학교 나오고 이런 게 굉장히 부당하다고 교장 선생한테 대대장이 이야기를 하니까. 보통 우리는 항거를 못하잖아요. 그러더니 선배들이 갑자기 옆에 있다가 후배들 있는 데 옆으로 중간 중간에 들어오더라고. 선배들이 들어와도 우리는 뜻을 몰랐어요.

조금 있으니까. 그 말이 계속 쭉 이어지다가 교문으로 1보 나가려니까 할아버지(경비)가 문을 잠그려고 했고, 그러니까 어거지로 땡겨서 열고. 거기서부터 명덕로터리에 가는데, (거기 도로는) 복판에만 포장이 되어 있었고. 가에는 전부 흙이었어요. 저는 대도극장을 좌측에다 두고, 우측에는 대한극장이 있었는데, 거기까지는 젊은 힘에 의해서 갔는데,

반월당에 딱 도착하니까. 지금으로 말하면 기마 경찰이 저쪽에서 한 둘이 보이더라고. 자유당 경찰이 "이놈의 자식들…." 길 복판으로 간다고. 그때는 데모라는 개념이 없었으니까. 그래 복판으로 가다가 보니까. 그때 어릴 땐 눈이 좋았으니까. 저 멀리서 좌측으로 매일신문사를 두고, 그 옆이 소방서가 있었어요. 소방서 사이에 진골목이 있었고, 장면 박사 트럭이 대구역에서 (진입하고 있었는데) 큰 트럭에다가 '대구 시민이여 분개하라!' 뭐 내용이었던 것인지. 그렇게 허옇게 해가지고 막 손을 흔들면서 들어오시더라고. 그때 우리가 스크럼(scrum)을 했어. 전충기하고 친한 친구들 네 명이서. 그런데 그 앞에서 물을 땅바닥에 쏘았는데 스크럼에 의해서 전부 다리가 번쩍번쩍 들리더라고.

그래가 내 경우는 막 바로 좌측으로 진골목 안으로 들어갔어요. 어느 집이 보니까 빗장이 걸려있었는데, 아마 일본사람이 살았는지 집이 굉장히 커요, 대문이. 확 밀고 들어가니까. 형사들이 저 멀리 두 명이 있더라고요. 들어가니까 할머니가 놀래가지고 옛날에 일제 강점기 때 옷을 입고 떡 있으니까. 뒤에 형사들이 따라오더라고. 혹시나 우리가 나쁜 짓을 해가지고 (들어간 줄 알고 할머니가) 머뭇거리고.

우리는 들어가자마자 처마 밑으로 들어갔어요. 전충기, 배용호, 최종현하고 나하고. 옷이 다 젖었어. 내가 구석에 있는데, 마침 개가 있었는데, 개가 안 짖어서 개를 끌어 앉고 벌벌 떨고 툇마루 밑에 있으니까.

할머니가 하시는 말씀이 딱 서가지고 (경찰들을 향해) "당신들이 어떤 연유로 남의 집에 들어오느냐?" 조리 있게 딱 이야기를 하니까 형

사가 들어오다 말고 "여어 학생들…." 하면서 우리를 찾으러 이쪽으로 접근하려고 하니까. 뒤에 형사는 문 앞에 있고. 그래 (할머니가) 하는 말이 "학생들이고 간에 한국은 법치 국간데, 당신들이 남의 집에 들어오는 건 내 허락 없이 어떻게 들어오느냐? 나 학생들이 들어온 거는 봤지만, 그 연유를 알자." 그러자 더 이상 못 오고 거기서 딱 스톱하더라고. "빨리 도경에 가서 내가 당신들 신분도 알아야겠다." 아, 의식이 우리하고 다르게 많이 앞선 분이다 싶었어. 우린 숨어서 있으니까. 형사들이 밖으로 나갔어요.

그렇게 쪼매 있으니까 할머니가 나와 빗장을 걸고, 보리차를 끓여놓고 우리를 보고 나오라고 해서 거기 옆에 방에 들어가서 벌벌 떨고 기다리고 있으니까. 할머니가 밖에 나가보고. 거기 장관동 쪽으로 골목을 보니까 형사들이 안 보였거든요. 그래 한 1시간 후에 장관동 쪽으로 집으로 간다고 나갔는데, 경고 애들이 선언문을 읽었다고 하면서 경고 애들을 중간에서 만났어요. 우리는 도청까지는 가지도 못했어요. 거어서 해산이 되어버렸어요. 우리는 희생이 좀 컸어요.

중간에 가니까 장관동 무렵에서 헤어지려고 교동호라는 친구하고 이래 가다보니 형사들이 온천지에 (돌아다니며) 우리를 다 붙잡고. 중부경찰서에 가니 전부, 선생님도 거기 옆에 있고. 우리는 친구들이 꿇어앉은 친구들이 엄청 많았어요. 한 명씩 뭐 쓰라고 해서 쓰고. 개인적으로 맞은 거는 없고. 내 앞에 온 사람들은 모르겠고. 그날 일은 단답형으로, 조리 없이 이게 끝입니다.

**학교 운동장에서 선배들이.**

우린 그때까지 확실하게 보안이 유지되어 있어서, 우리는 진짜 전혀 몰랐고.

**운동장에 서 있는데, 2학년 선배들이 1학년 대열 속으로 한 명씩 들어 왔었네요.**

예. 대대장이 살짝 말로 뭐라 하면 일사불란하게 문 쪽으로 가라하고. 선배들이 이동하고 대문으로 뛰어가고. 그때는 데모라는 게 뭔지 모르지. 그런 말이 없었으니까. 대구가 유일하게 제일 못 사는 도시였었어요. 야당 도시로, 아주 제일 앞선다고 대구를 찍었고.

**아까 장면 박사 무개차가 대구역 쪽에서.**

예. 대구역 쪽에서 들어왔습니다.

**거기 플랜카드에 '대구시민이여 일어나라'고.**

예. 막 손으로 들고 오는 그것까지 목격,

**장면 박사가 손을 들고, 확성기가 있거나 뭐 다른 건.**

확성기는 기억을 못해도, 차에 타고 있는 사람이 분개하고…. 우리는 '아, 무슨 일이 분명히 있구나.' 했지.

**현수막이 트럭에.**

예. 허연 것이 규율 없이 보였어. 두 깃발을 사람이 들고 있었고. 신천에는 사람 하나도 못 오게 했으니까.

**물을 쏘아서 옷이 젖었다고 하셨는데 어디서 물을 쐈어요?**

옆에 대구소방서가 있었잖아.

**대구소방서에서 학생들을 향해서 물을 쏜 거예요?**

소방원들이 발로다 물대포를 쏘는데 그거 맞으면 진짜 눈알 빠지겠더라고. 그래서 학생들이 옆에 사람하고 스크럼을 했는데, 스크럼도 나중에 헤어지고. 뒤에 물을 맞은 사람도 있고.

**소방서에서 물대포를 쏘았기 때문에 학생들이 흩어진 거네요. 경찰들이 제지를 한 것이 아니고.**

우리는 '자유….' 어쩌고 이런 거 하지도 못했어요.

**구호를 외칠 시간도 없었고.**

예. 선배들이 "너거들 대열 흩어지면 안 돼!" (그랬어요.) 하나도 흩어진 꼴을 못 봤어. 우리는 선배가 그만큼 인제 무서웠고. 선생님들보다도 선배가 더 무서웠어요. 한 해 위의 선배들이.

10 | 이영근

## 군화 때문에 경찰에 붙잡혀

**28일 시위하던 날 어떻게 움직이셨어요?**

그때 학교 다닐 때 같이 친하게 지낸 친구들끼리 쓰리세븐 클럽으로. 그때 우린 2회인데, 1회 선배가 계셨어요. 그 클럽 내에. 김정홍. 2회한테는 대장격이지.

2월 27일에, 김정홍 씨 집이 현재 대구백화점 바로 옆에 2층 목조건물이었어요. 저녁에 우리가 수시로 모여서 놀았어요. 2월 27일 저녁에도 그 집에 모였어요. 모인 게 아니고 그냥 자연적으로 간 거지. 그때 나도 있었고, 김창수, 이상용, 오영차, 김동렬 한 6,7명이 그날 그 방에 있었어요.

그때 김정홍 씨가 하는 말이 "내일 학교 가면 아마 무슨 일이 있을 거다." 꼭 데모라고 말은 안 하고 개념이 없었으니까. 그렇게 말하더라고요. 그러곤 우리한테 부탁을 하데. "내일 학교 가거든…." 우리 모인 친구들이 학교에서 쪼금 불량했거든요. 힘을 좀 썼달까. "(학교) 가면은 니는, 오영차 니는, 장주효 씨가 낭독문(선언문)을 읽을 것이다. 그러면 선생님이 가만히 두지 않을 것이다. 그때 선생님이 말리러 올라가면 영차 니는 밑에서 선생님을 딱 잡아라. 장주효가 다 읽을 때까지. 그리고 우용기, 너는 교문을 열어라. 만약 선생님이 교문을 열면은 선생님이 문을 막을 것이다. 가만히 안 둘 것이다. 그럼 문을 열어라." 여러 사람한테 일을 맡기더라고.

**그게 27일 밤의 일이네요.**

그 이야기를 듣고 28일 아침에 학교에 가니까. 손진홍 선배가, 사실은 중학교 2년 선배입니다. 몇 명이 우리보고 또 부탁을 하더라고요. 우리가 김정홍 씨한테 들은 줄 몰랐겠지. "우리가 이래이래 하려고 하니까 너희들에게 협조를 구한다. 교실에 들어가 있다가 아아들이 뭐라고 하거든, 운동장으로 나오라 하거든, 이래이래 행동 좀 부탁한다." 하더라고요.

그리고 아침에 시작이 되었는데, 첫째 우리가 전부 운동장에 서 있으니까. 선생님이 올라가서 뭐라고 이야기를 하려고 하는데, 장주효 선배가 뛰어가서 말을 해. 그때부터 일이 벌어졌어요. 오영차하고 몇몇이 교단 밑에 있다가, 낭독문을 가지러 가는데, 넘어지고 그랬어요.

그리고 김창수, 우용기는 교문을 열고. 그리고 김광운이하고 몇 명은 뒤에서 나가라고 고함을 지르고. 이러고 우우 나갔는데, 다 나가지는 못했어요. 조금만, 한 몇 십 명 나가고 문이 다시 닫혔어요. 선생님이 나갔나 누가 나갔나. 몰라 아무튼 다 못나갔어요.

먼저 나간 사람이 담을 타고 다시 학교에 들어와 가지고 각 교실 다니면서 빨리 나가자 고함을 지르며 선동을 했죠. 그래서 2차적으로 나간게 우리 전교생이 문을 열고 반월당으로 나갔어요.

전체적으로는 내가 잘 모르겠고, 내 개인적으로는 남문시장까지는 순조롭게 같이 어울려서 갔어요. 일부는 어깨동무도 하고, 누구는 그냥 가고. 그때는 구호는 없었고. '정치를 타도하자' 이런 건 없었고. 그냥 무조건 "와!"하고 고함을 질렀는가. 그렇게 나갔는데, 반월당가니까 반월당 입구에 가니까 기마 순경들이 있고, 형사들인가 경찰들이 가에, 길가에 지프차도 대고 있고. 짐차도 대놓고 학생들을 싣고.
그러이 나는 거기에 잡혀갈 수는 없고 하니까 나는 뛰었죠. 결국은 매일신문사 뒷골목 장관동으로 해서 뛰어 가가지고. 내가 그때 군화를 신었어요. 옛날에 학생들이 군화를 많이 신었어요. 군화를 신고 뛰어 가니까, 내가 100m 선수였어요. 군화만 안 신었으면, 군화 신은 덕택(?)에 붙들렸어요. 그래가지고 대구경찰서 2층에 갔는데, 가니까 우리 학생들이 한 100여 명 정도 될 거라. 꿇어앉아 있고.
나도 꿇어앉아 있다가 새벽에, 경찰서에서 새벽에 교회종소리가 들리더라고. 많은 감정이 오더라. 아침 5시에 조서인가 시말서를 쓰고 나오고, 별 제재 받거나 그런 기억은 없습니다. 그거는 아마 내가 주역이 아니어서 그렇고. 그때 주역했던 몇몇은 찾아온 거로 내가 알고 있는데, 나는 그런 일은 없었습니다.

**김정홍 선생님이 대구백화점 옆에 살았고, 그 집에서 모였다고 하셨는데, 그때가 내일 이런 일이 있을 것이라며 개개인에게 역할이 주어졌어요?**

역할까진 아니고. "아마 내일 무슨 일이 있을 거 같다, 학교 가면은." 암시적인 내용이죠. "가거든 모임에 협조를 좀 해라."

**김정홍 선생님이 그 말한 시간대는?**

밤인데. 9,10시는 아니고. 시간대는 모르고 밤에 늦은 시간에. 6,7시 아니겠나.

**김창수:** 놀 때는 12시 넘지 않았을까.

**9시 넘어서 이대우 선생님 집에 나왔고, 학생들 몇몇 집으로 찾아갔다고 들었는데 혹시 그 시간대는?**

김정홍이라는 분은 경중 출신인데, 손진홍 선배도 경중 출신인데 선배지. 밤에 누가 찾아오지는 않았어.

11 | 정성길

## 경찰 따돌리고 기차 타다

**28일 등교했을 때 학교 분위기는 어땠어요?**

토끼사냥간다고 선생님이 요만한 몽둥이를 가져오라고 했고, 작은 막대기를 가져갔다. 오늘(그날) 전우용 체육 선생이 토끼는 어떻게 잡는다고 말해주고. 그 다음에 생물 선생이 올라와서 요리하는 법을 말해주었고. 그 다음에 장주효 선배가 올라가서 선언문 낭독하고. 그 다음에 1회 선배하고 힘쓰는 분들이 우리를 밖으로 내보낼 때 손잡고 나갔어요.

저는, 다른 분들은 기마대를 반월당에서 봤다고 하는데, 저는 대도극장 앞에서 두 기마대를 만난 거 같아요. 그거를 박차고 저도 매일신문사로 들어갔고. 들어갔는데, 저는 경산에서 기차통학을 했다고. 기차권이 비싸니 3개월 패스권을 사서 다녔어요. 버스 탈 돈도 없고 그랬는데, 통근기차 시간이 5시 30분인데, 아이고 피해가 대구역까지 오니까 경찰이 오고. 한두 시간 후에 버스로 서너 번 갈아타서 대구역에 와서 숨어서 기다리고 있다가, 5시에 부산 가는 통근차에 내가 개찰을 하고 나가야되는데 개찰하러 나가니 거기 또 경찰이 있더라고….

붙잡힐까 싶어가 또 딴 곳으로 피해가 위험한 곳에서 개찰하고 집에 갔어요.

**28일 겪은 일을 한꺼번에 다 말씀하셨네요. 그날 등교는 몇 시에?**

정상적으로. 10시에.

**배태홍:** 장면 부통령 연설이 수성천변에서 오후 1시에, 학교 등교는 10시.

**그날 책가방은 안 가져가고 토끼 잡는 도구만 들고?**

교실에는 안 들어가고 작대기 하나씩 가져갔고. 학생들이 일찍 오면 교실로 들어가고. 언제 운동장으로 나오너라 하면 나오고.

29일 월요일에 학생들이 반 정도 안 나왔어. 경찰에 붙잡히고.

**29일 월요일인데 학생들이 많이 안 나왔어요? 무용담으로 꽤 시끄러웠다고 하던데요.**

예. 많이 안 나왔더라고. 내가 알기로는. 그랬어. 경찰에 잡혀서….

지금까지 이야기를 들어보면, 토끼 잡는 이야기와 토끼 요리하는 법을 가르쳐 준 이야기는 없었던 것 같아서 내가 그 이야기를 하는 겁니다.

**네. 토끼사냥법과 요리법에 대해 이야기 있었던 것은 처음 들었습니다.**

12 진재홍

## 경찰 제지 후 급히 집으로

**시위 소식은 언제 들으셨어요?**

나는 시위하는 줄 몰랐고. 무슨 일인지 모르고, 몽둥이 들고 갔고. 뛰어가다가 흥분해서 막 갔는데, 명덕로터린가. 반월당까지 뛰어가면서 경찰도청까지 갔다가 경찰들한테 제지를 받았어요.

**도청까지 갔으면 굉장히 빨리 달려가셨네요.**

그 도망가서 향촌동 교동시장, 양키시장까지 가서 집으로 왔는데, 집이 경대병원 옆이었어요. 집에 도착했는데 한동안 흥분돼서 집에서 씩씩거리고 있었지. 그날 아버지도 집에 안 계시고. 사실 내가 겁이 나서 제일 먼저 집에 왔어요. 내가 제일 빨리 집에 도착했을 거라. 나는 아버지가 교육공무원이셔서 혹시나 아버지한테 피해가 갈까봐 집으로 제일 먼저 갔을 거예요. 집에 오니 아버지는 안 계시고 혹시나 알까 싶어서….

**처음엔 몰랐다가 나중에 달리면서 시위하는 줄 알고 집으로 곧장 달리셨**

**네요. 걱정도 되고.**

그래서 웃통 벗고는 집에 있는 돼지우리 청소했어요. 추운 줄도 몰랐고 걱정도 되고 겁도 나고. 한편으로는 딴 생각 안 하려고 땀 흘리며 일했어요.

**갈등이 많으셨네요.**

■ **2차 구술 인터뷰**

대구고등학교 2·28민주운동사에 대해 구술 인터뷰를 진행하고 있습니다. 선생님께서는 병원에 입원 중이셔서 전화로 인터뷰를 진행하게 되었습니다. 먼저 빠른 쾌유를 바랍니다. 1학년 학생으로서 참여하셨는데, 2·28민주운동 당시 경험을 기억나는 대로 말씀해 주십시오.

---

2회 졸업생(당시 1학년) 2차 구술 인터뷰 대상자였던 고(故) 정육주 선생은, 2019년 7월 13일 병원에 입원 중 전화로 인터뷰를 진행하였다. 몇 개월 후 선생의 부고 소식을 접했다. 고인의 명복을 빈다.

13 | ## 정육주

### 일주일 동안의 반성문

**일요일 등교와 시위 이야기는 언제 들으셨어요?**

27일 토요일, 내일 등교한다고 했었고, 28일 등교해서 교실에 있으니까 선배들이 학교 운동장으로 나오라고 했어요. 나는 운동도 했으며 덩치도 좀 있었습니다. 운동장에 나가니까 활발하게 운동하는 친구들이 나와 있었고, 우리 반 친구들은 80~90% 정도 나왔던 것 같습니다.

**운동장에서 시위 이야기가 나왔으면 꽤 긴장된 분위기였을 텐데요.**

학생회 간부 중에서 단상에 올라가서 연설했는데, 중앙통으로 간다고 했어요. 우리 1학년들은 스크럼을 짜고 교문을 나갔습니다. 경북여고를 거쳐 남문시장 쪽으로 갔어요.

그러다가 중앙통으로 갔을 때 경찰들에 의해 연행되었어요. 경찰들이 학생들을 도경찰국(현재 경상감영공원) 옆 경찰무도관으로 집어넣었는데, 그곳은 경찰들이 운동하는 곳인데, 유도라든가 뭐, 경찰들이 훈련하는 곳이었습니다. 내가 들어갈 때 200명가량 같이 들어갔었어요. 들어가니까 학생들에게 꿇어 앉아라고 했는데, 무릎이 접히는 정강이 사이로 곤봉을 집어넣어서 앉게 했어요.

**아, 엄청 아팠겠는데요.**

통증이 엄청 심했는데 2시간가량 꿇어앉아 있었어요. 그 후 경찰이 학교에 알려서 구자봉 학생과장 선생님이 오셨습니다. 학교에 가서 훈시를 들었는데 일주일 동안 반성문 쓰라고 했어요. 그 일은 일체 집에 알리지 않고 진행했어요. 걱정하시니까.

**반성문의 내용은?**

다음날 학교 갔는데 일체 말이 없었고, 반성문의 내용은 '앞으로 이런 일 안 하겠다, 아무것도 모르고 했다.'라는 반성문을 일주일 동안 썼어요.

■ **3차 구술 인터뷰**

이 자리에 계신 분들은 1학년 때 2·28민주운동에 참여하셨습니다. 하나의 사건에 대해 집단 경험이지만 개인의 겪은 정도는 다르다고 봅니다. 2학년 선배들이 주도한 시위에 참여하게 된 배경, 그날의 상황이나 분위기, 활약 등 각자의 경험을 구체적으로 말씀해 주십시오.

---

2회 졸업생(당시 1학년)의 3차 구술 인터뷰는 2019년 7월 22일 서울 수서역 인근 식당에서 진행하였다. 대상자는 김정홍, 류영수, 서상전, 이홍덕, 전국진, 정성휘 선생 등 6명이다.

## 14 김정홍

### "쓰리세븐(777) 대표, 2회는 니가 좀 책임져도."

쓰리세븐(777)이라는 단체가 있었어요. 우리 대구고에서 주도한 단체였습니다. 손진홍 씨하고는 회장 선거 때부터 계속 접촉하고 이런 게 있었어요. 나중에 이거(시위) 있을 때 "2회는 니가 좀 책임져도." 이 소리를 하더라고요.

**손진홍 선생님이 선생님을 찾아오셨어요?**

안 그래도 일요일에 나오는 것이 화가 나고 불만이 많았는데. 그때 대구가 야당도시였어요. 그래서 우우우 모여서 있다가 "나가자! 나가자!" 해서 뒤에서 재촉했다고. 그래 나도 1차 때 나가고. 아마 명덕로터리까지는 못 갔을 거야.

경찰들이 오고 있어서 모두 도망가고 붙들기고 그랬다고.

그 다음에 경찰들이 우리 집으로 찾아오고, 그때 담임 선생님이 서관섭 수학 선생님인데 우리 집에 몇 번 왔다고. 그 분한테 굉장히 고마웠다고.

**서관섭 담임 선생님께서 2·28 때문에 선생님 댁에 자주 찾아가신 거예요?**

그거 때문에 자주 왔지. 경찰에서도 많이 오고. 선생님이 경찰서도 몇 번 가고 이랬다고. 내가 피해 있었으니까. 뭐 그때 다 도망가지, 도망 안 가겠어요? 그거 밖에 기억 안 나요.

**손진홍 선생님으로부터 1학년들은 니가 책임지라는 소리는 언제 어디서 들었는지?**

내가 학교에서 들은 거 같애. 기억은 확실히 안 나고. 일요일 아침에. 내가 그 친구들하고 반 년 같이 다녔거든.

**선생님은 원래 대구고 1회로 입학하셔서 퇴학당했다고 아까 말씀하시던데.**

(여럿이 웃으며) 쓰리세븐으로 인해 (때려서) 퇴학당했고. 하하.
구자봉 학생과장, 전우용 체육 선생님(멍게)이 다 피해 다녔어. (아마 농담 반 진담 반인 듯 웃으며) 하하.

**손진홍 선생님이 선생님 댁으로 자주 놀러갔다는 이야기를 들었는데,**

나는 아주 가까웠죠. 집이 영선못 근처. 또 나랑 이름 같은 김정홍이라는 친구가 있는데, 그 친구하고도 손진홍이랑 친하거든. 지금은 아파서 누워있고. 부산에 살고 있다.

**손진홍 선생님이 27일 밤에 선생님 댁으로 찾아갔어요?. 영선못 근처는 동인동하고 거리가 꽤 멀죠? 밤에 연합 시위하자고 1차 회의 끝나고 대구고등학교 학생들이 힘을 모을 수 있는 학생들 집을 일일이 찾아갔다고 들**

**었어요.**

나는 일요일 아침에 들은 거 같애요. 그래서 내가 다른 친구들한테 이야기를 했지. 광야파는 이렇게 하고….

**그 이야기는 손진홍 선생님한테 들었고?**

그때는 손진홍을 수시로 만나고 했으니까.

**내용은 '28일 우리가 시위를 할 건데, 같이 동참을 하자.' 주로 이런 건가요?**

그러니까 "니가 책임지고…." "알았다." 이카고. 그때만 해도 좀 그랬는데, 안 나간 친구들도 나가자 하니까 우-나갔던 것 같아요.

**옆에서**: 이 친구가 1학년들을 주도했으니까.

그렇지. 부끄럽습니다. 그게 아무것도 아닌 거 같은데.

**그래도 그때는 한두 분이 아니라 전체가 했기 때문에 서로가 서로를 지켜주는 힘이 나왔던 것 같습니다.**

앞에서 결정해도 혼자 할 수 있습니까? 안 되잖아. 밑에서 도와줘야지.

**1학년들에게 '나가자, 나가자' 독려하고 그 이후는?**

나는 나갔다가 중간에 경찰들을 만나고 도망했지. 명덕로터리까지 못 나가고 그전에 흩어지고 도망가고 그랬거든.

**명덕로터리까지 못가셨다면 2차로 나가신 거네요.**

1차로.

**이홍덕**: 걸어갔으면 경찰들한테 제지를 당하고. 버스를 탔으면 지나갔고.

**어디로 도망가셨어요?**

영선못 쪽으로 도망가고. 지금 생각해보니 능인학교가 그 근처 있었지. 그쪽으로 돌아다닌 거 같아. 집으로는 못 들어가고.

**이미 선생님은 쓰리세븐의 두목(?)이라서 담임 선생님이 집으로 찾아오실 수도 있으니까.**

담임 선생님이 제일 애먹었지.

15 | 류영수

## 새날동지회에서도 긴밀하게 연락이 오가고

**앞에서 다 이야기 하셨지만, 선생님의 경우 2·28 참여 경위는 어떠셨어요?**

그 전날에는 (시위를) 몰랐고. 선생님이 말한 건 (28일 등교하라는) 공적이고.

28일 나는 오후인 줄 알았는데, 오전인가 보네. 그때 운동장에 모이기 전에 이야기를 들었어요. 새날동지회라고 장주효 씨하고, 2회는 박임규, 황박, 김석희. 이런 친구들이 이런 일이 계획에 있으니까. 협조 좀 해달라고 했어요.

**당시 남녀 농촌봉사활동 단체 '새날동지회'였네요.**

그래서 줄 서 있는데, 처음에는 "야, 앞에서 나가자, 나가자 그러면 니도 독려 좀 해라." 그러더라고. 그 뭐, 아무 이유도 몰랐죠. 무슨 일인지. 처음에 앞에서 누가 선언문인지 읽고 나가자고 미니까 처음에 못 나갔다고.

그러고 두 번째로 장주효 선배가 연단에 올라가서 나가자 했는데, 누가 가서 전화 줄을 끊고 이랬대. 딴 데 연락을 못하게. 뭐 교무실에 가서 전화 줄도 끊고 이런 이야기를 하더라고.
그래서 쭈욱 나가는데, 우리 줄에는 새날의 1학년들 김석희, 황박이가 한 반을 맡아가지고 앞에서 독려를 많이 시켰어요. “나가라, 나가라.” 밀어내듯 했어요. 그래가 2차 때 많이 나간 거죠.

**2차 때 교문을 나섰고.**

나가서 버스를 타고 중앙파출소 지나서 내렸어요. 내려가지고 매일신문사 맞은편 골목으로 피해서 갔는데, 어느 집 대문 뒤에 숨어 있다가 눈치봐가며 한참 있다가 나왔어요. 조용해져서 모자 쓴 거 보면 학생으로 보니까. 모자는 주머니에 넣고. 경산에서 통학할 때니까. 사대부고 지나서 수성교 못 가서 버스 정류소거든요. 거기까지 슬슬 걸어가는데, 백차에 경북여고 학생들(교복을 보니 경북여고 학생들) 막 잡혀 가는 거야. 그거 보고 피해서 또 숨고. 결국은 도망갔어요.

**경찰서에 연행되는 건 피하셨네요. 29일 다음날은 어떠셨나요?**

다음날 월요일에 학교 가니까 잡힌 애 안 잡힌 애로 갈렸잖아요. 거기서 잡힌 사람은 등신이고. 바보라고 하고. 4·19 끝나고 나니 잡혀간 사람이 영웅 되는 거야. 하하.
4·19 이후에는 그때 한참 학교마다 정보형사가 다녔잖아요. 그래서 학교에 정보형사가 와서 손진홍 선배한테 하는 말이 4·19 없었으면(성공하지 않았으면), 손진홍하고 주동했던 다른 애들 잡아서 쥐도 새도 모르게 죽여 버리려고 했대. 그걸 정보형사가 자기에게 직접 이야기를 하더래.
**김정홍:** 그 친구 손진홍은 고문을 당했을 거예요.

**뒷날 그 이야기가 나온 거네요.**

그렇지.

16 | 서상전

## ‘이유를 묻지 마라! 내일 등교!’

**28일 일요일 등교하라는 통보는 언제 들으셨어요?**

2월 27일. 우리 담임 선생님이, 그 분은 경북여고에서 오신 구자봉 선생님이셨는데, 검은 안경테의 지리 선생님이셨어요.

내 생각에는 우리 그 당시에 조례를 하고 종례까지 했다고. 종례시간이 되었는데, 구자봉 선생님이 슬리퍼를 신고, 출석부를 들고 들어오셨는데, 문을 굉장히 세게 닫았어요, ‘팍!’ 하고, 그리고 분필로 칠판에 대고 ‘이유를 묻지 마라! 내일 등교.’라고 크게 쓰셨어요. (글씨를 쓰는) 중간에 쓰다가 분필이 한 번 툭 부러지고.

그래서 어떤 친구 한 명이 “내일 일요일 아닙니까?” 하니까 “여기 써 놨잖아!!” 하고 화를 내고. ‘선생님이 왜 저렇게 화를 내시지?’ 생각하고, 나는 학교에 등교를 안 했거든. 담임 선생님이 화를 낼 정도면 안 나가도 되지 않느냐 생각을 해서 안 갔지.

**28일 학교 등교 안 하셨고. 그럼 시위 소식은 29일 월요일 아셨겠네요.**

다음날 29일날 학교 오니까. 대구역에서 내리니까, 내 눈에 경찰 3명이 사복을 입고 곤봉을 들고 서 있는 거야. 그런데 분위기가 이상한 분위기야.
학교에 오니 정진기 교장 선생님도 "너희가 얼마나 나쁜 행동을 했길래 이북방송에서도 너희에 대한 이야기가 나왔다."(고 했는데) 그 이야기는 내가 못 듣고. 말미에 가서, 내가 들은 건 "영웅호걸도 시대에 따라야 한다. 제군들은 지금 공부를 열심히 해야 한다. 그리고 나중에 이런 일이 있을 때는 옳은 길로 가라."는 그런 내용의 훈시를 하셨어.

**교장 선생님께서.**

난 그 기억이 납니다. 이계수도 우리 전국진 회장처럼 이북방송에서 너희들 행동의 방송이 나왔다. 거기서도 우리가 나쁜 일을 했다. 이랬지.
그 다음에 양부주 국어 선생이 항상 우리를 낮춰봤어요. 경북고 떨어지고 와서 건방지게 말은 안 듣고 한다고 그랬는데, 그 2·28이 일어나고 난 뒤에 "내가 너희들을 다시 봐야겠다. 공부 머리 나쁜지 알았는데…. 앞으로는 내가 너희를 다르게 가르쳐야겠다."라는 그런 뉘앙스로 말했어요.
우리 집에서는 뭐라고 그랬냐면 학교에서 시위했다니까. 우리 아버지는 "머리에 새똥도 안 벗겨진 것들이 그게 뭐 그런 건 줄 알고 갔냐?" 그런 비슷한 말을 하셨지.
나는 직접 행동을 옮기진 않았지만, 우리 담임 선생님이 하신 말씀, 정진기 교장 선생님이 하신 말씀. 대구여고에서 온 국어 선생님, 우리를 멸시했던 국어 선생님의 말씀이 기억나고….

17 | # 이홍덕

## 무료 버스 타고 중앙통으로

**일요 등교는 언제 들으셨는지?**

그 전날, 일요일인데도 나오라는걸 들었고. 그때 상당히 불만이 있었죠. 그래도 28일날 나와서 조회를 했지.

**시위가 있을 거라는 걸 언제쯤 알았나요?**

운동장에서 열을 서고 있고, 체육 선생이 앞에서 이야기 할 때. 아마 누군가 "나가자!" 했고. 웅성웅성 거리고. 그리고 무슨 뜻인지도 모르고 나가자고 한 사람도 있고. 누군가 단상에 올라가서 선언문 읽었단 말야. 웅성웅성거릴 때, 그때 나는 먼저 나갔어. 1차로 먼저 나가서 교문을 빠져나갈 수 있었지. 선언문 읽고. 2학년들이 선동했을 거고. 대열 중간, 중간에 (2학년들이) 끼어서 말할 때 나갔어요. (미리) 통보를 받은 건 없었고.

**나가자 할 때 1학년들은 많이 나갔어요?**

교문을 체육 선생님이 문을 막아서 3분의 1만 나가고 나머지는 못 나갔어. 체육 선생이 설명을 하고, 나가서 선언문을 읽었고. 우리가 앞쪽에 있었기 때문에 내가 나갔어요. 나갔는데 버스들이 다 무료로 태워줬어요.

**아, 그럼 버스를 타고 시위를?**

아 그래서 나는 시내버스를 탔어. (여럿이 같이 버스 탔다고 말함) 두 번째 나갈 때 학생들이 버스를 탔고 무료로. 돈도 안 받고. 버스에 다 매달려서 타고. 내가 생각하기로는 (버스) 문이 잘 안 닫힐 정도로 많이 탔어. 버스 탈 때는 막대기를 버리고 (탔어). 반월당까지 버스를 타고 갔다. 타고 반월당 근처에서 내려가지고, 내렸을 땐 이미 경찰들이 있었고. 경찰을 피해서 다녔고. 우리가 나갈 땐 경고가 먼저 나가서 경찰이 깔려있었지. 2차로 나갔으니까.

**경찰을 피해 어디로 가셨어요?**

중앙통 쪽으로 갔는데, 그때 우리 목표는 도청이었어. 도청이 중앙통 가운데였으니까.

바로 잡힐 순 없으니까. 골목으로 들어갔어. 민간인 집에 가니까. 주인이 있고. 학생들한테 굉장히 호의적이고 숨겨주기도 했는데, 도저히 안 되겠다 해가지고. 담을 넘어갔어.

뒤로 나가라고 하는데, 정신없이 나오면서 잘못 나와가지고 어디에 잘못 디뎌서 지붕이, 진짜 지붕이 아니고, 연결된 지붕인데 담을 딛고 넘어가다가 빠지고. 겨우겨우 나와가지고 달리다가 경찰한테 잡혔지. 내가 알기로는 대구경찰서(현 중부경찰서)에 잡혀서 갔는데 사람이 많았어요. 사람이 많아서 다 (수용) 못하니까 위에 옥상까지 학생들이 잡혀왔어요. 다 명단 작성하고. 나도 삼촌 집에 있었거든요. 삼촌이 왔어요. 아마 거기서 5~6시간 지나서 저녁에 오셨을 거예요.

**삼촌께서 데리러 오셨네요.**

**전국진:** 삼촌이 경찰하고 관계가 있었어?

없었어. 삼촌은 그때 도청에 다녔어. 삼촌이 와서 날 데리고 갔어요. 남산동 삼촌 집에 도착해서 삼촌이 앞으로 (시위) 나가지 말라고 하더라고. 삼촌도 그렇게 잘못했다고 말 안 하고. 그 때 자유당 시절에 그렇게 하는 거에 대해서 막 저지 안 하고 호응이 많았어요. 이튿날 학교 나갔고. 다른 기억은 없어요. 나는 경찰한테 맞진 않았어. 뭐 쓰라고 해서 쓴 것만 있지. 다 조사를 할 수 없을 정도로 연행이 되었기 때문에.

**29일에 대한 기억은?**

이튿날 기억은 잘 없어. 교장 선생님이 모아놓고 이야기 하는 거 정도지. 내 생각엔 7~8시간동안 경찰서에서 있었던 거 같아. 밤에 우리 삼촌이 데리고 갔으니까. 그때를 잘 보면, 거기 경찰서에 우리가 쓴 게 있으니까 기록이 있을 겁니다.

**그 부분은 기념회관 측에서도 당시 기록을 찾았는데, 없다고 하더라고요. 그 당시 훈방조치를 했고, 사람이 크게 다친 게 없었고, 또 4·19가 성공했기 때문에 그 흔적을 지운 것 같습니다.**

내가 쓴 거랑 보호자가 책임지고 하겠다고 적은 게 종합해서 통합, 어디에 보관이 되어 있을 거야. 나중에 사진을 찍어서 보관을 하고 했으니까.

18 | # 전국진

## 『달구』 창간호에 담은 대구고의 2·28

**일요일 학교 나오라는 걸 언제 들으셨어요?**

27일 아침. 그러니까 토요일 조례 시간에 들은 것 같애요. 왜냐면 그 낮 시간에 2학년 선배들이 분주하게 움직였고 뭔가 이루어졌거든요. 그때 내가 편집부 학생이었어요.

**뭔가 이루어졌다는 것은 무슨 일이?**

뭔가 있었는데 확실한 기억이 없으나 우리 1학년 몇 사람에게는 무언가 임무가 주어진 것 같았어요.

**시위 소식은 언제 아셨어요?**

나는 그 날 알았어요. 28일 아침에 시위한다고 장주효 선배한테 들어서 알았습니다. 내가 편집반인데, 편집실 사무실이 1층, 2층 사이에 작은 방이 있었어요. 계단 밑에 작은방이 있는데 거기서 만난 거 같애. 구체적으로는 뭘 하라는 건 잘 기억이 없고.

**다른 1학년 학생보다 편집부라서 좀 일찍 아셨는데, 그 다음 행동은?**

운동장에서 나가자 해서 나갔고, 나는 후미쯤에 뛰어 내려갔는데, 사실 나는 시골에서 중학교를 나오고 대구 우리 큰아버지 집에서 학교를 다니고 있었기 때문에 영선못 둑에서 경북여고 앞으로 다녀서 명덕로터리 그 길만 알았어요. 사실 반월당, 중앙통을 잘 몰랐던 상황이기 때문에 내가 어디 가서 도망갔는지는 그것도 정확하게 잘 몰라.

그런데 반월당을 지나간 거 같아요. 중앙파출소라고 하는 곳을 지나, 대구역을 향해서 왼쪽 어디로 들어갔는데, 경찰을 피해서 가정집으로 도망갔어요. 가정집으로 들어갔는데, 장독대에 숨어서 오랫동안 앉아 있었던 기억이 나요. 장독대에 숨어서 한참 피했다가 결국 집으로 정신없이 갔는데, 내 모자가 없어졌더라고. 모자를 잃어버렸어요. 그래서 큰아버지한테 야단 되게 맞았지. "학생이 데모(시위)를 하느냐? 촌놈이 대구까지 와서 데모(시위)를 하느냐?"라고 혼이 났던 기억이 납니다. 경찰한테 잡히는 일은 없었고.

그 이후에 『달구』 창간호를 만드는데, 1회 정운출이라는 문예반장 선배하고 내가 주도적으로 편집작업을 했는데. 거기에서 우리 대구고의 2·28 기록을 넣으려고 찾아보니까, 언론 등에 보도된 기사나 사진이 거의 없었어요. 우리는 학교를 졸업한 선배 기자들이 전혀 없었기 때문에 대구고등학교 (시위한) 기록이 보도 자료에 거의 안 나타나요.

**대구고등학생들의 시위한 내용이 언론에 드러나지 않았다는 말씀이네요.**

그래서 나중에 책을 만들면서 책방에도 알아보고 신문사에도 알아봤는데, 대구매일신문에서 만든 이런 책자가 하나 있더라고요. 그래 그걸 샀어요. 책을 사서 사진도 복사하고 기록도 찾아내고…. 결국에는 우리 선배들이 주도적으로 한 걸 알고 있으면서도 기록을 찾지 못한 걸 굉장히 안타까워했던 기억이 있습니다.

**대구고 후배 입장에서는 충분히 그러실 수 있었겠네요.**

그렇죠. 그리고 29일 월요일에 정식 등교를 하니까. 조례를 할 때 정진기 교장 선생님이 학생들을 모아놓고 일장 훈시를 했습니다. "지금 너희들 데모(시위)한 게 얼마나 큰 잘못을 했는지 아느냐? 지금 너희들 데모한 게 북한, 이북 방송에서 나왔다." 그 말씀을 하셨어요. 그래서 거기 서서 이야기를 들으면서 '야, 이거 무진장…. 어제 우리 백부, 큰아버지한테 야단도 맞았는데….' 교장 선생님이 북한방송에서 보도까지 했다고 "너희 잘못했다."고 강조하면서 말하시는 지적을 받고 '아, 우리 정말 잘못했구나.'하고 반성을 했던 기억이 납니다.

**훈시는 운동장에서?**

운동장. 조례시간에.

## 19 정성휘

### "나가자!" 소리 듣고도 못 빠져나가다

**일요일 등교 지시는 언제 들으셨어요?**

토요일에 수업 마칠 때. 종례시간 때 일요일 등교하라는 소리를 듣고 일요일 등교했는데,

**일요일 아침에 등교했을 때 학교 분위기는?**

뭐 '산에 토끼 잡으러 간다' 이랬고. 그때 체육 선생이 산에 가는 거 이야기를 하고. 그 다음에 조금 있다가 선언문을 읽었어요. 말리고 하니까. 제대로 못 읽고 일부 읽다가 뒤에 사람들이 "나가자!" 해서 뛰쳐나가고. 저는 앞이어서 뛰쳐나갈 수가 없었어요. 교문을 닫았기 때문에 학교에 남아 있었는데, 나간 분들이 뒤에 소리를 들었다고. 신문에까지 났다고. "야! 너, 큰일 났다!" 그러더라고.

**선언문 읽을 때 나가자고 했었네요.**

선언문을 읽을 때 체육 선생님이 말렸다고. 별명이 멍게였어. 다 낭독을 못했어요. 제지하는 바람에. 일부 학생들이 나갔어. 아마 반 정도

나가고, 반은 남았을 거야.

**선언문 읽을 때까지도 시위 전달이 안 돼서 몰랐고. 나가자 하니까 나간 거네요.**

일부 학생들한테는 아마 통지가 되었는지는 모르고, 대다수 학생들은 몰랐어요. 선언문 낭독할 때 제지당하고 뒤에 사람들은 주동자였겠죠. 나가자 해가지고 일부 나가고. 교문이 닫히고.
나는 아예 못나가고 집으로 갔어요.

■ **4차 구술 인터뷰**

1학년으로서 2·28민주운동에 참여하셨는데, 그 당시의 상황을 듣고 싶습니다. 그날 학교에서 선생님과 학생들의 분위기, 참여하면서 겪은 일 등 기억나는 대로 말씀해 주세요.

---

2회 졸업생(당시 1학년)의 4차 구술 인터뷰 대상자는 서동은 선생이다. 2019년 9월 17일 전화로 인터뷰를 진행하였다.

20 | 서동은

## '정치 아닌 학생들의 순수한 시위'의 반성문

**28일 일요일 등교하라는 말은 언제 들으셨어요?**

2월 28일 전날 들은 것 같습니다. 선생님은 모임을 갖지 말고 수성천변에 가지 말라고 했고, 선배들은 무조건 참석하라고 했습니다.

**선생님께서 어떻게 알고 데모하지 말라고 하셨죠?**

정확하게는 모르지만 선배들의 모임을 수상히 여긴 듯하고, 각 학교 학생회장들이 이런 모임을 한다는 소문을 들은 듯, 적극적으로 참여하지 말라고 하셨습니다.

**그럼 선배들로부터 데모한다는 이야기는 언제 들으셨어요?**

선배들이 암암리에 각 반 반장을 집합시켜 비밀 모임을 한 것 같습니다. 2월 28일 데모하기 이틀 전인가 한두 차례 선배 지시를 받은 반장들로부터 연락이 왔습니다.

**일요일 학교는 몇 시까지 가셨어요?**

저는 학교에 가지 않고 곧바로 반월당으로 갔는데, 정확한 시간은 잘 기억나지 않고.

**아, 반월당으로 바로 가셨군요.**

반월당에서 잠시 기다리다가 우리학교 팀을 만나고. 그때 선배들과 함께 5,6명씩 스크럼을 짜고 "독재정권 물러가라!" 그런 구호를 외치면서 대구역 쪽으로 행진하던 중, 갑자기 대규모 경찰대가 빨간 곤봉을 들고 기습 진압하여 전부 경찰서(중앙파출소)로 압송되었습니다.

저는 너무나 무섭고 겁에 질려서 도망을 쳤는데, 반월당 뒷골목 막다른 골목이라 그냥 체포되어 중앙파출소로 연행되었습니다. 그곳에는 벌써 선배, 동료가 20~30명 정도 붙들려 왔는데, 저는 도착하자마자 그곳 형사들에게 곤봉으로 두 대 맞고, 뺨도 한 대 맞고 벌벌 떨고 있는데 파출소 소장이란 분이 “이놈들 전부 형무소에 집어넣어라!”고 소리소리 쳤습니다.

한참 동안 “앉아라!” “일어서라!” 몇 번 반복시키더니 구석진 곳에서 꿇어앉아 있으라고 했습니다. 꿇어앉아 기다리고 있는데, 오후 5시경 반성문을 쓰고 형무소로 간다고 형사가 이야기 하길래 ‘이젠 죽었구나.’ 생각하고 정말 눈앞이 캄캄했습니다.

**반성문의 내용은 각자 적은 것인가요? 아님 내용도 시킨 것인가요?**

반성문 내용은, ‘다시는 데모하지 않겠다. 그리고 우리가 정치에 개입하고자 하는 것이 아니고 학생들이 순수한 마음으로 한 운동이다, 정치하고는 전혀 관련이 없다.’ 그 말을 쓰라고 했습니다. 다 쓰고 반성문에 손도장을 찍고 5시반경인가 귀가조치 지시가 떨어졌습니다.

**형무소로 보낸다고 했는데 귀가 조치 떨어져서 다행이네요.**

우린 정말 놀라기도 많이 놀랐다. 파출소장이 "전부 형무소 집어넣어라!"고 하니 '아! 이래서 나는 형무소 가는구나.' 하고 너무 무서웠습니다. 그 당시 자유당 시절 독재가 굉장히 심했거든요.

그때 난생 처음 경찰한테 맞았는데, 어린 시절 경찰서가 어떤 곳인지 그날 알았고 일평생 잊지 못할 사건입니다.

당시 2·28의 주동 인물, 1년 선배(손진홍)님이 돌아가셔서 아쉽네요.

## ■ 5차 구술 인터뷰

선생님은 1학년으로서 2·28에 참여하셨는데, 주동자처럼 고초를 겪었다고 들었습니다. 경찰 눈에 띄는 특별한 행동이나 그럴만한 이유가 있었나요? 당시 상황을 구체적으로 말씀해 주십시오.

---

2회 졸업생(당시 1학년)의 5차 구술 인터뷰는 박이준 선생이다. 선생께서는 현재 뉴질랜드 거주자로 2019년 8월에 통화를 시도했으나, 연결되지 않았다. 2019년 12월 23일 잠시 귀국 중 전화 인터뷰를 진행하였다.

## 21 박이준

### 빨간 모자의 '빨갱이 놈'

**28일 등교하라는 애기가 27일 있었는데 어떻게 기억하시나요?**

그 때 등교하라는 애기는, 당시 경북고, 대구고, 대구상고, 경북여고, 신명여고인가?

**그때 신명여고는 사립이라 해당되지 않았을 겁니다. 공립만 일요 등교 지시가 있었더라고요.**

대구여고, 대구여곤가 봅니다. 저는 당시 대구고 1학년 때인데 당시 학생회 회장, 부회장이 대구시내 반월당에서 모임이 있었는데 "우리가 이대로 있어서는 안 된다. 모임을 가져야 한다."라고 했데요. 그것이 경찰 사찰계에 정보가 들어갔고.

그 다음 각 고등학교 회장들이 반월당에서 모이지 않고 저어기 거…. 잘 기억이 안 나는데 보트 사고도 나고 있던 곳인데…. 못 이름이 잘 생각 안 나는데….

**영선못 아닌가요?**

영선못인가? 거기 있는 민간 집에서 만나서 회합을 했데요. 그곳이 경북고인가 사대부고인가 그 회장님 집이라고 하는데, 거기서 비밀리에 모였다고 합니다. 그런데 그걸 경찰이 어떻게 알아서 "학생들 개별 행동을 못하도록, 그룹별 행동도 못하도록 한 자리에 모아라!"는 지시가 떨어진 모양입니다.
저희들은 앞산에 토끼잡는다고 학교에 나오라고 했고. 토끼는 눈이 와야 잡기도 좋은데. 그날 전부 편한 복장으로 학교에 모였습니다.

**토끼잡는다고 편한 복장 입었다고 하셨는데, 대부분 교복 입으셨던데요.**
교복 입고 신발도 농구화 같은 것 신고. 그때는 사는 게 어려웠으니까 학생들은 교복, 단벌이었어요. 좀 사는 집 애들은, 당시 진(주로 청바지)이 유행했는데, 청바지는 고급인데 그걸 입고, 위에는 교복 입고, 모자는 벙거지 모자를 쓰고 그렇게 자유복을 입었습니다.

**선생님은 어떤 복장이셨어요?**
저는 그때 교복 입었고, 핸드볼 선수였기 때문에 운동할 때 빛 가리개로 쓰는 빨간 모자를 쓰고 갔습니다. 빨간 모자에 뉴욕시티(New York City)라고 적혀있는데, 그 (모자 앞에) 재봉틀로 박음질 되어 있던 'NY' 자를 면도칼로 떼어내고, 대구고 교모의 '높을 고(高)'라고 새겨진 모표를 거기에 달았는데, 그걸 쓰고 길이 40~50cm정도 되는 몽둥이를 들고 나갔습니다.

**빨간모자 쓰고, 교복입고 몽둥이 하나, 눈에 띄는 복장이었네요.**
예. 토끼몰이 한다니까. 그때 학교 연병장에 1~2학년 집합했고. 일부 선생님들도 나와 계셨고, 교장 선생님 훈시하기 전에 그때 대구고 2학년

부회장 장주효 씨가 교단에 올라갔어요. 회장은 손진홍 씨. 그 분은 안 보이고 부회장 그분이 올라가셔서 "나가자!" 하면서 당시 나라의 실정에 관해 이야기 했어요. 그러면서 그분이 앞장서서 "안 된다! 우리가 힘을 보태야 한다. 나가자!! 우리가 지금 나가야 한다. 경북고와 반월당에서 합류하는 시간이다. 빨리 나가자!!" 이래 가지고 우리가…. 선생님이 못 나가도록 난리치고 했는데, 1, 2학년들이 뿌리치고 다 나갔어요.
당시 대구고 앞의 도로가 포장이 안 되어 있었습니다. 사범학교 지나서 반월당에 갔고. 경북고가 우리보다 먼저 나왔고. 그 다음에 우리가 뒤따라갔고. 당시 몇 학교가 같이 시위하자고 했는데, 몇 학교가 참석을 못했다고 합니다. 어느 학교인지는 모르겠는데.

**선생님도 2학년 선배가 나가자고 외칠 때 같이 나가셨네요.**

그럼요. 저는 1학년이고, 2학년 선배들이 먼저 나가는데 어떡합니까?

**네. 시위 때 같이 나가셨고. 거리의 시민들도 반응하셨다고 들었는데.**

그런데 반월당에서 중앙통으로 가는데, 아카데미 극장인가 한일극장인가 거기로 가는데, 연도변에 있던 시민들이 막 손뼉을 치고. "잘한다! 잘한다!" 그랬어요. 그리고 "대구고등 화이팅!!"이라고 그랬고. 그때 시간이 12시쯤이었는데 왜 그렇게 시민들이 많이 있었는지 모르겠어요.

**그때 다른 분들의 이야기를 들어보면 장면 박사와 박순천 여사의 거리 유세차가 있었다고 들었습니다. 길에 서 있던 시민들의 격려에 고무되기도 했을 테고.**

예. 또 당시 대구고는 교가가 없었습니다. 그래서 익히 아는 군가를 불렀습니다, 군가를. 군가를 부르면서 팔을 흔들며 그렇게 갔어요.

**그러셨군요. 이후는 어떻게 됐어요?**

그날 제가 잡힌 곳은 중앙통 다 가서 잡혔는데, 우리가 4열, 6열로 가면서 군가를 불렀는데, 그때 중앙통이 길이 좁았지 않습니까? 그래서 그때 골목 사이사이에서 경찰들이 나와서 맨 가에서(가장자리에서) 행진하는 학생들을 잡아챘거든요.

그런데 저는 그때 출발하기 전에, 우리 핸드볼 주장인 정찬호 선배가 저를 부르더니 "운동하는 애들, 축구부, 헌드볼하는 요놈들은 중간에 빠질지도 모르니까, 끝까지 다 행진하고 참석하는지 이준이 니가 체크해라." 그랬어요. 왜 저한테 그렇게 얘기했는지는 모르겠는데, 그때 제가 대구고등학교 핸드볼과 축구 둘 다 골키퍼 했었거든요.

**아, 핸드볼 선수와 축구 선수 두 종목 선수셨어요?**

예. 둘 다 골키퍼 했어요. 그래서 저는 맨 앞에 일진으로 갔는데, 가다가 선배가 한 이야기가 생각났어요. 그래가 대열에 있다가 이탈해서 인도변에 서서 몽둥이 들고 6열종대로 가는 학생들을 보며, 축구부와 핸드볼 우리 1학년 선수들, 후보 선수들까지 있나 없나 체크하는데, 아. 경찰 2명이 뒤에서 나타나서 팔을 꺾고 뒷목을 조르는데 숨을 못 쉬겠더라고요.

**대열 밖에서 몽둥이 들고 서 있었으니 주동자로 볼 수 있죠.**

예. 그래서 제일 먼저 저를 잡은 형사가 저를 보고 주동자라고 했어요. 막대기 들고 있고 행진에서 이탈해서 누구 왔나 안 왔나 손으로 체크를 했는데, 그게 무슨 지시하는 걸로 본 겁니다.

**핸드볼도 하고 축구도 하셨으니 덩치도 좀 있으셨겠네요.**

그렇죠, 그렇죠.

**형사 입장에서는 충분히 그럴 수 있었겠네요.**

저는 경찰에 이끌려 대구 만경관 옆 대구경찰서로 잡혀갔습니다. 잡혀 들어갔는데 1층으로 들어가서 지하실로 데리고 들어갔습니다. 고문실인지 취조실인지 거기에 집어넣더니 주동자로 생각했는지 그냥 귀싸대기를 때리면서 "이놈의 새끼! 빨갱이새끼! 모자부터 빨간색으로 쓰고 있다."면서 저보고 '빨갱이새끼'라며 귀싸대기 때리고 쪼인트를 까고 무릎 꿇어앉히고 뭐 난리법석을 떨었죠.

**경찰로부터 구타를 많이 당하셨네요.**

그리고 나서 저를 처음에 잡아와서 구타한 형사 둘은 나가고, 그 다음에 다른 형사가 들어오더니 자기 앞에 "의자 펴고 앉아라." 해서 앉았더니 그때는 코피도 나고 했죠. 그러니까 휴지인가 뭘 주면서 닦으라고 해서 닦았더니, 심문을 하데요.

"주소? 이름? 몇 학년이고? 오늘 너희가 시위한 거 무슨 뜻인지 아나?" 이렇게 묻고. "그런데 왜 자네는 교모를 안 쓰고 빨간 모자를 썼느냐?" 그래서 오늘 토끼 잡으러 간다길래 햇빛 가리개로 쓰고 나왔다고 했더니 "그래도 시위할 때 이런 빨간 모자를 쓰고 나오는 것은 니 사상이 의심스럽다." 당시 저는 고등학교 1학년이라 사상이 뭔지도 몰랐을 때이거든요.

그리고 나서 그 형사한테 제가 왜 얻어맞았는가 하면은 제가 여덟 살 때인가? 고령 외갓집에 있다가 6·25가 나서 대구로 피란 와야 하는데, 외할아버지가 큰 길, 자동차 길로 가면 폭탄이 떨어지고 위험하니까 산길로, 지름길로 가자고 해서, 외할아버지, 외할머니와 저하고 동생하고 넷이서 쌀, 이불하고 챙겨서 소에 짐 싣고 보따리 둘러메고 외할머니는 이고. 그렇게 해서 대구로 피란 오려고 왜관철교 있는 쪽으로 와야 하는데, 외할아버지께서 약주를 한 잔 하셨는지 남쪽으로 안 오고 거꾸로 북쪽으로 올라갔어요. 그래서 인민군 선발대한테 4식구가 잡혔습니다.
거기 인민군들 뒤로 40~50여 명 정도 피란민들, 고령, 성주에 사는 사람들이 인민군한테 잡혀가지고 뒤에서 같이 따라내려 왔거든요. 그런데 그때 공산군, 인민군들은 우리들 50여 명에게 구타한 것도 없고 총을 쏜 것도 없었고, 우리보고 나쁜 말 한 것도 없었고…. 저는 그때 여덟 살인가 그랬는데 그 인민군 병사가 자기 등에 꽂혀있는 것 꺼내서 먹더니, 날 불러서 손에 수북이 따라 줬는데 그게 쌀 볶은 것이었습니다. 인민군 병사들은 등에 실탄 꽂아두듯이 길쭉하게 만든 천 주머니에 쌀 볶은 것을 넣어두고 먹었는데, 비상식량으로 갖고 왔던 모양입니다. 그걸 저보고 먹으라고 줬어요. 그리고 중간에 자기네들의 쌀을 주면서 같이 갔던 피란민 중 여자들에게 밥 좀 해달라고 그 쌀을 주더라고요. 밥 해주었더니 남은 밥은 우리들에게 먹으라고 줬어요.

**전쟁 때 직접 체험한 인민군에 대한 기억이 나쁘지는 않으셨네요.**

예. 두 번째 형사는 사복 입어서 계급도 모르겠는데, 그 형사한테 "아, 그 인민군들, 그놈들 괜찮습니다."라고 저는 어린 마음에 뭐 그렇게 이야기 했더니, "이놈의 새끼 빨개이 사상 완전히 물 들은 놈이네!!" 그러면서 또 구타를 하더라고요. "이 새끼는 안 되겠다!!" 그러더니 밖에 누구를 부르더라고요. 그때는 정복 입은 경찰이 들어와서 저를 데리고 가서 "일단 뒤에 잡아넣어 두라."고 그러니까 그 경찰이 내 팔을 잡더니 "가자!"고 합디다.
옛날에는 대구경찰서 그 뒤에 대구 종로국민학교가 있었어요. 그 국민학교 담벼락에 유도관이 있었습니다. 일본순사들이 유도들이 많이 했잖습니까? 제 기억에 그 곳이 목조로 되어 있었는데 바닥이 넓고. 거기에 들어가라고 해서 들어갔더니, 우리 대구고등학교 1학년 친구들, 2학년 선배들, 경북고등학교, 그리고 대구여고인지 신명여고인지….

**여학생들도 거기에 있었어요?**

예. 거기에 여학생 몇 명이 있었는데, 한 40~50여 명 잡혀있었어요. 거기 창문으로 보니까 초등학교 울타리가 나지막했어요. 그래서 '이 문만 넘으면 도망갈 수 있겠다.' 그 생각은 했어요. 그렇게 있는데 4시간 됐나 모르겠는데, 밤에 또 그 경찰관이 오더니 이름 부르며 따라오라고 하데요. 그래서 조사실로 갔더니, 아이구, 거기에 교장 선생님과 제 담임 선생님이 와 계시는 거예요. 제가 1학년 8반이었는데 서관섭 선생님이셨어요. 교장 선생님은 김진기 선생님?

**정진기 선생님.**

그러니까 저 보는 데서 "이놈의 새끼! 이거 보라."고, 그때는 빨간 모자가 귀했습니다. 그 운동할 때 쓰는 그 모자가…. 그걸 손에 들고 있었더니 "이놈의 새끼! 이놈은 빨갱이 물이 완전히 들은 놈인데, 선생들이 교육을 어떻게 시켰길래 이런 새끼가 나왔느냐!"며 저 있는 데서 교장 선생님과 담임 선생님한테 삿대질 했었고. 또 그때 대구역 옆에 구 세무서에 다니시던 제 아버님까지 와 계시더군요.

**아, 그 자리에.**

저희 아버님한테도 "당신 공무원 생활 다 한줄 알아라. 공무원하면서 어떻게 자식을 이 따위로 교육을 시키느냐?" 하면서 그렇게 난리를 치더라고요. 저보고 또 꿇어앉으라고 하고요.

교장 선생님은 하늘같은 분이라서 별로 거기(죄송한 마음) 없는데, 저희 담임 선생님한테 제가 면목이 없는 거예요. 그 다음에 또.

**아버님한테도.**

저희 부친한테도 면목이 없고. 그렇게 혼을 내더니 교장 선생님과 담임 선생님, 아버님한테 와서 이제 다시는 이렇게 안 하겠다는, 요즘말로 각서를 쓰라고 하는 것 같았어요. 그것을 각자가 쓰는 것이 아니고 이미 자기네들이 다 써 놓은 것을 주며 "읽어보고 싸인 좀 하시오!" 아주 뭐 일제 잔재의 경찰이라서 그런지 시건방을 떨면서 그러더라고요. 그래서 세 분이 싸인을 했더니 데리고 나가라고 그러데요. 나온 게 저녁 8시나 9시쯤 됐을 겁니다. 붙잡혀 간 것은 오전에 잡혔고. 여학생들의 학교 선생님도 몇 분이 오셨어요.

대구경찰서에 잡힌 학생들이 한 20여 명 정도였는데, 교장 선생님이 뭐 좀 쓰고 그때 같이 다 나왔어요. 나오면서 아버님은 "너 학교 퇴학 안 당하겠냐?" 하시며 걱정을 하셨고. 담임 선생님과 교장 선생님은 한 마디도 안 하시니까,

**불안 하셨겠네요.**

뒤에 따라오면서 엄청 겁이 났어요. 아버님도 퇴학 안 당하겠냐고 하시니 그것도 걱정되고. 만경관 극장 있는 곳에 오니까 교장 선생님이 뒤돌아보면서 "늦었으니 빨리 집으로 가라. 그리고 내일 학교에서 만나자."고 하셨어요. 그렇게 된 것이 제가 참여한 2·28입니다.

**고생 많이 하셨네요.**

월요일 학교 갔을 때도 쫄아서(불안하고 긴장해서) 오전 수업을 어떻게 했는지도 모르겠어요. 교장 선생님이 부르실까, 담임 선생님이 교

무실로 호출하실까봐 조마조마했는데, 안 부르시더라고요.
그리고 수업 끝나고도 일반적인 말씀만 하시고 해산했고요. 그 다음날도 아무 말씀 없으시고, 그 다음날도…. 그렇게 지나갔어요.

**29일 월요일 학교 갔을 때, 다들 경찰서 갔다가 나온 이야기를 무용담처럼 많이 하셨을 텐데 선생님의 경우는 '빨갱이'라는 말이 있어서 불안하셨던 거네요.**

예, 예.

**다른 친구들과 달리 체벌이 있을까봐 걱정 많이 하셨다 그죠?**
그럼요. 저보고 완전히 빨개이 새끼라고 그러고, 사상이 의심스럽다고 했으니까요. 그런데다가 제가 인민군들 나쁜 사람 아니라고 여덟 살 때 겪은 걸 이야기 하다가 더 얻어터졌죠. 하하.
그날 코피도 빨간색이고 입에서도 피가 나왔고….

**아이고 온통 빨강색이었네요. 막대기는 경찰에게 빼앗겼을 테고.**
막대기는 빼앗겼고, 그 막대기로 제 등을 뚜드려 패고 그랬어요. 머리 쥐어박고.

**빨간 모자를 쓰고 인민군 나쁘지 않다고 이야기 했으니 그 영향이 컸네요.**
그렇죠. 그날 교모를 쓰고 갔으면 괜찮았는데 왜 하필 빨간 모자를 쓰고 갔는지 모르겠어요. 그래서 2·28 이후 대구고등학교에서 '빨간 모자' 하면 '박이준'이라고 소문났어요. 하하.

**네. 고생 많이 하셨습니다.**

에필로그

# 기록, 그날 이후 먼 훗날에도

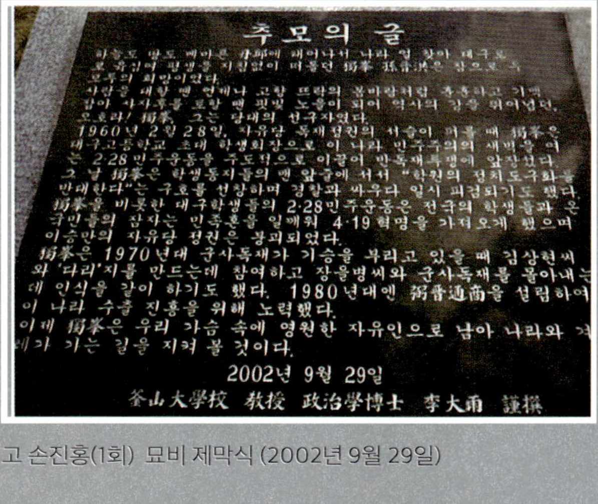


고 손진홍(1회) 묘비 제막식 (2002년 9월 29일)

기록, 그날 이후 먼 훗날에도

그날, 수성천변에서 선거유세를 앞둔 장면 박사는 무개차를 타고 대구시내를 돌았다. 이때 일요등교 지시에 항의하며 교문을 박차고 나온 학생들과 조우했다. 그들은 정의사회를 꿈꾸며 “학원에 자유를 달라.”고 외쳤다. 놀라운 이 광경에 장면 박사는 감동했고, 달리는 학생들을 응원했다. 그들은 대한민국의 자랑스러운 대구의 고등학생들이었다.

이튿날, 대구고등학교 학생들을 비롯하여 대구의 국·공립 고등학교 8곳 학생들의 시위는 신문과 방송을 통해 일파만파 퍼졌다. 시위 사진과 함께 전국 일간지는 대서특필했고, 라디오 방송은 톱뉴스로 다루었다. 심지어 이북 방송에서도 고등학생들의 시위내용을 보도하고 나왔다. 2월 28일 고등학생들의 시위 소식은 대구에서 전국으로, 다시 북한을 넘어 지구촌 곳곳으로 향했다. 이는 당시 김창호(1회) 군의 일기가 말해준다. 그날의 2·28민주운동은 세계가 주목하는 4월의 봄, 4·19혁명의 불씨였다.

훗날, 제2공화국 출범 후 장면 총리는 대구고등학교 학생들에게 편지를 보냈다.

먼 훗날에도 이 기록들은 2·28민주운동사의 한페이지로 남을 것이다.

1960년 2월 28일, 29일 일기

김창호

Sun. Feb. 28

오늘은 대사건이 대구시에 있었다.

순경과의 대충돌에 절벽 같은 높은 담을 뛰어넘은 그 용기.

그리고 여관집 주인의 따뜻한 구호의 손길.

그리고 선생님의 강력한 지시를 이탈하여 아주 대담스런 행동을 전개 했었다.

Mun. Feb. 29

어제 그 일이 서울에서는 크게 확대되어서

[2·28 大邱學生 데모 사진]이

아주 커다랗게 대서특필 보도 되었던 것이다.

이북방송에도

[반미제국을 반대하는 시위가 대구서 일어났다.]

란 말이 이 지구의 테두리를 돌아 다 보도되었던 것이다.

대구고 공부동아리 '주피터' (1960년)
앞줄 좌측부터 김창호, 백황, 김삼용, 최임식, 손만현
가운뎃줄 좌측부터 이동준, 손원호, 전요한, 박동성, 서상용
뒷줄 좌로부터 이점석, 곽종길, 오명환, 이영규, 김재식, 김덕치

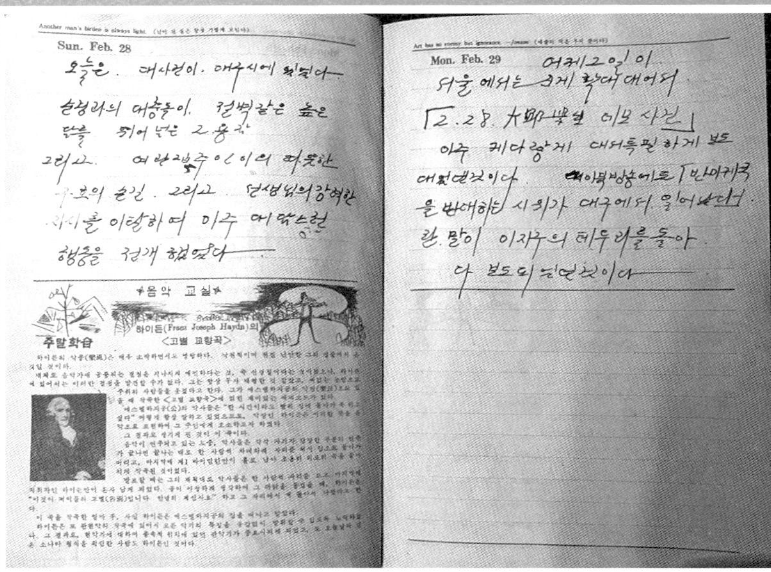

Sun. Feb. 28

오늘은. 대사련이. 대구시에 있었다.
순경과의 대충돌이. 철벽같은 높은
담을 뛰어넘은 그 용감
그리고. 여학생들의 따뜻한
구호의 손길. 그리고. 선생님의 강력한
지시를 이탈하여 미주 대담스런
행동을 전개했었다.

★음악 교실★
하이든(Franz Joseph Haydn)의 <고별 교향곡>

Mon. Feb. 29

어제그일이
서울에서는 크게 확대 되어서
「2.28. 大邱學生 데모 사건」
아주 커다랗게 대서특필하게 보도
되었던것이다. 아울방송에도 「반미제국
을 반대하는 시위가 대구에서 일어났다
란. 말이 이지구의 테두리를 돌아
다 보도되었던것이다

대구고 김창호(1회) 일기 (1960. 02. 28~29)

## 大邱高校生의 壯擧는 民主革命의 先鋒

장면

자유당 치하에 있어서 대구시민들의 용맹성은 이미 만인공지의 사실로서 부각되어져 있습니다. 특히, 이정권 최후의 시기에 부정과 불의에 대항하여 싸운 대구시민은 이 나라 민주주의의 역경 속에서의 수난의 역정을 찬연히 점철시키고도 남음이 있는 바입니다. 그 당시 야에서 고쟁 분투하던 민주 수호 인사들에게 있어 대구의 시민과 학생들은 항상 의욕의 원천이었고 진실한 동반자였습니다.

더욱이 지난 2월 28일 본인이 대구에서 선거강연을 하던 바로 그날의 대구고등학교 학생들의 궐기는 우리나라 민주주의의 새로운 차원을 획하는 하나의 계기가 되었습니다. 내가 강연장으로 가는 도중에 학생 제군이 만세를 부르며 교문을 박차고 대열을 지어 행진하던 그 모습이 아직도 내 눈앞에 선합니다.

부정선거의 강제추진과 당시의 야당 세력에 대한 탄압은 극에 이르러 정치도의의 최후 거점조차 못 찌르고 신성한 학원에까지 침투하여 수업 날조 강제 일요 등교 등 정치적인 이용을 꾀했다는 데에 이르러서는 급기야 대구고등학교 학생들의 울분을 폭발시켰고 민주 수호, 학원의 신성 보장, 공명선거의 실시를 규탄하는 첫 대열을 이루게 하여 곧장 4월의 의거로 이어지게 하였습니다.

따라서, 4월의 학의 첫 봉화를 든 영광은 바로 영예로운 대구시의 대구 고등학생 여러분들의 차지가 된다는 사실을 명심해야 할 것입니다.

오늘 제2공화국이 수립되고 새로운 첫 발자국을 내딛는 마당에서도 대구의 시민과 대구고등학교 학생 여러분은 한국의 양심과 양식을 대표하고 있다는 것을 잊지 말아야 할 것입니다.

학생 여러분은 오직 학원을 지키고 학업에만 열중함으로써 이 나라의 참으로의 민주 역군이 될 수 있다는 것을 명심함으로써만 대구시와 대구고등학교의 영겁에 불변할 찬연한 전통을 수립하고 더욱 빛내게 할 것입니다.

大邱高校生의 壯擧는

民主革命의 先鋒

張 勉

自由黨治下에 있어서 大邱市民들의 勇猛性은 이미 萬人公知의 事實로서 浮刻되어져 있읍니다. 特히 李政權 最後의 時期에 不正과 不義에 對抗하여 싸운 大邱市民은 이나라 民主主義의 逆境속에서의 受難의 歷程을 燦然히 點綴시키고도 남음이 있는 바 입니다. 그當時 野에서 孤爭奮鬪하던 民主守護人士 들에게 있어 大邱와 市民과 學生들은 恒常 意慾의 源泉이었고 眞實한 同伴者 였읍니다. 더욱이 지난 二月二十八日 本人이 大邱에서 選擧講演을 하던 바로 그날의 大邱高等學校 學生들의 蹶起는 우리나라 民主主義의 새로운 次元을 劃하는 하나의 契機가 되

— 4 —

었읍니다. 내가 講演場으로 가는 途中에 學生諸君이 「萬歲」를 부르며 校門을 박차고 隊列을 지어 行進하던 그모습이 아직도 내 눈앞에 서언 합니다.

不正選擧의 强制推進과 當時의 野黨勢力에 대한 彈壓은 極에 이르러 政治道義의 最後 據點조차 못짜르고 神聖한 學園에 까지 浸透하여 授業捏造, 强制日曜等校 等 政治的인 利用을 꾀했다는데에 이르러서는 급기야 大邱高等學校 學生들의 鬱憤을 爆發시켰고 民主守護, 學園의 神聖保障, 公明選擧의 實施를 絶叫하는 첫 隊列을 이루게 하여 끝장 四月의 義擧로 이어지게 하였읍니다.

따라서 四月義擧의 첫 烽火를 든 榮光은 바로 榮譽로운 大邱市의 大邱高等學生 여러분 들에게 차지가 된다는 事實을 銘心해야 할 것입니다.

오늘 第二共和國이 樹立되고 새로운 첫발자욱을 내딛는 마당에서도 大邱의 市民과 大邱高等學校 學生 여러분은 韓國의 良心과 良識을 代表하고 있다는 것을 잊지 말아야 할 것입니다.

學生 여러분은 오직 學園을 지키고 學業에만 熱中함으로서 이나라의 참으로의 민주 역군이 될수 있다는 것을 銘心함으로써만 大邱市와 大邱高等學校의 永劫에 不變할 燦然한 傳統을 樹立하고 더욱 빛내게 할 것입니다.

— 5 —

『달구』 창간호에 실린 글

부록

# 그들, 추억을 기록하다

## 다시 보는 달구언덕, 다시 듣는 우리의 젊은 함성

제1회 졸업앨범(1961. 2. 25)

우리들의 모교, 대구고여 영원하라! 교정, 교기, 교가 그리고 꿈처럼 펼쳐졌던 운동장의 모습이다.

초대 정진기 교장 선생님

대구고 강당

대구고 정문

선생님과 교무실

3학년 선생님들 외

조례시간. 앞산은 우리들의 든든한 배경이었지.

등굣길과 하굣길. 너와나, 우리가 만나고 헤어진 길이다.

미술반

사진반

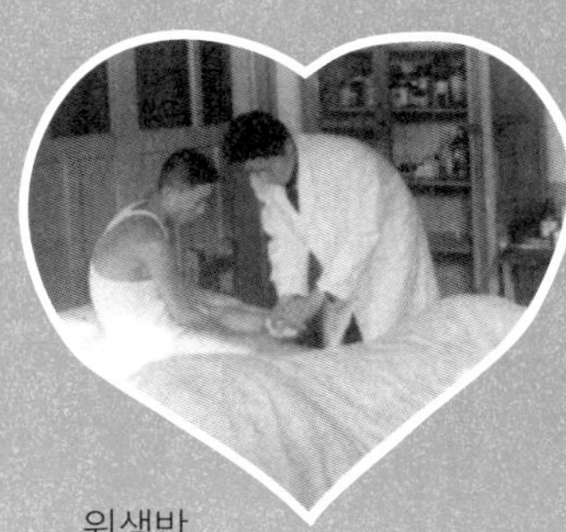

위생반

문예반

방송실

변론반

물리반

여름날의 대구고 교정. 빛 바랜 사진 속 교정, 여전히 눈부시게 멋지다.

졸업앨범 편집부. 오리고 붙이고 그땐 그랬었지.

대구고의 명콤비(학생위원장 손진홍, 부위원장 장주효)

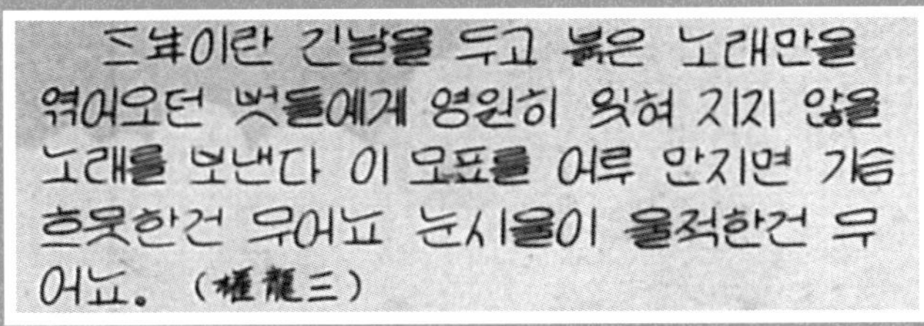
三年이란 긴날을 두고 낡은 노래만을 엮어오던 벗들에게 영원히 잊혀 지지 않을 노래를 보낸다 이 오표를 어루 만지면 가슴 흐뭇한건 무어뇨 눈시울이 울적한건 무어뇨. (權龍三)

우리들의 노래를 다시 부르며

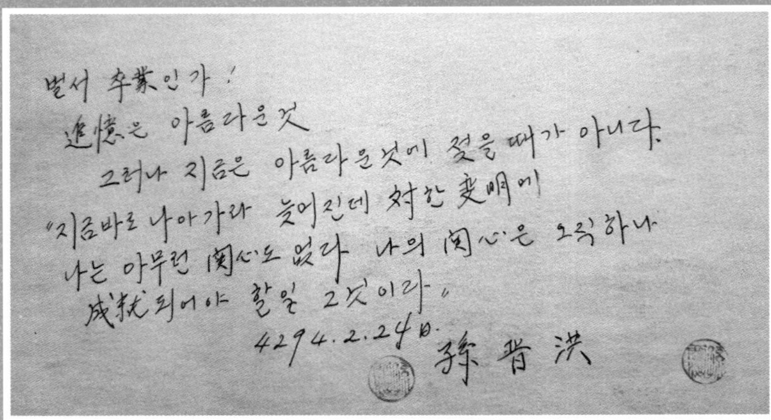
벌써 卒業인가!
追憶은 아름다운것
그러나 지금은 아름다운것이 젖을 때가 아니다.
"지금바로 나아가라 늦어진데 대한 變明에
나는 아무런 關心도 없다 나의 關心은 오직 하나
成就되어야 할일 그것이라."
4294.2.24日. 孫晋洪

손진홍 학생위원장의 자필. 졸업 때 쓴 글로 결연한 의지가 담겨 있다.

대구고 교정

2대 엄한준 교장 선생님

선생님과 교무실

미술반

방송반

문예반

악대부

사진반

변론반

산악반

축구반

배구반

야구반

럭비반

대구고 야구부. 1960년 5월 1일 창설, 해체되었다가 1976년 재창설했다. (1960년)

재건학생회장 송평락, 재건학생부회장 이재황(2회)

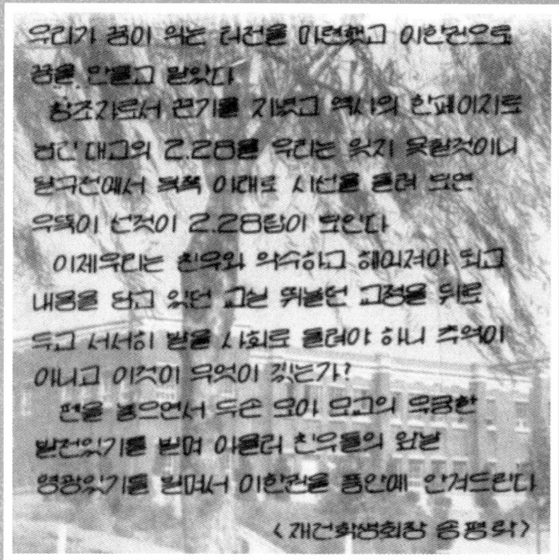

우리가 꿈이 있는 터전을 마련했고 이한권으로
정을 만들고 묶었다
창조자로서 끈기를 지녔고 역사의 한페이지를
빛난 대고의 2.28을 우리는 잊지 못할것이니
본관앞에서 똑똑 이대로 시선을 흘려 보면
우뚝이 선것이 2.28탑이 보인다
이제우리는 친우와 악수하고 헤어져야 되고
내용을 담고 있던 교실 뛰놀던 교정을 뒤로
두고 서서히 발을 사회로 돌려야 하니 추억이
아니고 이것이 무엇이 겠는가!
펜을 놓으면서 두손 모아 모교의 무궁한
발전있기를 빌며 아울러 친우들의 앞날
영광있기를 빌면서 이한권을 품안에 안겨드린다
<재건학생회장 송평화>

우리는 꿈이 있었고,
자랑스러웠다!

졸업앨범 편집부(2회)

수학여행기념. 손에 들고 있는 저 막대기가 2·28민주운동 때 토끼사냥 막대기일까.

4·19 당시 대구 중앙통 철탑 위의 자유당 선전 문구를 철거하고 있는 시위 군중들

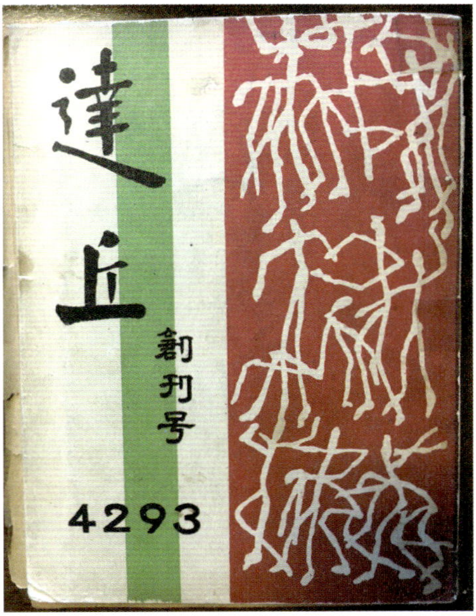


달구 창간호

대구고등학교 교정

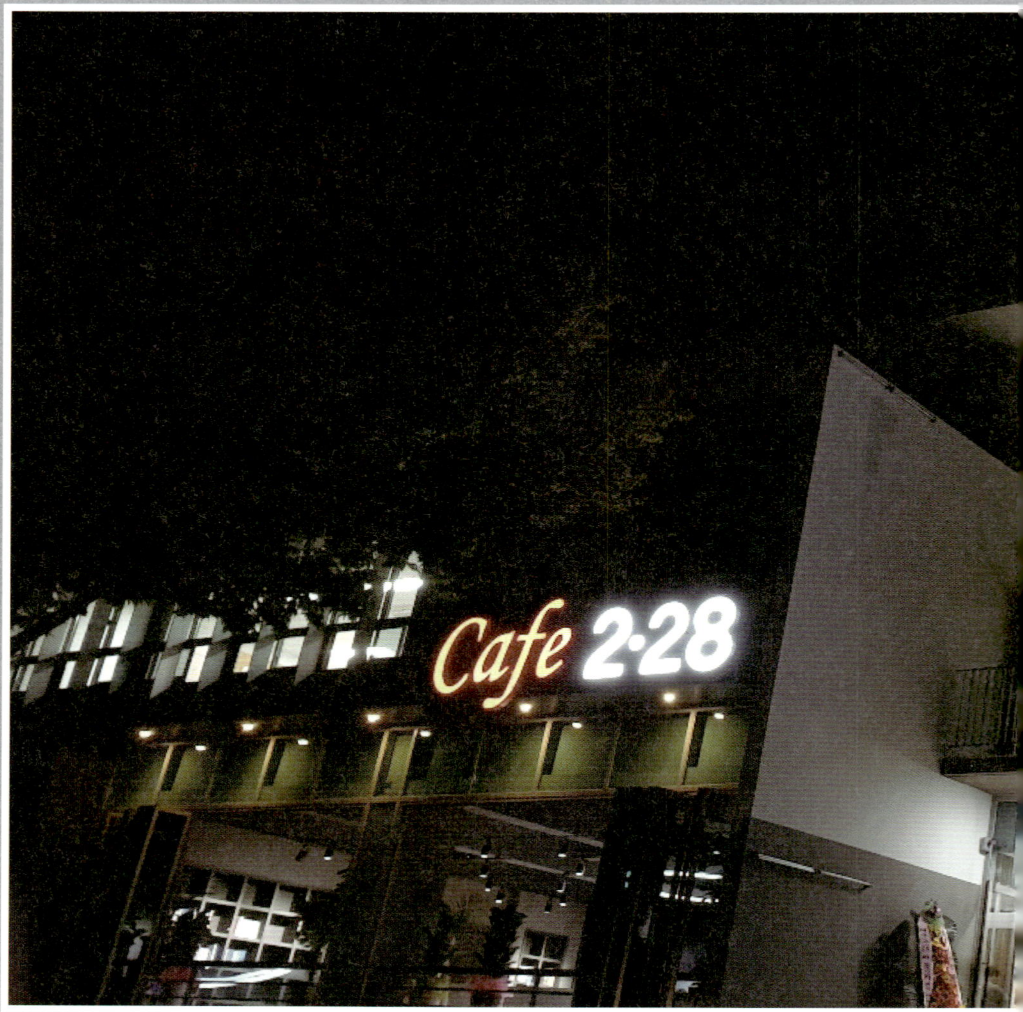


대구고등학교 역사관

대구고등학교역사관
대한민국
교육수도
敎育
대구

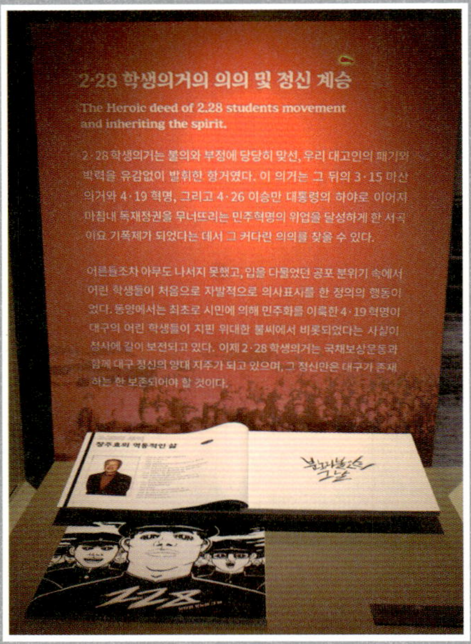


2·28 학생의거의 의의 및 정신 계승

대구고 개교 배경과 2·28민주운동 공적 입증 자료

대구고등학교 2·28 기념탑(세계적인 건축가 류춘수 4회 작품), 대구고등과 2·28실록(장주효 1회)

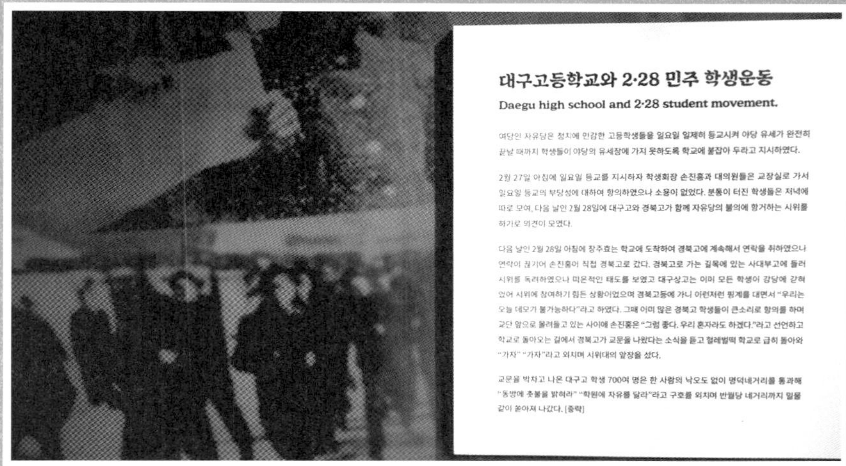


대구고등학교와 2·28민주 학생운동

대구고의 국가보훈처 유공자(손진홍, 장주효, 윤풍홍)

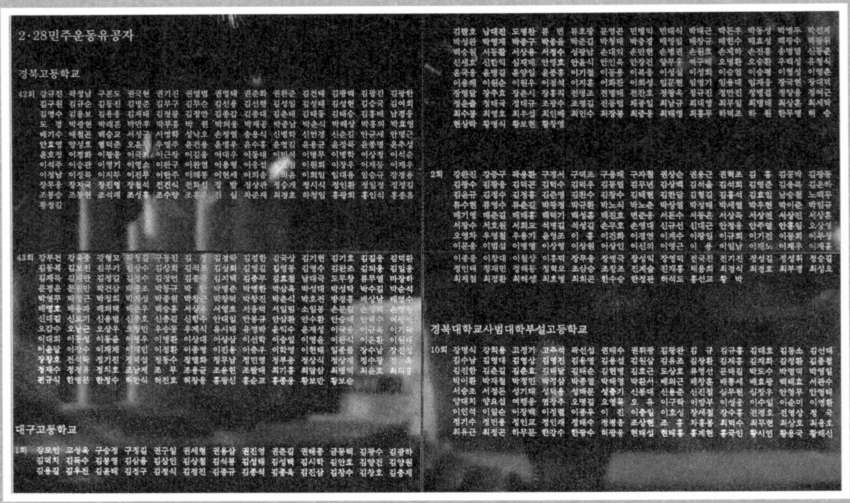


2·28민주운동 대구고 유공자 명단(2·28민주운동 기념탑 광장 벽면)

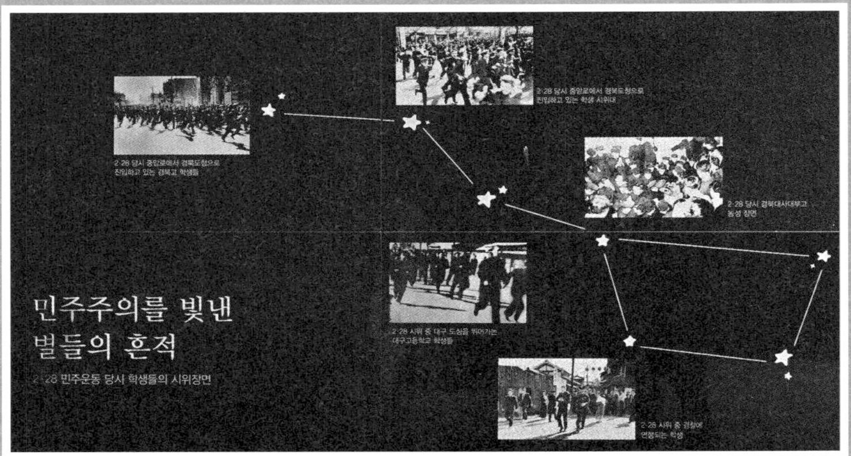


1960년 2월 28일 당시 대구고등학생들의 시위 장면 사진(2·28민주운동 기념탑 광장 벽면)